Full Stack Testing

풀스택 테스트

| 표지 설명 |

표지 그림은 로랜드줄무늬텐렉lowland streaked tenrec(학명: *Hemicentetes semispinosus*)이다. 로랜드줄무늬텐렉은 몸집이 작은 식충성 포유류로, 마다가스카르섬에 산다. 보통 관목지와 저지대 열대 우림, 농경지에 거주하며 섬 동쪽의 시골 정원에서 발견되기도 한다.

로랜드줄무늬텐렉의 주둥이는 길고 뾰족하며 검은색이다. 몸통이 작고 검은색과 노란색 가시로 된 줄무늬를 갖고 있어 쉽게 알아볼 수 있다. 목뒤에는 노란색 가시털이 뾰족하게 나와 있다. 텐렉의 가시털은 분리되며, 방어 혹은 의사소통의 수단으로 쓰인다. 성체가 되면 길이는 약 13~18cm, 무게는 약 100~300g이다.

로랜드줄무늬텐렉은 사회적이며 20마리까지 무리를 이룬다. 연결된 굴을 파서 보금자리로 삼으며 지렁이와 곤충을 먹는다. 겨울에는 체온과 대사를 낮춘 상태로 동면에 들어간다. 암컷은 1년 동안만 번식이 가능하고 생후 25일째부터 번식할 수 있다. 따라서 태어난 계절에 번식을 할 수 있는 유일한 텐렉 종이다. 로랜드줄무늬텐렉은 넓은 지역에 분포하고 개체 수가 많으며 인간이 많은 지역에 대한 내성이 높아 국제 자연 보전 연맹International Union for Conservation of Nature(IUCN)에서 최소 관심종least concern으로 분류한다.

오라일리 표지의 동물들은 대부분 멸종위기종이다. 이 동물들은 모두 우리에게 소중한 존재다. 표지 삽화는 『English Cyclopedia』의 흑백 판화를 바탕으로 캐런 몽고메리Karen Montgomery가 채색했다.

풀스택 테스트

10가지 테스트 기술의 기본 원칙과 전략

초판 1쇄 발행 2023년 5월 26일

지은이 가야트리 모한 / **옮긴이** 최경현 / **펴낸이** 김태헌
펴낸곳 한빛미디어(주) / **주소** 서울시 서대문구 연희로2길 62 한빛미디어(주) IT출판2부
전화 02-325-5544 / **팩스** 02-336-7124
등록 1999년 6월 24일 제25100-2017-000058호 / **ISBN** 979-11-6921-109-3 93000

총괄 송경석 / **책임편집** 박민아 / **기획·편집** 이채윤
디자인 표지 최연희 내지 박정화 / **전산편집** 이소연
영업 김형진, 장경환, 조유미 / **마케팅** 박상용, 한종진, 이행은, 김선아, 고광일, 성화정, 김한솔 / **제작** 박성우, 김정우

이 책에 대한 의견이나 오탈자 및 잘못된 내용에 대한 수정 정보는 한빛미디어(주)의 홈페이지나 아래 이메일로 알려주십시오. 잘못된 책은 구입하신 서점에서 교환해드립니다. 책값은 뒤표지에 표시되어 있습니다.

한빛미디어 홈페이지 www.hanbit.co.kr / 이메일 ask@hanbit.co.kr

지금 하지 않으면 할 수 없는 일이 있습니다.
책으로 펴내고 싶은 아이디어나 원고를 메일(writer@hanbit.co.kr)로 보내주세요.
한빛미디어(주)는 여러분의 소중한 경험과 지식을 기다리고 있습니다.

Full Stack Testing

풀스택 테스트

O'REILLY® 한빛미디어
Hanbit Media, Inc.

시프트 레프트^{shift left}는 보안 및 테스트와 같은 활동을 프로젝트 타임라인 초기 단계에 수행하는 것으로, IT 업계의 일반적인 관행으로 발전하고 있다. 특히 설계, 보안, 테스트 관점에서 시프트 레프트 적용은 매우 중요하다. 소프트웨어 개발 주기 초기에 테스트를 수행하면 개발 시점과 가까운 시기에 버그를 분석하고 원인을 파악할 수 있어 버그 수정 비용이 줄어든다. 성능 테스트의 경우에는 특정 수치를 검증하여 트래픽에 따른 애플리케이션의 성능 추이를 미리 파악할 수 있게 한다. 따라서 상용 환경에서 성능에 문제가 발생했을 때 빠르게 해결할 수 있다.

소프트웨어는 불완전하며 언제든 변경될 수 있기 때문에 테스트에 시프트 레프트를 적용하면 변경으로 인한 문제를 빠르게 해결할 수 있다. 특히 자동화된 테스트를 작성해 지속적 테스트를 구현하면 시프트 레프트 테스트의 장점을 극대화할 수 있다. 탐색적 테스트와 같은 일부 테스트는 수동으로 수행해야 하지만 그 외의 테스트는 자동화를 통해 효율성을 높일 수 있다.

이 책에서는 모든 유형의 테스트를 다룬다. 성능부터 UI, 계약, 엔드 투 엔드 기능, 유닛 테스트, 접근성 테스트까지 풀스택 테스트에 관한 포괄적인 개요를 제공한다. **테스트를 처음 접하는 사람들은 어느 시점에 어떤 유형의 테스트를 수행해야 하는지 알기 어렵다. 이 책은 이러한 사람들에게 큰 도움이 될 것이다.** 이미 시프트 레프트를 다루는 애자일 테스트 관련 책이 많이 있지만 이 책은 더 많은 내용을 담고 있다. 모든 유형의 테스트를 설명할 뿐만 아니라 최신 애플리케이션 테스트의 각 측면까지도 깊이 있게 다룬다. 또한 테스트 과정에서 발생하는 여러 가지 문제를 설명하고 각 테스트에 적용되는 원칙과 전략을 소개한다.

이 책은 각각의 테스트를 상세히 설명하고 실습을 통해 테스트 접근 방식을 구체화한다. 실습에서 다루는 도구와 방법은 시간이 지남에 따라 변경되고 발전할 수 있다. 하지만 올바른 테스트를 구성하는 방법에 중점을 두기 때문에 도구가 변경되더라도 충분히 알아둘 가치가 있다. **테스트 도구는 앞으로도 계속 발전하겠지만 이 책을 통해 학습하는 테스트 전략은 변하지 않고 오래도록 쓰일 것이다.**

이 책에서 다루는 테스트의 범위는 정적 분석부터 데이터 테스트 전략, 탐색적 테스트에 이르기까지 광범위하다. 탐색적 테스트는 소프트웨어의 복잡성이 증가함에 따라 점점 더 중요해지고 있다. 추가로 〈Chapter 7 보안 테스트〉에서는 해커로부터 시스템을 보호하는 방식을 다루고 〈Chapter 9 접근성 테스트〉에서는 장애가 있는 사용자도 시스템을 쉽게 사용할 수 있도록 하는 방법을 설명한다.

또한 테스트의 각 측면에서 어떤 유형의 문제가 발생할 수 있는지 살펴보고 검증을 위한 테스트 전략을 수립한다. 다양한 테스트 유형에 맞는 테스트 스위트suite를 작성하면 시스템을 안전하게 발전시키기 위한 안전망을 구축할 수 있다. 최종적으로 이 책은 필자가 다양한 유형의 시스템을 테스트한 경험을 바탕으로 소프트웨어 전문가들이 적절한 테스트 전략과 제품을 만들 수 있도록 안내한다.

레베카 파슨스
(Thoughtworks CTO, 『Building Evolutionary Architectures』 공동 저자)

이 책은 테스트 전반을 이해하는 데 필요한 관점을 제공한다. 전체 스택을 이해하면 개별 테스트만 수행했을 때보다 훨씬 더 나은 결과를 얻을 수 있다.

닐 포드
(Thoughtworks 이사, 『소프트웨어 아키텍처 The Hard Parts』(한빛미디어, 2022) 저자)

테스트 전략과 패턴을 깊이 있게 다루고, 실용적인 예제를 통해 이론적 기반을 다진다. 모든 소프트웨어 개발자의 책상 위에 있어야 할 책이다.

살림 시디퀴
(『Learning Test-Driven Development』 저자)

이 책을 한마디로 정의하면 '모든 테스트의 종합판'이다. 디지털 전환의 시대에는 마이크로서비스 아키텍처가 강조되고, 데브옵스DevOps 문화가 자리잡으며, CI/CD를 통해 계획부터 피드백까지 일련의 과정이 자동화된다. 뫼비우스의 띠와 같은 데브옵스 프로세스에 테스트가 포함되어 있지만, 사실 테스트는 프로젝트 타임라인 초기 단계부터 각 과정에서 다음 과정으로 넘어가기 전에 반드시 거쳐야 하는 필수 코스다. 그러나 현실에서는 시간이 없다는 핑계, 나중에 하면 된다는 핑계, 테스트보다는 개발을 완료하는 것이 먼저라는 핑계 등으로 테스트를 건너뛰는 경우가 많다. 모든 사람이 테스트가 필수라는 것을 알지만 실천하기 어렵다.

이 책은 UI 계층부터 데이터베이스까지 각 영역에 필요한 테스트를 매우 상세하게 소개하고, 실제로 테스트하는 방법을 낱낱이 살펴본다. 책을 읽다 보면 저자의 방대한 지식에 놀라고, 그 꼼꼼함에 두 번 놀라게 된다. 중간중간 반드시 알아야 할 개념도 절대 놓치지 않는다. 또한 어느 시점에 어떤 테스트가 반드시 필요한지 자세하게 소개한다. 독자는 그저 자신의 컨디션에 맞춰 이 책의 흐름을 자연스럽게 따라가기만 하면 된다. UI부터 데이터베이스까지 모든 영역을 다루는 풀스택 엔지니어가 많지는 않겠지만 나의 분야와 더불어 다른 분야의 테스트 방법을 알아두면 소통과 협업에도 유리하다. 그리고 무엇보다 풀스택 엔지니어로 성장할 수 있는 발판을 마련할 수 있다. 이제 다음 페이지로 넘겨 풀스택 전문가가 되기 위한 여정을 시작해보자.

복종순(메가존클라우드 매니저)

처음 테스트를 시작하는 개발자는 단순한 유닛 테스트만을 생각한다. 애플리케이션이 커질수록 더 다양한 테스트가 필요해지는데, 처음에는 무엇부터 해야 할지 감이 잡히지 않는 경우가 많다. **이 책은 거의 모든 소프트웨어 테스트 개념뿐만 아니라 간단한 실습도 소개한다.** 따라서 테스트를 처음 시작하는 사람에게 많은 도움이 될 것이다.

이경석(겜퍼 백엔드 개발자)

테스트의 기본 개념과 다양한 기법을 실습과 함께 배울 수 있는 책이다. **프론트엔드와 백엔드 테스트만을 다룰 것이라 생각했는데 성능 테스트, 접근성 테스트, 보안 테스트, 블록체인까지 다양한 테스트를 다룬다.** 특히 최근 보안 문제가 강조되고 있는데 보안 전문가가 아닌 개발자로서 어떻게 보안 테스트를 수행해야 하는지 알 수 있어 유익하다. 또한 테스트를 도입했을 때 발생할 수 있는 안티 패턴에 대한 해결책도 함께 제시한다.

고주형 (중앙대학교 소프트웨어학부)

테스트가 어떻게 작동하는지 알고 싶은 사람에게 유익한 책이다. 특정 언어에만 국한되지 않고 여러 언어와 애플리케이션(자바, 자바스크립트, 데이터베이스 등)에서의 테스트 방법을 자세히 설명한다. 소프트웨어에 관한 지식이 어느 정도 있다면 이 책을 통해 많은 것을 얻어갈 수 있을 것이다. 풀스택 테스트가 궁금하거나 테스트를 좀 더 깊게 공부하고 싶은 사람에게 추천한다.

이승구 (프리랜서 백엔드 개발자)

이 책은 API 테스트만 다루는 것이 아니라 데이터베이스, 보안, 성능, 접근성 테스트까지 다양한 테스트 방법을 다룬다. 또한 현업에서 사용하는 도구를 기반으로 테스트 기술과 사례를 설명한다. 직접 실습해볼 수 있도록 쉽게 설명되어 있기 때문에 실무에 가까운 경험을 해볼 수 있다. 누구든 다양한 테스트를 경험하고 싶은 사람이라면 이 책을 읽어보기 바란다.

조예지 (프리랜서 개발자)

이 책은 10가지 테스트 방법론을 심도 있게 다루고, 다양한 관점에서 테스트를 이해하도록 돕는다. **모든 개발자가 읽어보기를 권하며, 특히 데브옵스 엔지니어나 SRE에게 큰 도움이 될 것이다.**

박진수 (소니 인터랙티브 엔터테인먼트 SRE)

지은이 **가야트리 모한** Gayathri Mohan

소프트웨어 개발 분야에서 여러 역할을 경험했으며 다양한 기술 및 산업 영역의 전문 지식을 갖춘 열정적인 기술 리더다. Thoughtworks의 수석 컨설턴트로, 고객을 위한 대규모 품질 보증^{quality} $_{assurance}$(QA) 팀을 이끌고 있다. 또한 글로벌 QA SME[1]로 일하면서 QA를 위한 커리어 패스와 기술 개발 구조를 정의했다. 기술 리더로서 기술 커뮤니티 육성과 이벤트 주최에 관심이 많으며 기술 주제 전반에 걸친 리더십 개발에 힘쓰고 있다. 셀레니움 10주년 기념일에 Thoughtworks에서 발표한 『Perspectives of Agile Software Testing』[2]을 공동 집필하기도 했다.

옮긴이 **최경현** mr.november11@gmail.com

SK텔레콤에서 통신 및 플랫폼 인프라 등 다양한 시스템을 운영했으며 현재는 개발 업무를 담당하고 있다. 옮긴 책으로는 『처음 시작하는 마이크로서비스』(한빛미디어, 2021), 『쿠버네티스를 활용한 클라우드 네이티브 데브옵스』(한빛미디어, 2019)가 있다.

---

1 옮긴이_주제 관련 전문가(Subject Matter Expert)의 약자로, 특정 분야에서 수년 이상 전문 지식을 쌓은 사람을 말한다.
2 *https://oreil.ly/PoAST*

『쿠버네티스를 활용한 클라우드 네이티브 데브옵스』(한빛미디어, 2019), 『처음 시작하는 마이크로서비스』(한빛미디어, 2021)에 이어 세 번째 번역 작업을 마쳤습니다. 좋은 소프트웨어 엔지니어가 되고 싶다는 마음으로 다양한 분야의 기술에 관심을 갖고 번역 작업을 시작했는데, 벌써 세 번째 번역서가 출간되어 감회가 새롭습니다.

최근 2~3년 동안 비대면이 일상이 되면서 기존 비즈니스의 디지털 전환이 빠르게 진행되었고 다양한 유형의 소프트웨어 제품이 생겨났습니다. 대형 마트와 패스트푸드점의 무인 결제 시스템이 처음에는 낯설고 어색했지만 이제는 대중화되어 우리에게 익숙한 시스템이 되었습니다. 소프트웨어 산업의 발전과 함께 고객의 눈높이도 높아졌습니다. 사용자 친화적이지 않은 UX/UI를 경험하거나 빈번한 오류를 경험한 고객은 유사한 경쟁 서비스로 넘어갈 확률이 높습니다. 이제는 소프트웨어 기능을 빠르게 구현하는 것을 넘어 좋은 품질의 소프트웨어를 제공하고 이를 꾸준히 개선하는 것이 중요한 시대가 되었습니다. 따라서 현명한 테스트 전략이 반드시 필요합니다.

막연히 테스트를 수행한다고 하면 사람마다 생각하는 시작점이 다를 수 있습니다. 어떤 이는 Cypress나 JUnit과 같은 테스트 자동화 도구에 관한 조사부터 시작하고, 또 다른 이는 엑셀 문서에 검증 사항 체크리스트를 작성하는 것부터 시작할 것입니다. 이는 테스트가 다루는 영역과 계층이 매우 다양함에도 불구하고 테스트에 관해 잘 정리된 방법론이나 모범 사례가 널리 알려져 있지 않기 때문입니다.

이 책은 저자가 현업에서 경험한 지식과 사례를 담고 있습니다. 다양한 유형의 테스트를 소개하고 간단한 실습을 통해 도구를 다루는 방법을 설명합니다. 이제 막 소프트웨어 업계에 입문한 초보자라면 각 장의 개념 소개를 통해 기술에 대한 전반적인 배경지식을 얻어갈 수 있습니다. 반대로 숙련된 테스트 전문가라면 이 책을 통해 새로운 영역에 관한 인사이트를 얻을 수 있습니다.

소프트웨어 산업과 비즈니스는 계속해서 변화하고 성장합니다. 저는 현재 스마트폰과 데스크톱에서 사용할 수 있는 서비스를 개발하고 있지만 머지않은 미래에는 스마트 안경이나 로봇과

▶▶ 옮긴이의 말

같이 스마트폰을 대체하는 새로운 플랫폼에서 작동하는 서비스를 개발하고 있을지도 모릅니다. 이 책에서 다루는 테스트 접근 방식과 전략을 잘 이해하고 활용한다면 처음 접하는 분야에서도 좋은 품질의 소프트웨어를 제공할 수 있을 것입니다.

이 책이 출간되기까지 많은 도움을 주신 한빛미디어 이채윤 님과 성장할 수 있는 문화를 만들어주시는 SK텔레콤 Data Content Service 팀에 감사드립니다. 마지막으로 늘 곁에서 든든한 지원군이 되어주시는 양가 부모님과 사랑하는 아내 은결에게 감사 인사를 전하고 싶습니다.

최경현

소프트웨어 산업에 종사하고 있다면 역할에 관계없이 테스트를 수행한 경험이 한 번쯤 있을 것이다. 테스트는 소프트웨어 엔지니어링의 필수 요소로, 소프트웨어 전달 주기[3]의 모든 단계에서 수행되어야 한다. 오늘날 디지털화가 급속도로 진행되면서 다양한 웹 및 모바일 애플리케이션이 일상 속에 자리 잡았고 이에 따라 다양한 차원에서 품질을 테스트하는 것이 매우 중요해졌다.

테스트는 새로운 관행, 프레임워크, 방법론, 도구가 생겨나며 수십 년 동안 꾸준히 발전해 왔다. 수동 테스트는 수동 탐색적 테스트로 발전했으며 현재도 매우 중요한 역할을 한다. 자동화된 테스트는 지속적 통합continuous integration(CI) 및 지속적 배포continuous deployment(CD)와 결합되어 테스트 분야에서 새롭게 떠오르고 있다. 성능, 보안, 신뢰성 등을 검증하는 교차 기능 요구 사항의 테스트 또한 지속적으로 피드백을 받아야 하며 자동화가 필요하다. 이러한 이유로 오늘날 소프트웨어 산업에서는 풀스택 테스트가 중요해지고 있다.

집필 의도

테스트 담당자로서 필자의 경험에 따르면 훌륭한 테스트 전략을 구현한 팀은 대부분 좋은 품질의 소프트웨어를 제공하는 데 성공했고 그렇지 않은 팀은 실패했다. 예를 들어 사용자 인터페이스user interface(UI) 중심의 엔드 투 엔드 테스트에만 의존해 유지 보수 작업에 많은 비용을 투입하거나 수동 테스트에만 의존해 상용 환경에서 다양한 결함이 발생하는 경우가 있었다. 일부 팀은 기능 테스트만 수행하여 비기능적인 문제를 발견하지 못했다. 전반적으로 이러한 상황은 좋지 못한 소프트웨어 품질, 불만족스러운 팀 문화, 제품의 경쟁력 부족으로 이어졌다.

테스트 분야가 정리된 지 수십 년이 지났지만 오늘날에도 여전히 테스트에 관한 이해가 다양하다는 사실이 놀랍다. 필자는 이러한 현상이 테스트 담당 인재가 부족하기 때문에 발생한 것이

---

3 옮긴이_ 이 책에서는 소프트웨어 전달 주기(software delivery cycle)를 소프트웨어 개발 수명 주기(software development life cycle, SDLC)와 비슷한 의미로 사용하고 있다. SDLC에 관한 설명은 *https://url.kr/hx435s*를 참고하기 바란다.

라 생각한다. 따라서 테스트에 관한 지식을 널리 공유하고 전파하는 일이 필요하다고 느껴 이 책을 쓰기 시작했다.

개별 테스트 도구에 관한 테스트 자습서는 이미 있지만 현업에서 사용하는 도구를 가지고 테스트 기술에 관한 일관된 설명과 실제 사례를 제공하는 자습서는 찾기 어렵다. 또한 보안 및 접근성 테스트처럼 잘 알려지지 않은 기술의 경우 초보자가 쉽게 읽을 수 있는 자료가 많지 않다. 따라서 **이 책의 목표는 테스트를 처음 접하는 사람이 오늘날의 웹 및 모바일 애플리케이션 테스트에 필요한 모든 기술을 초중급자**advanced beginner **수준 이상으로 향상시킬 수 있는 종합적인 자료가 되는 것이다.**

여기서 초중급자는 기술 습득의 단계를 다섯 단계(초급자, 초중급자, 능숙자, 숙련자, 전문가)로 분류한 드라이퍼스 모델Dreyfus model의 초중급자를 의미한다. 이 책은 10가지 테스트 기술에 관한 설명과 실용적인 예제를 통해 여러분이 두 번째 단계인 초중급자 단계로 빠르게 성장하도록 돕는다. 세 번째 단계인 능숙자 단계로 나아가기 위해서는 다양한 상황에 대한 연습이 필요한데, 이 부분은 여러분의 몫으로 남긴다.

드라이퍼스 모델

대상 독자

이 책의 대상 독자는 소프트웨어 테스트를 처음 접하는 사람과 테스트에 관한 지식을 넓히고자 하는 사람이다. 전문 테스터가 아니더라도 애플리케이션 개발자, 데브옵스 엔지니어 같이 테스트와 밀접한 관련이 있는 업무를 담당한다면 이 책이 도움이 될 것이다. 이 책의 실습을 진행하기 위해서는 자바 및 자바스크립트에 관한 기본적인 코딩 지식이 필요하다. 또한 소프트웨어 개발 프로세스를 처음 접하는 사람이라면 이 책을 읽기 전에 애자일[agile] 및 폭포수 방법론에 관한 간단한 문서를 읽어보기 바란다.

책의 구성

이 책은 풀스택 테스트에 관한 소개로 시작하며 좋은 품질의 웹 및 모바일 애플리케이션을 제공하기 위한 10가지 테스트 기술을 자세히 설명한다. 각 Chapter는 다음과 같이 구성된다.

2.1 구성 요소

먼저 8가지 탐색적 테스트 프레임워크를 살펴

2.1.1 탐색적 테스트 프레임워크

탐색적 테스트 프레임워크는 애플리케이션 관
는다. 기능을 명확화하고 구조화하여 테스트 부
리케이션에서 숫자 입력 필드를 테스트하기 위
입력을 논리적인 샘플로 구분하는 기준을 제공
다양한 사용자 흐름과 테스트 케이스를 확인하
예제를 통해 하나씩 살펴보자.

구성 요소 각 주제를 이해하기 위한 필수 항목을 나열한다. 기술을 처음 접하는 경우 '구성 요소' 절을 통해 기술에 관한 이해와 기술이 필요한 영역에 관한 인사이트를 얻을 수 있다.

4.2 CT 전략

지금까지 CT의 프로세스와 원칙을 살펴
형 전략을 수립하고 적용하는 방법을 소
앞서 예를 든 CT 프로세스는 하나의 피.
했다. 피드백 루프를 두 개의 독립적인
를 들어 정적 애플리케이션 코드 테스트
션에 대한 매크로 수준 테스트 루프로 분
계약) 테스트가 매크로 수준(API, UI,
빨리 피드백을 받을 수 있다.

전략 주어진 상황에서 기술을 적용하는 방법을 자세히 설명한다.

설정 및 워크플로

Chapter 3에서 생성한 자바-셀레니움
orders 테이블에서 주문을 가져오고 ord
자. 이 테스트는 다음과 같은 단계를 따르

1 POM 파일에 PostgreSQL JDBC dr

2 tests 패키지에 DataVerificationTes

3 [예제 5-1]의 DataVerificationTest
베이스로의 연결을 초기화하고 테스트를

실습 각 기술에 관련된 여러 도구를 다루는 방법을 단계별로 안내한다.

5.4 추가 테스트 도구

이번 절에서는 앞선 예제에서 설명한 도구
지 도구를 설명한다.

5.4.1 테스트 컨테이너

이전 절에서 진행한 실습은 테스트 과정에
해 로컬 컴퓨터에 PostgreSQL 데이터베이
별도의 테스트 환경에서 데이터베이스를 ㄱ
신에 테스트 환경의 데이터베이스를 사용할

추가 테스트 도구 '실습' 절에서 다
룬 것과 유사한 도구 또는 여러분
에게 도움이 될 수 있는 도구를 추
가로 소개한다(Chapter 3, 5, 6,
7, 8, 9, 11).

2.4 [인사이트] 테스트 환경 위생

테스트 환경은 탐색적 테스트를 수행하는 환경으로
결과에 직접적인 영향을 미친다. 다음은 테스트 환
테스트 환경에서 발생할 수 있는 문제점 및 해결 방

공용 테스트 환경과 전용 테스트 환경

대규모 팀에서는 단일 테스트 환경을 여러 하위 팀
가 테스트를 위해 환경을 조작하는 데 제약이 생긴
중단해야 하는 경우 다른 팀의 동의를 받아야 한다
위해 다른 팀과 일정을 조정하거나 일주일 주기의
용 테스트 환경을 구축하면 앞서 설명한 불편함 없
할 수 있다.

인사이트 필자의 관찰과 경험을
바탕으로 각 기술과 관련된 교훈
lessons learned 을 소개한다.

10가지 테스트 기술을 설명한 후에는 테스트 기본 원칙과 소프트 스킬을 통해 테스트 너머의
세계로 나아가는 방법을 소개한다. 신기술을 테스트하는 방법을 알고 싶은 호기심 많은 사람을
위한 추가 내용도 준비되어 있다. 〈Chapter 13 신기술 테스트 소개〉에서는 AI/ML, 블록체인,
IoT, AR/VR과 같은 최신 기술을 소개하고 각 기술을 테스트하는 간단한 방법을 설명한다.

▶▶ 목차

CHAPTER **1** 풀스택 테스트

CHAPTER **2** 수동 탐색적 테스트

CHAPTER **3** **자동화된 기능 테스트**

CHAPTER **4**   **지속적 테스트**

CHAPTER 5 데이터 테스트

CHAPTER **6** **시각적 테스트**

CHAPTER 7 보안 테스트

CHAPTER **9** **접근성 테스트**

CHAPTER 10　교차 기능 요구 사항 테스트

CHAPTER 11　모바일 테스트

풀스택 테스트

오늘날 기업은 지속 성장을 위해 디지털 전환digital transformation을 최우선 과제로 삼고 있다. 다양한 분야의 기업이 디지털 전환에 성공했으며 일부 산업은 디지털 전환 초기 단계에서 속도를 내고 있다.

기업은 디지털 전환을 통해 지역 사회에서 글로벌 규모로 비즈니스 영역을 확장할 수 있으며, 이를 통해 더 많은 고객에게 도달하고 수익을 높일 수 있다. 의료, 여행, 교육, 소셜 미디어, 금융, 엔터테인먼트와 같은 다양한 분야의 기업은 새로운 고객을 확보하고 매출을 높이기 위해 디지털 전략을 수립하고 발전시킨다.

디지털 전환과 현대화를 향한 여정 속에서 가장 중요한 것은 혁신이다. 지속적으로 혁신하는 기업은 수십 년 동안 존속하고 발전한다. 대표적인 예로 넷플릭스는 1990년대에 온라인 DVD 대여 서비스 사업자였으나 2007년에 온라인 스트리밍 서비스를 출시하여 파괴적 혁신을 이루었다. 이후 넷플릭스는 자체 콘텐츠인 넷플릭스 오리지널을 제작하며 2021년 말 기준 가입자 2억 명을 돌파한 세계 최대 동영상 스트리밍 서비스로 성장했다.[4]

기업의 혁신은 고객을 만족시키기 위한 기술의 진화로 이어졌다. 사람들은 영화표를 예매하기 위해 더 이상 줄을 서서 기다리지 않는다. 특산품을 사기 위해 차를 몰고 직접 지방으로 가거나 손으로 작성한 쇼핑 목록을 들고 다니며 물건을 찾아다니는 모습은 더 이상 찾아보기 힘들다. 기술은 일상의 모든 것을 편리하고 효율적으로 만들었다. 우리는 집에서 버튼 터치 한 번으로

---

4 https://oreil.ly/AyHBL

새로 나온 영화를 스트리밍할 수 있고 식품을 정기적으로 배송받거나 음성 명령으로 커피를 내릴 수 있다. 또한 가상 피팅룸에서 신상 원피스를 입어볼 수도 있다.

빠르게 발전하는 기술에 따라 제품은 사용자의 다양한 요구를 만족시키기 위한 경쟁력을 확보해야 한다. 웹 사이트를 제작하는 것만으로는 더 이상 충분하지 않다. 시야를 넓혀야 한다. 우버Uber와 리프트Lyft 등 모빌리티 기업은 웹 사이트뿐만 아니라 안드로이드, iOS와 같은 모바일 플랫폼을 지원하며 왓츠앱WhatsApp과 같은 챗봇으로도 서비스를 제공한다.[5] 이러한 멀티 플랫폼 전략은 그들이 글로벌 기업으로 성장하고 경쟁 우위를 확보하는 데 도움이 되었다.

아마존과 같은 대기업은 기존 고객을 활용하여 서비스와 제품을 교차 판매cross-sell하는 방식으로 확장 전략을 수립한다. 아마존은 온라인 서점으로 시작했으나 현재는 신선 식품부터 전자 제품, 의류, 보석 등에 이르기까지 다양한 제품을 판매하며 고객의 요구를 충족시키고 있다.

소프트웨어 테스트를 다루는 책에서 기업의 혁신에 관해 이야기하는 이유는 무엇일까? 현대의 소프트웨어 산업은 혁신을 통해 새로운 아이디어를 제품으로 구체화하여 전 세계의 고객에게 도달하도록 하는 비즈니스 요구 사항을 만족시켜야 하기 때문이다. 소프트웨어 개발 팀은 **좋은 품질**의 서비스를 제공해야 하는 임무의 최전선에 있다. 오늘날처럼 경쟁이 치열한 시장에서 소프트웨어 품질은 타협할 수 없는 기준이 되었다. 소프트웨어 품질이 뒤쳐지는 것은 경쟁에서 살아남을 수 없음을 의미한다. 이와 관련된 다양한 사례가 있다. 2014년 10월 인도의 대형 이커머스e-commerce 업체인 스냅딜Snapdeal과 플립카트Flipkart는 몇 달간의 준비 과정을 거쳐 축제 기간 판매 행사에서 정면으로 맞붙었다. 안타깝게도 플립카트는 '빅 빌리언 데이Big Billion Day' 세일 기간 동안 엄청난 트래픽을 감당하지 못해 웹 사이트가 여러 번 다운되었고 많은 고객과 매출을 경쟁사인 스냅딜에 빼앗겼다.[6] 이와 비슷하게 야후는 초창기 검색 엔진의 선구자였음에도 불구하고 검색 품질을 신경 쓰지 않았고,[7] 30억 사용자의 계정이 유출되는 보안 사고가 발생하여[8] 시장에서 살아남지 못했다.

고객은 더 신뢰할 수 있는 경쟁 업체로 빠르게 이동하기 때문에 참신한 제품 아이디어를 가지고 있더라도 품질에 신경 쓰지 않는다면 기업은 빠르게 침몰할 수 있다. 때로는 기업이 소프트웨어 품질보다 출시 일정을 더 고려해야 하는 상황이 생길 수 있다. 하지만 이 경우에는 추후

---

5 *https://oreil.ly/1ijA9*

6 *https://oreil.ly/C20pD*

7 *https://oreil.ly/CiYDd*

8 *https://oreil.ly/CP5ma*

해결이 필요한 기술 부채[9]가 생긴다는 점을 잘 알아야 한다. 품질은 기업이 장기적으로 살아남기 위해 신경 써야 할 필수 요소다. 좋은 품질을 유지하기 위해서는 전체 스택에 걸친 애플리케이션의 구성 요소에 주의를 기울여야 하며 숙련된 개발 역량과 꼼꼼한 테스트를 잘 결합해야 한다. Chapter 1에서는 우선 일반적인 웹 서비스와 모바일 애플리케이션을 테스트하기 위한 풀스택 테스트 개요를 소개한다.

1.1 좋은 품질을 위한 풀스택 테스트

소프트웨어 품질에 관해 먼저 알아보자. 과거에는 버그가 없는 애플리케이션과 소프트웨어 품질을 동일시했다. 하지만 오늘날 소프트웨어 세계에서 소프트웨어 품질은 단순히 버그가 없는 소스 코드만을 의미하지 않는다. 사용자 관점에서 품질을 정의하면 쉬운 사용성, 아름다운 디자인, 높은 보안성, 빠른 응답 속도, 장애 없는 서비스로 요약할 수 있다. 기업 관점에서 품질을 정의하면 높은 투자 수익률, 실시간 분석이 가능한 환경, 무중단 서비스, 벤더 독립성, 확장 가능한 인프라, 데이터 보안, 법률 규정 준수 등으로 요약할 수 있다. 이 모든 것이 오늘날 애플리케이션을 좋은 소프트웨어로 만드는 중요한 요소다. 이 요소 중 하나라도 놓치면 좋은 품질을 유지할 수 없다. 따라서 우리는 모든 요소를 꼼꼼하게 테스트해야 한다.

앞서 나열한 것들을 모두 테스트하기에는 목록이 많아 보일 수 있지만 이를 위한 다양한 도구와 방법론이 있으니 걱정하지 않아도 된다. 좋은 품질을 유지하기 위한 교두보를 마련하기 위해서는 다양한 도구에 관한 지식을 쌓고 개발 및 테스트 관점에서 주어진 상황에 맞는 도구를 잘 활용하는 능력이 중요하다. 이 책에서는 웹과 모바일 애플리케이션에 필요한 테스트 기술을 소개함으로써 좋은 소프트웨어를 개발하기 위한 발판을 마련하는 데 도움을 주고자 한다.

테스트는 간단히 말해 애플리케이션이 원하는 대로 작동하는지 검증하는 것이다. 성공적인 테스트를 위해서는 마이크로micro 수준과 매크로macro 수준에서 테스트를 수행해야 한다. 클래스의 메서드, 입력 데이터 값, 로그 메시지, 에러 코드 같은 애플리케이션의 마이크로 측면과 기능 테스트, 기능 간 통합, 엔드 투 엔드end-to-end 워크플로 같은 매크로 측면을 검증해야 한다. 더 나아가 보안, 성능, 접근성, 가용성 등 애플리케이션 전체의 품질을 고려해야 한다. 필자는

---

9   옮긴이_기술 부채란 시간이 많이 소요되는 더 나은 접근 방식 대신 쉬운 솔루션을 선택함으로써 발생하는 재작업 비용을 일컫는다.

이 모든 것을 종합하여 **풀스택 테스트**라고 부른다. [그림 1-1]과 같이 풀스택 테스트는 UI, 서비스, 데이터베이스 등 애플리케이션에 포함된 각 계층과 애플리케이션 전체를 테스트하는 것을 의미한다.

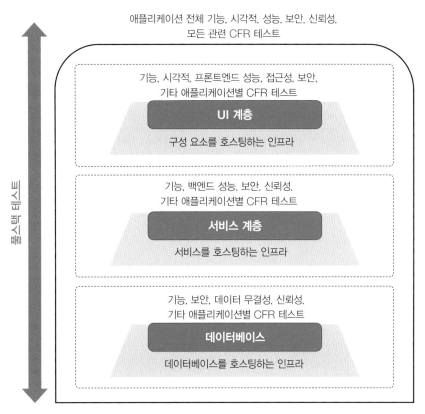

애플리케이션 전체 기능, 시각적, 성능, 보안, 신뢰성,
모든 관련 CFR 테스트

기능, 시각적, 프론트엔드 성능, 접근성, 보안,
기타 애플리케이션별 CFR 테스트

UI 계층

구성 요소를 호스팅하는 인프라

기능, 백엔드 성능, 보안, 신뢰성,
기타 애플리케이션별 CFR 테스트

서비스 계층

서비스를 호스팅하는 인프라

기능, 보안, 데이터 무결성, 신뢰성,
기타 애플리케이션별 CFR 테스트

데이터베이스

데이터베이스를 호스팅하는 인프라

풀스택 테스트

그림 1-1 풀스택 테스트

풀스택 테스트와 개발은 떼어낼 수 없는 관계다. 예를 들어 이커머스 애플리케이션의 총 주문 금액을 계산하기 위한 작은 코드 블록을 작성한다고 생각해보자. 우리는 코드가 올바른 금액을 계산하고 있는지, 계산 과정에서 보안상의 문제가 없는지 테스트해야 한다. 테스트 과정 없이 개발한다면 기능 통합 과정에서 문제가 발생할 수 있다. 테스트가 개발을 완료한 후 별도로 진행하는 독립적인 작업이라는 기존의 사고를 버려야 한다. 풀스택 테스트는 개발과 병행되어야 하며 빠른 피드백을 얻기 위해 전달 주기 내에서 수행되어야 한다. 시프트 레프트shift left는 소프트웨어 개발 초기에 테스트를 시행하는 것으로 풀스택 테스트에서 따라야 하는 핵심 원칙이다.

1.2 시프트 레프트 테스트

전통적인 소프트웨어 개발 과정은 **요구 사항 분석, 설계, 개발, 테스트** 순이며 테스트를 가장 마지막에 수행한다. 반면에 시프트 레프트 테스트는 초기 단계에서 테스트를 수행한다(그림 1-2).

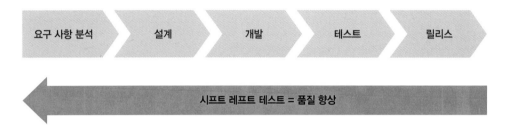

그림 1-2 시프트 레프트 테스트

이해를 돕기 위해 집을 짓는 상황에 빗대어 생각해보자. 집을 짓는 과정에서 완벽하게 시공을 마친 후에만 품질을 확인한다면 방의 크기가 정확하지 않거나 내부 벽이 하중을 견딜 만큼 강하지 않다는 것을 알게 되었을 때 어떻게 할 것인가? 시프트 레프트 테스트는 계획 단계에서 품질을 점검하고 개발 단계 전반에 걸쳐 테스트를 계속 수행함으로써 이러한 문제를 예방한다. 그리고 이를 통해 우리는 최종 결과물의 품질을 높일 수 있다.

개발 단계에서 품질 검사를 계속한다는 것은 변경 사항을 문제없이 통합하기 위해 작업마다 품질 검사를 반복하는 것을 의미한다. 집을 짓는 과정에서 내벽을 쌓을 때마다 품질을 점검하고 문제가 있을 경우 바로 수정하는 것과 같다. 시프트 레프트 테스트는 광범위한 테스트를 수행하기 위해 자동화된 테스트와 지속적 통합continuous integration(CI) 및 지속적 전달continuous delivery(CD) 프로세스에 크게 의존한다. CI/CD 프로세스는 마이크로 및 매크로 수준에서 품질 검사를 자동으로 수행하며 CI 서버에서 지속적으로 실행된다. 이는 같은 작업을 수동으로 테스트하는 것과 비교했을 때 노력과 비용이 훨씬 더 적게 든다.

시프트 레프트 테스트를 애자일과 같은 반복적인 개발 주기를 따르는 소프트웨어 개발 팀의 입장에서 생각해보자. [그림 1-3]은 시프트 레프트 방식의 품질 검사를 나타낸다.

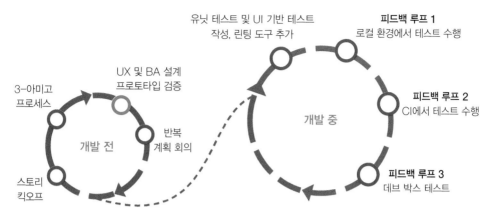

그림 1-3 시프트 레프트를 따르는 품질 검사

[그림 1-3]은 개발을 진행하기 전 요구 사항을 파악하는 단계에서부터 품질 검사를 시작하는 것을 강조한다.

- 시프트 레프트의 첫 번째 단계로 요구 사항 검증을 위한 **3-아미고 프로세스**three amigos process[10]가 진행된다. 여기서는 비즈니스 담당자, 개발자, 테스터가 모여 추가 기능을 자세히 검토한다. 담당자는 각자의 관점에서 통합, 엣지 케이스edge case, 누락된 비즈니스 요구 사항이 있는지 검토한다.
- 3-아미고 프로세스와 동시에 비즈니스 담당자는 UX 디자이너와 협력하여 애플리케이션 설계를 검증하고 개선한다.
- 앞선 두 단계를 완료하면 **반복 계획 회의**iteration planning meeting **(IPM)**를 반복 수행하여 사용자 스토리를 자세히 논의한다. 여기서 팀은 다시 한 번 일괄적으로 요구 사항을 검증할 수 있는 시간을 갖는다.
- 사용자 스토리의 개발을 시작하기 전에 **스토리 킥오프**story kickoff를 진행한다. 스토리 킥오프는 3-아미고 프로세스의 축소된 버전으로 특정 사용자 스토리의 요구 사항과 엣지 케이스를 깊이 있게 다룬다.

마찬가지로 사용자 스토리를 개발하는 동안에도 다음과 같은 품질 검사를 진행하며 이를 통해 빠른 피드백을 얻을 수 있다.

- 개발자는 각 사용자 스토리의 유닛 테스트unit test를 작성하고 CI에 통합한다. 또한 정적 코드 분석을 위해 린팅linting 도구와 플러그인을 추가하고 CI에 통합하여 지속적인 피드백을 받는다.

---

10 https://oreil.ly/WFABh

- UI 기반 기능 테스트는 개발자 또는 테스터가 작성한다. 개발자가 작성하는 경우 사용자 스토리 개발 과정에서 테스트를 작성해 CI에 통합한다. 테스터가 작성하는 경우에는 개발 후 테스트 단계에서 작성한다.
- 첫 번째 피드백은 최신 변경 사항을 커밋commit하기 전 개발자의 로컬 환경에서 실행되는 자동화된 테스트를 통해 받는다.
- 두 번째 피드백은 커밋 후 CI에서 실행되는 자동화된 테스트(유닛, 서비스, UI 등)에서 받는다.
- 세 번째 피드백은 데브 박스dev-box 테스트[11]라 불리는 과정에서 받는다. 데브 박스 테스트 과정에서는 비즈니스 담당자, 테스터, 개발자의 컴퓨터에서 수동 탐색적 테스트를 빠르게 수행하여 새로 개발한 기능을 빠르게 검증한다.

빠르게 피드백을 받는 데 중점을 두기 때문에 팀은 개발 후 수동 테스트 과정에서 얻을 수 있었던 피드백의 절반을 미리 받을 수 있다. 다시 말해, 팀은 단순히 테스트를 초기 단계로 이동시켰을 뿐이지만 테스터는 기능의 작동을 검증하는 것 외에도 다양한 품질 측면에서 사용자 스토리를 충분히 탐색할 기회를 얻는다.

이와 같이 시프트 레프트 테스트는 요구 사항에 대한 여러 번의 검증과 개발자의 로컬 환경 또는 CI 환경의 검증을 통해 초기에 결함을 발견할 수 있다. 또한 테스터에게 다양한 품질 측면을 상세하게 탐색할 수 있는 기회를 제공하여 좋은 소프트웨어를 만들도록 돕는다.

> NOTE 익스트림 프로그래밍eXtreme Programming(XP)은 시프트 레프트 테스트를 통합한 애자일 소프트웨어 개발 프레임워크다. XP 방법론과 관행을 자세히 알고 싶다면 켄트 벡Kent Beck의 『익스트림 프로그래밍 2판』 (인사이트, 2006)을 읽어보기 바란다.

소프트웨어 개발 초기 과정에 테스트를 통합하는 개념은 기능적 애플리케이션 테스트에만 국한되지 않는다. 보안 테스트, 성능 테스트 등 일반적인 테스트에 적용할 수 있다. 예를 들어 보안 분야에 시프트 레프트를 적용한다면 코드를 커밋하기 전에 탈리스만Talisman과 같은 코드의 보안 취약점을 스캔하는 도구를 실행하도록 통합할 수 있다.

시프트 레프트는 소프트웨어 개발의 모든 단계에서 다양한 역할의 구성원이 품질 검사에 참여하기 때문에 '품질은 팀 전체의 책임이다'를 강조한다. 좋은 품질의 소프트웨어를 제공하기 위해서는 팀 구성원 모두가 다양한 품질 테스트 기술 역량을 쌓아야 한다.

---

11 옮긴이_개발자의 컴퓨터에서 수행하는 자동화된 테스트를 말한다.

1.3 10가지 풀스택 테스트

과거에는 테스트를 수동 테스트와 자동 테스트로 나누는 경향이 있었다. 하지만 지난 수십 년 동안 기술이 발전하면서 고품질의 웹, 모바일 애플리케이션을 제공하기 위한 다양한 품질 테스트가 생겨났다. [그림 1-4]는 풀스택 테스트를 효율적으로 수행하기 위한 10가지 테스트를 나타낸다.

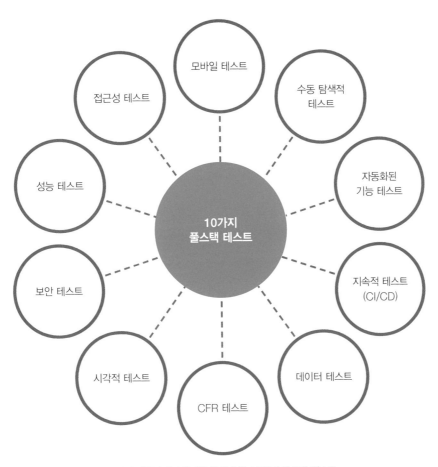

그림 1-4 고품질의 웹, 모바일 애플리케이션 제공에 필요한 10가지 풀스택 테스트

이번 절에서는 10가지 풀스택 테스트를 간략히 알아보자.

① 수동 탐색적 테스트

수동 탐색적 테스트는 수동 테스트와는 다르다. 수동 테스트는 주어진 요구 사항을 단순히 확인하는 것을 의미하며 분석적 사고를 요구하지 않는다. 반면 수동 탐색적 테스트는 사용자 스토리에 기록된 것 외에도 다른 시나리오를 도출하고, 테스트 환경에서 시뮬레이션하고, 애플리케이션의 작동을 관찰하는 기술이다. 수동 탐색적 테스트는 논리적이고 분석적인 사고를 요구하며 버그 없는 애플리케이션을 만들기 위해 반드시 필요한 기술이다. Chapter 2에서 탐색적 테스트를 구조화하기 위한 다양한 방법론과 접근 방법을 설명한다.

② 자동화된 기능 테스트

자동화된 기능 테스트는 사람의 개입 없이 자동으로 요구 사항을 테스트하는 것으로, 앞서 설명한 시프트 레프트 테스트의 핵심 중 하나다. 테스트를 자동화하면 애플리케이션의 규모가 커졌을 경우 수동 테스트 작업의 부담을 줄일 수 있다. 이를 위해 다양한 애플리케이션 계층에서 테스트를 작성하는 데 사용할 수 있는 도구를 알아야 한다. 또한 자동화된 테스트의 안티 패턴을 찾고 이를 피할 수 있어야 한다. Chapter 3에서 자동화된 기능 테스트의 다양한 측면을 설명한다.

③ 지속적 테스트

CD는 대규모 단일 릴리스 대신, 짧은 주기로 사용자에게 점진적으로 피드백을 제공하는 방식이다. CD를 통해 기업은 조기에 수익을 창출하고 사용자의 피드백을 기반으로 제품 전략을 빠르게 평가하고 조정할 수 있다. CD를 위해서는 애플리케이션이 항상 릴리스 준비 상태를 유지할 수 있도록 지속적으로 테스트해야 한다. 가장 현명한 방법은 품질 검사를 CI/CD 파이프라인에 통합하고 자동화하여 테스트를 간편하게 자주 실행하는 것이다. 지속적 테스트 continuous testing (CT)는 팀이 빠르게 피드백을 받고 CI/CD 파이프라인에 테스트를 효율적으로 통합할 수 있도록 각 단계에서 어떤 유형의 자동화된 테스트를 수행해야 하는지 결정하는 것을 포함한다. 이 내용은 Chapter 4에서 자세히 논의한다.

4 데이터 테스트

'데이터가 곧 돈이다' 또는 '데이터는 미래의 석유다'라는 말을 한 번쯤 들어봤을 것이다. 이는 오늘날 데이터 무결성을 위한 테스트가 얼마나 중요한지 강조한다. 사용자의 데이터가 손실되어 사용자에게 잘못된 데이터를 보여준다면 애플리케이션은 사용자의 신뢰를 잃을 수 있다. 데이터 테스트는 웹과 모바일 애플리케이션에서 일반적으로 사용되는 다양한 유형의 데이터 저장 및 처리 시스템(데이터베이스, 캐시, 이벤트 스트림 등)에 관한 지식과 적절한 테스트 케이스를 도출할 수 있는 능력을 필요로 한다. Chapter 5에서 이러한 주제를 논의한다. 기능 흐름과는 별개로 애플리케이션 구성 요소 간 데이터 흐름에 대한 새로운 테스트 케이스를 생성하는 방법을 다룬다.

5 시각적 테스트

애플리케이션의 룩앤필^{look and feel}은 기업의 브랜드 가치에 크게 기여한다. 특히 수백만 명이 사용하는 B2C 제품의 경우, 낮은 시각적 품질은 브랜드 가치에 즉각적으로 악영향을 미칠 수 있다. 따라서 애플리케이션에 대해 시각적 테스트를 수행하여 사용자에게 조화로움과 쾌적함을 제공할 수 있는지 검증해야 한다. 시각적 테스트를 위해서는 웹 애플리케이션의 UI 구성 요소가 서로 상호 작용하는 방식을 이해해야 한다. 시각적 테스트는 기능 테스트와는 다른 방식의 도구를 사용하여 자동화된다. Chapter 6에서 시각적 테스트 자동화와 기능 테스트 자동화의 차이점을 설명한다.

6 보안 테스트

보안 침해는 오늘날 전 세계적으로 빈번하게 발생하고 있다. 페이스북과 트위터 같은 대기업도 예외는 아니다. 보안 문제는 민감한 정보의 유출, 법적 처벌, 브랜드 평판 측면에서 사용자와 기업 모두에게 막대한 손해를 입힌다. 지금까지의 보안 테스트는 개발이 끝날 무렵에 보안 문제를 찾기 위해 진행됐다. 하지만 전문적인 보안 테스트 인력이 부족하고 보안 침해 사례가 증가함에 따라 소프트웨어 개발 팀은 기본 보안 테스트를 일상적인 작업의 일부로 통합하는 것이 좋다. Chapter 7에서 자동화된 보안 스캔 도구를 활용하여 해커의 관점에서 애플리케이션 기능의 보안 문제를 찾는 방법을 논의한다.

7 성능 테스트

앞서 플립카트 사례에서 설명한 것과 같이 애플리케이션의 성능이 조금만 떨어져도 기업의 매출과 평판에 막대한 손실이 발생할 수 있다. 성능 테스트는 서로 다른 애플리케이션 계층에서 주요 성능 지표를 측정하는 것을 포함한다. 성능 테스트 또한 자동화하고 CI 파이프라인에 통합하여 지속적인 피드백을 얻을 수 있다. Chapter 8에서 성능 테스트와 관련된 도구를 소개하고 이를 활용한 시프트 레프트 성능 테스트 전략을 논의한다.

8 접근성 테스트

오늘날 웹과 모바일 애플리케이션은 우리의 일상이 되었다. 장애를 가진 사람이 애플리케이션을 쉽게 이용할 수 있도록 하는 것은 많은 나라에서 법적으로 의무화되었으며, 이는 윤리적으로도 옳은 일이다. 접근성 테스트를 이해하려면 먼저 법에서 요구하는 접근성 기준을 알아야 한다. 그런 다음 수동 또는 자동화된 접근성 감사 도구를 사용해 이러한 기준을 충족하는지 확인해야 한다. Chapter 9에서 접근성 기능을 통합하는 것이 기업에게 어떤 도움을 주는지 논의한다.

9 교차 기능 요구 사항 테스트

교차 기능 요구 사항cross-functional requirement**(CFR)**은 가용성availability, 확장성scalability, 유지 보수성maintainability, 관찰 가능성observability과 같은 요구 사항을 포함한다. 일반적으로 기능적 요구 사항이 가장 많은 관심을 끌지만 애플리케이션의 품질을 결정짓는 중요한 요소는 CFR이다. CFR 테스트를 만족시키지 못한다면 기업, 소프트웨어 팀, 최종 사용자 모두에게 실망스러운 결과를 안겨줄 것이다. 따라서 CFR 테스트는 가장 기본적인 테스트다. Chapter 10에서 다양한 CFR 요구 사항을 검증하기 위한 방법론과 도구에 관해 논의한다.

> **NOTE** CFR은 **비기능 요구 사항**non-functional requirement**(NFR)**이라고 불리기도 한다. 두 용어 사이의 미묘한 차이는 Chapter 10에서 자세히 다룬다.

10 모바일 테스트

2021년 기준 구글 플레이와 애플 앱 스토어에 등록된 앱의 수는 총 570만 개에 달한다.[12] 모바일 앱의 수가 폭발적으로 증가한 주요 원인은 모바일 기기 이용 증가에 있다. 웹 분석 회사인 글로벌 스탯Global Stats의 2016년 발표에 따르면 전 세계 모바일 및 태블릿 기기의 인터넷 사용량은 데스크톱의 인터넷 사용량을 초과했다.[13] 따라서 오늘날 모바일 애플리케이션을 테스트하고 모바일 장치 간 웹 사이트 호환성을 테스트하는 것은 매우 중요하다.

모바일 애플리케이션을 테스트하기 위해서는 앞서 언급한 모든 기술이 필요하지만 사고방식의 변화도 필요하다. 또한 모바일 애플리케이션에서 다양한 품질 검사를 수행하려면 모바일 테스트 도구를 학습해야 한다. Chapter 11에서 모바일 환경의 특성과 모바일 테스트 방법을 설명한다.

10가지 풀스택 테스트를 함께 사용하면 웹과 모바일 애플리케이션의 모든 측면에서 품질을 테스트할 수 있다. 앞에서 언급한 바와 같이 팀의 모든 구성원이 테스트 기술에 관해 일정 수준의 역량을 습득하는 것이 중요하다. 이제 Chapter 2로 넘어가 각각의 기술을 실용적인 예제와 함께 알아보자.

요점 정리

• 소프트웨어 품질은 더 이상 기능적인 측면에서만 평가할 수 없다. 보안, 성능, 시각적 품질과 같은 애플리케이션의 전반적인 부분을 만족시키지 못한다면 좋은 품질의 소프트웨어라고 할 수 없다.

• 풀스택 테스트는 모든 계층에서 애플리케이션의 모든 영역을 테스트하여 좋은 품질의 소프트웨어를 제공하는 것을 의미한다.

• 풀스택 테스트를 통해 좋은 품질의 소프트웨어를 제공하려면 시프트 레프트 방식을 따라 전달 주기 내에서 지속적으로 테스트를 수행해야 한다.

---

12 https://oreil.ly/L47MG
13 https://oreil.ly/mL3YF

- 시프트 레프트 테스트는 '품질은 팀 전체의 책임이다'라는 격언을 구체화한다. 팀의 모든 역할이 서로 다른 단계에서 품질 검사를 수행하므로 모든 팀 구성원은 다양한 수준에서 관련 테스트 기술을 습득하여 스스로의 역량을 키워야 한다.

- 전통적인 테스트 기술은 수동 테스트와 자동 테스트로 나뉘지만 오늘날에는 풀스택 테스트를 수행하는 데 필요한 새로운 테스트 기술이 생겨났다. 여기서는 웹과 모바일 애플리케이션에서 좋은 품질의 애플리케이션을 제공하기 위한 10가지 테스트를 소개했다. 이제부터 각 기술에 관해 자세히 알아보자.

Chapter 2 수동 탐색적 테스트

> Not all those who wander are lost.
> 방황하는 사람 모두가 길을 잃는 것은 아니다.
>
> — J. R. R. 톨킨 J.R.R. Tolkien

수동 탐색적 테스트는 요구 사항 문서나 사용자 스토리에 없는 다양한 상황에서 애플리케이션의 작동을 탐색하고 이해하는 활동이다. 탐색적 테스트를 통해 분석 또는 개발 단계에서 예상하지 못한 새로운 사용자 흐름 user flow 이나 버그를 발견하기도 한다(이 경우 발견한 담당자의 분석 능력과 예리한 관찰 능력이 높이 평가된다).

일반적으로 수동 탐색적 테스트는 전체 애플리케이션이 배포된 테스트 환경에서 수행된다. 테스터는 다양한 실시간 시나리오를 시뮬레이션하고 애플리케이션의 작동을 관찰하기 위해 데이터베이스, 서비스, 백그라운드 프로세스 등 애플리케이션의 다양한 구성 요소를 원하는 대로 자유롭게 조작한다. 이는 사용자 스토리 또는 요구 사항 문서에 기술된 특정 작업을 수동으로 실행하고 명시된 대로 잘 작동하는지 검증하는 기존의 수동 테스트와는 다르다. 수동 테스트는 분석 기술이 필요하지 않은 반면 탐색적 테스트는 문서화된 것 이상으로 나아가 애플리케이션에 관해 알려지지 않은 것을 탐구한다.

수동 테스트와 탐색적 테스트가 서로 비슷하기 때문에 일부 팀은 탐색적 테스트의 가치를 과소평가한다. 또한 사용자 스토리 작성 및 개발 단계에서 분석이 수행되므로 수동 탐색적 테스트가 필요하지 않다는 인식도 종종 있다. 하지만 사용자 스토리 작성 과정의 분석은 주로 비즈니스 관점에서 수행되며, 개발 과정에서의 분석은 개발자가 현재 기능 범위에 초점을 맞추기 때문에 시야가 한정된다. 수동 테스트는 최종 사용자의 관점에서 애플리케이션을 탐색하지 않고 배포된 환경을 다양한 관점에서 검토하지 않으므로 통합 문제와 최종 사용자 흐름을 놓칠 가능성이 있다. 따라서 팀은 개발 후 테스트 과정에서 수동 탐색적 테스트를 반드시 수행해야 한다.

> **NOTE** 탐색적 테스트는 비즈니스 요구 사항, 기술 구현 세부 사항, 최종 사용자의 요구 사항을 종합하여 수행되며 3가지 측면을 모두 만족시키는 것을 목표로 한다. 탐색적 테스트를 통해 발견한 새로운 사용자 흐름과 테스트 케이스test case는 이후 자동화된 기능 테스트에 포함하는 것이 좋다.

탐색적 테스트는 별도의 담당자를 지정하지 않아도 된다. 물론 애플리케이션에 관한 축적된 지식이 있는 담당자가 있다면 날카로운 관찰과 분석 기술을 통해 더 좋은 결과를 낼 수 있을 것이다. 하지만 비용과 리소스에 여유가 없다면 기존 팀 구성원이 돌아가며 탐색적 테스트를 수행하면 된다. 실제로 팀 전체가 탐색적 테스트에 참여하는 것은 구성원의 업무 성과 향상에 도움이 될 수 있다.

Chapter 2에서는 탐색적 테스트를 지원하는 프레임워크와 접근 전략을 소개한다. 특히 웹 UI와 API application programming interface를 예제로 다룬다. 또한 수동 탐색적 테스트에서 중요한 역할을 하는 테스트 환경을 잘 관리하기 위한 유용한 팁을 소개한다.

일반적 용어

다음은 이제부터 사용할 일반적 용어를 정리한 것이다.

- **기능** feature 또는 functionality : 애플리케이션이 최종 사용자에게 가치를 제공하는 방법이다. 예를 들어 로그인 기능은 최종 사용자에게 보안을 제공한다.

- **사용자 흐름**: 최종 사용자가 기능이 제공하는 가치를 얻기 위해 애플리케이션에서 수행하는 일련의 작업이다. 예를 들어 로그인 사용자 흐름에서 최종 사용자는 로그인을 하기 위해 자격 증명을 입력하고 로그인한다.

- **테스트 케이스**: 기능이 원하는 대로 작동하는지 검증하는 일련의 작업이다. 유효한 사용자 이름과 암호를 입력한 후 로그인 성공 여부를 확인하는 것이 테스트 케이스다. 마찬가지로 잘못된 사용자 이름을 입력하여 오류 메시지가 나타나는지 확인하는 것 또한 테스트 케이스다. 전자는 최종 사용자가 기능이 제공하는 가치

를 얻는 데 성공하기 때문에 긍정적 테스트 케이스^{positive test case}라 하고, 후자는 실패하기 때문에 부정적 테스트 케이스^{negative test case}라 한다. 기능을 완전히 탐색하려면 긍정적 테스트 케이스와 부정적 테스트 케이스를 모두 시뮬레이션하고 관찰해야 한다.

- **엣지 케이스**: 매우 드물게 발생하는 부정적 테스트 케이스로, 시스템이 기대하지 않은 값을 입력하거나 비정상적으로 시스템을 조작하는 테스트 케이스를 말한다.

2.1 구성 요소

먼저 8가지 탐색적 테스트 프레임워크를 살펴보자.

2.1.1 탐색적 테스트 프레임워크

탐색적 테스트 프레임워크는 애플리케이션 관련 콘텍스트를 직관적으로 이해할 수 있도록 돕는다. 기능을 명확화하고 구조화하여 테스트 범위를 좁히는 것을 목표로 한다. 예를 들어 애플리케이션에서 숫자 입력 필드를 테스트하기 위해 가능한 숫자 값을 무작위로 테스트하는 대신, 입력을 논리적인 샘플로 구분하는 기준을 제공한다. 마찬가지로 비즈니스 규칙을 구조화하여 다양한 사용자 흐름과 테스트 케이스를 확인하는 데 도움이 되는 다양한 프레임워크가 있다. 예제를 통해 하나씩 살펴보자.

첫 번째 예로 사용자가 소득을 입력하면 지불해야 할 세금을 출력하는 웹 페이지를 생각해보자. 웹 페이지의 오른쪽에는 [그림 2-1]과 같이 계산에 사용된 과세 표준 구간이 표시된다.

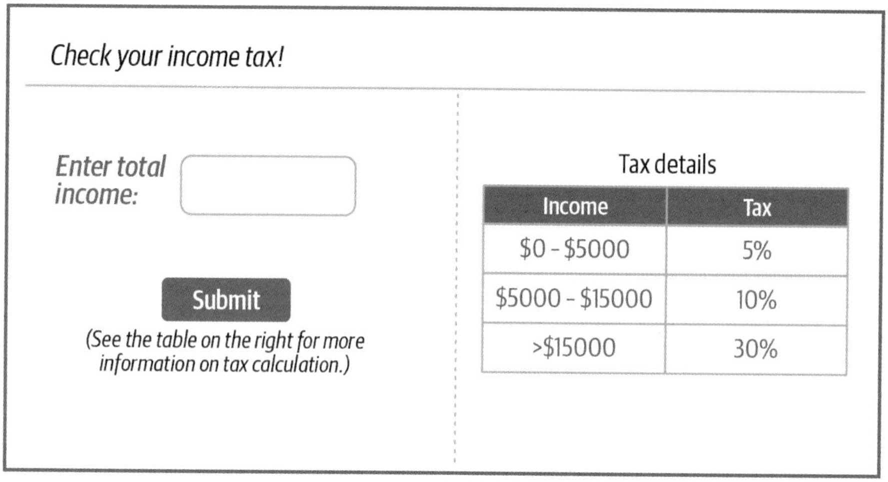

Check your income tax!

Enter total income: [   ]

Submit

(See the table on the right for more information on tax calculation.)

Tax details

Income	Tax
$0 - $5000	5%
$5000 - $15000	10%
>$15000	30%

그림 2-1 간단한 세금 계산기 예제

세금 계산기의 로직이 원하는 대로 작동하는지 테스트하려면 긍정적 테스트 케이스와 부정적 테스트 케이스에서 입력할 값을 식별해야 한다. 여기서 주목할 점은 입력할 소득이 0에서 무한대까지의 숫자 값이라는 것이다. 우리는 올바른 숫자 입력 값 집합을 논리적으로 좁히고 출력 값을 검증해야 한다. 이를 위한 두 가지 프레임워크로 동등 클래스 분할equivalence class partitioning 과 경곗값 분석boundary value analysis이 있다.

① 동등 클래스 분할

동등 클래스 분할 프레임워크는 동일한 출력 값을 얻거나 유사한 처리를 수행하는 입력을 파티션 클래스로 분할하고 각 파티션에서 하나의 샘플 입력만 선택하여 전체 기능을 테스트한다.

이를 세금 계산기 예제에 적용하면 첫 번째 파티션 클래스 집합은 과세 표준 구간([0 − 5000], [5001 − 15000], [>15000])이 된다. 각 클래스 내의 입력에는 동일한 규칙이 적용되기 때문에 세 클래스는 동등 클래스 조건을 만족시킨다. 여기서 긍정적 테스트 케이스를 검증하려면 각 클래스에서 하나씩 입력 값을 선택하여 총 3개의 입력 데이터로 테스트하면 된다. 예를 들어 2,000, 10,000, 20,000 값을 입력으로 테스트하면 긍정적 테스트 케이스를 검증할 수 있다. 다음으로 동일한 프레임워크를 적용하여 부정적 테스트 케이스를 도출할 수 있다. 오류가 발생하는 입력 클래스는 음수 값, 문자, 기호 등이 있다. 각 클래스에서 하나의 값을 선택하면 부정적 테스트 케이스를 검증할 수 있다.

수동 탐색적 테스트 외에도 동등 클래스 분할 프레임워크는 유닛 테스트에서 유용하게 활용된다(유닛 테스트는 〈Chapter 3 자동화된 기능 테스트〉에서 자세히 다룬다). 또한 시간 기반 결과 테스트(이벤트 전후), 시스템 내부 상태 등 애플리케이션의 다른 콘텍스트에도 적용될 수 있다.

2 경곗값 분석

경곗값 분석은 각 클래스의 경계 조건을 명시적으로 확인하며 동등 클래스 분할 방법을 확장한다. 경곗값 분석은 경계 조건이 모호하게 정의되고 부적절하게 구현되는 경우에 도움이 된다. 예를 들어 세금 계산기에서 과세에 대한 요구 사항이 '5,000달러 이하의 소득에 대해서는 5%의 세금, 5,000달러에서 15,000달러 사이의 소득에 대해서는 10%의 세금, 15,000달러 이상의 소득에 대해서는 30%의 세금'으로 명시되어 있을 수 있다. 이 경우에 경계 조건인 5,000달러와 15,000달러 값이 어떤 클래스에 속해야 하는지 명확하지 않다. 경곗값 분석 프레임워크는 이러한 문제에 관심을 갖고 클래스 범위 내에서 입력을 선택하는 것 외에도 각 동등 클래스의 경곗값을 테스트한다.

앞서 설명한 동등 클래스의 경곗값을 분석하여 세금 계산기 예제에 적용해보자. 첫 번째 클래스인 [0 – 5000]은 경곗값으로 0과 5,000을 가진다. 하지만 소득이 0일 때는 세금이 없어야 한다. 따라서 다음과 같이 [0]과 [1 – 5000]의 새로운 동등 클래스를 생성한다. 모든 긍정적 테스트 케이스를 다루기 위해 테스트해야 하는 경곗값은 [그림 2-2]와 같이 [0, 1, 5000, 5001, 15000, 15001]이다.

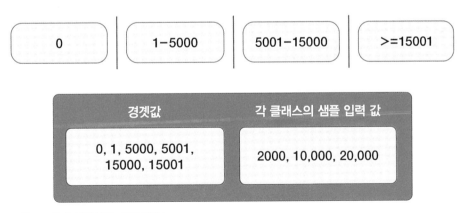

경곗값	각 클래스의 샘플 입력 값
0, 1, 5000, 5001, 15000, 15001	2000, 10,000, 20,000

그림 2-2 경계 조건이 있는 동등 클래스

예제에서 알 수 있듯이 동등 클래스 분할과 경곗값 분석은 테스트 프레임워크지만 분석부터 시작하여 모든 전달 단계에 적용할 수 있다.

앞서 설명한 두 가지 프레임워크는 단일 필드의 입력 값을 구조화하고 긍정적, 부정적 테스트로 변환하는 데 도움이 된다. 이제 여러 입력 조합이 서로 다른 출력 결과를 생성하는 약간 더 복잡한 시나리오를 다루는 프레임워크를 알아보자. 이번에는 이메일 주소와 비밀번호를 입력으로 사용하는 로그인 페이지를 예제로 상태 전환state transition, 의사결정 테이블decision table, 인과관계cause-effect 프레임워크를 활용한 테스트 케이스 시각화 방법을 소개한다.

③ 상태 전환

상태 전환 프레임워크는 입력 기록을 기반으로 애플리케이션의 작동이 변경되는 상황에서 테스트 케이스를 도출하는 데 유용하다. 예를 들어 로그인 페이지는 사용자가 잘못된 비밀번호를 처음 입력했을 때와 두 번째로 입력했을 때는 오류 메시지를 표시하지만 세 번째에는 계정이 잠긴다. 이러한 시나리오에서는 [그림 2-3]과 같이 전환 트리를 그려 테스트 케이스를 도출할 수 있다. 전환 트리에서 각 노드는 애플리케이션의 상태를 나타낸다. 작동의 결과는 하위 노드로 표시되며 결과를 트리거하는 작업/이벤트는 분기 레이블로 표시된다.

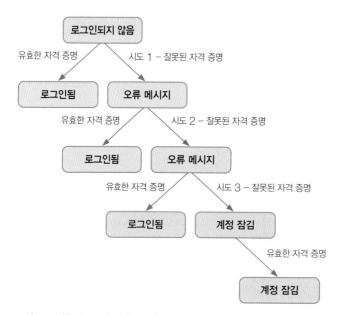

그림 2-3 잘못된 로그인 시나리오의 상태 전환 트리

상태 트리는 각 테스트 케이스의 시작 상태, 상태 변경 작업, 예상 결과를 명확하게 표현한다. 이러한 시각화는 상태 및 전환의 수를 명확히 하여 기능 테스트에 필요한 작업의 양을 추정하는 데 도움이 된다.

상태 전환은 예제의 로그인 시나리오보다 훨씬 더 복잡해질 수 있다. 예를 들어 주문 관리 시스템에서는 주문이 지불 완료, 보류, 발송, 완료와 같은 다양한 상태 값을 갖는다. 이 경우 각 상태 및 가능한 다음 상태로의 작업을 시각화하면 기능 자체에 관한 명확한 개요를 얻을 수 있다.

4 결정 테이블

결과를 산출하기 위한 입력이 논리 값(AND, OR 등)인 경우 결정 테이블을 사용해 테스트 케이스를 도출할 수 있다. 결정 테이블을 사용하면 가능한 모든 입력 조합과 예상 출력을 미리 표에 표시하기 때문에 테스트 시간을 절약할 수 있다. 로그인 예제에서 이메일과 비밀번호는 AND 연산자에 의해 논리적으로 바인딩된다. 올바른 이메일과 비밀번호를 입력하면 로그인에 성공한다. 로그인 예제 시나리오를 위해 생성한 결정 테이블은 [표 2-1]과 같다.

표 2-1 로그인 시나리오의 결정 테이블

결정 테이블		테스트 케이스 1	테스트 케이스 2	테스트 케이스 3	테스트 케이스 4
입력	이메일	True	False	False	True
	비밀번호	False	True	False	True
출력	로그인됨	–	–	–	True
	에러 메시지	True	True	True	–

결정 테이블 방식에서는 불필요한 테스트 케이스를 제거하여 테스트 시간을 절약할 수 있다. 예를 들어 로그인 시나리오에서 테스트 케이스 3은 이메일과 비밀번호 중 하나라도 틀리면 로그인이 실패하기 때문에 제거할 수 있다.

5 인과관계 그래프

인과관계 그래프는 논리적으로 연결된 입력과 결과를 시각화한다. 인과관계 그래프 프레임워크를 사용하면 기능을 한눈에 파악할 수 있어 분석 단계에서 특히 도움이 된다. 그래프를 생성

한 후에는 이를 결정 테이블로 변환하여 자세한 테스트 케이스를 도출할 수 있다. [그림 2-4]
는 로그인 예제를 인과관계 그래프로 나타낸 것이다.

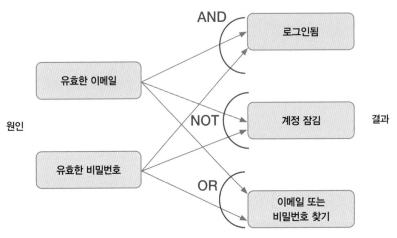

그림 2-4 로그인 시나리오의 인과관계 그래프

원인과 결과는 서로 다른 쪽에 배치되며 탐색 경로는 논리 연산자를 통해 원인과 결과 사이에
배치된다.

지금까지 살펴본 프레임워크는 서로 관련된 입력을 구성하는 데 유용하다. 이어서 여러 개의
독립적인 변수와 대규모 데이터셋을 처리하는 데 도움이 되는 두 가지 프레임워크를 알아보자.

6 페어와이즈 테스트

우리는 종종 애플리케이션에서 두 개 이상의 입력 값을 처리해야 한다. 이 경우 다양한 입력 값
의 조합을 관리하고 테스트 케이스를 도출하는 데 어려움을 겪는다. 페어와이즈 테스트pairwise
testing는 올 페어 테스트all-pairs testing라고도 하며, 여러 개의 독립적인 변수/입력에서 결과를 도
출할 때 테스트 케이스 최소화에 도움이 되는 프레임워크다. 간단한 예제를 통해 페어와이즈
테스트가 어떻게 작동하는지 알아보자.

운영체제operating system(OS) 유형, 장치 제조업체, 해상도와 같은 3가지 독립적인 입력을 사용
하는 케이스를 생각해보자. OS 필드에는 안드로이드와 윈도우 두 가지 값을 사용할 수 있다.

장치 제조업체 필드에는 삼성, 구글, 오포 3가지 값을 사용할 수 있다. 마지막으로 해상도 필드에는 Small, Medium, Large 3가지 값을 사용할 수 있다. 테스트에 사용할 수 있는 모든 경우의 수는 [표 2-2]와 같이 총 18($2 \times 3 \times 3 = 18$)개가 된다.

표 2-2 페어와이즈 테스트를 적용하지 않은 테스트 케이스

테스트 케이스	장치	해상도	OS
1	삼성	Small	안드로이드
2	삼성	Medium	안드로이드
3	삼성	Large	안드로이드
4	구글	Small	안드로이드
5	구글	Medium	안드로이드
6	구글	Large	안드로이드
7	오포	Small	안드로이드
8	오포	Medium	안드로이드
9	오포	Large	안드로이드
10	삼성	Small	윈도우
11	삼성	Medium	윈도우
12	삼성	Large	윈도우
13	구글	Small	윈도우
14	구글	Medium	윈도우
15	구글	Large	윈도우
16	오포	Small	윈도우
17	오포	Medium	윈도우
18	오포	Large	윈도우

페어와이즈 테스트는 주어진 입력 쌍이 독립 변수이므로 한 번만 검증하면 충분하다고 본다. 이렇게 하면 [표 2-3]과 같이 테스트 케이스가 9개로 줄어든다.

표 2-3 페어와이즈 테스트를 적용해 줄어든 테스트 케이스

테스트 케이스	장치	해상도	OS
1	오포	Small	안드로이드
2	삼성	Small	윈도우
3	구글	Small	안드로이드
4	오포	Medium	윈도우
5	삼성	Medium	안드로이드
6	구글	Medium	윈도우
7	오포	Large	안드로이드
8	삼성	Large	윈도우
9	구글	Large	안드로이드

새로운 요약 테이블은 여러 쌍의 반복을 줄였다. 예를 들어 [구글, Medium], [구글, 윈도우] 쌍은 이제 한 번만 검증한다.

7 샘플링

지금까지 우리는 도구의 도움 없이 사람의 두뇌로 처리할 수 있는 작은 입력을 다뤘다. 대규모 데이터셋을 테스트할 경우에는 어떻게 해야 할까? 예를 들어 기존의 보험 시스템을 새로운 시스템으로 마이그레이션한 경우 보험 관련 세부 정보가 새로운 시스템으로 올바르게 이전되었는지 테스트해야 한다. 기존의 보험 시스템에는 수백만 명의 사용자가 있을 수 있기 때문에 앞서 설명한 프레임워크를 테스트 케이스 도출에 적용할 수 없다. 예를 들어 사용자마다 연령, 보험료, 계약 기간, 유형 등이 다르기 때문에 동등 클래스 분할을 적용할 수 없으며, 반복 쌍을 식별하고 제거하기에는 변수가 너무 많아 페어와이즈 테스트를 적용할 수 없다. 이러한 경우 샘플링 방식을 적용하는 것이 적합하다.

샘플링은 연속적이고 규모가 큰 모든 입력에 적용 가능하다. 일반적으로 무작위 샘플링 또는 기준별 샘플링 중 하나를 선택하여 테스트에 사용할 하위 집합을 추출한다(그림 2-5).

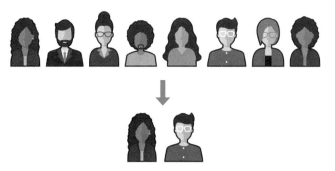

그림 2-5 무작위 샘플링 또는 기준별 샘플링으로 선정한 데이터셋

무작위 샘플링은 데이터셋에서 데이터를 무작위로 선택하고 검증한다. 예를 들어 1,000명의 사용자가 있는 경우 기존 시스템에서 50~100명의 사용자를 임의로 선택하고 기존 데이터와 새로운 시스템에 저장된 데이터를 비교한다. 기준별 샘플링은 데이터셋에서 몇 가지 일반적인 특성을 식별하여 샘플을 선택한다. 예를 들어 보험 시스템에서는 연령, 계약 기간, 지급 방식, 직업 등 사용자별 기준과 지급 간격, 보험료 등 보험 정책별 기준을 기반으로 샘플을 선택한다. 각 기준에 대한 샘플 데이터의 수를 데이터 집합의 실제 분포에 비례하도록 하여 추출 방식을 개선할 수도 있다. 이렇게 하면 대표적인 미니 데이터셋을 만들고 모든 종류의 테스트 케이스를 다룰 수 있다.

이제 마지막으로 우리의 분석력과 논리적인 사고 능력을 통해 탐색하는 오류 추측 프레임워크에 관해 알아보자.

8 오류 추측

오류 추측은 통합 실패, 입력 유효성 검사 실패, 경계 케이스 문제와 같이 일반적으로 발생할 수 있는 실패를 과거의 경험과 기술에 관한 이해를 기반으로 예측하는 것을 말한다.

다음은 필자의 경험에 따라 정리한 일반적인 오류 유형이다.

- 잘못된 값, 빈 값에 대한 유효성 검사가 누락되거나 사용자가 입력을 수정하도록 지시하는 적절한 오류 메시지가 없는 경우
- 데이터 유효성 검사 실패, 기술 및 비즈니스 오류에 대해 명확하지 않은 HTTP 상태 코드를 반환하는 경우
- 도메인, 데이터 유형, 상태 등에 따라 경계 조건이 처리되지 않은 경우

- UI 측에서 서버 다운, 응답 시간 초과 등 기술적 오류를 처리하지 않은 경우

- 페이지 전환, 데이터 새로 고침 중 UI 문제가 발생하는 경우

- like, equals와 같은 SQL 키워드를 혼용해서 사용해 결과가 변경되는 경우

- 오래된 캐시, 정의되지 않은 세션 타임아웃이 존재하는 경우

- 사용자가 브라우저에서 뒤로 가기 버튼을 클릭할 때 요청을 다시 전송하는 경우

- 여러 OS 플랫폼에서 파일을 업로드할 때 파일 형식 유효성 검사 누락으로 에러가 발생하는 경우

앞서 설명한 8가지 탐색적 테스트 프레임워크를 사용하면 기능 탐색 및 테스트 케이스 도출에 대한 이해를 높일 수 있다. 이러한 프레임워크는 입력 데이터뿐만 아니라 다양한 애플리케이션 관련 콘텍스트에도 적용 가능하다. 다음 절에서는 기능 탐색과 관련된 내용을 자세히 살펴본다.

2.1.2 기능 탐색

이커머스 애플리케이션의 주문 생성 기능에 대해 탐색적 테스트를 할 경우 어디서부터 시작해야 할까? 이번 절에서는 애플리케이션에서 탐색해야 하는 4가지 필수 경로를 소개한다(그림 2-6).

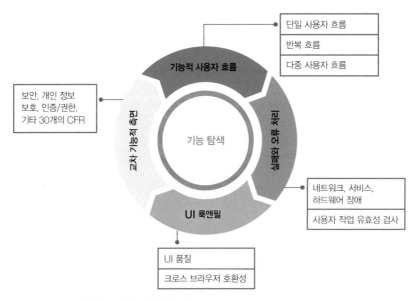

그림 2-6 기능 탐색 시 필요한 4가지 필수 경로

1 기능적 사용자 흐름

애플리케이션의 기능적 사용자 흐름은 로그인, 제품 검색, 장바구니 추가, 배송 주소 입력, 배송 옵션 선택, 주문 결제, 주문 확인과 같이 최종 사용자가 애플리케이션을 사용하는 동안 경험하는 것을 나타낸다. 우리는 먼저 단일 사용자 흐름을 검증해야 한다. 배송 주소, 결제 및 배송 방법, 제품 조합을 탐색하여 기능이 원하는 대로 완전히 작동하는지 확인해야 한다.

기능 탐색에는 앞서 설명한 탐색적 테스트 프레임워크를 사용할 수 있다. 예를 들어 동등 클래스 분할과 경곗값 분석을 사용하여 애플리케이션이 올바르게 세금을 계산하는지 확인할 수 있다. 마찬가지로 전환 트리^{transition tree}를 사용하여 배송 주소와 지역별 가능한 배송 방법에 대한 테스트 케이스를 도출할 수 있다. 단일 사용자의 흐름 검증을 완벽하게 마친 후에는 다음으로 소개할 두 가지 종류의 흐름을 탐색한다.

반복 흐름

최종 사용자는 다른 제품을 검색하거나 장바구니에 추가하는 것과 같은 동일한 흐름을 여러 번 반복한다. 하지만 일반적으로 사용자 흐름은 한 번만 테스트한다. 테스트가 성공할 경우 반복 흐름은 동일하게 성공할 것이라고 가정한다. 이러한 가정은 맞을 수도 있고 틀릴 수도 있다. 예를 들어 사용자가 동일한 제품을 장바구니에 반복해서 추가하면 UI는 이미 제품이 추가되었다는 메시지를 나타내고 수량을 늘리기를 원하는지 확인할 수 있다. 이렇듯 단일 흐름을 반복할 경우 예상과 다른 결과가 나타날 수 있기 때문에 반복 흐름 또한 고려하여 테스트해야 한다.

다중 사용자 흐름

기능은 단일 사용자 관점에서 완벽하게 작동할 수 있지만 여러 사용자가 실시간으로 동시에 상호 작용하는 경우에는 그렇지 않을 수 있다. 따라서 한 사용자의 행동이 다른 사용자에게 영향을 미치는 충돌 시나리오를 탐색하는 것이 중요하다. 예를 들어 두 명의 사용자가 마지막 하나 남은 상품을 동시에 장바구니에 담았다면 어떻게 되는지 확인해야 한다.

간단히 말해 기능적 사용자 흐름은 애플리케이션에서 가장 먼저 시작하는 기능 탐색이며, 단일 사용자 흐름, 반복 흐름, 다중 사용자 흐름으로 나누어 진행한다.

2 실패와 오류 처리

탐색적 테스트는 테스트 환경에서 수행하며 애플리케이션 구성 요소를 조작하여 실시간 시나리오를 시뮬레이션하고 애플리케이션의 작동을 관찰한다. 여기서 주목해야 할 핵심은 애플리케이션 조작과 실시간 시나리오다. 실시간 시나리오에서는 가능한 모든 실패 케이스를 고려해야 한다. 예를 들어 애플리케이션 구성 요소 사이의 네트워크 장애가 발생하여 사용자에게 응답을 보낼 수 없거나, 최종 사용자와 애플리케이션 서버 간의 네트워크 속도가 느려지거나, 하드웨어 장애로 인해 애플리케이션 서비스가 중단될 수 있다. 이러한 모든 실패 케이스를 탐색적 테스트 과정에서 예측하고 테스트 환경에서 시뮬레이션해야 한다.

앞서 언급한 네트워크, 서비스, 하드웨어 장애 외에도 사용자가 애플리케이션을 비정상적으로 조작해 오류가 발생할 수 있다. 이러한 경우를 처리하기 위해 기능이 유효성 검사를 포함하는 경우에만 완전히 구현된 것으로 판단한다. 예를 들어 로그인 페이지는 이메일과 비밀번호 입력을 검증해야 하며 제품을 검색하기 위한 검색어는 입력 값과 제품이 유효한 것인지 확인해야 한다. 또한 배송 주소, 결제 내역, 장바구니 추가 등에서도 유효성 검사를 해야 한다.

탐색적 테스트는 발생 가능한 실패 케이스를 식별하고 에러를 처리하는 데 중점을 두어야 한다. 기능은 오류 처리를 위해 사용자에게 문제 상황을 전달하고 오류 메시지를 통해 사용자의 다음 행동을 제시해야 한다.

3 UI 룩앤필

UI는 최종 사용자에게 보이는 것으로 품질을 명확하게 평가하기 어렵다. 하지만 결코 놓쳐서는 안 될 중요한 요소다. 몇 가지 예를 들자면 주문 생성 기능의 UI 품질 관련 테스트에서는 배송 주소 입력창에 충분한 공간이 확보되어 있는지와 제품 이미지가 적절한 해상도로 표시되는지를 확인해야 한다. 이를테면 긴 주소를 모두 표시할 공간을 확보하고, 주소가 짧을 경우에도 적절한 길이의 공백을 갖는지 확인해야 한다. 최종 사용자는 각자 선호하는 브라우저에서 웹 페이지를 원활하게 사용할 수 있어야 하며 지연이 있을 경우 로딩 중임을 표시해야 한다. UI 품질 테스트에 대한 구조화된 접근 방식은 〈Chapter 6 시각적 테스트〉에서 자세히 설명한다.

4 교차 기능적 측면

우리는 탐색적 테스트를 진행하는 동안 보안, 성능, 접근성, 인증, 권한, 감사 가능성auditability,

개인 정보 보호와 같은 여러 가지 측면에서 애플리케이션을 검토해야 한다. 각 측면에 관한 내용은 매우 중요하기 때문에 나중에 자세히 다룬다. 먼저 주문 생성 기능의 몇 가지 교차 기능 요구 사항을 간략하게 소개한다.

보안

주문 생성 사용자 흐름에서 악의적인 사용자가 UI 입력 필드에 SQL 쿼리를 입력하여 애플리케이션 해킹을 시도할 수 있다. 애플리케이션은 이러한 공격을 방어하기 위한 유효성 검사를 수행해야 한다. 마찬가지로 사용자 신용카드 세부 정보를 일반 텍스트로 데이터베이스에 저장하거나 로그로 남겨서는 안 된다. 이러한 정보는 암호화하여 데이터 유출과 같은 잠재적 위험에 대비해야 한다. 보안 테스트는 〈Chapter 10 교차 기능 요구 사항 테스트〉에서 자세히 설명한다.

개인 정보 보호

신용카드 정보 및 배송 주소와 같은 개인 데이터를 사용자의 동의 없이 데이터베이스에 저장하면 안 된다. 또한 관련 법률에 따라 사용자는 자신의 데이터가 분석에 활용되는 방식과 제3자에게 제공되는지 여부를 미리 알아야 한다. 개인 정보 보호는 〈Chapter 10 교차 기능 요구 사항 테스트〉에서 자세히 다룬다.

인증

대부분의 웹 사이트는 통합 인증single sign-on, 이중 인증two-factor authentication, 세션 만료, 계정 잠금, 잠금 해제 등 인증 기능을 포함한다. 이커머스 애플리케이션에서 최종 사용자는 로그인하지 않은 상태에서 제품을 조회할 수 있지만 주문할 수는 없다.

권한

마찬가지로 이커머스 애플리케이션에서는 사용자별로 다양한 역할(⬤ 관리자, 고객)과 권한(⬤ 주문 수정)을 부여할 수 있다. 이 경우 역할 재정의, 기존 역할에 권한 추가, 권한이 없는 상태에서의 기능 작동 여부 확인 등 권한 관련 테스트 케이스를 탐색해야 한다.

이 외에도 약 30개의 교차 기능적 측면이 존재한다. 이에 관한 자세한 내용은 〈Chapter 10 교차 기능 요구 사항 테스트〉에서 설명한다.

이번 절에서 소개한 4가지 필수 경로를 통해 주어진 기능에 대한 다양한 테스트를 수행해야 한다. 각 경로를 탐색하면서 새로운 아이디어와 테스트 케이스가 생각날 수 있다. 이때 생각난 내용을 잘 기록해두었다가 나중에 다시 테스트하거나 새로운 경로를 탐색할 때 활용하는 것이 중요하다.

2.2 수동 탐색적 테스트 전략

수동 탐색적 테스트 전략은 [그림 2-7]과 같이 앞서 설명한 내용에 추가적인 팀 프로세스를 포함한다. 바깥쪽부터 차례대로 알아보자.

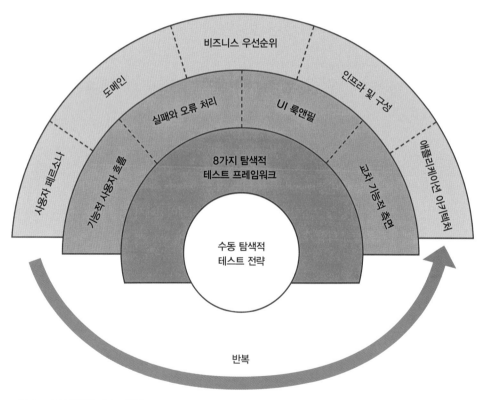

그림 2-7 수동 탐색적 테스트 전략

2.2.1 애플리케이션 이해

[그림 2-7]의 바깥쪽은 애플리케이션의 세부 사항을 이해하기 위해 집중해야 하는 5가지 애플리케이션 영역을 나타낸다. 이 5가지 영역의 정보를 잘 수집한다면 탐색적 테스트뿐만 아니라 애플리케이션 자체에 관한 새로운 깨달음을 얻을 수 있다.

> **NOTE** 때때로 탐색적 테스트는 기능에 관한 지식 없이 무작위 값을 입력하는 **몽키 테스트**monkey testing와 혼동된다. 탐색적 테스트는 기능을 정확하게 이해하고 미지의 영역을 탐험하는 마음으로 테스트해야 한다는 것을 잊지 말자.

다음은 애플리케이션에 관한 이해를 높이기 위해 집중해야 하는 5가지 애플리케이션 영역을 간단히 설명한 것이다.

1 사용자 페르소나

페르소나persona[14]는 유사한 속성을 지닌 최종 사용자 집합을 나타낸다. 페르소나는 프로젝트 시작 단계에서 생성되며, 소프트웨어 설계부터 배포까지 모든 단계에 걸쳐 페르소나의 요구 사항이 반영된다. 페르소나는 애플리케이션 특성에 영향을 미친다. 예를 들어 소셜 네트워크 서비스social network service(SNS)의 페르소나를 생각해보자. 청년층은 화려한 사용자 경험을 기대하는 반면에 중장년층은 명확하고 사용하기 쉬운 사용자 경험을 기대할 것이다. 테스트는 최종 사용자의 관점에서 진행해야 한다. 따라서 애플리케이션이 대상으로 하는 페르소나를 알아야 하며, 페르소나가 애플리케이션을 이해하고 상호 작용하는 방식을 탐색해야 한다.

2 도메인

소셜 네트워크, 교통, 건강과 같은 도메인 각각을 이해하기 위해서는 해당 도메인에 맞는 워크플로, 프로세스, 전문 용어를 알아야 한다. 예를 들어 이커머스 서비스를 생각해보자. 제품 주문은 장바구니 담기, 주문 확인, 주문 승인과 같이 미리 정의된 워크플로를 거친다. 주문이 승인되면 제품을 보관하는 창고, 제품을 고객에게 전달하는 배송 파트너, 제품을 정기적으로 보충하는 업체 등 다양한 이해관계자와 상호 작용한다. 기본적인 도메인 지식 없이는 이러한 전

---

14 *https://oreil.ly/QtpCm*

체 과정을 탐색하기 어려울 수 있다. 따라서 애플리케이션의 도메인을 잘 이해한 상태로 탐색적 테스트를 진행해야 한다.

③ 비즈니스 우선순위

기존의 솔루션에 확장성을 더해 새로운 플랫폼[15]을 만든다고 생각해보자. 이 경우 UI에서 기능적인 사용자 흐름을 테스트하는 것만으로는 부족하다. 비즈니스의 최우선 목표에 따라 '플랫폼' 관점에서 탐색해야 한다. 예를 들어 UI와 웹 서비스가 긴밀하게 연결되어 있는지, 웹 서비스가 독립적이며 다른 시스템과 통합될 수 있는지 등을 검토해야 한다.

④ 인프라 및 구성

앞서 설명한 바와 같이 탐색적 테스트는 실패 케이스를 포함한 실시간 시나리오를 시뮬레이션하기 위해 테스트 환경을 조작한다. 애플리케이션 구성 요소가 어디에 배포되고 어떻게 구성되는지 아는 것은 새로운 관점에서 탐색적 테스트를 진행하는 데 큰 도움이 된다. 예를 들어 웹 서비스는 레이트 리미팅rate limiting 구성을 통해 일정 기간 내 요청에 대한 임곗값을 제한할 수 있다. 이 경우 요청이 임곗값을 초과한 상태에서 애플리케이션이 어떻게 작동하는지 관찰해야 한다. 서비스 및 데이터베이스 배포 방식(단일 서버에 배포되는지 또는 여러 서버에 분산되는지), 레이트 리미팅 설정, API 게이트웨이 설정과 같은 인프라 구성에 관한 정보를 수집하면 테스트 케이스를 파악하는 데 도움이 된다.

⑤ 애플리케이션 아키텍처

애플리케이션의 아키텍처를 파악하면 다양한 경로를 통해 탐색적 테스트를 진행할 수 있다. 예를 들어 아키텍처가 웹 서비스를 포함한다면 UI와 함께 API 테스트를 수행해야 한다. 마찬가지로 애플리케이션이 이벤트 스트림을 포함한다면 비동기 통신을 기반으로 한 테스트 케이스를 파악하는 것이 중요하다(이벤트 스트림은 〈Chapter 5 데이터 테스트〉에서 다룬다). 아키텍처를 잘 이해하면 내부 구성 요소 통합, 구성 요소 간 데이터 흐름, 서드파티 통합, 에러 처리 측면에서 탐색 경로를 개척하는 데 도움이 된다.

---

15 *https://oreil.ly/dEd9N*

앞서 설명한 5가지 애플리케이션 영역에 관한 충분한 정보를 수집했다면 이제 실제 탐색적 테스트를 수행하러 갈 시간이다.

이번 절에서 많은 내용을 다루고 있어 다소 부담을 느낄 수 있다. 특히 아키텍처와 인프라에 관한 부분이 어렵게 느껴질 수 있다. 하지만 너무 걱정하지 않아도 된다. 앞서 설명한 관점에 관한 지식을 하나씩 쌓아나가며 탐색적 테스트에 접근한다면 아주 좋은 학습의 기회를 얻게 될 것이다.

2.2.2 부분별 탐색

[그림 2-7]의 수동 탐색적 테스트 전략 다이어그램에서 그 다음 반원은 부분별 탐색을 의미한다.

제임스 바흐[James Bach]는 2003년 논문 「Exploratory Testing Explained」[16]에서 탐색적 테스트를 학습, 설계, 실행을 동시에 하는 것으로 정의했다. 이는 오늘날까지 널리 사용되는 정의다. 자세히 설명하자면 탐색적 테스트는 애플리케이션의 작동을 관찰하기 위해 일련의 작업을 수행하여 애플리케이션에 관해 더 많이 배우고 점진적으로 탐색하는 것이다. 우리는 작은 범위의 일을 다룰 때 더 집중하고 몰입할 수 있다. 따라서 사용자 흐름, 기능, 교차 기능 측면과 같은 애플리케이션의 개별적인 부분을 하나씩 탐색해야 한다.

다양한 관점에서 애플리케이션을 탐색하기에는 검토해야 할 측면이 너무 많아 어려움을 겪을 수 있다. 이 문제를 해결하는 한 가지 방법은 [그림 2-8]과 같은 마인드맵을 사용하는 것이다. 마인드맵은 팀 내에 공유하기에도 용이하다.

---

16 *https://oreil.ly/B7ja0*

그림 2-8 탐색적 테스트 마인드맵

마인드맵 작성 단계에서는 [그림 2-7]의 안쪽 두 번째 반원으로 표시된 8가지 탐색적 테스트 프레임워크를 유용하게 활용할 수 있다.

2.2.3 단계별로 탐색적 테스트 반복

탐색적 테스트는 일회성 활동이 될 수 없다. 팀은 계속해서 새로운 기능을 개발하고 통합을 추가하여 애플리케이션을 변경하기 때문에 반복적인 탐색적 테스트가 필요하다. 탐색적 테스트를 연속적인 프로세스로 고려하면 특정 시점이나 단계에 따라 탐색해야 하는 범위를 정할 수 있다. 예를 들어 일부 애자일 팀은 비즈니스 담당자와 테스터가 방금 개발 완료한 사용자 스토리를 개발자의 노트북(데브 박스)에서 테스트한다. 여기서는 테스트의 범위를 긍정적인 사용자 흐름, 유효성 검사, UI 룩앤필로 제한할 수 있다. 테스트 환경에 배포된 사용자 스토리를 테스트할 경우에는 크로스 브라우저와 교차 기능 측면을 테스트할 수 있다. 일부 애자일 팀은 버그 배시^{bug bash} 과정을 통해 모든 팀원이 한 자리에 모여 지금까지 개발된 애플리케이션 기능을 테스트한다. 마지막으로 릴리스 테스트 단계에서는 성능, 안정성, 확장성과 같은 교차 기능 측면에 초점을 두고 긍정적인 사용자 흐름과 통합을 더 높은 수준에서 살펴본다. 탐색적 테스트 단계를 미리 계획하면 지속적인 피드백을 통해 애플리케이션이 계속해서 발전할 수 있다.

> **TIP** 탐색적 테스트는 본질적으로 유기적이다. 따라서 계획하지 않은 새로운 경로를 발견하거나 반복 작업에 할당된 시간을 소비할 수 있다. 이는 당연하다. 여기서 팁은 해당 경로가 다음 사용자 스토리 테스트 단계나 버그 배시에 포함될 수 있는지 고려하는 것이다. 만약 그렇다면 기록해두었다가 나중에 진행하라.

요약하자면 탐색적 테스트를 시작할 때 먼저 애플리케이션 세부 정보를 파악하고 개별 탐색 경로를 기록하는 것을 권장한다. 그리고 팀에게 지속적인 피드백을 제공할 수 있도록 전달 주기의 단계별로 다양한 경로를 지속적으로 탐색하자.

2.3 실습

우리는 지금까지 탐색적 테스트를 위한 프레임워크와 전략을 살펴봤다. 이러한 이론을 통해 실제 애플리케이션을 탐색하려면 데이터베이스 탐색을 위한 SQL, API 탐색을 위한 포스트맨 등 몇 가지 도구를 배워야 한다. 이번 절에서는 API와 UI 탐색을 위한 테스트 도구를 소개한다.

2.3.1 API 테스트

API[17]는 시스템이 상호 작용하는 방법을 제공한다. 기본적으로 시스템 내부의 복잡성을 추상화하고 HTTP 프로토콜을 사용해서 XML, JSON, 일반 텍스트 등의 정보를 쉽게 전달한다. 정보 교환을 위한 표준 프로토콜에는 REST와 SOAP가 있다. 요즘은 SOAP보다 RESTful API를 더 많이 사용한다. SOAP를 사용하는 레거시 시스템도 REST를 사용하도록 전환하는 경우가 많다. REST API에 관한 이해를 돕기 위해 [그림 2-9]와 같은 이커머스 애플리케이션을 예로 들어보자. 예제의 애플리케이션은 3가지 REST 서비스(주문, 인증, 고객 서비스)와 UI, 데이터베이스로 구성된다.

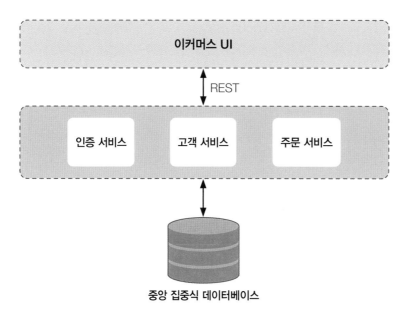

그림 2-9 서비스 기반 아키텍처를 사용하는 이커머스 애플리케이션

웹 서비스는 애플리케이션 내에서 독립적인 역할을 수행하는 구성 요소다. 예를 들어 이커머스 애플리케이션의 주문 서비스는 주문 관리(생성, 업데이트, 삭제)를 담당하고, 고객 서비스는

---

17 *https://oreil.ly/jNiSY*

고객의 세부 정보를 관리한다. UI나 다른 서비스와 같은 애플리케이션의 구성 요소들은 필요한 정보를 얻기 위해 관련 서비스의 API를 요청하면 되기 때문에 정보 교환이 쉬워진다.

> **NOTE** **서비스 지향**service-oriented 아키텍처는 [그림 2-9]와 같이 애플리케이션의 핵심 기능을 웹 서비스로 구성한다.

예를 들어 최종 사용자가 이커머스 UI에서 주문에 대한 지불을 완료했다고 생각해보자. [예제 2-1]과 같이 UI는 주문 세부 사항을 포함한 주문 생성 요청을 주문 서비스로 즉시 전송하고, 주문 서비스는 요청을 처리한 후 UI로 응답을 전송한다. 이러한 맥락에서 이커머스의 UI를 **클라이언트** client 라 한다.

예제 **2-1** REST 요청 및 응답 예제

```
// 요청

POST method: http://eCommerce.com/orders/new
{
  "name":"V-Neck Tshirt",
  "sku":"ABCD1234",
  "color":"Red",
  "size":"M"
}

// 응답

Status Code: 200 OK
Response Body:
{
   "Msg": "successfully created",
   "ID": "Order1234227891"
}
```

[예제 2-1]의 요청은 POST 메서드를 사용하여 /orders/new API를 호출한다. 일반적으로 POST는 새로운 정보를 만들거나 추가하는 데 사용되고 GET은 정보를 조회하는 데 사용된다. 예를 들어 고객의 주문 목록을 가져올 때는 GET 메서드를 사용한다. 업데이트와 삭제 작업에는 각

각 PUT과 DELETE 메서드를 사용한다. 요청 본문은 예제에서 항목 이름(name), 재고 관리 코드 stock-keeping unit(sku), 색상(color), 사이즈(size)와 같은 주문 세부 정보를 JSON 객체로 패키징한다. 이러한 전체 구조를 계약contract이라고 한다. 클라이언트가 계약을 준수하지 않으면 서비스는 요청을 처리하지 않는다.

마찬가지로 응답 또한 계약 조건을 따른다. 응답은 작업의 성공 또는 실패를 나타내는 상태 코드를 포함하며 작업에 관한 자세한 정보를 제공하는 응답 본문(Response Body)을 포함한다. [예제 2-1]에서 응답 코드는 성공을 나타내는 200 OK이며, 응답 본문은 주문 서비스에서 생성한 주문 ID와 함께 "successfully created"라는 메시지를 포함한다. 이커머스 UI는 응답을 수신한 후 주문 확인 페이지로 이동하고 해당 페이지에 주문 ID를 표시한다. 이 모든 작업은 동기synchronously 방식으로 수행된다. 이커머스 UI는 응답을 받을 때까지 기다린 후 주문 확인 페이지로 이동한다.

API의 작동 방식을 이해했다면 한 가지 의문이 생긴다. 웹 UI에서 주문 생성 기능을 테스트할 수 있는데 왜 API를 별도로 탐색해야 할까? 오늘날 API는 그 자체가 하나의 제품이기 때문이다. 좀 더 자세히 말해 API는 모든 비즈니스 로직과 검증을 포함하며 내부 및 외부의 다른 구성 요소가 재사용할 수 있는 독립형 제품이다. 예를 들어 이커머스 비즈니스는 동일한 주문 생성 API를 재사용하여 새로운 모바일 쇼핑 앱을 구축하거나 고객 지원 포털을 구축할 수 있다. 아니면 완전히 새로운 도메인에서 사용할 수 있다. 예를 들어 인증 서비스 API를 재사용하여 새로운 제품의 로그인 기능에 활용할 수 있다. 따라서 API를 독립적인 제품으로 탐색하는 것은 오늘날 매우 중요하다.

다음은 핵심 비즈니스 로직과는 별개로 API를 탐색할 때 주의해야 할 사항이다.

요청의 유효성

악의를 가진 클라이언트가 잘못된 데이터 형식으로 새로운 주문을 생성하는 경우 주문 서비스가 요청을 거부하도록 유효성 검사를 수행해야 한다.

인증

대부분의 경우 API는 암호화된 문자열 토큰을 요청 헤더에 전송하는 것과 같은 인증 메커니즘으로 보호된다. 이는 탐색을 위한 중요한 항목이다.

권한

API는 클라이언트에 따라 수행할 수 있는 작업을 제한할 수 있다. 예를 들어 관리자는 기존의 주문을 편집할 수 있지만 고객 지원 부서 담당자는 주문 조회만 할 수 있다.

하위 호환성

때로는 제품이 진화함에 따라 API 계약도 변경이 필요하다. 하지만 API를 사용하는 기존의 클라이언트가 있다면 새로운 버전을 이전 버전과 병행해서 운영해야 한다. 따라서 이전 버전과 새로운 버전을 모두 테스트해야 한다.

HTTP 상태 코드

시스템의 기술적인 실패 또는 비즈니스 실패 발생 시 관련된 상태 코드를 응답해야 한다. [표 2-4]는 가장 일반적인 상태 코드를 나타낸다.

표 2-4 HTTP 상태 코드와 의미

상태 코드	의미
200 OK	GET, PUT, POST 요청의 성공을 나타낸다.
201 Created	새 주문과 같은 새로운 객체가 생성되었음을 나타낸다.
400 Bad Request	요청 형식이 잘못되었음을 나타낸다.
401 Unauthorized	클라이언트가 요청한 리소스에 접근할 수 없으며 필요한 자격 증명으로 다시 요청해야 함을 나타낸다.
403 Forbidden	요청이 유효하고 클라이언트가 인증되었지만 요청한 페이지 또는 리소스에 접근할 수 있는 권한이 없음을 나타낸다.
404 Not Found	요청한 리소스를 사용할 수 없음을 나타낸다.
500 Internal Server Error	요청이 유효하지만 내부 버그로 인해 서버가 요청을 처리할 수 없음을 나타낸다.
503 Service Unavailable	유지 관리 작업 또는 장애로 인해 서버 작동이 중단되었음을 나타낸다.

이제 이러한 모든 사항을 검토하기 위한 도구를 알아보자.

포스트맨

포스트맨[18]은 API를 테스트하기 위한 일반적인 도구로, 데스크톱 버전 또는 웹 버전을 무료로 사용할 수 있다. 이번 절에서는 데스크톱 버전을 기준으로 사용 방법을 설명한다.

1 공식 사이트[19]에서 사용자의 OS 플랫폼에 맞는 설치 파일을 다운로드한 후 설치한다.

2 포스트맨을 실행한 후 [New] → [Request]를 선택하면 새 요청 생성 창이 나타난다.

3 웹 브라우저에서 'exploratory testing'을 검색한 다음, URL을 복사하여 포스트맨의 요청 URL 필드에 붙여 넣는다(그림 2-10). URL 필드 우측에 있는 HTTP 메서드는 자동으로 GET 으로 설정된다.

4 구글 검색 요청의 매개변수가 Params 탭에 자동으로 채워진다. 쿼리 매개변수 q에는 exploratory+testing이 입력된다. 원한다면 해당 필드를 수정하여 다른 키워드로 변경할 수 있다.

5 [Send] 버튼을 클릭하여 요청을 완료한다.

6 [그림 2-10]과 같이 하단 패널에 응답 상태 코드(status code), 헤더(headers), 본문(body), 쿠키(cookies)가 표시된다.

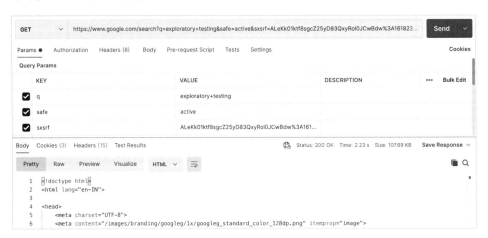

그림 2-10 포스트맨을 사용한 HTTP 요청 생성 및 응답 확인

---

18 *https://www.postman.com*
19 *https://www.postman.com/downloads*

여기서의 응답은 HTML 웹 페이지다. [Preview] 버튼을 클릭하면 브라우저의 검색 결과와 동일한 페이지가 나타난다. 대부분의 경우 응답은 [예제 2-1]에서 보았던 것처럼 JSON 객체다. UI는 응답받은 JSON을 분석한 후 화면에 관련 정보를 표시한다.

HTTP 요청 메서드를 POST로 변경하고 싶다면 URL 필드 우측의 드롭박스를 클릭한 후 [POST]를 선택한다. 필요에 따라 Body 탭에서 요청 본문을 입력한 다음 [Send] 버튼을 클릭해 응답을 확인하면 된다. API 요청 테스트를 좀 더 실습하고 싶다면 Any API 웹 사이트[20]를 참고하자. 1,400개의 공개된 REST API를 테스트할 수 있다.

> ⚠️ 기본적으로 포스트맨은 사용자의 작업 공간 workspace 을 포스트맨 계정과 연동된 클라우드 환경에 저장한다. 이 기능은 새로운 환경에서 작업을 동기화하는 데 유용하다.[21] 하지만 포스트맨 클라우드로의 동기화 작업이 사내 IT 정책이나 고객사와의 기밀 유지 협약 non-disclosure agreement (NDA)을 위반하지 않는지 확인해야 한다.

포스트맨은 다음과 같이 API를 탐색할 수 있는 몇 가지 기능을 제공한다.

- 인증을 위한 토큰은 Authorization 탭에서 지정하여 요청에 추가할 수 있다. 인증 토큰에 의도적으로 잘못된 문자열을 추가해서 요청이 실패하는지 검증할 수 있다.
- 요청에 추가할 쿠키는 Cookies 탭에서 추가할 수 있다. Cookies 탭으로 이동하는 버튼은 [Send] 버튼 아래에 있다.
- 포스트맨은 응답을 수신하는 데 걸리는 시간을 측정한다. 응답 시간은 [그림 2-10]과 같이 상태 코드 옆에 표시된다. 이를 통해 입력에 따른 성능 저하가 발생하는지 탐색할 수 있다.
- 요청을 수동으로 작성하는 대신 스웨거 Swagger 나 OpenAPI 등에서 API 스펙을 직접 가져올 수 있다.

포스트맨은 REST 서비스 외에도 GraphQL 및 SOAP 서비스를 지원한다.

WireMock

WireMock[22]은 다른 구성 요소의 작동을 모방 emulation 하는 **스텁** stub 을 만들고 변경하기 위한

---

20 *https://any-api.com*
21 *https://oreil.ly/Yl5v9*
22 *http://wiremock.org*

도구다. 스텁은 아직 구현되지 않은 서비스를 통합하여 애플리케이션을 개발하고 테스트할 때 특히 유용하다. 각 팀은 서비스 간 계약에 따라 외부 서비스의 스텁을 생성하여 개발을 진행할 수 있다. 이러한 기능은 긍정적 또는 부정적 통합 테스트 케이스를 설정하는 데 사용할 수 있다. 물론 실제 구성 요소가 구현되면 해당 요소를 사용하여 엔드 투 엔드 기능 테스트를 다시 진행해야 한다.

> **NOTE** 스텁 서버를 설정하고 애플리케이션이 스텁을 바라보도록 하는 것은 데브옵스 엔지니어나 팀의 개발자가 처리할 수 있다. 하지만 테스터는 테스트 케이스를 시뮬레이션하기 위해 스텁을 변경하는 방법을 알아야 한다. 이번 절에서는 스텁을 다루는 방법을 소개한다.

WireMock의 사용법을 설명하기 위해 이커머스 애플리케이션 예제로 돌아가보자. 아직 통합할 실제 결제 서비스가 없지만 이커머스 UI에서 /makePayment 엔드포인트를 결제 전송에 사용한다는 것을 알고 있다고 가정한다. 여기서 결제 관련 통합 테스트 케이스를 살펴보려면 다음 단계를 따라 /makePayment 엔드포인트의 스텁을 긍정적 또는 부정적 응답으로 설정해야 한다.

1 WireMock 공식 웹 사이트[23]에서 JAR 파일을 다운로드한다.

2 터미널을 열고 다운로드한 JAR 파일을 다음 명령으로 실행한다.

```
$ java -jar wiremock-jre8-standalone-x.x.x.jar
```

명령을 실행하면 WireMock 서버가 8080 포트에서 실행된다.

3 [예제 2-2]와 같이 /makePayment API 계약을 구성하고 포스트맨을 사용하여 엔드포인트로 POST 메서드 요청을 전송한다. 포스트맨 요청에서 HTTP 메서드를 POST로 설정하고 URL 필드에는 http://localhost:8080/__admin/mappings/new를 입력한다. Body 탭에 [예제 2-2]의 JSON을 입력한 후 [raw] 라디오 버튼을 클릭한다. 요청을 위한 설정을 마쳤다면 [Send] 버튼을 클릭하여 요청을 전송한다.

---

23 https:// oreil.ly/qsBOh

```json
{
    "request": {
        "method": "POST",
        "url": "/makePayment"
    },
    "response": {
        "status": 200,
        "body": "Payment Successful"
    }
}
```

4 이제 `http://localhost:8080/makePayment` URL을 POST 메서드로 호출하여 스텁이 잘 작동하는지 확인한다. 스텁에 작성한 대로 상태 코드 200 OK와 "Payment Successful" 메시지가 표시된 응답을 받아야 한다. 이커머스 UI는 이러한 응답을 받아 주문 확인 페이지를 표시해야 한다.

5 이제 실패 응답을 반환하도록 스텁을 변경한다. [예제 2-2]의 "response" 본문을 다음과 같이 변경하고 동일한 엔드포인트(`http://localhost:8080/__admin/mappings/new`)로 전송한다.

```json
"response": {
    "status": 401,
    "body": "Payment Unauthorized"
}
```

`http://localhost:8080/makePayment` URL을 POST 메서드로 호출하면 실패 응답을 받아 UI가 에러 메시지를 표시한다.

마찬가지로 응답 본문에 적절한 상태 코드가 있는 다른 테스트 케이스(잘못된 요청, 서비스 사용 불가 시나리오 등)를 설정하고 UI가 이를 적절하게 처리하는지 관찰할 수 있다. 스텁은 실제 통합 서비스를 테스트할 수 없는 경우 API 탐색 테스트에서 유용하게 사용된다.

이제 웹 UI를 탐색하기 위한 테스트 도구를 알아보자.

2.3.2 웹 UI 테스트

이번 절에서는 기본적인 UI 테스트 도구인 브라우저, 버그 마그넷[Bug Magnet], 크롬 개발자 도구를 소개한다.

브라우저

웹 UI를 탐색하기 위한 가장 중요한 도구는 브라우저다. 이 책의 집필 시점을 기준으로 *gs.statcounter.com*[24]에서 조사한 전 세계 브라우저 사용 분포 통계에 따르면 크롬이 약 64.5%의 점유율을 보이며 사파리가 18.8%, 엣지가 4.05%, 파이어폭스가 3.4%, 삼성 인터넷이 2.8%를 차지한다. 이러한 통계는 크롬과 사파리 브라우저를 테스트에 반드시 포함해야 한다는 것을 의미한다. 엣지와 파이어폭스도 자주 사용되기 때문에 UI 품질 테스트를 위해 포함하는 것이 좋다. 앞서 나열한 브라우저는 로컬 개발 환경의 OS 플랫폼에 맞춰 다운로드 후 설치할 수 있다.

> **NOTE** 인터넷 익스플로러 11이나 엣지 레거시와 같이 오래된 브라우저에서 테스트해야 한다면 마이크로소프트 개발자 웹 사이트[25]에서 제공하는 테스트용 VM을 다운로드하면 된다(참고로 마이크로소프트는 이런 브라우저에 대한 공식적인 지원을 종료했다).

브라우저 스택[BrowserStack][26], 소스 랩스[SourceLabs][27]와 같은 클라우드 테스트 플랫폼을 사용하면 다양한 버전의 브라우저와 OS를 로컬 컴퓨터에 설치하지 않아도 된다. 클라우드 테스트 플랫폼은 다양한 OS의 웹 브라우저에 대한 가상 접속을 간편하게 제공한다. 사용자는 구독 비용을 지불하고(무료 평가판도 사용 가능하다), 포털에 로그인하여 [그림 2-11]과 같이 브라우저 버전 및 OS 조합을 선택한 후 애플리케이션을 테스트할 수 있다.

---

24 *https://gs.statcounter.com*
25 *https://oreil.ly/IOUWS*
26 *https://www.browserstack.com*
27 *https://saucelabs.com*

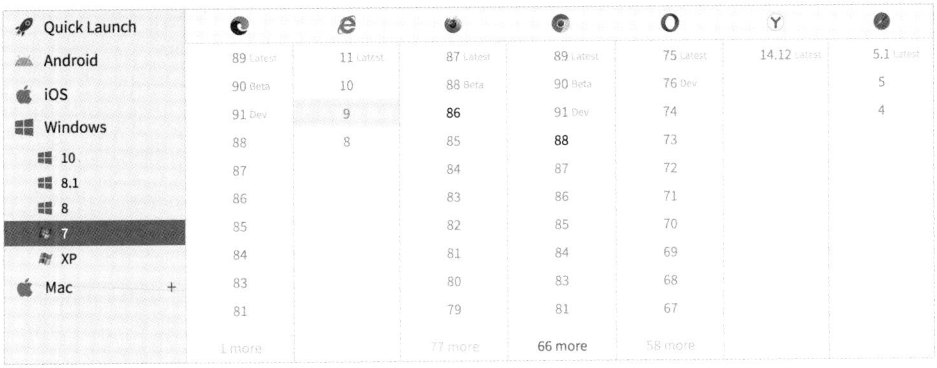

그림 2-11 브라우저 스택을 사용하면 OS와 브라우저 버전의 다양한 조합을 테스트할 수 있다.

브라우저 스택은 QA 또는 스테이징 환경에서 호스팅되는 사설 애플리케이션의 로컬 테스트를 지원한다.[28] 광범위한 구형 브라우저에서 테스트해야 한다면 유료 구독 서비스에 가입하여 사용해보기를 권한다.

버그 마그넷

버그 마그넷[29]은 크롬과 파이어폭스에서 사용할 수 있는 브라우저 플러그인으로, 애플리케이션의 엣지 케이스를 테스트할 수 있다. 버그 마그넷은 일반적인 테스트 케이스와 애플리케이션에서 편집 가능한 요소에 입력할 수 있는 적절한 값을 제공한다. 주로 탐색적 테스트를 위한 체크리스트로 사용된다. 버그 마그넷을 사용하는 방법은 다음과 같다.

1 크롬 브라우저에서 버그 마그넷 플러그인[30]을 설치한다.

2 구글 검색창[31] 입력 필드에서 마우스 오른쪽 버튼을 클릭한다.

3 [그림 2-12]와 같이 오른쪽 버튼 클릭 메뉴에서 버그 마그넷을 찾을 수 있다. 버그 마그넷은 선택할 수 있는 다양한 엣지 케이스를 제안한다. 예를 들어 [Names] → [Name Length]로 이동하여 버그 마그넷이 제안하는 이름을 선택하면 긴 이름이 구글 검색창에 입력된다. 애플리케이션에서 입력 문자열 길이를 제한하는 경우 적절한 에러 메시지가 나타나야 한다.

---

28 *https://oreil.ly/6DLat*
29 *https://bugmagnet.org*
30 *https://oreil.ly/5sbqz*
31 *https://www.google.com*

그림 2-12 버그 마그넷 플러그인을 활용한 수동 탐색적 테스트

TIP 버그 마그넷 외에도 다양한 테스트 케이스를 제공하는 몇 가지 탐색적 휴리스틱 도구가 있다.[32] 탐색적 테스트에 익숙하지 않은 초보자라면 참고하자.

크롬 개발자 도구

크롬 개발자 도구[33]는 맥가이버 칼처럼 다재다능하다. 탐색적 테스트, 보안 테스트, 성능 테스트와 같은 다양한 기능을 제공한다. 다음 단계를 따라가면 크롬 개발자 도구에서 제공하는 기능을 확인할 수 있다.

1 크롬 브라우저를 열고 구글 검색창에 'exploratory testing'을 검색한다.

2 검색 결과 페이지에서 마우스 오른쪽 버튼을 클릭한 후 메뉴에서 [검사] 옵션을 선택하면 크롬 개발자 도구가 열린다. 다른 방법으로 macOS에서는 Cmd + Option + C 나 Cmd + Option + I 를, 윈도우에서는 Shift + Ctrl + J 를 눌러 크롬 개발자 도구를 실행할 수 있다.

크롬 개발자 도구에서는 다음과 같은 항목을 확인할 수 있다.

---

32 *https://oreil.ly/O29Em*
33 *https://oreil.ly/T0rlU*

페이지 에러

[그림 2-13]과 같이 Console 탭에서 웹 페이지의 오류를 확인할 수 있다. 웹 페이지는 일반적으로 어떠한 오류도 없어야 하기 때문에 테스트 애플리케이션의 각 페이지마다 Console 탭을 확인하는 것이 좋다. Console 탭에 나타난 오류는 웹 페이지에서 발견한 문제를 디버깅하는 데 도움이 된다. 예를 들어 이미지가 나타나지 않는 경우 Console 탭을 확인하고 오류 메시지를 버그 보고서에 첨부한다.

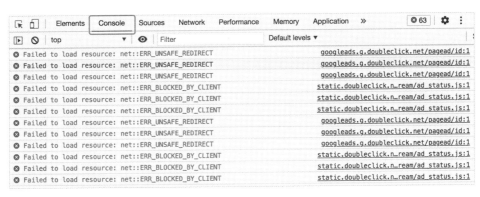

그림 2-13 Console 탭에서 웹 페이지 오류를 확인할 수 있다.

페이지에서 발생한 요청의 수

애플리케이션 로직의 오류로 인해 웹 페이지가 의도하지 않은 API를 호출해서 느려질 수 있다.[34] Network 탭을 확인하면 해당 페이지에서 보낸 전체 API 요청의 수를 확인할 수 있다.

최초 사용자 접속 환경 탐색

동일한 애플리케이션을 반복적으로 테스트하면 웹 페이지의 이미지와 같은 일부 리소스가 캐시된다. 만약 이미지가 개발 중 변경된다면 테스트 환경에서 변경된 사항을 확인하지 못할 수 있다. 이 경우 Network 탭의 [Disable cache]에 체크하여 캐시를 지우고 페이지를 다시 확인하면 된다. 또한 캐시는 최종 사용자 환경에서도 유사하게 작동하므로 [Disable cache] 기능을 통해 최초 사용자 접속 환경을 탐색할 수 있다.

---

34 *https://oreil.ly/wUswC*

느린 네트워크 환경에서의 UI 작동

네트워크 대역폭이 제한된 최종 사용자의 경험을 탐색하려면 Network 탭에서 네트워크를 스로틀링^{throttle}하고 UI의 작동을 관찰하면 된다. [그림 2-14]와 같이 [Disable cache] 체크박스 옆에 있는 드롭박스를 조정하여 네트워크 상태를 시뮬레이션할 수 있다. 드롭다운에서 옵션을 선택하고 브라우저 캐시를 지운 다음 페이지를 다시 불러오면 된다. 개발자 도구는 [그림 2-14]와 같이 지정된 대역폭에서 애플리케이션이 점진적으로 출력되는 과정을 보여준다.

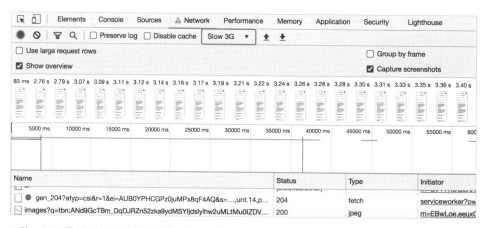

그림 2-14 크롬 개발자 도구를 사용한 네트워크 스로틀링

UI 및 API 통합

Network 탭은 UI에서 웹 서비스로 호출한 모든 네트워크 호출을 캡처하며 [그림 2-15]와 같이 인증 토큰을 포함한 요청 및 응답 헤더, 쿼리 매개변수 등 유용한 정보를 기록한다.

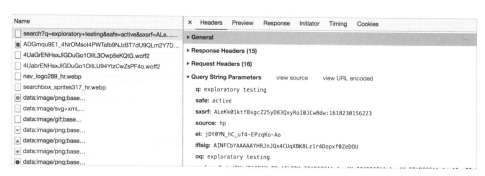

그림 2-15 Network 탭에 나타난 요청 및 응답 세부 정보

요청/응답 정보는 UI 및 API 통합을 탐색하는 데 사용된다. 예를 들어 UI에서 최종 사용자가 입력한 대로 올바른 엔드포인트에 쿼리 매개변수를 전달하는지 확인할 수 있다. 또한 서비스의 다양한 응답에 대한 UI 작동을 관찰할 수 있다. 예를 들어 상품 확인 API가 404 상태 코드를 반환하면 "Item Unavailable" 에러 메시지가 UI에 나타나야 한다.

서비스 중단 시 작동

Network 탭에서 특정 요청을 차단하고 UI 작동을 관찰하면 요청 실패 테스트 케이스를 수행할 수 있다. 예를 들어 'exploratory testing' 검색 결과 페이지의 Network 탭에서 첫 번째 이미지를 로드하는 URL을 찾은 다음, 마우스 오른쪽 버튼을 클릭하고 메뉴에서 [Block request URL]을 선택한다. 그리고 나서 웹 페이지를 다시 로드하면 해당 이미지가 보이지 않는다. 이 기능을 사용하면 '서비스 중단' 시나리오를 실제 서비스 중단 없이 테스트할 수 있다.

쿠키

쿠키는 주로 애플리케이션의 세션 정보를 저장하는 데 사용된다. [그림 2-16]과 같이 Application 탭에서 저장된 쿠키의 목록과 세부 정보를 확인할 수 있다. 또한 탐색 중에 쿠키 값을 수정하거나 삭제한 후 이와 관련된 애플리케이션의 작동을 관찰할 수 있다.

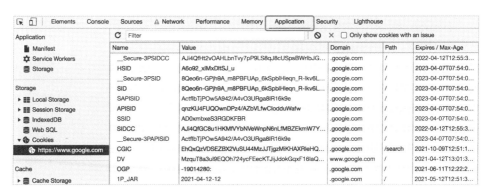

그림 2-16 쿠키는 Application 탭에서 수정하거나 삭제할 수 있다.

크롬 개발자 도구의 기능에 관한 자세한 정보를 알고 싶다면 공식 사이트의 문서[35]를 참고하기 바란다.

---

35 *https://oreil.ly/J34ry*

이제 API와 웹 UI를 탐색할 수 있는 도구를 갖추었다. 하지만 탐색적 테스트의 목표를 달성하기 위해 알아야 할 주제가 한 가지 남아 있다. 테스트 환경에서 좋은 위생^{hygiene} 상태를 유지하는 것이다.

2.4 [인사이트] 테스트 환경 위생

테스트 환경은 탐색적 테스트를 수행하는 환경으로, 잘 관리되지 않을 경우 테스터와 테스트 결과에 직접적인 영향을 미친다. 다음은 테스트 환경 관리에 있어 신경 써야 할 몇 가지 사항과 테스트 환경에서 발생할 수 있는 문제점 및 해결 방법이다.

공용 테스트 환경과 전용 테스트 환경

대규모 팀에서는 단일 테스트 환경을 여러 하위 팀 간에 공유하는 경우가 많기 때문에 테스터가 테스트를 위해 환경을 조작하는 데 제약이 생긴다. 예를 들어 테스트를 위해 서비스를 잠시 중단해야 하는 경우 다른 팀의 동의를 받아야 한다. 더 나쁜 상황에서는 최신 코드를 탐색하기 위해 다른 팀과 일정을 조정하거나 일주일 주기의 다음 배포를 기다려야 한다. 하위 팀별로 전용 테스트 환경을 구축하면 앞서 설명한 불편함 없이 테스터가 자유롭게 애플리케이션을 탐색할 수 있다.

배포 위생

전용 테스트 환경을 구축한 후에는 CI 파이프라인을 통해 자동화된 배포 대신 새로운 배포에 대한 수동 트리거를 사용하는 것이 적절하다. 자동화된 배포의 경우 사전 경고 없이 테스트 환경의 구성 변경을 수행할 수 있기 때문이다. 또한 빌드는 자동화된 테스트 실행 단계를 통과한 경우에만 배포 가능한 상태가 되어야 한다. 최신 코드에 결함이 있을 경우 탐색적 테스트에 영향을 줄 수 있기 때문이다. CI와 배포 전략에 관한 자세한 내용은 〈Chapter 4 지속적 테스트〉에서 다룬다.

테스트 환경은 방화벽, 분리된 계층/구성 요소, 레이트 리미팅 설정 등을 포함하여 상용 환경과 최대한 유사하게 구성해야 한다. 그래야 다양한 실패 테스트 케이스를 가능한 한 빠짐없이 테스트할 수 있다.

테스트 데이터 위생

테스트 데이터는 탐색을 방해하지 않도록 잘 관리되어야 한다. 특히 동일한 배포에서 새로운 기능을 테스트할 때 오래된 데이터 및 구성에 주의해야 한다. 이런 복잡한 상황을 피하기 위해 새로운 사용자 스토리를 시작할 때마다 새 빌드를 배포하는 것이 좋다. 이때 새로운 배포는 이전 데이터와 구성을 지우고 애플리케이션을 새로운 상태로 초기화해야 한다. 또 다른 방법은 모든 사용자 스토리에 대한 새로운 테스트 데이터셋을 생성하는 것이다. 예를 들어 한 사용자로 다양한 상태를 검증하는 여러 케이스를 테스트하는 대신 케이스별 사용자를 생성하여 탐색한다.

연결된 테이블이 수백 개 있는 경우에는 테스트 데이터 생성이 복잡할 수 있다. 이 경우 테스트 환경을 위한 신규 배포에서 이전 데이터를 삭제하고 표준 데이터 집합으로 바꾸거나 SQL 스크립트를 배포에 포함하여 신규 테스트 데이터셋을 생성하게 만들 수 있다. 또 다른 방법은 상용 데이터를 익명화한 후 테스트 환경에서 사용하는 것이다. 하지만 이는 보안 관점에서 문제가 될 수 있기 때문에 주의해야 한다.

팀의 자율성

일반적으로 테스트 환경에 대한 접근을 제한하는 경우가 많아 로그인 자격 증명, 구성 변경, 애플리케이션 로그 조회, 스텁 설정에 필요한 권한이 팀 구성원에게 없을 수 있다. 이러한 작업을 수행하려면 데브옵스 팀 또는 시스템 관리 팀에 지원을 요청해야 한다. 이는 모든 애플리케이션 구성 요소에 접근해야 하는 탐색적 테스트 진행에 불편함을 안겨준다. 팀이 자율적으로 일하고 필요한 모든 것에 접근할 수 있도록 보장하면 외부 의존성에 의한 지연이 줄고 원활한 전달이 가능하다.

서드파티 서비스 설정

일반적으로 서드파티 서비스는 상용 환경에서 직접적으로 테스트할 수 있다는 가정하에 테스트 환경 설정에서 제외된다. 이로 인해 서드파티 서비스 연동 문제가 배포 후기 단계에서 발견될 경우 출시가 지연되는 상황이 발생할 수 있다. 따라서 테스트 환경을 설정할 때는 스텁을 사용하거나 해당 서비스에 대한 제한된 액세스 비용을 지불하는 등 서드파티 서비스 통합을 탐색할 수 있는 방법이 있는지 확인하는 것이 중요하다.

지금까지 수동 탐색적 테스트의 정의와 방법을 살펴봤다. 탐색적 테스트는 개인의 분석력과 관찰력을 기반으로 진행된다. 이러한 특성 때문에 탐색적 테스트의 결과를 검증할 수 있는 정해진 방법이 없다. 다시 말해 당일 테스터의 상태에 따라 결과가 달라질 수 있다. 따라서 일관적인 테스트 결과를 위해 지금까지 설명한 개념에 따라 탐색적 테스트에 접근하기 바란다.

요점 정리

- 수동 탐색적 테스트는 애플리케이션의 작동을 탐색하고 이해하기 위한 여정이다. 우리는 탐색적 테스트를 통해 새로운 사용자 흐름과 버그를 발견할 수 있다.

- 수동 탐색적 테스트는 단순하게 사양의 목록을 확인하는 수동 테스트와는 다르다. 탐색적 테스트는 개인의 분석과 날카로운 관찰 능력에 의존한다.

- 탐색적 테스트는 비즈니스 요구 사항, 기술적 구현, 최종 사용자의 관점을 종합하여 모든 관점에서 올바르게 작동하는지 검증한다.

- 우리는 테스터의 사고 과정을 구성하고 의미 있는 테스트 케이스를 도출하는 데 도움이 되는 8가지 테스트 프레임워크에 관해 논의했다.

- 수동 탐색적 테스트 전략은 5가지 광범위한 영역에서 애플리케이션을 이해한 다음 기능적 사용자 흐름, 실패와 에러 처리, UI 룩앤필, 교차 기능 측면에서 탐색을 시작할 것을 강조한다.

- 탐색적 테스트는 연속적인 과정이어야 한다. 데브 박스 테스트, 사용자 스토리 테스트, 버그 배시, 릴리스와 같은 전달 주기의 여러 단계에서 반복할 수 있다.

- 애플리케이션의 다양한 탐색 경로를 파악하려면 관련 도구를 다룰 줄 알아야 한다. 여기서는 포스트맨, WireMock, 버그 마그넷, 크롬 개발자 도구와 같은 API 및 웹 UI 탐색 테스트 도구를 설명했다.

- 테스트 환경은 수동 탐색적 테스트를 수행하는 곳으로, 탐색적 테스트를 방해하지 않도록 잘 관리되어야 한다. 우리는 테스트 환경을 관리하면서 발생할 수 있는 일반적인 문제와 이를 극복하기 위한 해결책을 논의했다.

- 수동 탐색적 테스트는 개인의 분석력과 관찰력에 의존한다. 탐색적 테스트에 관한 접근 방식을 구축하면 이러한 의존성에서 벗어나 일관된 테스트 결과를 얻는 데 도움이 된다.

자동화된 기능 테스트

"
Bring aboard your autopilot!

자율 주행과 함께해요!
"

자동화된 테스트^{automated testing}는 애플리케이션의 테스트 실행 및 검증을 사람 대신 도구가 수행하는 것을 의미한다. 자동화된 테스트는 1970년대부터 존재했으며 자동화 분야의 기술과 도구는 소프트웨어와 함께 지속적으로 발전했다. 예를 들어 1970년대에는 주로 소프트웨어 애플리케이션을 포트란^{FORTRAN}으로 개발했고 RXVP 도구를 사용해 테스트를 자동화했다. PC가 진화한 1980년대에는 자동화 도구로 오토테스터^{AutoTester}를 사용했다. 1990년대에는 월드 와이드 웹^{World Wide Web} 붐이 일면서 머큐리 인터랙티브^{Mercury Interactive}와 퀵테스트^{QuickTest} 같은 자동화 도구가 인기를 끌었으며 자동화된 부하 테스트 도구인 아파치 제이미터^{Apache JMeter}가 출시됐다. 웹의 지속적인 발전으로 2000년대에는 셀레니움^{Selenium}이 탄생했고 그 이후로도 자동화된 테스트 도구는 계속해서 생겨났다. 오늘날에는 AI/ML을 기반으로 하는 자동화 테스트 경험이 더욱 풍부해지고 있다.

자동화된 테스트의 발전은 테스트 비용을 크게 줄이고 수동 테스트보다 더 빠르게 애플리케이션 품질에 대한 피드백을 전달한다. 이를 더 쉽게 설명하기 위해 애플리케이션 개발 주기 동안 수동 테스트만 수행하는 경우와 동일한 상황에서 자동화된 테스트를 수행하는 경우를 비교해 보자. 애플리케이션의 기능을 수동으로 테스트하는 데 40분이 소요된다고 가정한다. 새로운 기능이 개발될 때마다 기존 기능과의 통합을 테스트하고 기존 기능에서 변경 사항으로 인한 문제가 없는지 **회귀 테스트**regression testing를 수행하여 확인해야 한다. 회귀 테스트를 수행하지 않으면 릴리스 테스트 중에만 통합 버그를 발견할 수 있으며 이로 인해 신규 기능의 출시가 지연될 수 있다. 따라서 신규 기능이 개발될 때마다 이전 기능에 대한 회귀 테스트 시간을 추가해야 한다(예를 들어 두 번째 기능을 출시하는 경우에는 80분, 세 번째 기능을 출시하는 경우에는 120분이 테스트를 하는 데 소요된다).

시간이 흘러 애플리케이션의 기능이 15개로 늘어나면 테스트 시간은 600분으로 늘어난다. 설상가상으로 애플리케이션이 동시에 여러 개의 버전을 지원해야 한다면 버전 수에 비례해 테스트 시간이 늘어난다. 예를 들어 서비스에 두 가지 버전이 있는 경우 애플리케이션 테스트 시간은 1,200분이 된다. 또한 테스트 과정에서 버그를 발견하는 경우(**예** 데이터베이스 스키마를 변경해야 하는 버그)에는 버그 수정 후 테스트에 1,200분이 추가로 소요된다. 이러한 상황은 새로운 기능이 릴리스될 때마다 매번 반복될 것이다.

자동화된 테스트에 충분히 투자하지 않은 기업은 수동 테스트를 위한 인력을 늘려 문제를 해결하려고 하지만 자동화된 테스트의 피드백 속도를 따라갈 수 없다. 이를테면 앞서 예를 든 애플리케이션을 12명이 병렬적으로 테스트하더라도 최소 100분이 소요되지만 자동화된 테스트의 경우 이보다 훨씬 더 빠르게 실행되어 피드백을 제공할 수 있다. 또한 수동 테스트의 경우 릴리스 전 12명의 팀원이 야간에 모여 상용 환경 테스트를 준비해야 하는 상황이 발생할 수 있다. 그러나 이러한 수고를 들이더라도 수동 테스트는 테스트 케이스의 문서화 수준과 테스터의 실행 역량에 크게 의존하기 때문에 오류를 놓칠 가능성이 크다.

물론 자동화된 테스트를 작성하고 정기적으로 실행하는 데도 비용이 발생한다. 하지만 이 비용을 시장에 제품을 빠르게 제공하는 것의 가치, 시간과 인력 측면의 수동 테스트 비용, 신규 기능을 개발하고 상용 문제를 해결하는 동안 팀에 제공하는 신뢰성 측면과 비교해야 한다.

요약하면, 품질이 뛰어난 제품을 제공하려면 수동 테스트와 자동화된 테스트 둘 다 필요하다. 가장 현명한 전략은 둘 중 하나를 선택하는 것이 아니라 균형을 유지하는 것이다. 수동 테스트를 위한 인력은 수동 탐색적 테스트를 수행하여 새로운 테스트 케이스를 발견하고 이를 회귀 테스트에 자동화해야 한다.

Chapter 3의 목표는 모든 애플리케이션 계층에 대한 자동화된 기능 테스트 방법을 파악하는 것이다. 팀에 더 빠른 피드백을 제공할 수 있는 자동화 테스트 전략을 소개하고 자동화 도구를 사용하는 방법과 다양한 애플리케이션 계층에서 프레임워크를 설정하는 방법을 설명한다. 또한 자동화된 테스트에서 사용하는 AI/ML 도구를 간략히 소개하고 자동화된 테스트에서 주의해야 할 안티 패턴과 이를 피하는 방법을 제시한다.

3.1 구성 요소

〈Chapter 1 풀스택 테스트〉에서는 고품질 애플리케이션을 제공하기 위해 마이크로 수준과 매크로 수준에서 테스트를 수행해야 한다고 설명했다. 이는 자동화된 기능 테스트에도 적용된다.

일부 기업은 애플리케이션의 상위 계층에서 매크로 수준 테스트에만 초점을 맞추어 UI 기반 엔드 투 엔드 테스트만 수행하고 애플리케이션 하위 계층에서 마이크로 수준의 테스트는 수행하지 않는다. 예를 들어 필자가 컨설팅했던 팀은 200개 이상의 UI 기반 엔드 투 엔드 기능 테스트를 매일 8시간씩 수행했지만 매크로 수준 테스트의 본질적인 한계로 인해 애플리케이션의 문제를 발견하지 못했다. 이는 빠르고 안정적인 피드백을 제공하는 자동화된 테스트의 목표에 부합하지 않기 때문에 명백한 안티 패턴이다. 마이크로 수준의 테스트는 더 빠르고 안정적으로 수행되기 때문에 자동화된 테스트는 매크로 수준과 마이크로 수준의 테스트를 모두 포함해야 한다.

이제 다양한 유형의 마이크로 수준 테스트와 매크로 수준 테스트를 살펴보자. 이후에는 이를 구현하는 데 도움이 되는 몇 가지 실습을 진행한다.

3.1.1 마이크로 테스트와 매크로 테스트 유형

마이크로 테스트와 매크로 테스트 유형을 논의할 때는 대상 범위, 목적, 피드백 제공 속도, 생성 및 유지 관리를 위해 필요한 노력을 검토해야 한다. 그래야만 프로젝트의 요구 사항을 기반으로 적절한 테스트 유형을 선택할 수 있다. 〈Chapter 2 수동 탐색적 테스트〉에서 소개한 이커머스 애플리케이션 예제를 통해 마이크로 테스트와 매크로 테스트를 알아보자.

[그림 3-1]과 같이 애플리케이션은 이커머스 UI, RESTful 서비스(인증, 고객, 주문 서비스), 데이터베이스(DB) 이렇게 3가지 계층으로 구성된다. UI는 서비스와 상호 작용하여 정보를 처리하고 서비스는 데이터베이스와 통신하여 관련 정보를 저장 및 조회한다. 애플리케이션은

주문을 처리하기 위해 외부 제품 정보 관리product information management (PIM) 서비스 및 다운스트림 시스템(⑩ 창고 관리 시스템 등)과 통합된다. 이커머스 애플리케이션의 일반적인 사용자 흐름은 다음과 같다. 사용자는 이커머스 UI에 자격 증명을 입력한다. 자격 증명이 인증 서비스로 전송되어 로그인에 성공하면 사용자는 UI를 통해 제품을 검색하고 주문한다. 주문 서비스는 사용자의 주문을 받은 후 PIM 서비스에서 제품을 검증하고 배송을 위해 창고 관리 시스템에 주문을 전달한다.

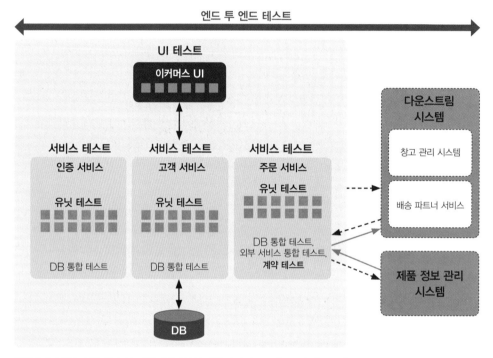

그림 3-1 서비스 지향 이커머스 애플리케이션 각 계층의 마이크로 테스트와 매크로 테스트

[그림 3-1]은 이커머스 애플리케이션의 자동화된 기능 테스트를 위해 각 계층에서 수행되는 마이크로 테스트와 매크로 테스트를 나타낸다. 하나씩 살펴보자.

유닛 테스트

유닛 테스트는 UI 및 모든 서비스에서 수행되는 테스트로, 마이크로 수준에서 애플리케이션 기능의 가장 작은 부분을 검증한다. 예를 들어 함수의 기본 입력 값 검증과 같이 클래스의 메서드 수준에 유닛 테스트를 적용할 수 있다.

이커머스 애플리케이션의 주문 서비스에서 총 주문 금액을 반환하는 메서드를 예로 들어보자. 다음은 return_order_total(item_prices) 메서드의 작동을 검증하기 위한 몇 가지 유닛 테스트다.

- 할인으로 item_prices가 음수인 상품이 있을 경우 반환하는 값을 확인한다.
- item_prices가 비어 있는 경우 반환하는 값을 확인한다.
- item_prices에 문자, 기호 등 잘못된 값이 포함된 경우 반환하는 값을 확인한다.
- 애플리케이션이 현지화localization를 지원하는 경우 상품 가격이 다양한 통화 가격으로 전달될 때 반환하는 값을 확인한다.
- 고정 소수점 값을 사용하여 적절하게 반올림된 총 주문 금액을 반환하는지 확인한다.

유닛 테스트는 개발자가 애플리케이션 코드에 작성한다. 테스트 주도 개발test-driven development(TDD)을 따르는 팀에서는 개발자가 애플리케이션 코드를 작성하기 전에 유닛 테스트를 작성해 실패하게 만든 다음, 유닛 테스트에 통과하기 위해 필요한 애플리케이션 코드를 추가한다. TDD 방식을 따르면 코드에 원하지 않은 로직이나 테스트하지 않은 로직이 생기는 경우를 피할 수 있다. 백엔드에서 일반적으로 사용하는 유닛 테스트 프레임워크에는 JUnit, TestNG, NUnit가 있고, 프론트엔트에서 사용하는 유닛 테스트 프레임워크에는 Jest, Mocha, Jasmine이 있다.

유닛 테스트는 가장 빠르게 실행되는 테스트이며 애플리케이션 코드 안에 있기 때문에 작성 및 관리가 용이하다. 일반적으로 개발자의 로컬 환경에서 애플리케이션 빌드 단계에 실행되며 빠른 피드백을 제공한다.

통합 테스트

대부분의 중대형 웹 애플리케이션은 서비스, UI, 데이터베이스, 캐시, 파일 시스템 등 내부 또는 외부 구성 요소와 통합된다. 이러한 통합은 일반적으로 네트워크와 인프라 경계를 넘어 통신한다. 모든 통합이 예상대로 작동하는지 테스트하려면 시스템 구성 요소에 대한 통합 테스트를 작성해야 한다. 통합 테스트는 긍정적 통합 흐름과 부정적 통합 흐름을 검증해야 하며 세부적인 엔드 투 엔드 기능 테스트를 목적으로 하지 않는다. 따라서 통합 테스트는 유닛 테스트만큼 범위가 작아야 한다.

이커머스 애플리케이션에서 주문 서비스는 UI, 데이터베이스, 다른 서비스와 같은 내부 구성 요소와 통합되어 정보를 교환한다. 또한 외부 PIM 서비스 및 다운스트림 시스템과 통합된다. 우리는 각 서비스에 대한 통합 테스트를 작성하여 다른 서비스 및 데이터베이스와 적절하게 통신할 수 있는지 검증해야 한다.

통합 테스트는 유닛 테스트에서 설명한 프레임워크와 통합 시뮬레이션을 위한 도구를 사용해 작성된다. 예를 들어 JUnit과 스프링 데이터 JPA[36]를 사용해 데이터베이스 통합 테스트를 작성할 수 있다. 통합 테스트는 애플리케이션 코드에 작성되므로 개발자가 비교적 쉽게 작성하고 관리할 수 있다. 그리고 외부 시스템의 응답 시간에 따라 통합 테스트 시간이 달라질 수 있기 때문에 완전히 격리된 상태에서 실행되는 유닛 테스트보다 실행 시간이 오래 걸릴 수 있다.

계약 테스트

여러 팀이 서로 다른 서비스에서 독립적으로 개발하는 대규모 애플리케이션에서는 연동되는 구성 요소가 개발 중이라면 통합 테스트가 불가능하다. 이러한 프로젝트에서 각 팀은 서비스에 대한 표준 계약에 합의하고 외부 서비스가 준비될 때까지 스텁으로 작업한다. 하지만 스텁을 사용할 때 주의해야 할 점이 있다. 스텁은 실제 통합되는 서비스의 계약이 변경되었는지 알 수 없다. 만약 계약이 변경되었다면 유효하지 않은 계약 스펙을 기반으로 새로운 기능을 계속 개발하게 되고, 계약이 변경된 상황을 인지하는 시점은 개발 후반부에 실제 서비스를 연동한 통합 테스트 과정이 될 것이다. 계약 테스트를 수행하면 이러한 문제를 해결할 수 있다.

계약 테스트는 통합 서비스의 실제 계약에 대한 스텁을 검증하고 개발을 진행하면서 팀 간에 지속적으로 피드백을 제공하기 위해 작성된다. 계약 테스트는 통합 서비스가 반환한 데이터가 정확한지 확인하는 것이 아닌 계약 구조 자체에 초점을 맞춘다. 예를 들어 이커머스 애플리케이션에서 외부 PIM 서비스의 계약이 변경될 때마다 주문 서비스 기능을 변경하도록 계약 테스트를 추가할 수 있다. 또한 이커머스 UI와 서비스 간 통합을 위한 계약 테스트도 작성할 수 있다. 계약 테스트의 엔드 투 엔드 흐름은 팀 간 협업에 포함된다. 우리는 포스트맨, 팩트[Pact]와 같은 도구를 사용하여 이를 자동화할 수 있다.

---

36 https://oreil.ly/jeu9l

일반적으로 계약 테스트는 계약 구조만 확인하므로 매우 빠르게 실행된다. 또한 애플리케이션 코드에 작성되어서 개발자가 작성하고 관리하기 쉽다. 유닛 테스트보다는 좀 더 작성하기 어려운데 이는 팀 간 협업이 필요한 엔드 투 엔드 설정 때문이다.

서비스 테스트

〈Chapter 2 수동 탐색적 테스트〉에서 논의한 바와 같이 API는 독립적인 역할을 수행하는 하나의 제품이기 때문에 철저하게 테스트해야 한다.

서비스는 기본적으로 비즈니스 규칙, 오류 기준, 재시도 메커니즘, 데이터 스토리지 등 도메인별 로직을 처리한다. 서비스 테스트는 매크로 수준 테스트이며 통합, 도메인 흐름 등을 다룬다. 예를 들어 이커머스 애플리케이션의 주문 서비스에 추가할 수 있는 서비스 테스트는 다음과 같다.

- 인증된 사용자만 주문을 생성할 수 있는지 확인한다.
- 상품이 주문 가능한 상황에서만 주문을 생성할 수 있는지 확인한다.
- 긍정적 입력과 부정적 입력에 대해 적절한 HTTP 상태 코드가 반환되는지 확인한다.

마찬가지로 서비스는 모든 엔드포인트에 대해 서비스 테스트를 수행해야 한다.

서비스 테스트를 애플리케이션 코드의 외부에 작성할 수도 있지만 빠른 피드백을 얻으려면 서비스 코드에 작성하는 것이 가장 좋다. 유닛 테스트보다 작성 및 관리가 좀 더 복잡한 편인데 이는 테스트 데이터 설정을 포함하기 때문이다. 서비스 테스트는 일반적으로 팀 내 테스터가 관리한다. 서비스 테스트는 UI 기반 엔드 투 엔드 테스트보다 빠르게 실행되지만 앞서 설명한 마이크로 수준의 테스트(유닛, 통합, 계약 테스트)보다는 약간 느리다. 서비스 테스트 자동화를 위한 도구로는 REST Assured, 가라테^{Karate}, 포스트맨 등이 있다.

> **NOTE** 구성 요소는 서비스와 같이 캡슐화를 통해 독립적으로 재사용하거나 교체할 수 있는 엔티티를 의미한다. 서비스 테스트는 **구성 요소 테스트** 중 하나다.

UI 기능 테스트

UI 기반 기능 테스트는 실제 브라우저에서 실행되며 사용자의 행동을 모방한다. UI 기능 테스트는 서비스, UI, 데이터베이스와 같은 여러 구성 요소 간 통합에 대한 피드백을 제공한다. 이러한 매크로 수준의 테스트는 사용자 흐름을 검증하는 데 중점을 두어야 한다. 이커머스 애플리케이션에서 중요한 사용자 흐름은 제품을 검색하고, 장바구니에 추가하고, 결제하고, 주문을 확인하는 것이다. UI 기능 테스트를 작성할 때는 마이크로 수준에서 다루는 기능을 재검증하는 테스트는 작성하지 않는다. 이는 중복된 테스트이며 실행 시간을 증가시킨다. 예를 들어 다양한 상품에 대한 총 주문 금액을 계산하는 기능은 유닛 테스트에서 다루기 때문에 UI 기능 테스트에서 다시 검증할 필요가 없다.

UI 기능 테스트는 일반적으로 애플리케이션 코드 외부에 작성되며 테스터가 관리한다(경우에 따라 개발자와 테스터가 공동으로 관리할 수 있다). UI 기능 테스트는 인프라, 네트워크 등을 포함한 전체 애플리케이션 스택에 걸쳐 실행되기 때문에 실행 시간이 더 오래 걸리고 실패하기 쉬운 경향이 있다. 또한 오류가 발생할 수 있는 범위가 매우 넓기 때문에 다른 유형의 테스트에 비해 더 많은 관리가 필요하다. 예를 들어 HTML 요소의 ID 변경, 페이지 로딩 증가, 서비스 중단과 같은 다양한 애플리케이션 계층에서 문제가 발생할 경우 UI 기능 테스트는 실패한다.

UI 기능 테스트 자동화를 위한 도구로는 셀레니움과 Cypress가 있다. 두 도구에 관한 자세한 내용은 〈3.3 실습〉에서 다룬다.

> **TIP** UI 기능 테스트를 작성할 때는 입력, 비즈니스 규칙 검증과 같은 테스트의 의도를 먼저 파악해야 한다. 이후에 동일한 목표를 달성할 수 있는 하위 수준의 마이크로 테스트(예 유닛 테스트)를 작성할 수 있는지 확인한다.

엔드 투 엔드 테스트

엔드 투 엔드 테스트는 다운스트림 시스템을 포함한 도메인 흐름 전체를 검증한다. 이커머스 웹 사이트에서 상품을 주문하면 창고 관리 시스템, 타사 배송 파트너 서비스와 같은 다운스트림 시스템이 실제로 주문을 처리한다. 이러한 엔드 투 엔드 도메인 흐름은 적절한 통합을 통해 테스트되어야 한다.

애플리케이션 유형에 따라 UI 기능 테스트는 엔드 투 엔드 테스트가 될 수 있다. 그렇지 않은 경우에는 UI, 서비스, 데이터베이스 테스트 도구를 결합하여 전체 통합 흐름을 포함하는 별도의 엔드 투 엔드 테스트를 작성한다. 물론 엔드 투 엔드 테스트는 실행 시간이 가장 오래 걸리고, 다양한 시스템에 걸쳐 안정적인 환경과 테스트 데이터 설정이 필요하기 때문에 관리가 좀 더 복잡하다. 엔드 투 엔드 테스트의 목적은 모든 구성 요소가 적절하게 통합되었는지 확인하는 것이지 구성 요소의 기능을 테스트하는 것이 아니다. 따라서 모든 구성 요소를 활성화하는 몇 가지 테스트만 수행한다.

> **NOTE** 일반적으로 마이크로 수준의 테스트는 개발 단계에서 개발자가 작성하고 매크로 수준 테스트는 테스트 단계에서 테스터가 작성한다. 하지만 이는 팀 내 테스트 기술 역량이나 팀 문화에 따라 다를 수 있다.

엔드 투 엔드 테스트를 마지막으로 마이크로 및 매크로 테스트를 모두 살펴봤다. 각 테스트의 특징과 목적이 잘 이해되었기를 바란다. 다음 절에서는 소프트웨어 팀에서 자주 사용하는 자동화된 기능 테스트 전략을 설명한다. 이를 기반으로 프로젝트의 요구 사항에 맞는 전략을 수립할 수 있다.

3.2 자동화된 기능 테스트 전략

자동화된 테스트 전략은 애플리케이션의 적절한 계층에서 적절한 범위를 검증함으로써 팀에 가장 빠른 피드백을 제공할 수 있게 한다. 마이크 콘^{Mike Cohn}은 2009년에 쓴 『경험과 사례로 풀어낸 성공하는 애자일』(인사이트, 2012)에서 테스트 피라미드를 통해 이를 표현했다. 테스트 피라미드는 마이크로 수준의 테스트가 증가함에 따라 매크로 수준의 테스트를 점진적으로 줄일 것을 권장한다. 예를 들어 10개의 유닛 테스트와 통합 테스트가 있다면 서비스 테스트는 5개, UI 기반 테스트는 1개가 적절하다. 테스트의 범위가 넓을수록 실행 시간이 더 오래 걸리고 작성 및 관리에 더 많은 노력이 필요하기 때문이다.

> **NOTE** 테스트 피라미드 외에도 벌집^{honeycomb}과 테스트 트로피^{trophy} 같은 테스트 모형이 있으며 본질적으로 모두 같은 원칙을 강조한다.[37] 마이크로 수준 테스트가 매크로 수준 테스트보다 작성 및 실행이 더 쉽다는 것이다. 테스트 모형을 탐색하는 경우에는 각 테스트 유형의 범위로 정의하는 내용에 유의해야 한다. 테스트 범위가 변경됨에 따라 테스트 모형도 변경된다.

---

37 *https://oreil.ly/lMadd*

이커머스 예제와 같은 서비스 지향 웹 애플리케이션의 일반적인 테스트 피라미드는 [그림 3-2]와 같다.

그림 3-2 서비스 지향 웹 애플리케이션의 테스트 피라미드

필자는 테스트 피라미드가 실무에서 유용하게 활용되는 것을 경험했다. 앞서 인용한 프로젝트에서는 200개 이상의 UI 기반 엔드 투 엔드 기능 테스트를 8시간씩 수행했는데 테스트 피라미드 방식을 적용한 후에는 470개의 테스트를 35분 이내에 실행하여 빠르게 피드백을 얻을 수 있었다.

> **NOTE** 이상적인 자동화된 기능 테스트 전략은 테스트 피라미드 전략이지만 경우에 따라 테스트 피라미드를 적용할 수 없는 상황이 생길 수 있다. 예를 들어 엔드 투 엔드를 지원하기 위한 테스트 환경 구축이 불가능하거나 특별한 유형(예 바코드 스캔)의 테스트 자동화 도구가 없을 수 있다. 또는 팀 내 테스트 기술 역량이 부족할 수 있다. 팀은 이러한 제약 조건을 고려하여 빠르게 피드백을 얻을 수 있는 방향으로 테스트의 양과 유형을 조정해야 한다.

자동화 전략의 또 다른 부분은 백로그에 남아있지 않도록 자동화 커버리지^{coverage}를 추적하는 것이다. 이를 위해 테스트레일^{TestRail}과 같은 테스트 관리 도구, 지라^{Jira}와 같은 프로젝트 관리 도구, 엑셀과 같은 간단한 도구를 사용할 수 있다. 커버리지 자동화 추적은 매우 중요하다. 여러 가지 이유로 많은 팀이 사용자 스토리 범위에서 자동화를 위한 노력을 생략하여 불충분하거나 지연된 피드백을 받는다. 이로 인해 자동화 자체에 대한 신뢰성이 떨어질 수 있다. 모든 테스트 케이스를 추적하고 자동화되었는지 확인해야 하며, 애자일 팀은 마이크로 수준과 매크로 수준의 테스트를 모두 자동화한 경우에만 사용자 스토리를 '완료'로 표기해야 한다.

3.3 실습

이번 절에서는 예제를 통해 지금까지 설명한 테스트 유형을 실습해본다. 셀레니움과 Cypress를 사용한 UI 기반 기능 테스트, REST Assured를 사용한 서비스 테스트, JUnit을 사용한 유닛 테스트를 다루는 방법을 설명한다.

> **테스트 자동화 기술 스택**
>
> 다음은 자동화 기술 스택을 선택할 때 고려해야 할 몇 가지 주의 사항이다.
>
> • 팀 구성원이 새로운 도구를 다루는 방법을 배울 필요가 없도록 개발 기술 스택과 유사한 테스트 기술 스택을 사용해야 한다. 그렇지 않으면 개발자들이 테스트 코드를 작성하는 데 거부감을 느낄 수 있기 때문에 빠른 피드백을 받는 데 방해가 된다.
>
> • 모든 계층의 테스트를 공통 코드 베이스에 보관하지 않는 것이 좋다. 각 계층의 테스트는 해당 구성 요소 내에 보관하여 구성 요소가 재사용될 때 테스트가 함께 제공되게 한다. 또한 각 계층의 테스트 기술 스택은 해당 구성 요소의 개발 기술 스택에 따라 달라질 수 있다.

3.3.1 UI 기능 테스트

셀레니움 웹 드라이버와 Cypress는 인기 있는 UI 기반 자동화 테스트 도구다. 셀레니움 웹 드라이버 테스트는 자바, C#, 파이썬, 자바스크립트 등 다양한 프로그래밍 언어로 작성 가능하다. Cypress는 자바스크립트로만 작성 가능하지만 다양한 장점이 있다. 이번 절에서는 셀레니움과 Cypress를 다루는 방법을 소개한다. 팀에서 주로 사용하는 프로그래밍 언어와 기술 스택에 맞춰 둘 중 적절한 도구를 선택하기 바란다.

자바-셀레니움 웹 드라이버 프레임워크

자바와 셀레니움 웹 드라이버[38]를 사용해서 자동화 프레임워크를 작성해보자.

▶ 사전 요구 사항

먼저 다음과 같은 필수 도구를 설치해야 한다.

- 자바 최신 버전[39]
- 선호하는 통합 개발 환경integrated development environment(IDE)

  (가장 유명한 자바 IDE로는 IntelliJ[40]가 있다)
- 크롬 브라우저[41]

사전 요구 사항이 준비됐다면 다음 도구를 추가로 설치한다.

▶ 메이븐

아파치 메이븐Apache Maven은 빌드 자동화 도구로 의존성 관리 및 프로젝트 빌드 단계를 표준화하는 데 도움이 된다. 우리는 일반적으로 새로운 기능을 구현하기 위해 외부 라이브러리와 플러그인을 사용한다. 이때 모든 팀 구성원이 동일한 버전의 라이브러리와 플러그인을 사용하고 애플리케이션 아티팩트를 생성하기 위해 동일한 단계(⑩ 프로젝트 구축, 테스트 실행 등)를 따르는 것이 중요하다. 빌드 자동화 도구는 이러한 목적을 달성하는 데 도움이 된다. 자바 애플리케이션에서 사용되는 또 다른 빌드 자동화 도구에는 Gradle이 있다. 이번 절의 예제에서는 메이븐을 사용한다. 먼저 메이븐을 웹 사이트[42]에서 다운로드하고 설명에 따라 설치한다.

메이븐의 작동 방식을 빠르게 이해하기 위해 프로젝트 객체 모델Project Object Model(POM) 파일인 pom.xml을 살펴보자. [예제 3-1]과 같이 POM 파일에는 의존 라이브러리, 플러그인, 버전 정보를 정의한다.

---

38 *https://www.selenium.dev/projects*
39 *https://oreil.ly/eT0qE*
40 *https://oreil.ly/2950c*
41 *https://www.google.com/intl/en_in/chrome*
42 *https://oreil.ly/IjplR*

예제 3-1 pom.xml 예제 파일

```xml
<?xml version="1.0" encoding="UTF-8"?>
<project xmlns="http://maven.apache.org/POM/4.0.0"
         xmlns:xsi="http://www.w3.org/2001/XMLSchema-instance"
         xsi:schemaLocation="http://maven.apache.org/POM/4.0.0
             http://maven.apache.org/xsd/maven-4.0.0.xsd">
    <modelVersion>4.0.0</modelVersion>

    <groupId>org.example</groupId>
    <artifactId>SeleniumJavaExample</artifactId>
    <version>1.0-SNAPSHOT</version>

    <properties>
        <maven.compiler.source>15</maven.compiler.source>
        <maven.compiler.target>15</maven.compiler.target>
    </properties>

    <dependencies>
        <dependency>
            <groupId>org.seleniumhq.selenium</groupId>
            <artifactId>selenium-java</artifactId>
            <version>4.0.0</version>
        </dependency>
        <dependency>
            <groupId>org.testng</groupId>
            <artifactId>testng</artifactId>
            <version>7.4.0</version>
            <scope>test</scope>
        </dependency>
    </dependencies>
</project>
```

POM 파일에서 주의해야 할 사항은 다음과 같다.

- groupID, artifactID, version 속성은 메이븐이 프로젝트를 추적할 수 있도록 프로젝트 좌표를 정의한다. IntelliJ와 같은 IDE에서는 프로젝트를 생성할 때 이러한 정보를 설정할 수 있다.

- properties는 컴파일에 사용할 자바 버전이나 pom.xml 파일 및 애플리케이션 코드에서 사용할 변수를 선언한다.

- dependencies에는 의존 라이브러리 및 버전 목록을 선언한다. [예제 3-1]에서는 셀레니움 4.0을 의존성으로 참조한다. 메이븐은 다양한 버전의 라이브러리를 저장하는 중앙 저장소를 운영한다. 프로젝

트는 pom.xml 파일의 dependencies를 기반으로 관련 라이브러리를 메이븐 저장소에서 시스템으로 가져온다. 이러한 중앙 라이브러리 관리 방법을 통해 팀 구성원이 동일한 버전의 라이브러리를 사용할 수 있다. 의존 라이브러리를 추가하려면 메이븐 저장소[43]에서 라이브러리를 검색한 후 해당 좌표 값을 pom.xml 파일의 dependencies 섹션에 추가한다.

마찬가지로 플러그인, 환경 등을 메이븐 문서[44]의 설명에 따라 pom.xml 파일에 선언할 수 있다. 이번 실습에서는 [예제 3-1]의 pom.xml 파일을 사용해 셀레니움 웹 드라이버 테스트를 작성한다.

메이븐은 또한 애플리케이션 아티팩트를 생성하는 데 필요한 빌드 명령어를 제공한다. 자주 사용되는 명령어는 다음과 같다.

- mvn compile: 프로젝트 코드를 컴파일한다.
- mvn clean: 이전에 생성한 아티팩트를 정리(제거)한다.
- mvn test: 테스트 프레임워크로 작성한 테스트를 실행한다.

이 외에도 아티팩트를 생성하기 위한 명령어로 install, deploy 등이 있다.

▶ TestNG

TestNG는 **테스트 러너**test runner라고도 불리며 JUnit과 같이 인기 있는 자바 테스트 프레임워크다. 일반적으로 테스트 프레임워크는 테스트 생성, 어설션assertion 추가, 테스트 전후setup and teardown 설정, 테스트 그룹 구성, 테스트 실행, 테스트 실행 결과 요약 등의 기능을 제공한다. TestNG는 유닛, 통합, 엔드 투 엔드 등 모든 유형의 테스트에 사용된다. [예제 3-1]과 같이 pom.xml 파일에 의존성을 추가하여 TestNG를 설치할 수 있다.

TestNG에서 자주 사용되는 주요 기능은 다음과 같다.

- @Test: 클래스의 메서드를 TestNG에서 실행할 테스트 메서드로 나타내는 어노테이션이다. 모든 테스트에는 @Test 어노테이션을 추가해야 한다.
- @BeforeClass, @AfterClass, @BeforeMethod, @AfterMethod, @BeforeSuite, @AfterSuite: 이름에서 알 수 있듯이 테스트 클래스, 테스트 메서드, 테스트 집합 전후 실행을 의미하는 어노테이션이다.
- assertEquals(), assertTrue(): 검증을 수행하는 메서드다.

---

43 *https://oreil.ly/lMhEf*
44 *https://oreil.ly/eCamH*

▶ 셀레니움 웹 드라이버

제이슨 허긴스[Jason Huggins]는 2004년 테스트 자동화 도구인 셀레니움을 처음 개발해 오픈소스로 공개했다. 셀레니움은 그 이후로 많은 변화를 거쳤으며 오늘날에도 매우 활발하게 오픈소스 커뮤니티의 지원을 받고 있다. 셀레니움의 역사와 발전 과정에 관심이 있다면 셀레니움 웹 사이트[45]의 문서를 읽어보자.

> **셀레니움 이름의 유래**
>
> 셀레니움의 이름은 농담에서 유래했다. 화학 원소인 셀레늄(셀레니움)은 수은[mercury] 중독의 해독제로 사용되는데, 셀레니움이 생기기 전에 가장 인기 있는 자동화 테스트 도구는 머큐리[Mercury]였다.

셀레니움 웹 드라이버는 브라우저에서 렌더링되는 웹 애플리케이션과의 상호 작용을 돕는다. 어설션, 보고서 생성 등의 기능을 제공하지 않기 때문에 TestNG, 메이븐과 같은 다른 도구와 함께 사용해야 한다.

셀레니움 웹 드라이버의 기본 구성 요소는 다음과 같다.

- **API:** API 메서드를 사용하면 브라우저에 있는 애플리케이션 요소와 상호 작용(클릭, 입력 등)할 수 있다.
- **클라이언트 라이브러리:** 테스트 집합에 사용할 API를 다양한 프로그래밍 언어를 통해 번들로 제공한다.
- **드라이버:** API에서 실행한 작업을 브라우저가 수행하도록 지시하는 구성 요소다. 드라이버는 일반적으로 브라우저가 생성하고 관리하며 셀레니움 배포 패키지에 포함되지 않는다. 예를 들어 크롬 브라우저에서 테스트를 실행하려면 ChromeDriver를 별도로 다운로드하여 자동화 스크립트에 포함해야 한다.

셀레니움 드라이버에서 제공하는 다양한 API를 알아보자. [예제 3-2]는 애플리케이션에서 요소를 찾기 위한 웹 드라이버 메서드를 보여준다. 셀레니움은 id, className, cssSelector와 같은 HTML 속성 값을 기반으로 웹 페이지의 요소를 식별한다. 크롬 브라우저에서 마우스 오른쪽 버튼을 클릭한 후 메뉴에서 [검사]를 선택하면 속성 값을 확인할 수 있다. 예를 들어 아마존 웹 사이트[46] 검색어 입력창의 속성 값은 ID가 "twotabsearchtextbox"임을 확인할 수 있다.

---

45 https://www.selenium.dev/history
46 https://www.amazon.com/

예제 3-2 웹 드라이버의 메서드를 사용해 요소를 찾는 예제

```
// ID로 요소 찾기
driver.findElement(By.id("login"))

// CSS 선택자로 요소 찾기
driver.findElement(By.cssSelector("#login"));

// 클래스 이름으로 요소 찾기
driver.findElement(By.className("login-card"));

// XPath로 이름 찾기
driver.findElement(By.XPath("//@login"));

// 여러 요소 찾기
driver.findElements(By.cssSelector("#username li"));
```

TIP **id**는 페이지 내의 고유한 속성 값이다. 따라서 **id**를 선택자[selector]로 사용하면 테스트를 안정적으로 유지할 수 있다. CSS와 XPath의 경우 애플리케이션 내에서 자주 변경되는 경향이 있으므로 사용을 권하지 않는다.

셀레니움 웹 드라이버는 상대 로케이터[locator][47]를 사용하여 페이지에서 요소를 찾는 방법을 제공한다. 예를 들어 특정 요소의 위 또는 아래에 있는 요소를 찾을 수 있다.

요소를 찾았다면 해당 요소와 상호 작용할 수 있다. [예제 3-3]은 요소에 대해 다양한 작업을 수행하는 웹 드라이버 메서드를 보여준다.

예제 3-3 웹 요소와 상호 작용하기 위해 사용하는 웹 드라이버 메서드

```
// 요소 클릭
driver.findElement(By.id("submit")).click();

// 입력 상자에 텍스트 입력
driver.findElement(By.cssSelector("#username")).sendKeys(username);
```

웹 드라이버의 Actions 클래스[48]를 사용하면 keyDown, contextClick, dragAndDrop과 같은 고급

---

47 *https://oreil.ly/eWukW*
48 *https://oreil.ly/wV81u*

상호 작용을 수행할 수 있다.

애플리케이션 요소와 상호 작용하는 방법 외에도 [예제 3-4]와 같이 URL 열기, 뒤로 가기, 브라우저 닫기, 창 크기 설정, 쿠키 설정 등 브라우저를 조작할 수 있는 방법을 제공한다.

예제 3-4 웹 드라이버를 사용한 브라우저 조작 예제

```
// URL 열기
driver.get("https://example.com");

// 브라우저 뒤로 가기, 앞으로 가기, 새로 고침
driver.navigate().back();
driver.navigate().forward();
driver.navigate().refresh();

// 아이패드 화면 크기로 브라우저 열기
driver.manage().window().setSize(new Dimension(768, 1024));

// 브라우저 닫기
driver.close();

// 드라이버 세션 종료
driver.quit();
```

페이지를 이동하는 경우에는 페이지가 로드된 후 요소가 나타날 때까지 테스트를 기다려야 한다. 일부 팀은 하드 코딩된 sleep 함수를 사용하여 테스트를 기다리게 하지만 환경에 따라 페이지 로드 시간이 달라질 수 있기 때문에 이러한 방식을 권하지 않는다. 대신에 웹 드라이버에서 제공하는 몇 가지 방법을 사용하여 요소가 나타날 때까지 기다릴 수 있다.

- **암시적 대기**: 웹 드라이버가 요소가 나타날 때까지 x초 동안 HTML 문서document의 전체 내용을 나타내는 문서 객체 모델Document Object Model(DOM)을 폴링한다. 기본 웹 드라이버 작동은 0초 동안 대기하는 것이다. 드라이버 초기화 단계에서 암시적 대기 시간을 지정하면 표준 대기 시간이 설정된다.
- **명시적 대기**: 조건식이 참true이 될 때까지 최대 x초 동안 대기한다.
- **유창한fluent 대기**: 대기 시간을 유연하게 정의할 수 있다. 웹 드라이버는 조건식이 참이 될 때까지 최대 x초 동안 대기하면서 y초마다 조건이 참인지 확인한다.

[예제 3-5]는 앞서 설명한 다양한 대기 메서드를 보여준다.

```
// 시간 초과 예외가 발생하기 전에 10초 동안 암시적으로 대기
driver.manage().timeouts().implicitlyWait(Duration.ofSeconds(10));

// 제출(submit) 버튼을 클릭할 수 있을 때까지 10초 동안 명시적으로 대기
WebElement submitButton = new WebDriverWait(driver, Duration.ofSeconds(10)).
    until(ExpectedConditions.elementToBeClickable(By.id("submit")));

// 스피너(spinner)가 사라질 때까지 최대 3초 동안 대기하고 1초마다 조건이 참인지 확인
// 유창한 대기
FluentWait wait = new FluentWait(driver)
                .withTimeout(Duration.ofSeconds(3))
                .pollingEvery(Duration.ofSeconds(1))
                .ignoring(NoSuchElementException.class);
wait.until(ExpectedConditions.invisibilityOf(driver.findElement(By.
id("spinner"))));
```

대기 메서드는 테스트를 작성할 때 자주 사용되는 웹 드라이버 메서드다. 또한 웹 드라이버는 이벤트 수신, 이벤트 유형에 따른 다양한 작업 수행, 모달 창 조작 등 브라우저에서 테스트할 수 있는 다양한 상호 작용을 지원한다. 셀레니움 4.0은 크롬 개발자 도구 프로토콜[49]을 사용하여 서버와의 통신을 모방하고 디버깅할 수 있다. 셀레니움이 지원하는 고급 기능에 관해 자세히 알고 싶다면 공식 웹 사이트[50]를 참고하자.

▶ 페이지 객체 모델

페이지 객체 모델은 UI 기반 자동화 프레임워크에서 가장 일반적으로 사용되는 디자인 패턴으로, 자동화 프레임워크에서 애플리케이션 구조를 다시 만든다. 예를 들어 애플리케이션의 모든 페이지에 대한 페이지 클래스를 만들고 해당 페이지의 요소와 작업을 클래스에 정의한다. 페이지 객체 모델 패턴은 추상화와 캡슐화를 허용하기 때문에 새로운 변경 사항이 발생했을 때 더 유연하게 대처할 수 있다. 예를 들어 요소의 ID가 변경될 경우 일반적으로 모든 테스트를 수정해야 하지만 페이지 객체 모델에서는 페이지 클래스에서 요소를 찾아 수정하면 된다.

[예제 3-6]은 사용자 이름 필드(emailID), 암호 필드(passwordField), 로그인 버튼(signInButton) 이렇게 3가지 요소를 가진 샘플 LoginPage 클래스다. LoginPage 클래스에는 페이지에서 로그

---

49 https://oreil.ly/D8Fkb
50 https://oreil.ly/WdovT

인 작업을 수행하기 위한 login 메서드가 정의되어 있다(LoginPage 클래스는 다음 절에서 테스트를 작성할 때 사용된다).

예제 3-6 페이지 객체 모델을 사용하는 LoginPage 클래스

```java
// LoginPage.java

package pages;

import org.openqa.selenium.By;
import org.openqa.selenium.WebDriver;

public class LoginPage {

    private WebDriver driver;
    private By emailID = By.id("user_email");
    private By passwordField = By.id("user_password");
    private By signInButton =
        By.cssSelector("input.gr-button.gr-button--large");

    public LoginPage(WebDriver driver) {
        this.driver = driver;
    }

    public HomePage login(String email, String password){
        driver.findElement(emailID).sendKeys(email);
        driver.findElement(passwordField).sendKeys(password);
        driver.findElement(signInButton).click();
        return new HomePage(driver);
    }
}
```

페이지 객체 모델에서 모든 애플리케이션 페이지는 페이지 클래스로 정의되어야 한다.

▶ **설정 및 워크플로**

지금까지 자바 셀레니움 웹 드라이버에 필요한 모든 구성 요소를 살펴봤다. 이제 앞서 설명한 구성 요소를 조합하여 사용자 흐름에 대한 테스트를 작성해보자. 테스트는 간단하다. 선호하는 이커머스 애플리케이션에 로그인하고 홈페이지 제목에 대한 어설션을 추가한다.

1 IntelliJ를 열고 [File] → [New] → [Project] → [Maven]을 선택하여 신규 메이븐 프로젝트를 생성한다.

2 테스트 실행 환경에 설치된 자바 버전을 선택한다.

3 [그림 3-3]과 같이 프로젝트 이름(Name), 경로(Location), 그룹ID(GroupId), 아티팩트 ID(ArtifactId)를 입력한다.

그림 **3-3** IntelliJ에서 신규 메이븐 프로젝트 생성

프로젝트를 생성하면 [예제 3-7]과 같은 구조가 생성된다.

예제 **3-7** 메이븐 프로젝트 초기 구조

```
├── SeleniumJavaExample.iml
├── pom.xml
└── src
    ├── main
    │   ├── java
    │   └── resources
    └── test
        └── java
```

4 테스트 실행 환경의 크롬 브라우저 버전과 호환되는 ChromeDriver 실행 파일[51]을 다운로드한다. 크롬 버전은 [Chrome] → [Chrome 정보]에서 확인한다.

---

51 *https://oreil.ly/g8gP8*

5 다운로드한 ChromeDriver 실행 파일을 src/main/resources 폴더로 옮긴다.

6 [예제 3–1]과 같이 pom.xml 파일에 셀레니움, TestNG 라이브러리를 추가한다. IntelliJ 기준으로 오른쪽에 있는 메이븐 패널에서 라이브러리를 새로 고침하고 다운로드할 수 있다.

7 src/test/java 아래에 base 패키지를 생성한다.

8 [예제 3–8]과 같이 base 패키지에 BaseTests.java 클래스 파일을 추가한다. BaseTests 클래스는 웹 드라이버 설정을 정의한다.

예제 3-8 BaseTests 클래스

```java
// BaseTests.java

package base;

import org.openqa.selenium.WebDriver;
import org.openqa.selenium.chrome.ChromeDriver;
import org.testng.annotations.AfterMethod;
import org.testng.annotations.BeforeMethod;

import java.time.Duration;

public class BaseTests {

    protected WebDriver driver;

    @BeforeMethod
    public void setUp(){
        System.setProperty("webdriver.chrome.driver",
            "src/main/resources/chromedriver");
        driver = new ChromeDriver();
        driver.manage().timeouts().implicitlyWait(Duration.ofSeconds(10));
        driver.get("http://eCommerce.com/sign_in");
    }

    @AfterMethod
    public void teardown(){
        driver.quit();
    }
}
```

setUp() 메서드는 ChromeDriver 실행 경로를 제공하고 ChromeDriver 객체를 인스턴스화한다. 이후에는 driver 객체를 사용하여 암시적 대기를 10초로 정의하고 애플리케이션 URL에 접속한다. teardown() 메서드는 테스트 실행 후 브라우저 세션을 종료한다. TestNG 어노테이션인 @BeforeMethod와 @AfterMethod는 모든 테스트에 대해 드라이버 세션을 생성 및 삭제하는 것을 의미한다.

9 다음으로 src/test/java에 tests라는 패키지를 만들고 [예제 3-9]와 같이 LoginTest 테스트 클래스를 추가한다. LoginTest에는 TestNG에서 제공하는 @Test 어노테이션과 assertEquals() 메서드를 사용한다.

예제 3-9 첫 번째 테스트를 포함한 LoginTest 클래스

```java
// LoginTest.java

package tests;

import base.BaseTests;
import org.testng.annotations.Test;
import pages.LoginPage;
import static org.testng.Assert.*;

public class LoginTest extends BaseTests {

    @Test
    public void verifySuccessfulLogin(){
        LoginPage loginPage = new LoginPage(driver);
        assertEquals(loginPage.login("example@gmail.com",
            "Admin123").getTitle(), "Home page");
    }
}
```

10 테스트를 만든 후에는 페이지 클래스를 만든다. src/main/java 아래에 pages라는 새 패키지를 만들고 LoginPage(예제 3-6), HomePage(예제 3-10) 페이지 클래스를 추가한다.

```java
// HomePage.java

package pages;

import org.openqa.selenium.By;
import org.openqa.selenium.WebDriver;
import org.openqa.selenium.support.ui.ExpectedConditions;
import org.openqa.selenium.support.ui.WebDriverWait;
import java.time.Duration;

public class HomePage {

    private WebDriver driver;
    private By searchField = By.cssSelector("input.searchBox");

    public HomePage(WebDriver driver) {
        this.driver = driver;
    }

    public String getTitle(){
        WebDriverWait wait = new WebDriverWait(driver,
            Duration.ofSeconds(10));
        wait.until(ExpectedConditions.
            presenceOfElementLocated(searchField));
        return driver.getTitle();
    }
}
```

11 페이지 클래스는 앞서 논의한 셀레니움 웹 드라이버 메서드로 요소를 찾고 상호 작용한다. 페이지의 클래스가 다른 페이지의 객체를 반환하기 위해 어떤 방식으로 연결되어 있는지 확인해보자. 예를 들어 LoginPage 클래스의 login() 메서드는 driver 객체를 가진 HomePage 객체를 반환한다. 마지막으로 페이지 클래스에는 어설션이 포함되지 않는다는 것을 기억하자.

12 이제 마우스 오른쪽 버튼으로 @Test 태그 옆에 있는 녹색 삼각형을 클릭하여 IDE에서 직접 테스트를 실행하거나 다음과 같이 메이븐 명령어를 사용하여 터미널에서 테스트를 실행한다.

```
$ mvn clean test
```

명령어를 입력하면 크롬 브라우저가 열리며 테스트가 실행된다. 테스트를 마친 후에는 [그림 3-4]와 같이 target/surefire-reports/index.html 경로에 HTML 보고서를 생성한다.

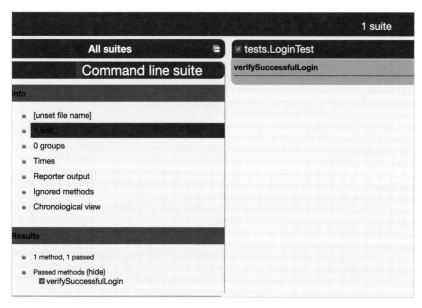

그림 3-4 메이븐 Surefire 플러그인에서 생성한 HTML 보고서

첫 번째 테스트를 성공적으로 작성하고 실행했다.[52]

CI 환경에서 테스트를 실패할 경우 오류 화면의 스크린샷을 저장하면 디버깅하는 데 도움이 된다. 실패 시 스크린샷을 저장하려면 [예제 3-11]과 같이 teardown() 메서드를 변경한다. 다음으로 src/main/resources 아래에 screenshots 폴더를 생성하면 스크린샷이 해당 경로에 저장된다.

예제 3-11 테스트 실패 시 스크린샷 저장하기

```
import org.openqa.selenium.OutputType;
import org.openqa.selenium.TakesScreenshot;
import org.testng.ITestResult;
import java.io.File;
```

---

52 옮긴이_해당 예제는 가상의 이커머스 웹 사이트(http://eCommerce.com/sign_in)를 대상으로 테스트하기 때문에 실행 시 "404 Not Found" 에러가 발생하며 실패한다.

```
import java.io.IOException;
import com.google.common.io.Files;

@AfterMethod
    public void teardown(ITestResult result){
        if(ITestResult.FAILURE == result.getStatus()) {
            var camera = (TakesScreenshot) driver;
            File screenshot = camera.getScreenshotAs(OutputType.FILE);
            try {
                Files.move(screenshot,
                    new File("src/main/resources/screenshots/" +
                    result.getName() + ".png"));
            } catch (IOException e) {
                e.printStackTrace();
            }
        }
        driver.quit();
    }
```

특정 프로젝트 요구 사항에 따라 자동화 테스트 프레임워크에 더 많은 기능을 추가할 수 있다. 예를 들어 TestNG[53]나 셀레니움 그리드[54] 기능을 사용하면 테스트를 병렬로 실행할 수 있으며 TestNG의 크로스 브라우저 테스트 기능[55]을 사용하면 여러 브라우저에서 테스트를 진행할 수 있다. 또한 큐컴버Cucumber[56]와 같은 행동 주도 개발behavior-driven development(BDD) 프레임워크를 사용할 수도 있다. 하지만 UI 테스트는 최소한으로 유지해야 한다는 점에 유의해야 한다.

행동 주도 개발(BDD)

BDD는 비즈니스와 기술 팀 구성원을 더 가깝게 만들기 위한 소프트웨어 개발 관행이다. 예를 들어 큐컴버와 같은 BDD 프레임워크는 Given, When, Then 구조[57]를 가진 사용자 스토리로 테스트를 작성하는 기능을 제공한다. 비즈니스 담당자는 실패하는 테스트로 요구 사항을 전달하고 기술 담당자는 실패한 테스트를 통과하도록 기능을 구현한다.

---

53 *https://oreil.ly/0wME3*
54 *https://oreil.ly/34bZH*
55 *https://oreil.ly/4tFSc*
56 *https://oreil.ly/EtGeG*
57 *https://oreil.ly/cGGrb*

자바스크립트-Cypress 프레임워크

Cypress[58]는 셀레니움이 처음 소개된 지 10년 후인 2014년에 출시됐으며 엔드 투 엔드 UI 자동화 도구로 자주 사용된다. Cypress 테스트는 셀레니움 테스트와 다르게 자바스크립트로만 작성 가능하다. 이러한 언어적 제약에도 불구하고 다음과 같은 특징으로 인해 인기를 얻고 있다.

- Cypress 아키텍처는 셀레니움과 같이 네트워크를 통해 명령을 실행하지 않는다. 애플리케이션과 동일한 실행 루프에서 명령을 실행하기 때문에 더 빠르게 실행된다.

- 엔드 투 엔드 UI 자동화 테스트 작성에 필요한 모든 도구를 번들로 제공하기 때문에 TestNG, 큐컴버와 같은 추가 도구를 설정할 필요가 없다. Cypress는 기존에 검증된 도구를 통합한다. 예를 들어 보통은 테스트 프레임워크로 Mocha를 사용하고 어설션에는 차이[Chai]를 사용한다.

- 애플리케이션에 내장되어 있어 애플리케이션 함수 스텁, 서버 다운 시나리오 시뮬레이션, 미리 정의된 상태 설정 등 다양한 테스트 사례를 만들 수 있다.

- 페이지 로드 후 요소가 보이거나 클릭될 때까지 자동으로 대기한다. 따라서 복잡한 대기 전략을 고민하지 않아도 된다.

- 테스트가 실행한 모든 명령에 스크린샷 저장, 로깅, 비디오 녹화 기능을 제공하므로 테스트 실패 시 디버깅에 용이하다. 또한 크롬 개발자 도구를 사용하여 미리 상태를 정의한 페이지에서 오류를 검사할 수 있다.

Cypress는 활발한 오픈소스 커뮤니티의 지원 덕분에 다양한 요구 사항을 만족시키기 위한 새로운 플러그인이 자주 추가된다. 이번 절에서는 Cypress와 페이지 객체 모델을 사용한 UI 자동화 프레임워크 설정 방법을 알아보자.

> **NOTE** Cypress 커뮤니티는 페이지 객체 모델 대신 애플리케이션 작업 모델[Application Actions Model]을 사용할 것을 권장한다. 애플리케이션 작업 모델에 관한 자세한 내용은 글렙 바무토프[Gleb Bahmutov]가 작성한 블로그 게시글[59]을 참고하자.

---

58 *https://www.cypress.io*
59 *https://oreil.ly/OrhMC*
60 *https://nodejs.org/en/download*
61 *https://oreil.ly/gc3Jn*

▶ 사전 요구 사항

자바스크립트에서 자동화 프레임워크를 설정하려면 다음과 같은 도구를 설치해야 한다.

- Node.js 12 이상 버전[60]

- 선호하는 IDE

  (가장 유명한 자바스크립트 IDE로는 비주얼 스튜디오 코드[61]가 있다)

- 브라우저

  (Cypress는 크롬, 크로미움, 엣지, 일렉트론, 파이어폭스를 지원한다)

▶ Cypress

사전 요구 사항 설치를 완료했다면 다음의 5단계를 수행하여 Cypress 작동 방식을 익힌다.

1 테스트 프로젝트 폴더를 만들고 터미널에서 다음 명령어를 실행하여 Cypress를 설치한다.

```
$ npm init -y
$ npm install cypress@9.2.0 --save-dev
```

2 package.json을 열고 [예제 3-12]와 같은 내용이 입력되어 있는지 확인한다.

예제 3-12 package.json 파일

```json
{
  "name": "functional-tests",
  "version": "1.0.0",
  "description": "UI Driven End-to-End Tests",
  "main": "index.js",
  "devDependencies": {
    "cypress": "^9.2.0"
  },
  "scripts": {
    "test": "echo \"Error: no test specified\" && exit 1"
  },
  "author": "",
  "license": "ISC"
}
```

3 다음 명령어를 실행하면 [그림 3-5]와 같이 Cypress 애플리케이션이 열린다. 또한 샘플 Todo 웹 애플리케이션[62]을 위한 Cypress 테스트 예제와 함께 자동화 프레임워크 구조를 가진 폴더가 생성된다.

```
$ node_modules/.bin/cypress open
```

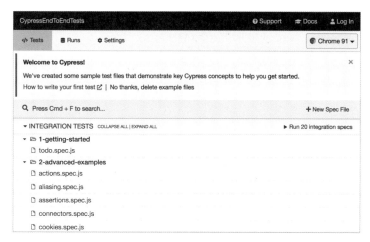

그림 3-5 Cypress 애플리케이션 및 테스트 파일

4 설정이 완료되면 페이지 객체 프레임워크를 설정하기 전에 테스트 예제를 실행해보자. Cypress 애플리케이션 오른쪽 상단 드롭다운에서 선호하는 브라우저를 선택하고 테스트 (.spec.js) 파일을 클릭한다. Cypress는 브라우저를 열고 테스트를 실행한 후 [그림 3-6]과 같은 보고서를 출력한다.

그림 3-6 Cypress 테스트 실행 보고서

---

62 *https://oreil.ly/8QK2L*

테스트를 클릭하면 해당 테스트에서 실행한 명령 목록이 나타난다. 각 명령 위로 마우스를 가져가면 [그림 3–7]과 같이 해당 명령을 실행할 때의 애플리케이션 상태가 표시된다. 이러한 기능은 디버깅 작업에 도움이 된다.

그림 3-7 Cypress를 활용한 디버깅

5 명령줄에서 Cypress를 실행하려면 `package.json` 파일에 다음 코드를 추가하고 `npm test` 명령으로 테스트를 실행한다. 테스트는 헤드리스[headless] 모드로 실행되며 `videos` 폴더에 실행 기록이 저장된다.

```
"scripts": {
    "test": "cypress run"
  }
```

이제부터는 웹 애플리케이션과 상호 작용하고 탐색하기 위해 사용하는 Cypress 메서드를 간단히 살펴보자. Cypress가 예제로 제공하는 테스트 파일을 열면 다음과 같이 일반적으로 사용하는 몇 가지 메서드를 확인할 수 있다.

- **get(element_locator):** 웹 요소가 사용 가능해지기를 기다린 후 DOM에서 웹 요소를 가져온다. Cypress 애플리케이션은 [그림 3–8]과 같이 요소를 검사하고 로케이터를 가져오는 도구를 제공한다. 페이지 모듈을 작성할 때 이를 사용할 수 있다.

그림 3-8 Cypress 도구를 사용한 요소 로케이터 찾기

- `get(element_locator).click()`: 선택한 요소를 클릭한다.
- `title()`: 페이지 제목을 반환한다.
- `get(select_locator).select(option)`: 드롭다운에서 옵션을 선택한다.
- `get(element_locator).rightclick()`: 선택한 요소에 대해 마우스 오른쪽 버튼을 클릭한다.

그 외의 메서드를 알고 싶다면 Cypress 웹 사이트에서 제공하는 문서[63]를 읽어보자.

▶ **설정 및 워크플로**

Cypress와 페이지 객체 모델을 사용해 자동화 프레임워크를 작성해보자. 앞에서와 동일하게 이커머스 웹 사이트에 로그인한 후 페이지 제목을 검증하는 테스트를 작성한다.

1 cypress/integration 아래에 ecommerce-e2e-tests 폴더를 만들고 login_tests.spec.js 테스트 파일을 추가한다(예제 3-13).

2 /integration 폴더 외부에 /page-objects 폴더를 만들고 그 안에 페이지 모듈인 login-page.js와 home-page.js 파일을 추가한다(예제 3-13).

3 Cypress 애플리케이션을 직접 실행하거나 npm test 명령으로 테스트를 실행한다.

---

63 *https://oreil.ly/6ewls*

```javascript
// page-objects/login-page.js

/// <reference types="cypress" />

export class LoginPage {

    login(email, password){
        cy.get('[id=user_email]').type(email)
        cy.get('[id=user_password]').type(password)
        cy.get('.submitPara > .gr-button').click()
    }
}

// page-objects/home-page.js

/// <reference types="cypress" />

export class HomePage {

    getTitle(){
        return cy.title()
    }
}

// integration/eCommerce-e2e-tests/login_tests.spec.js

/// <reference types="cypress" />

import {LoginPage} from '../../page-objects/login-page'
import {HomePage} from '../../page-objects/home-page'

describe('example to-do app', () => {
    const loginPage = new LoginPage()
    const homePage = new HomePage()

    beforeEach(() => {
      cy.visit('https://example.com')
    })

    it('should log in and land on home page', () => {
        loginPage.login('example@gmail.com', 'Admin123')
        homePage.getTitle().should('have.string', 'Home Page')
    })
})
```

Mocha 테스트 프레임워크에서 제공하는 beforeEach() 메서드는 TestNG의 @beforeMethod 와 같은 역할을 하며 모든 테스트가 실행되기 전 URL에 접속한다. 또한 차이 프레임워크에서 제공하는 should('have.string', string) 어설션을 사용한다. 두 메서드 모두 Cypress가 번들로 제공하는 메서드다.

Cypress는 변경 사항을 저장할 때마다 테스트를 자동으로 실행하기 때문에 새로운 코드가 예상대로 작동하는지 빠르게 확인할 수 있다. 또한 Cypress를 사용해 시각적 테스트를 수행할 수 있다(자세한 내용은 〈Chapter 6 시각적 테스트〉에서 다룬다). 자바스크립트가 익숙하다면 Cypress를 사용해보기 바란다.

3.3.2 서비스 테스트

이번 절에서는 서비스 테스트를 다룬다. REST Assured 자바 라이브러리를 사용하여 샘플 REST API를 검증해보자.

자바 REST Assured 프레임워크

▶ 사전 요구 사항
먼저 다음과 같은 도구를 설치해야 한다.

- 자바 최신 버전[64]

- 선호하는 IDE
  (가장 유명한 자바 IDE로는 IntelliJ[65]가 있다)

메이븐[66] REST Assured[67]는 REST API의 자동 테스트를 위한 자바 라이브러리다. Gherkin 구문(Given, When, Then)과 함께 도메인 특화 언어$^{domain-specific language}$(DSL)를 제공하여 읽기 및 유지 관리가 가능한 API 테스트를 작성할 수 있으며 햄크레스트^{hamcrest}를 어설션으로

---

64 *https://oreil.ly/Uq5Wk*
65 *https://oreil.ly/y90qz*
66 *https://oreil.ly/FAOuB*
67 *https://rest-assured.io*

사용한다. JUnit, TestNG와 같은 모든 테스트 프레임워크에서 REST Assured를 사용할 수 있다.

REST Assured에 관한 이해를 돕기 위해 주문 서비스에 상품과 세부 정보를 반환하는 GET /items API가 있다고 생각해보자.

```
GET: https://eCommerce.com/items

Response:

Status Code: 200
[
    {
        "SKU": "984058981",
        "Color": "Green",
        "Size": "M"
    }
]
```

해당 GET API를 호출하고 상태 코드를 검증하는 REST Assured DSL은 다음과 같다.

```
given().
      when().
      get("https://eCommerce.com/items").
      then().
      assertThat().statusCode(200);
```

매우 간단하지 않은가? POST, PUT 등 다른 API에도 DSL을 적용해 테스트할 수 있다.

이제 API 자동화 테스트 프레임워크를 설정하고 API 엔드포인트를 검증하는 테스트를 작성해보자. 엔드포인트는 〈Chapter 2 수동 탐색적 테스트〉에서 했던 것과 같이 WireMock을 사용해 스텁을 생성할 수 있다.

> TIP 연습을 위한 샘플 API가 필요하다면 Any API 사이트[68]에 공개된 1,400개의 REST API를 참고하자.

---

68 https://any-api.com

▶ **설정 및 워크플로**

앞서 설명했듯이 자동화 테스트 프레임워크의 3가지 기본 구성 요소는 의존성 관리자(메이븐), 필요한 유형의 테스트를 수행하기 위한 라이브러리(REST Assured), 테스트를 작성하고 실행하기 위한 테스트 프레임워크(TestNG)다. 다음 단계를 따라 3가지 구성 요소를 결합해보자.

1 IntelliJ(또는 선호하는 IDE)를 사용해 신규 메이븐 프로젝트를 만든다. 자세한 방법은 〈3.3.1 UI 기능 테스트〉의 '자바−셀레니움 웹 드라이버 프레임워크' 부분을 참고하기 바란다.

2 메이븐 중앙 저장소[69]에서 TestNG, REST Assured 의존성을 검색한 후 `pom.xml` 파일에 추가한다.

3 `/src/test/java` 폴더 아래에 `apitests`라는 패키지를 생성한 후 `ItemsTest` 클래스를 추가한다.

4 `GET /items` 엔드포인트를 확인하기 위한 샘플 테스트로 [예제 3−14]를 `ItemsTest` 클래스에 작성한다.

예제 3-14 GET /items 엔드포인트를 테스트하는 ItemsTest 클래스

```java
// ItemsTest.java

package apitests;

import org.testng.annotations.Test;

import static io.restassured.RestAssured.given;

public class ItemsTest {

    @Test
    public void verifyGetItemsEndpointReturnsSuccessStatusCode(){
        given().
                when().
                get("http://localhost:1000/items").
                then().
```

---

[69] https://mvnrepository.com

```
        assertThat().statusCode(200);
    }
}
```

IDE 또는 터미널에서 `mvn clean test` 명령을 실행하여 테스트를 실행한다.

`GET` 엔드포인트 테스트를 마쳤다면 `POST /items` 엔드포인트 테스트를 추가할 수 있다. `POST` 엔드포인트가 JSON으로 작성된 상품 정보를 요청 본문으로 받고 주문에 성공할 경우 201 HTTP 응답을 반환한다고 가정해보자. 〈Chapter 2 수동 탐색적 테스트〉에서 설명한 단계에 따라 `POST /items` 엔드포인트의 스텝을 생성한다.

JSON 본문을 `POST` 요청으로 전달하기 위한 더 좋은 방법은 `dataObject` 클래스를 만들고 `jackson-databind`와 같은 JSON 직렬화 라이브러리를 사용하는 것이다.

1 `pom.xml` 파일에 `jackson-databind` 라이브러리를 추가한다.

2 `/src/main/java` 아래에 `dataObjects` 패키지를 생성하고 `POST` 요청에 대한 JSON 본문을 나타내는 `ItemDetails` 클래스를 추가한다(예제 3-15).

예제 3-15 `ItemDetails` 클래스

```java
// ItemDetails.java

package dataobjects;

import com.fasterxml.jackson.annotation.JsonProperty;
import com.fasterxml.jackson.annotation.JsonPropertyOrder;

@JsonPropertyOrder({"sku", "color", "size"})
public class ItemDetails {

    private String sku;
    private String color;
    private String size;

    public ItemDetails(String sku, String color, String size){
        this.sku = sku;
        this.color = color;
        this.size = size;
    }
```

```
@JsonProperty("sku")
public String getSku(){
    return sku;
}

@JsonProperty("color")
public String getColor(){
    return color;
}

@JsonProperty("size")
public String getSize(){
    return size;
}
}
```

3 jackson-databind 라이브러리에서 @JSONPropertyOrder 어노테이션을 사용하여 JSON 구조를 정의하는 방법에 주목하자.

4 테스트 클래스에 [예제 3–16]과 같이 ItemDetails 객체를 POST 요청 본문으로 사용하는 POST /items 엔드포인트 테스트를 추가한다.

예제 **3-16** POST /items 엔드포인트에 대한 API 테스트

```
@Test
    public void verifyPostItemsEndpointReturnsSuccessStatusCode(){

        ItemDetails greenShirt = new ItemDetails("98765490", "Green", "M");

        given().
                contentType(ContentType.JSON).
                body(greenShirt).
                log().body().
                when().
                    post("http://localhost:1000/items").
                then().
                assertThat().
                statusCode(200);
    }
```

테스트를 실행할 때 직렬화를 확인하기 위해 log().body() 메서드로 요청 본문을 기록한다. 예제의 테스트는 응답의 상태 코드만 검증한다. REST Assured는 응답 본문에서 필수 필드를 찾아 검증할 수 있는 더 많은 기능을 제공한다. REST Assured에 관한 자세한 내용은 공식 문서[70]를 참고하자.

3.3.3 유닛 테스트

유닛 테스트는 애플리케이션 코드와 긴밀하게 통합되므로 테스트 프레임워크는 애플리케이션 프로그래밍 언어와 호환되어야 한다. 예를 들어 자바에는 JUnit과 TestNG, .NET에는 NUnit, 자바스크립트에는 Jest와 Mocha, 루비에는 RSpec을 사용한다. 이번 절에서는 JUnit을 활용한 유닛 테스트를 살펴본다.

> **NOTE** 유닛 테스트는 개발자가 작성하지만 테스트 전략을 수립하기 위해 테스터도 애플리케이션의 기본 구조를 이해하고 있어야 한다. 이번 절에서는 테스터가 유닛 테스트에 관한 개념을 익힐 수 있도록 간단한 예제를 다룬다.

JUnit

JUnit[71]은 1997년 켄트 벡과 에리히 감마Erich Gamma가 만든 유닛 테스트 프레임워크다. JUnit은 유닛 테스트에 필요한 다양한 기능을 제공하며 오늘날 자바 테스트 프레임워크의 사실상 표준de facto이 되었다. 또 다른 인기 있는 프레임워크인 TestNG는 JUnit이 제공하지 않는 일부 기능을 제공하기 위해 만들어졌지만 최신 버전 JUnit에서 기능을 추가하여 TestNG와의 격차를 줄였다.

JUnit이 제공하는 기본 기능은 다음과 같다.

- 테스트 메서드를 표시하기 위한 @Test 어노테이션 및 테스트 전후 설정을 위한 @BeforeEach, @BeforeAll, @AfterEach, @AfterAll 어노테이션

---

70 *https://oreil.ly/KIz1x*
71 *https://junit.org/junit5*

- 각 테스트에 대한 이름을 표시하는 @DisplayName 어노테이션

- 필요한 경우 원하는 테스트 그룹만 실행할 수 있는 @Tag 어노테이션

- assertTrue( ), assertEquals( ), assertAll( )와 같은 어설션 API

▶ 설정 및 워크플로

이커머스 애플리케이션의 고객 서비스에 대한 간단한 유닛 테스트를 작성해보자. 신규 자바 프로젝트를 생성하고 [예제 3-17]과 같이 CustomerManagement 클래스를 추가한다.

예제 3-17 CustomerManagement 클래스

```java
// CustomerManagement.java

package Customers;

import java.util.ArrayList;
import java.util.List;

public class CustomerManagement {

    private String firstName;
    private String lastName;
    private String age;

    private List<List<String>> customers = new ArrayList<List<String>>();

    public List<List<String>> getCustomers(){
        return customers;
    }

// 고객 이름이 비어 있으면 예외를 발생시키고 그렇지 않으면 고객을 추가한다.
    public void addCustomers(List<String> customerDetails){
        if (customerDetails.get(0).isEmpty())
            throw new IllegalArgumentException();
        customers.add(customerDetails);
    }
}
```

유닛 테스트를 작성하기 위한 절차는 다음과 같다.

1 pom.xml 파일에 다음 의존성을 추가한다.

```xml
<dependencies>
    <dependency>
        <groupId>org.junit.jupiter</groupId>
        <artifactId>junit-jupiter-api</artifactId>
        <version>5.7.2</version>
        <scope>test</scope>
    </dependency>
    <dependency>
        <groupId>org.junit.jupiter</groupId>
        <artifactId>junit-jupiter-engine</artifactId>
        <version>5.7.2</version>
        <scope>test</scope>
    </dependency>
</dependencies>
```

2 /src/test/java 폴더에 customersUnitTests 패키지를 생성하고 CustomerManagementTests 테스트 클래스를 추가한다.

3 JUnit 어노테이션과 어설션을 사용해 [예제 3-18]과 같이 테스트를 작성한다.

예제 3-18 JUnit을 사용한 CustomerManagementTests 테스트 클래스

```java
package customersUnitTests;

import Customers.CustomerManagement;
import org.junit.jupiter.api.DisplayName;
import org.junit.jupiter.api.Test;
import static org.junit.jupiter.api.Assertions.*;

import java.util.ArrayList;
import java.util.List;

@DisplayName("When managing new customers")
public class CustomerManagementTests {

    @Test
    @DisplayName("should return empty when there are no customers")
    public void shouldReturnEmptyWhenThereAreNoCustomers(){
```

```
            CustomerManagement customer  = new CustomerManagement();
            List<List<String>> customers = customer.getCustomers();

            assertTrue(customers.isEmpty(), "Error: Customers exists");
        }

        @Test
        @DisplayName("should throw exception when customer name is invalid")
        public void shouldThrowExceptionForInvalidInput(){
            List<String> newCustomer = new ArrayList<>();
            newCustomer.add("");
            newCustomer.add("Jackson");
            newCustomer.add("20");

            CustomerManagement customer  = new CustomerManagement();
            IllegalArgumentException err =
                assertThrows(IllegalArgumentException.class, () ->
                customer.addCustomers(newCustomer));

        }
    }
```

테스트에 관한 설명을 나타내는 @DisplayName의 내용대로 첫 번째 테스트는 기존 고객이 없을 경우 getCustomers() 메서드가 빈 값을 반환하는지 확인한다. 두 번째 테스트는 이름이 비어 있는 고객을 추가하는 경우 addCustomers() 메서드가 IllegalArgumentException을 반환하는지 확인한다.

IDE에서 직접 실행하거나 명령줄에서 mvn clean test 명령으로 테스트를 실행하면 [그림 3-9]와 같이 테스트에 관한 설명과 함께 결과가 출력된다.

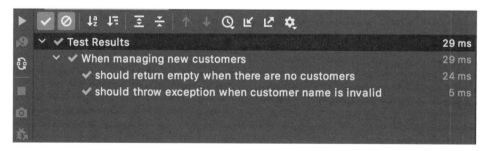

그림 3-9 테스트에 관한 설명과 함께 JUnit 테스트 결과 출력

JUnit 외에도 유닛 테스트의 테스트 케이스에 따라 스프링 부트$^{Spring\ Boot}$와 같은 개발 프레임 워크, 모키토^{Mockito}와 같은 서비스 호출 모킹^{mocking} 라이브러리 등 추가 기능을 사용할 수 있다. 추가 기능을 통해 데이터베이스와 같은 외부 시스템에 접속하면 유닛 테스트는 통합 테스트가 될 수 있다.

■ 좋은 테스트의 특징

좋은 테스트란 다음과 같은 테스트를 의미한다.

- 테스트는 적절한 메서드명과 변수명으로 작성되어 읽기 쉬워야 한다. AAA(준비^{Arrange}, 실행^{Act}, 검증 ^{Assert}) 패턴에 따라 먼저 테스트 케이스에 필요한 사항을 준비한 다음 작업을 실행하고 결과를 검증한다.

- 각 테스트는 의도가 명확해야 하고 빠르게 실행하기 위해 하나의 작동만 검증해야 한다.

- 테스트는 서로 독립적이어야 한다. 테스트 간에 서로 연결되어 있다면 오류가 발생할 수 있다. 테스트 전후 작업을 적절하게 설정하면 테스트를 독립적으로 유지하고 병렬로 실행할 수 있다.

- 실행 환경에 따라 테스트의 결과가 달라져서는 안 된다. 예를 들어 테스트는 특정 환경의 정적 데이터에 의 존하면 안 된다.

- 테스트를 위한 의존성을 수동으로 관리할 필요 없이 테스트 구축 및 실행 프로세스를 자동화해야 한다. 테 스트는 코드 체크아웃 후 단일 명령어로 실행할 수 있어야 한다.

3.4 추가 테스트 도구

이번 절에서는 계약 테스트 도구인 팩트, 서비스 테스트를 생성하기 위한 BDD 도구인 가라 테, 빠르게 발전 중인 AI/ML 도구와 같은 몇 가지 테스트 자동화 도구를 더 소개한다. 이러한 도구를 통해 테스트 자동화에 관한 이해를 높이고 각 상황에 필요한 도구를 현명하게 선택할 수 있기를 바란다.

3.4.1 팩트

팩트[72]는 자바에서 계약 테스트를 작성할 때 자주 사용되는 도구다. 테스트는 파이썬, 자바스크립트, Go, 스칼라 등 다양한 언어로 작성될 수 있다. 팩트는 특히 **소비자 주도 계약 테스트** consumer-driven contract testing에 활용된다.

소비자 consumer는 서비스나 메시지 큐와 같은 다른 애플리케이션으로부터 정보를 수신하는 애플리케이션 서비스 또는 웹 UI다. 필요한 정보를 제공하는 애플리케이션은 **공급자** provider다. 예를 들어 이커머스 애플리케이션의 주문 서비스는 PIM 서비스로부터 상품 세부 정보를 수신하기 때문에 주문 서비스가 소비자가 되고 PIM 서비스는 공급자가 된다. 주문 서비스 외에도 다양한 서비스가 PIM 서비스의 소비자가 될 수 있다. 또한 각 소비자는 PIM 서비스에서 서로 다른 정보가 필요할 수 있다. 예를 들어 주문 서비스는 상품 세부 정보로 SKU가 필요하며 제조업체의 주소는 필요하지 않다. 하지만 다른 소비자 서비스는 SKU 대신에 제조업체의 주소가 필요할 수 있다.

PIM 서비스는 새로운 소비자 또는 새로운 요구 사항에 맞춰 계약을 변경해야 할 수 있으며 이러한 변경은 주문 서비스와 같은 다른 소비자 서비스에 위험 요인이 될 수 있다. 따라서 PIM 서비스의 계약, 특히 각 소비자와 관련된 속성 값을 지속적으로 검증할 수 있는 방법이 필요하다. 테스터나 개발자는 이를 위해 통합 테스트를 작성할 수 있지만 이러한 테스트는 설정 및 관리가 어렵고 두 애플리케이션에 대한 의존성 때문에 불안정할 수 있다. 특히 공급자와 소비자둘 다 개발 중인 상황이라면 엔드 투 엔드 통합 테스트나 서비스 테스트를 작성할 수 없다. 소비자 주도 계약 테스트는 이러한 문제를 해결하는 데 도움이 된다.

[그림 3-10]과 같이 소비자 주도 계약 테스트를 통해 각 소비자 팀은 공급자와 합의한 계약의 스텁에 대한 테스트를 작성한다. 테스트는 전체 계약이 아니라 소비자에게 필요한 속성을 지정하여 검증한다. 그런 다음 공급자 팀으로 테스트가 전달된다. 공급자 팀은 실제 공급자 API에 대해 모든 테스트를 실행하여 소비자의 요구 사항과 일치하는지 확인한다. 일치하지 않는 사항이 발견되면 공급자 팀은 소비자 팀에게 API 계약이 변경되었음을 알린다.

---

72 *https://docs.pact.io*

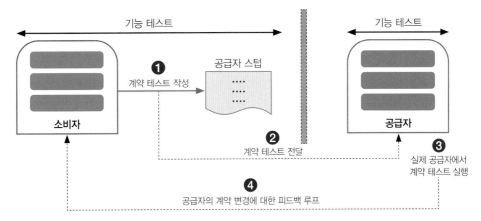

그림 3-10 소비자 주도 계약 테스트 흐름

기본적으로 이러한 유형의 계약 테스트는 엔드 투 엔드 통합 테스트를 다음과 같이 나눈다.

- 각 소비자 팀은 [그림 3-10]과 같이 마이크로 수준과 매크로 수준의 테스트를 작성하고 공급자 API의 스텁을 대상으로 기능을 검증한다.
- 각 소비자 팀은 공급자 API의 스텁에 대한 계약 테스트를 작성하고 이를 공급자 팀에 전달한다. 공급자 팀은 계약 테스트를 지속적으로 실행한다.
- 공급자 팀은 마이크로 수준과 매크로 수준 테스트를 작성해 공급자 기능을 검증한다.

이와 같이 계약 테스트의 범위를 좁히고 의존성을 제거함으로써 엔드 투 엔드 통합 및 서비스 테스트 작성에 필요한 비용을 줄일 수 있다.

팩트는 계약 테스트의 완전 자동화를 지원한다. 팩트를 활용한 워크플로에 관한 이해를 돕기 위해 주문 서비스와 PIM 서비스를 예로 들어보자. 주문 서비스는 외부 PIM 서비스의 GET /items 엔드포인트를 통해 주문 가능한 사이즈, SKU, 색상과 같은 상품의 세부 정보를 조회한다. 두 팀의 팩트 워크플로는 다음과 같다.

1 주문 서비스 팀은 모든 통합 테스트 케이스를 수집한다. 예를 들어 /items 엔드포인트는 상품이 존재할 때 상품의 세부 정보를 반환해야 하고 상품이 없을 경우 빈 배열을 반환해야 한다. 또한 잘못된 요청에 대해 적절한 오류 코드(400, 500 등)를 반환해야 한다.

2 주문 서비스 팀은 팩트를 사용하여 이러한 테스트 케이스에 대한 스텁을 작성한다.

3 주문 서비스 팀은 팩트를 사용하여 상태 코드, SKU, 주문 가능 사이즈, 색상과 같은 특정 속성을 검증하는 소비자 계약 테스트를 작성한다. 테스트를 실행하면 자동으로 **팩트 파일**이 생성된다. 이 파일은 /items 엔드포인트에 대한 다양한 요청과 응답 내 속성에 대한 검증을 포함한다.

4 팩트 파일은 팩트 브로커^{Pact Broker}라는 오픈소스 프로비저닝 도구를 통해 PIM 팀에 자동으로 전달된다. 소비자 팀과 공급자 팀 모두 팩트 브로커를 설정해야 한다. 유사한 서비스로 팩트 브로커를 설정할 필요가 없는 팩트플로^{Pactflow}라는 유료 서비스도 있다. 더 간단하게는 폴더 공유를 통해 팩트 파일을 공유하는 방법이 있다.

5 PIM 서비스 팀은 팩트 브로커로부터 계약 파일을 받고 소비자 테스트의 요구 사항에 따라 다양한 상태의 테스트 데이터를 설정하는 공급자 계약 테스트를 작성한다. 공급자 계약 테스트를 실행하면 팩트 파일에 작성된 대로 실제 PIM 서비스에 요청하고 응답을 검증한다.

6 공급자 테스트 결과는 팩트 브로커를 통해서 소비자가 간편하게 접근할 수 있다.

7 팀이 지속적으로 피드백을 받을 수 있도록 소비자와 공급자의 팩트 테스트를 CI 파이프라인에 통합한다.

[예제 3-19]는 pactMethod를 사용한 팩트 소비자 테스트를 보여준다. 먼저 pactMethod는 팩트 소비자 테스트에서 기대하는 /items 엔드포인트의 상태를 설정한다. given() 메서드는 이러한 상태를 나타낸다. 또한 나중에 공급자 테스트에서 적절한 테스트 데이터를 설정하기 위해 참조된다. 다음으로 팩트 소비자 테스트는 pactMethod에 설명된 대로 /items 스텁을 호출한 후 응답된 세부 정보를 검증한다.

예제 3-19 팩트를 사용한 소비자 테스트 예제

```
@ExtendWith(PactConsumerTestExt.class)
public class ItemsPactConsumerTest {

    @Pact(consumer = "Order service", provider = "PIMService")
```

```java
RequestResponsePact getAvailableItemDetails(PactDslWithProvider builder) {
    return builder.given("items are available")
        .uponReceiving("get item details")
        .method("GET")
        .path("/items")
        .willRespondWith()
        .status(200)
        .headers(Map.of("Content-Type", "application/json; charset=utf-8"))
        .body(newJsonArrayMinLike(2, array ->
            array.object(object -> {
                object.stringType("SKU", "A091897654");
                object.stringType("Color", "Green");
                object.stringType("Size", "S");
            })
        ).build())
        .toPact();
}

@Test
@PactTestFor(pactMethod = "getAvailableItemDetails")
void getItemDetailsWhenItemsAreAvailable(MockServer mockServer) {

    // 상단의 팩트 메서드에서 생성한 PIM /items 엔드포인트의 스텁 호출
    RestTemplate restTemplate = new RestTemplateBuilder()
            .rootUri(mockServer.getUrl())
            .build();

    List<Item> items = new PIMService(restTemplate).getAvailableItemDetails();

    Item item1 = new Item("A091897654","Green","S");
    Item item2 = new Item("A091897654","Green","S");
    List<Item> expectedItems = List.of(item1, item2);
    assertEquals(expectedItems, items);
}
```

테스트를 실행하면 팩트 파일을 생성하고 폴더를 통해 공급자와 파일을 공유한다. 팩트 공급자 테스트는 팩트 파일을 수신하고 @State 어노테이션 메서드에 따라 테스트 데이터를 설정한다 (예제 3-20). 그리고 팩트 파일에 따라 실제 /items 엔드포인트에 요청하며 응답의 세부 정보가 소비자 테스트의 결과와 동일한지 검증한다.

```
@Provider("PIMService")
@PactFolder("pacts")
@ExtendWith(SpringExtension.class)
@SpringBootTest(webEnvironment = SpringBootTest.WebEnvironment.RANDOM_PORT)

public class ItemsPactProviderTest {

    @LocalServerPort
    private int port;

    @MockBean
    private ItemRepository itemRepository;

    @BeforeEach
    void setUp(PactVerificationContext context) {
        context.setTarget(new HttpTestTarget("localhost", port));
    }

    @TestTemplate
    @ExtendWith(PactVerificationInvocationContextProvider.class)
    void verifyPact(PactVerificationContext context, HttpRequest request) {
        context.verifyInteraction();
    }

    @State("items are available")
    void setItemsAvailableState() {
        when(itemRepository.getItems()).thenReturn(
            List.of(new Item("A091897654", "Green", "S"),
                new Item("A091897654","Green","S")));
    }
```

팩트는 CI에 통합할 수 있는 HTML 보고서를 생성한다. 팩트 테스트는 일반적으로 애플리케이션 코드와 밀접하게 연결되어 있다. 따라서 팩트를 이용하여 테스트 코드를 작성하고 디버깅하기 위해서는 스프링 부트와 같은 개발 프레임워크에 관한 지식이 필요하다.

3.4.2 가라테

가라테[73]는 큐컴버와 유사한 Gherkin 문을 제공하며 코딩 없이 테스트를 작성할 수 있는 프레임워크다. 가라테를 사용하면 기존보다 훨씬 더 간단하게 서비스 테스트를 작성할 수 있다. 가라테는 API 테스트뿐만 아니라 엔드 투 엔드 UI 테스트, 계약 테스트, 모킹 서버 설정 등을 지원한다. [예제 3-21]은 앞서 REST Assured를 사용해 작성한 GET /items 엔드포인트 테스트를 가라테로 작성한 것이다.

예제 **3-21** 가라테 DSL을 이용한 GET /items 엔드포인트 테스트

```
Feature: Order service should return item details

  Scenario: verify GET items endpoint
    Given url 'http://localhost:1000/items'
    When method get
    Then status 200
```

Gherkin 문 세 줄로 테스트 작성이 끝났다. 가라테의 GitHub 페이지[74]를 참고하면 가라테에서 사용 가능한 다양한 명령문을 확인할 수 있다. 가라테는 IntelliJ에서 프로젝트를 생성할 때 메이븐 아키타입archetype으로 불러오면 쉽게 설치할 수 있다.

3.4.3 AI/ML 자동화 테스트 도구

지금까지 각 애플리케이션 계층의 기능 테스트에 적용할 수 있는 자동화 도구를 살펴봤다. 마지막으로 AI/ML 기술을 활용해 테스트 작성, 테스트 유지 관리, 테스트 보고서 분석, 테스트 거버넌스governance와 같은 일상적인 테스트 작업을 지원하는 새로운 도구를 알아보자.

테스트 작성

Test.ai, Functionize, Appvance, Testim, TestCraft와 같은 도구는 코딩을 모르는 사람도 AI/ML 기술을 기반으로 UI 기반 기능 테스트를 쉽게 작성할 수 있도록 해준다.

---

73 *https://github.com/karatelabs/karate*
74 *https://oreil.ly/K0zza*

테스트 작성 도구를 사용하려면 웹 사이트의 사용자 흐름을 수동으로 탐색해야 한다. ML-backed 레코더를 사용하면 모든 단계에서 수행되는 요소와 작업을 식별하고 백그라운드에서 테스트를 생성할 수 있다. ML-backed 레코더의 장점은 로케이터뿐만 아니라 구조적, 시각적 측면에서 요소를 식별한다는 것이다. 이러한 도구 중 일부는 테스트 유지 관리 및 근본 원인 분석을 지원해 테스트 자동화의 부담을 크게 줄여 준다. 또한 CI에 연결하여 지속적인 피드백을 받을 수 있다.

테스트 유지 관리

UI 기능 테스트를 유지 관리 중이라면 요소의 변경으로 인해 테스트가 실패한 경험이 있을 것이다. 대부분의 경우 요소의 모양은 변경되지 않고 ID만 변경되지만 UI 기능 테스트가 주로 요소의 ID 값에 의존하기 때문에 실패가 발생한다. 테스트 유지 관리 AI/ML 도구는 이러한 작은 변화를 자동으로 수정하여 시간을 절약해준다.

자가 치유^{self-healing}라 불리는 자동 수정 기능은 Test.ai[75] 및 Functionize[76]와 같은 AI/ML 기반 테스트 자동화 도구에서 사용할 수 있다. 앞서 언급했듯이 ML-backed 레코더는 UI 요소의 구조적, 시각적 측면을 로케이터와 함께 캡처한다. 요소의 로케이터 값이 변경되더라도 요소를 동일하게 식별할 수 있다. 테스트 유지 관리 도구는 테스트 스크립트에서 로케이터의 값을 업데이트하기 위한 승인만 받으면 된다.

테스트 보고서 분석

앞서 언급했듯이 필자는 수백 개의 UI 기반 자동화 테스트를 밤새도록 실행하는 대형 프로젝트를 본 적이 있다. 테스트 결과를 분석하는 전담 자동화 팀은 테스트 실패의 근본 원인을 파악하는 데만 몇 시간을 보냈다. 대부분의 원인은 결함, 새로운 기능 변경, 환경 문제 중 하나였다. 근본적인 원인을 발견하면 팀은 오류에 대한 버그 보고서를 작성하고 새로운 기능 변경에 대한 테스트 스크립트를 수정한 후 환경 문제를 해결하기 위해 인프라 팀과 협업했다. 테스트 전담 팀은 매일 반복되는 일들로 바빴다. 오픈소스 테스트 보고서 분석 도구인 ReportPortal[77]을 사용하면 이러한 문제를 해결하는 데 도움이 된다.

---

75 *https://test.ai*
76 *https://www.functionize.com/test-maintenance*
77 *https://oreil.ly/frHa1*

ReportPortal은 ML 기반 자동 분석기를 사용해 테스트 실패 로그를 읽고 결함, 테스트 스크립트 문제, 환경 문제로 분류한다. ML 알고리즘은 이전에 분석한 테스트 실패 로그 데이터로 학습한다. 이를 위해 수동으로 이전 테스트의 실패를 분석하고 적절한 태그를 지정하는 작업이 필요하다. 테스트 실패 데이터가 충분히 확보되면 자동 분석기가 이를 학습하고 테스트 실패 여부를 정확하게 식별할 수 있어 팀의 리소스를 크게 절약할 수 있다.

테스트 거버넌스

애플리케이션 계층에 따른 적절한 테스트 커버리지는 모든 팀이 고민하는 문제다. 테스트 거버넌스는 모든 계층에서 품질 테스트를 수행하고 각 애플리케이션 계층에 적절한 테스트를 배치하는 것을 목표로 한다. 이를 위해 테스트되지 않은 기능을 포함한 모든 계층의 데이터가 필요하다. SeaLights[78]는 AI/ML 기반 테스트 거버넌스 도구다. 전체 계층에 걸쳐 테스트 커버리지에 대한 메트릭metric을 제시하고 커버리지가 낮은 코드 영역을 식별하며 테스트 실행 데이터와 테스트 커버리지를 통해 품질 위험을 식별하는 등 품질 거버넌스와 관련된 기능을 제공한다.

테스트 자동화에서 AI/ML 기술이 제공하는 기능은 중요해지고 있으며 계속해서 진화하고 있다. 가능하면 이러한 도구를 활용하여 반복적인 작업의 부담을 덜고 계획, 혁신, 보안, 성능과 같은 더 중요한 작업에 집중하기 바란다.

3.5 인사이트

마지막으로 자동화된 기능 테스트와 자동화 커버리지의 안티 패턴을 살펴볼 것이다. 특히 100% 자동화 커버리지가 무엇을 의미하는지 주목하기 바란다.

3.5.1 주의해야 할 안티 패턴

테스트 자동화 전략을 수립하고 각 계층에 테스트 프레임워크를 구현하는 데 많은 시간과 노력을 들인 후에도 자동화된 기능 테스트를 완료하기까지 많은 작업이 남아 있음을 받아들여야 한

---

78 *https://oreil.ly/d9WIY*

다. 또한 팀은 자동화된 기능 테스트에 대한 안티 패턴을 주의해야 한다. 필자의 경험에 비추어 볼 때 출시 일정이 몰리면 안티 패턴이 생기기 쉬우므로 조기에 발견하는 것이 매우 중요하다. 이번 절에서는 일반적인 안티 패턴인 아이스크림 콘 안티 패턴과 컵케이크 안티 패턴을 알아보고 이를 피할 수 있는 팁을 제공한다(그림 3-11).

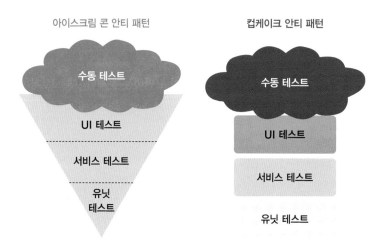

그림 3-11 자동화된 기능 테스트의 안티 패턴

아이스크림 콘 안티 패턴

테스트 피라미드는 뒤집으면 원뿔처럼 보인다. 이를 아이스크림 콘 안티 패턴[79]이라고 하는데 매크로 수준 UI 구동 테스트가 더 많고 마이크로 수준 테스트는 매우 적다. 프로젝트에서 다음과 같은 증상이 관찰되면 아이스크림 콘 안티 패턴임을 감지할 수 있다.

- 테스트를 실행하고 피드백을 받기까지 시간이 오래 걸린다.
- 주로 릴리스 테스트 단계와 같은 후반 주기에서 결함을 발견한다.
- 자동화된 테스트를 진행하고 있지만 피드백을 받기 위해 수동 테스트가 필요하다.
- UI 흐름을 자동화하기 위해 시간과 노력을 투자했지만 테스트 결과에 팀이 만족하지 못한다.

TIP 아이스크림 콘 안티 패턴을 방지할 수 있는 가장 빠른 시점은 수동 스토리 테스트 과정에서 회귀 테스트 결함을 발견한 경우다. 이 경우 즉시 근본 원인을 분석하고 팀 관행을 조기에 수정해야 한다.

79 https://oreil.ly/zoesB

컵케이크 안티 패턴

각 애플리케이션 계층의 테스트 비중을 모두 동일하게 가져가면 피라미드가 아닌 컵케이크[80] 모양처럼 보인다. 컵케이크 안티 패턴은 일반적으로 개발자와 테스터 간의 의사소통이 부족할 때 발생한다. 예를 들면 개발자가 잘못된 로그인 입력을 확인하기 위해 유닛 테스트를 추가했는데 테스터 또한 동일한 테스트를 UI 계층에서 수행하는 경우다.

작은 기능을 출시하는 것인데도 릴리스하는 데 시간이 오래 걸리는 경우나 버그가 발견될 때마다 개발자와 테스터가 서로 상대방이 적절한 테스트를 추가해야 한다고 비난하는 경우 컵케이크 안티 패턴인지 확인해봐야 한다.

> **TIP** 이러한 안티 패턴을 예방하는 간단한 방법은 각 계층에서 어떤 테스트를 작성할지 결정하기 위해 역할 간에 짧은 토론을 진행하는 것이다. 사용자 스토리 킥오프 미팅 시점이 적절하며 이러한 토론을 진행한 후 사용자 스토리 카드에 결과를 문서화해야 한다.

3.5.2 100% 자동화 커버리지

팀은 일반적으로 자동화 커버리지 비율을 메트릭으로 추적한다. 높은 자동화 커버리지 비율은 일반적으로 우수한 소프트웨어 개발 사례로 인정받는다. 자동화 커버리지 비율은 모든 애플리케이션 테스트 케이스에 자동화 여부를 표시하고 이를 비율로 계산해 얻는다. 팀에서 100% 자동화 커버리지 달성을 목표로 설정한다면 몇 가지 사항에 주의해야 한다.

> ### 코드 커버리지 및 돌연변이 테스트
>
> 전통적인 코드 커버리지 메트릭은 자동화 테스트 커버리지 메트릭과 다르다. 코드 커버리지는 유닛 테스트에서 실행되지 않은 코드 라인이 있는지 점검한다. 즉, 테스트되지 않은 코드 라인을 식별한다. JaCoCo와 Cobertura 같은 코드 커버리지 도구는 CI 빌드 파이프라인에 통합되어 코드 커버리지 비율이 특정 임곗값보다 낮은 경우 빌드가 실패한다. 테스트되지 않은 코드가 빌드 단계를 통과하지 못하게 하는 것이다. 하지만 코드 커버리지가 높다고 해서 모든 테스트 케이스가 자동화되는 것은 아니다.
>
> **돌연변이 테스트**mutation testing는 유닛 테스트에서 누락된 테스트 케이스를 찾기 위해 사용된다. 돌연변이 테스트는 애플리케이션 코드를 변경하고 테스트가 실패하는지 확인한다. 예를 들어 코드에서 void 메서드 호

---

80 *https://oreil.ly/tzJzw*

출을 제거하고 유닛 테스트를 실행할 수 있다. 테스트가 실패하면 "killed", 성공한다면 "survived"가 된다.[81] PIT[82]는 유명한 돌연변이 테스트 도구로, 메이븐 의존성으로 추가하고 명령줄에서 실행할 수 있으며 애플리케이션의 전체 돌연변이 점수와 함께 survived 테스트 케이스를 나열한다. 돌연변이 테스트는 매우 효과적이지만 시간이 많이 소요되는 단점이 있다.

자동화 커버리지 비율에 관해 필자가 말하고 싶은 첫 번째 요점은 100% 커버리지를 달성하더라도 애플리케이션에 버그가 없다고 보장할 수 없다는 것이다. 커버리지 비율은 테스트 케이스가 자동화되는 정도를 나타내는 척도로, 현재 알려지지 않은 케이스가 나중에 발견될 수 있다. 비즈니스 관계자와 팀은 이에 대한 공감대를 형성해야 한다. 그렇지 않으면 버그가 발견될 때마다 자동화 테스트의 신뢰성과 이에 소요되는 시간 및 비용에 관해 의문을 제기할 수 있다. 커버리지 비율을 추적하여 자동화 백로그를 공개하고, 다음 반복에서 이러한 작업을 완료하기 위한 리소스 투자 계획을 이해시키는 것이 중요하다. 또한 자동화 비율을 현명하게 추적하면 팀이 안티 패턴에 빠져있는지 여부를 알 수 있다.

두 번째 요점은 자동화 커버리지를 추적할 때 애플리케이션의 모든 영역에 자동화가 진행되고 있는지 관찰해야 한다는 것이다. 특히 다양한 구성 요소를 작업하는 여러 팀이 함께 대규모 애플리케이션을 개발할 때 테스트를 전혀 수행하지 않는 모듈이 있더라도 다른 한쪽 모듈의 테스트 커버리지 비율이 높다면 커버리지 비율이 높게 측정될 수 있다.

세 번째 요점은 자동화 커버리지 메트릭을 계산할 때 기능 테스트와 교차 기능 테스트 케이스를 모두 포함해야 한다는 것이다. 대부분의 경우 교차 기능 테스트 케이스의 자동화를 고려하지 않아 나중에 버그가 발생한다(자세한 내용은 〈Chapter 10 교차 기능 요구 사항 테스트〉에서 다룬다).

마지막으로 애플리케이션의 특성, 환경, 자동화 비용 등에 따라 모든 테스트 케이스를 자동화해야 하지만 100% 자동화하는 것은 불가능할 수 있다. 이 경우 자동화되지 않은 테스트 케이스를 정리해서 수동 테스트 목록에 추가해야 하며 수동 테스트 목록은 길지 않아야 한다. 그렇지 않으면 앞서 경고한 1,200분 분량의 수동 릴리스 테스트를 피할 수 없을 것이다.

---

81 옮긴이_여기서 "killed"는 정상 결과이며 "survived"는 비정상 결과다.
82 https://oreil.ly/aeGl0

자동화 커버리지를 통해 얻을 수 있는 가장 큰 이점은 프로젝트가 성장함에 따라 나타날 것이다. 코드는 사람보다 오래 지속되며 자동화된 테스트는 애플리케이션 기능에 관한 신뢰할 수 있는 유일한 문서다. 따라서 자동화 테스트를 작성하기 위한 노력은 프로젝트뿐만 아니라 미래의 팀원을 위한 가치 있는 투자가 될 것이다.

요점 정리

- 자동화된 테스트는 소프트웨어 개발 과정에서 **빠른 피드백**을 얻기 위해 도구를 활용해 애플리케이션의 작동을 검증하는 것이다.

- 테스트 자동화를 위한 현명한 전략은 수동 탐색적 테스트를 수행하여 새로운 테스트 케이스를 찾고 회귀 테스트에 자동화하는 것이다.

- 자동화된 기능 테스트는 마이크로 수준과 매크로 수준의 다양한 테스트로 구성된다. 유닛, 통합, 계약, 서비스, UI 기능, 엔드 투 엔드 테스트가 서로 적절하게 조합되었을 때 **빠른 피드백**을 얻을 수 있다.

- 테스트 피라미드는 자동화된 기능 테스트 전략 수립에 대한 이상적인 모형이다. 마이크로 수준 테스트를 늘려가며 매크로 수준의 테스트를 점진적으로 줄인다면 테스트 작성 및 실행 시간을 줄일 수 있다.

- AI/ML 도구를 포함한 여러 도구는 자동화된 기능 테스트 작성, 유지 관리, 분석 작업을 쉽게 하도록 진화했다.

- 여러 계층에서 자동화 프레임워크를 만들기 위해 많은 노력을 기울이더라도 테스트 자동화를 위한 여정은 끝나지 않는다. 아이스크림 콘, 컵케이크와 같은 안티 패턴의 징후를 지속적으로 관찰해야 한다.

- 신규 기능 출시로 바쁘더라도 자동화 커버리지를 지속적으로 추적하는 것이 중요하다. 또한 높은 자동화 커버리지 비율을 갖고 있더라도 모든 영역에서 자동화 커버리지 비율이 고르게 높은지 확인하는 것이 중요하다.

지속적 테스트

> Your fast feedback efforts are in limbo without continuous feedback!
>
> 지속적인 피드백이 없다면
>
> 빠른 피드백을 얻기 위한 노력은 물거품이 될 수 있다!

Chapter 3에서는 애플리케이션의 각 계층에 적절한 테스트를 작성해 빠르게 피드백을 얻을 수 있는 방법에 관해 설명했다. 개발 주기를 반복하며 애플리케이션의 품질을 잘 관리하기 위해서는 빠른 피드백을 **지속적으로** 받는 것이 매우 중요하다. 따라서 이번에는 **지속적 테스트 (CT)**를 자세히 다룬다.

CT는 애플리케이션 변경 시 수동 테스트와 자동 테스트를 통해 품질을 검증하고, 변경으로 인해 품질이 저하될 경우 팀에 알리는 프로세스다. 예를 들어 변경으로 인해 일부 기능에 성능 저하가 발생한 경우 CT 프로세스는 성능 테스트 실패를 통해 팀에 즉시 문제를 알린다. 문제는 조기에 발견될수록 상대적으로 규모가 작기 때문에 팀에서 문제의 원인을 쉽게 파악하고 해결할 수 있다. 만약 지속적인 피드백 루프가 없다면 문제는 장기간 방치되어 시간이 지남에 따라 더 커지고 해결하는 데 많은 노력이 필요할 것이다.

CT 프로세스는 모든 변경 사항에 대해 자동화된 테스트를 수행하기 위해 **지속적 통합(CI)**에 크게 의존한다. CT와 함께 CI를 도입하면 팀은 **지속적 전달(CD)**을 수행할 수 있다. 궁극적으로 CI, CD, CT는 4가지 지표, 즉 리드 타임^{lead time} 배포 빈도, 평균 복구 시간, 변경 실패율을 관리함으로써 팀의 성과를 높인다(4가지 지표는 〈4.4 4가지 주요 지표〉에서 다룬다).

Chapter 4에서는 CT 프로세스를 구축하는 데 필요한 기술을 소개한다. 먼저 다양한 품질 차원에서 여러 개의 피드백 루프를 구성하는 CI/CD/CT 프로세스와 전략을 설명한다. 이후에는 CI 서버를 설정하고 자동화된 테스트를 통합하기 위한 실습을 진행한다.

4.1 구성 요소

이번 절에서는 CT를 위해 알아야 할 기초 용어와 전반적인 CI/CD/CT 프로세스를 소개한다. 또한 CI/CD/CT 프로세스를 성공적으로 수행하기 위해 팀이 따라야 할 기본 원칙과 에티켓을 소개한다. 먼저 CI를 알아보자.

4.1.1 CI 소개

『리팩터링』(한빛미디어, 2020)의 저자 마틴 파울러^{Martin Fowler}[83]는 CI를 '팀 구성원이 자신의 작업을 자주 통합하여 하루에도 여러 번 통합이 이루어지는 소프트웨어 개발 관행'이라 설명한다. CI의 장점을 설명하기 위해 다음 예를 살펴보자.

팀 동료인 앨리스와 밥은 로그인 페이지와 홈 페이지 개발을 독립적으로 시작했다. 아침부터 작업을 시작했고 어느덧 정오가 지났다. 앨리스는 기본 로그인 흐름 개발을 완료했고 밥은 기본 홈 페이지 구조 구성을 완료했다. 앨리스와 밥은 각자의 로컬 컴퓨터에서 기능 테스트를 수행하며 작업을 진행했다. 하루가 끝날 무렵 앨리스는 로그인에 성공한 후 빈 홈 페이지 화면으로 이동하는 기능의 개발을 완료했다. 마찬가지로 밥은 하드 코딩된 사용자 이름을 포함하는 환영 메시지 출력 기능의 개발을 완료했다.

다음 날 앨리스와 밥은 그들의 기능 개발을 '완료'했다고 보고했다. 하지만 정말 완료한 것일까? 두 개발자 중 누가 페이지 통합을 진행해야 하는가? 애플리케이션의 모든 통합 시나리오를 위해 별도의 통합 사용자 스토리를 만들어야 할까? 그렇다면 통합 스토리 테스트와 관련하여 중복된 테스트 비용을 감수해야 할까? 아니면 통합이 완료될 때까지 테스트를 연기해야 할까? 이러한 고민은 CI로 자연스럽게 해결할 수 있다.

---

83 *https://oreil.ly/Z2kjh*

CI를 적용하면 앨리스와 밥은 하루 종일 작업 진행 상황을 공유할 수 있다(두 사람은 정오까지 기본적인 기능 구조를 구성할 수 있다). 밥은 로그인 후 JSON 또는 JWT 토큰으로 사용자 이름을 추상화하는 데 필요한 통합 코드를 추가할 수 있으며, 앨리스는 로그인 성공 후 실제 홈페이지로 애플리케이션을 이동시킬 수 있다. 애플리케이션은 실제로 사용 가능한 상태이며 이를 기반으로 기능 테스트를 수행할 수 있다.

앞선 예제에서 다음 날 두 페이지를 별도로 통합하는 것은 작은 비용처럼 보일 수 있다. 하지만 개발 주기 후반에 코드가 추가되고 통합되면 통합 테스트에 비용과 시간이 많이 소요된다. 게다가 테스트가 지연될수록 수정하기 어려운 문제를 발견할 가능성이 더 높아진다. 때로는 소프트웨어의 주요 부분을 다시 작성해야 하는 경우가 생길 수 있다. 따라서 통합 시점이 늦을수록 팀 구성원이 통합에 대한 두려움을 느낄 가능성이 크다.

CI는 기본적으로 이러한 통합의 위험을 줄이고 팀이 코드를 재작성하는 문제가 발생하지 않도록 한다. CI를 수행한다고 해서 통합 문제를 완전히 제거할 수 있는 것은 아니다. 하지만 통합 문제를 조기에 발견해 더 쉽게 문제를 해결할 수 있다.

4.1.2 CI/CT/CD 프로세스

먼저 CI 및 CT 프로세스를 살펴보자. 이후에는 CD 프로세스로 연결하는 방법을 소개한다.

CI/CT 프로세스는 다음 4가지 구성 요소에 의존한다.

1   버전 관리 시스템version control system(VCS)은 전체 애플리케이션 코드를 보관하며 모든 팀 구성원이 최신 코드를 가져올 수 있는 중앙 저장소 역할을 한다. 팀 구성원은 각자의 작업 사항을 버전 관리 시스템에 지속적으로 통합할 수 있다.
2   자동화된 기능 및 교차 기능 테스트는 애플리케이션을 검증한다.
3   CI 서버는 애플리케이션이 변경될 경우 최신 버전의 코드에 대해 자동으로 테스트를 실행한다.
4   인프라는 CI 서버 및 애플리케이션을 호스팅한다.

개발자가 기능 개발을 마친 후 Git이나 SVN과 같은 공통 버전 관리 시스템에 변경 사항을 푸시하면 CI 및 CT가 시작된다. 먼저 버전 관리 시스템은 모든 변경 사항을 추적한다. 다음으로 젠킨스Jenkins, GoCD와 같은 CI 서버에서 애플리케이션 코드를 빌드하고 자동화된 테스트를 실행한다. 모든 테스트를 통과하면 새로운 변경 사항이 완전히 통합된다. 테스트에 실패한다면 해당 코드의 담당자가 문제를 최대한 빨리 해결한다. 때로는 다른 사람이 문제가 있는 코드를 가져오고 그 위에 작업을 통합하는 것을 막기 위해 변경 사항을 VCS에서 롤백하기도 한다.

> ### VCS의 이점
>
> VCS 이전에는 팀이 코드를 공유하기 위해 공유 드라이브를 사용하거나 전체 코드 베이스를 호스팅하는 중앙 서버에 직접 코드를 패치해야 했다. 이러한 불편함을 해결하기 위해 1960년대에 최초의 VCS인 소스 코드 관리 시스템Source Code Control System(SCCS)이 개발되었다. 그 이후로 VCS는 이전의 문제점을 해결하고 통합에 편의성을 제공하는 다양한 기능을 갖추었다.
>
> VCS의 몇 가지 이점은 다음과 같다.
>
> - VCS는 별도의 데이터베이스에서 (추가, 삭제, 수정을 포함하는) 푸시된 모든 버전의 코드를 추적한다. 문제가 발생할 경우에는 VCS의 변경 기록 추적을 통해 근본 원인을 쉽게 분석할 수 있다.
>
> - VCS는 버전을 별도로 관리하기 때문에 문제가 있을 경우 이전에 작동했던 애플리케이션 버전으로 롤백할 수 있다.
>
> - VCS에서의 변경 사항은 사용자 스토리 또는 결함 카드에 연결될 수 있다. 이를 통해 팀은 사용자 스토리를 추적하여 작성된 코드의 문맥과 시간에 따른 변경 사항을 이해할 수 있다.
>
> - 팀은 기능을 개발하기 위해 공통 코드 영역에서 작업해야 할 수 있다. VCS를 사용하면 팀 구성원이 메인 코드 기반 기능 브랜치branch[84]를 만들고 해당 브랜치에서 작업한 후 메인 코드 베이스에 병합할 수 있다 (수명 주기가 긴 기능 브랜치는 안티 패턴이기 때문에 주의해야 한다).

[그림 4-1]과 같이 앨리스는 정오가 되기 전에 기본 로그인 기능과 로그인 테스트 코드를 커밋 C_n으로 버전 관리 시스템에 푸시한다.

---

[84] https://oreil.ly/Ma8Ft

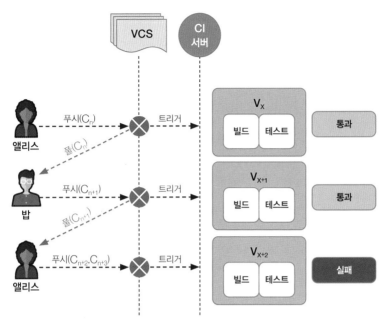

그림 4-1 CI 및 CT 프로세스의 구성 요소

> **NOTE** Git VCS에서 **커밋**은 특정 시점의 전체 코드 베이스에 대한 스냅샷이다. CI를 수행할 때는 작은 변경 사항을 로컬 컴퓨터에 독립적으로 커밋하는 것이 좋다. 기본 로그인과 같은 기능 개발을 마치면 커밋을 VCS 저장소로 푸시한다. CI 및 CT 프로세스는 변경된 사항을 VCS로 푸시할 경우 실행된다.

새로운 변경 사항인 C_n은 CI 서버에서 별도의 파이프라인을 트리거한다. 각 파이프라인은 여러 단계로 구성된다. 첫 번째 단계는 **빌드 및 테스트** 단계로 애플리케이션을 빌드하고 자동화된 테스트를 실행한다. 여기에는 〈Chapter 3 자동화된 기능 테스트〉에서 설명한 마이크로 및 매크로 수준 테스트와 성능, 보안 등 품질 테스트가 포함된다. 테스트가 완료되면 앨리스에게 결과를 전달한다. 예제에서 앨리스의 코드는 [그림 4-1]과 같이 성공적으로 통합되었으며 앨리스는 로그인 기능 개발을 계속 진행한다.

그날 오후 밥은 VCS에서 최신 변경 사항(C_n)을 가져온 후 홈 페이지 기능에 대한 C_{n+1} 커밋을 푸시한다(C_{n+1} 커밋은 앨리스와 밥의 새로운 변경 사항을 모두 포함하는 애플리케이션 코드 스냅샷이다). C_{n+1} 커밋은 CI 서버에서 빌드 및 테스트 단계를 트리거한다. C_{n+1} 커밋은 로그인 테스트를 포함하고 있기 때문에 C_{n+1} 커밋의 테스트를 실행하면 밥의 새로운 변경 사항이

로그인 기능에 영향을 주는지 확인할 수 있다. [그림 4-1]과 같이 밥의 C_{n+1} 커밋은 무사히 테스트를 통과한다. 하지만 이후에 푸시된 앨리스의 C_{n+2}, C_{n+3} 커밋은 테스트에 실패하여 통합에 문제가 있음을 알 수 있다. 앨리스는 자신의 코드가 VCS에 문제를 발생시켰기 때문에 문제를 해결한 새로운 커밋을 푸시해야 한다.

대규모 팀에서 동일한 워크플로를 진행한다고 상상해보자. CI를 통해 모든 팀 구성원은 진행 상황을 쉽게 공유하고 작업을 원활하게 통합할 수 있을 것이다. 마찬가지로 대규모 애플리케이션에서는 일반적으로 통합 테스트가 필요한 상호 의존적인 구성 요소가 있을 수 있다. 이러한 구성 요소는 CT를 통해 통합에 대한 신뢰를 얻을 수 있다.

완벽하게 자동화된 통합 및 테스트 프로세스를 통해 신뢰를 얻은 팀은 필요할 때마다 코드를 상용 환경으로 배포할 수 있는 CD를 수행할 수 있다.

CD는 애플리케이션이 항상 상용 환경에 배포할 준비가 되도록 CI 및 CT 프로세스를 따라야 한다. 또한 [그림 4-2]와 같이 클릭 한 번으로 QA, 상용 환경에 배포할 수 있는 자동화된 배포 파이프라인을 갖춰야 한다.

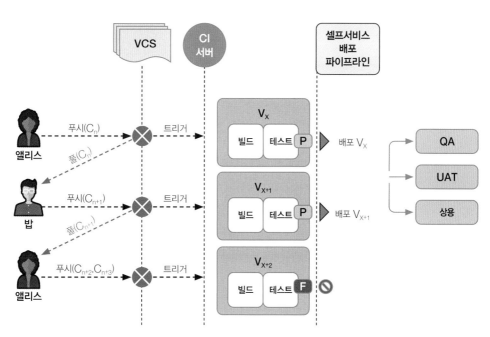

그림 4-2 CI, CT 및 배포 파이프라인을 통한 CD 프로세스

CD 프로세스는 셀프서비스 배포 파이프라인과 함께 CI/CT 프로세스를 포함한다. 배포 파이프라인은 CI 서버에 구성되며 애플리케이션 아티팩트의 '선택된' 버전을 지정한 환경에 배포하는 작업을 수행한다.

CI 서버는 모든 커밋을 테스트 결과와 함께 나열한다. 커밋(또는 커밋 집합)에 대한 모든 테스트를 통과한 경우에만 특정 애플리케이션 버전(V)을 배포할 수 있다. 예를 들어 앨리스의 팀이 C_n 커밋에서 기본 로그인 기능에 대한 피드백을 비즈니스 담당자로부터 받고자 한다고 가정해보자. [그림 4-2]와 같이 V_x 배포 버튼을 누르고 사용자 수락 테스트 user acceptance testing(UAT) 환경을 선택하면 C_n 시점의 변경 사항이 UAT 환경에 배포된다. V_x 배포에는 밥의 C_{n+1} 커밋 사항이 포함되지 않는다. [그림 4-2]에서 C_{n+2}, C_{n+3} 커밋의 경우 테스트에 실패했기 때문에 CD를 통해 배포할 수 없다.

CD가 제공하는 가장 큰 이점은 원하는 시점에 기능을 출시할 수 있다는 것이다. 기능 출시가 지연되면 매출이 하락할 수 있으며 경쟁 업체에 고객을 빼앗길 수 있다. 팀 관점의 이점은 배포 프로세스를 완전히 자동화할 수 있다는 것이다. 배포 당일 작업 담당자의 역량에 의존하지 않고 누구나 쉽게 원하는 환경에 배포할 수 있다. 배포를 자동화하면 라이브러리 호환 문제, 구성 누락, 불충분한 문서화의 위험도 줄어든다.

> **지속적 배포 vs. 지속적 전달(CD)**
>
> 지속적 배포continuous deployment는 CD와 다르다. 지속적 배포의 파이프라인은 CT를 실행한 후 문제가 없으면 변경 사항을 상용 환경으로 자동 배포한다. 즉, 방금 커밋한 기능을 상용 환경의 실제 최종 사용자가 즉시 사용할 수 있다. CD는 셀프서비스 배포 옵션을 통해 원하는 시기에 상용 환경으로 배포할 수 있도록 준비한다. 기업에서 기능 출시 날짜를 지정한 경우(또는 공개적으로 출시 날짜를 발표한 경우)에는 CD 방식이 더 적합하다.

4.1.3 기본 원칙과 에티켓

CI/CD/CT 프로세스는 테스트, 코드, 인프라 구성을 공동으로 작업하는 자동화된 방법으로, 모든 팀 구성원이 잘 정의된 원칙과 에티켓을 따를 경우에만 성과를 거둘 수 있다. 팀은 소프트웨어 개발 초기 과정에서 원활한 협업을 위한 원칙을 수립하고 지속적으로 강화해야 한다. 다음은 팀이 따라야 할 최소한의 기본 원칙과 에티켓이다.

코드를 자주 커밋해야 한다

팀 구성원은 코드를 자주 커밋하고 작은 단위의 기능 개발을 완료하는 즉시 VCS에 푸시해야 한다. 또한 다른 사람들이 해당 커밋을 기반으로 개발할 수 있도록 코드를 테스트해야 한다.

자체 테스트 코드를 커밋해야 한다

새로운 코드를 커밋할 때는 자동화된 테스트를 포함해야 한다(마틴 파울러는 이를 자체 테스트 코드self-tested code[85]라고 부른다). 예를 들어 앞선 예제에서 앨리스는 로그인 테스트와 함께 로그인 기능을 커밋한다. 로그인 테스트 코드는 이후 밥이 변경 사항을 커밋할 때 앨리스의 코드에 영향을 주는지 확인하는 역할을 한다.

지속적 통합 인증 테스트를 따라야 한다

팀 구성원은 다음 작업으로 넘어가기 전에 커밋이 CT를 통과했는지 확인해야 한다. 테스트가 실패한다면 즉시 수정해야 한다. 마틴 파울러의 지속적 통합 인증 테스트[86]에 따르면 빌드 및 테스트 실패가 발생하면 10분 이내에 수정해야 한다. 만약 10분 이내에 해결이 불가능하다면 커밋을 되돌려 코드를 안정 상태로 유지해야 한다.

실패한 테스트를 무시하거나 주석 처리하면 안 된다

팀 구성원은 빌드 및 테스트 단계를 통과하기 위해 실패한 테스트를 무시하거나 주석 처리하여 생략(코멘트 아웃comment out)하면 안 된다(상식적인 내용이라 이유는 설명하지 않는다).

빌드에 실패한 코드 위에 작업하지 않는다

팀은 빌드 및 테스트 단계에 문제가 있는 경우 코드를 푸시하지 않는다. 문제가 있는 코드 위에 변경 사항을 푸시하면 테스트가 다시 실패하게 된다. 이 경우 어떤 변경 사항이 빌드에 문제를 일으키는지 찾아내는 작업을 추가로 진행해야 한다.

---

85 *https://oreil.ly/9QNlb*
86 *https://oreil.ly/lA0uR*

모든 실패에 오너십을 가져야 한다

변경 사항을 푸시한 시점에 테스트 실패가 발생했다면 빌드를 수정하는 책임은 푸시한 작업자에게 있다. 실패가 발생한 코드 영역이 자신이 작성한 코드가 아닌 경우에는 다른 담당자와 함께 상의하여 다음 작업으로 넘어가기 전에 문제를 반드시 해결해야 한다. 종종 실패한 테스트에 대한 책임 소재가 명확하지 않아 문제 해결이 지연되기 때문에 이러한 관행이 꼭 필요하다. 심지어는 문제가 수정되지 않아 CI에서 며칠 동안 해당 테스트가 실행되지 않는 경우도 있다. 그 결과 CT는 푸시된 변경 사항에 대해 미흡하거나 잘못된 피드백을 제공할 수 있다.

많은 팀이 VCS에 커밋을 푸시하기 전에 로컬 컴퓨터에서 마이크로 및 매크로 수준 테스트를 통과하도록 의무화하고 커밋이 코드 커버리지의 임곗값을 충족하지 못하면 빌드 및 테스트 단계를 통과하지 못하게 한다. 또한 슬랙과 같은 커뮤니케이션 채널에 커밋한 사람의 이름으로 커밋 상태(합격 또는 실패)를 알리고 빌드가 실패할 때마다 전용 CI 모니터에서 큰 소리로 경고음을 울린다. 팀의 테스터는 CI 테스트 현황을 모니터링하고 실패한 커밋이 제대로 수정되었는지 감시한다. 기본적으로 이러한 모든 조치는 CI/CT 프로세스에 대한 팀의 노력을 간소화하여 효율성을 높이기 위해 수행된다. 하지만 가장 중요한 것은 프로세스를 수행하는 '방법'보다는 수행하는 '이유'에 관해 팀 구성원이 잘 공감할 수 있도록 하는 것이다.

4.2 CT 전략

지금까지 CT의 프로세스와 원칙을 살펴봤다. 이번 절에서는 프로젝트 요구 사항에 맞는 맞춤형 전략을 수립하고 적용하는 방법을 소개한다.

앞서 예를 든 CT 프로세스는 하나의 피드백 루프에서 모든 테스트를 실행하고 피드백을 제공했다. 피드백 루프를 두 개의 독립적인 루프로 분리하면 피드백 주기를 가속화할 수 있다. 예를 들어 정적 애플리케이션 코드 테스트 같은 마이크로 수준 테스트 루프와 배포된 애플리케이션에 대한 매크로 수준 테스트 루프로 분리할 수 있다. 이렇게 하면 마이크로 수준(유닛, 통합, 계약) 테스트가 매크로 수준(API, UI, 엔드 투 엔드) 테스트보다 빠르게 실행되기 때문에 더 빨리 피드백을 받을 수 있다.

[그림 4-3]은 두 단계로 구성된 CT 프로세스를 나타낸다. 여기서 볼 수 있듯이 CI에서는 애플리케이션 컴파일과 마이크로 수준 테스트를 하나의 단계로 결합하는 것이 일반적이다. 이것을 **빌드 및 테스트 단계**라고 한다. 〈Chapter 3 자동화된 기능 테스트〉에서 설명한 테스트 피라미드 전략을 따른다면 마이크로 수준 테스트에서는 광범위한 애플리케이션 기능을 검증한다. 따라서 이 단계에서는 변경 사항의 커밋에 대한 피드백을 신속하게 받을 수 있다. 빌드 및 테스트 단계는 몇 분 내에 실행을 완료할 수 있을 정도로 빨라야 한다. 시간이 오래 걸리는 경우 팀은 개선 방법을 찾아야 한다. 예를 들어 단일 단계에서 전체 코드를 다루는 대신 각 구성 요소에 대해 빌드 및 테스트 단계를 병렬화하는 방법이 있다.[87]

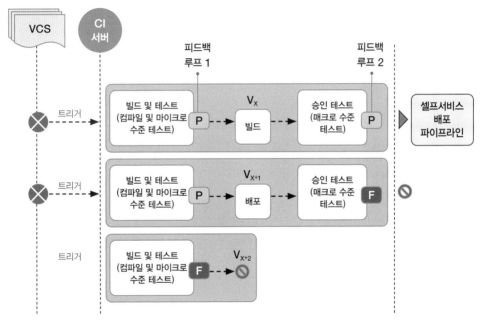

그림 4-3 두 개의 피드백 루프가 있는 CT 프로세스

> **NOTE** 제즈 험블과 데이비드 팔리는 그들이 쓴 『신뢰할 수 있는 소프트웨어 출시』(에이콘출판사, 2013)에서 빌드 및 테스트 단계는 차 한잔의 여유를 갖거나 잠깐 일어나 스트레칭을 할 정도로 짧은 시간 안에 끝나야 한다고 제안한다.

---

[87] 이와 관련된 CI/CD 원칙에 관해 더 알고 싶다면 진 킴(Gene Kim), 제즈 험블(Jez Humble), 패트릭 드부아(Patrick Debois), 존 윌리스(John Willis)가 쓴 『데브옵스 핸드북』(에이콘출판사, 2018)을 참고하자.

빌드 및 테스트 단계를 통과하면 **배포** 단계에서 애플리케이션 아티팩트를 CI 환경에 푸시한다. **기능 테스트** 단계 또는 **승인 테스트** 단계로 불리는 다음 단계에서는 CI 환경에 배포된 애플리케이션에 대해 매크로 수준 테스트를 실행한다. 이 단계를 통과해야만 셀프서비스 배포 파이프라인을 통해 QA, UAT, 상용 환경과 같은 상위 수준 환경에 애플리케이션을 배포할 수 있다.

승인 테스트 단계는 테스트 실행 시간이 더 오래 걸리고 애플리케이션 배포 후 실행되기 때문에 피드백을 받기까지의 시간이 오래 걸릴 수 있다. 하지만 테스트 피라미드를 적절하게 구현한다면 두 개의 피드백 루프는 1시간 이내에 완료될 수 있다. 〈Chapter 3 자동화된 기능 테스트〉에서 살펴본 예를 다시 떠올려보자. 200개의 매크로 수준 테스트를 수행했던 팀은 피드백을 받는 데 8시간이 걸렸다. 하지만 테스트 피라미드를 따라 테스트 구조를 다시 구현했을 때는 470개의 마이크로 및 매크로 수준 테스트를 통해 셀프서비스 배포를 준비하기까지 35분 밖에 걸리지 않았다.

또 다른 고려 사항은 피드백 루프가 짧은 경우에도 팀 구성원이 CT 프로세스에서 발견한 문제를 해결하는 것을 우선순위로 두는 것이다. 테스트에 수 시간이 걸리는 경우 실패한 테스트를 무시하고 나중에 수정하기로 미루는 경향이 있다. 따라서 팀은 테스트 실행 병렬화, 테스트 피라미드 구현, 중복 테스트 제거 등 두 피드백 루프의 실행 시간을 단축하는 방법을 지속적으로 고민해야 한다.

CT 프로세스는 [그림 4-4]와 같이 교차 기능 피드백을 받을 수 있도록 확장될 수 있다. 기존 피드백 루프에서 자동화된 성능 테스트, 보안 및 접근성 테스트를 실행하거나 승인 테스트 단계 이후에 별도의 단계를 구성하여 애플리케이션의 전반적인 품질에 대한 피드백을 빠르게 받을 수 있다(교차 기능 테스트를 위한 시프트 레프트 전략은 〈Chapter 10 교차 기능 요구 사항 테스트〉에서 다룬다).

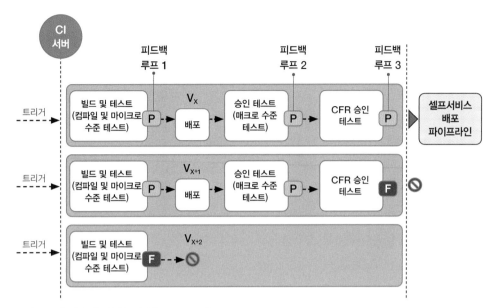

그림 4-4 세 개의 피드백 루프가 있는 CT 프로세스

모든 테스트를 연결된 파이프라인 방식으로 실행하면 모든 단계를 완료하는 데 많은 시간과 비용이 소모된다. 이 경우에 적용할 수 있는 CT 프로세스 전략은 CT를 [그림 4-5]와 같이 **스모크 테스트**ˢᵐᵒᵏᵉ ᵗᵉˢᵗ와 **야간 회귀 테스트**ⁿⁱᵍʰᵗˡʸ ʳᵉᵍʳᵉˢˢⁱᵒⁿ ᵗᵉˢᵗ로 나누어 진행하는 것이다.

> **지속적 통합(CI) vs. 지속적 테스트(CT)**
>
> 이름에서 알 수 있듯이 CI는 빌드 및 테스트 단계로 끝난다. 커밋은 유닛 테스트와 같은 마이크로 수준 테스트를 통과한 후 통합된다.[88]
>
> CT는 **모든 커밋**에 대해 기능적 측면과 교차 기능적 측면을 포함한 전체적인 작동을 검증하며 이를 통해 애플리케이션이 CD 단계로 넘어갈 준비가 되었는지 확인한다. 실제로 CT는 자동화된 테스트 실행으로 끝나지 않는다. CT는 모든 커밋에 대한 수동 탐색적 테스트 수행과 탐색적 테스트 중 발견한 시나리오를 자동화하는 작업까지 포함한다.

---

88 자세한 내용은 제즈 험블, 진 킴, 니콜 폴스그렌(Nicole Forsgren)이 쓴 『디지털 트랜스포메이션 엔진』(에이콘출판사, 2020)을 참고하자.

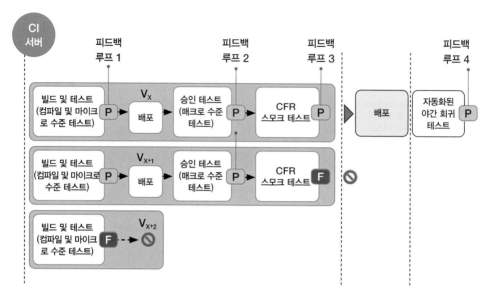

그림 4-5 네 개의 피드백 루프가 있는 CT 프로세스

스모크 테스트는 전기공학에서 나온 용어로, 회로 기판을 완성한 후 전기를 통과시켜 엔드포인트 간 흐름을 평가하고 회로에 문제가 있을 경우에는 그 이름처럼 연기가 발생한다. 마찬가지로 애플리케이션의 모든 기능에 대한 엔드 투 엔드 흐름을 테스트하기 위해 스모크 테스트를 구성하고 승인 테스트 단계의 일부로 실행할 수 있다. 이렇게 하면 모든 커밋에 대한 피드백을 빠르게 얻을 수 있다. 스모크 테스트를 완료한 후에는 셀프서비스 배포를 위한 준비 단계로 넘어간다.

스모크 테스트를 적용할 경우에는 야간 회귀 테스트를 사용해 이를 보완해야 한다. 야간 회귀 테스트 단계는 매일 한 번씩 전체 테스트 집합을 실행하도록 CI 서버에 구성된다. 예를 들어 매일 오후 7시에 회귀 테스트가 실행되도록 예약할 수 있다. 야간 회귀 테스트는 당일 커밋한 최신 코드를 기반으로 실행된다. 팀은 출근 후 가장 먼저 해야 할 일로 야간 회귀 테스트 결과를 분석하는 습관을 들여야 한다. 결함과 환경 문제로 테스트 스크립트 변경이 필요한 경우에는 해당 작업을 먼저 처리해 CT 프로세스가 올바른 피드백을 제공할 수 있도록 우선순위를 지정해야 한다.

이 두 가지 전략을 적용하면 기능 테스트와 교차 기능 테스트를 나눌 수 있다. 예를 들어 커밋의 일부로 하나의 중요 엔드포인트에 대해서만 성능 부하 테스트를 실행하고 야간 회귀 테스트에서 나머지 엔드포인트에 대한 성능 테스트를 실행할 수 있다(《Chapter 8 성능 테스트》에서 자세히 설명한다). 마찬가지로 빌드 및 테스트 단계에서 정적 코드의 보안 취약점 스캔을 실행하고 야간 회귀 단계에서 기능적 보안 취약점 스캔을 실행할 수 있다(《Chapter 7 보안 테스트》에서 자세히 다룬다). 이러한 접근 방식은 다음 날 피드백을 받을 수 있기 때문에 피드백을 수정하는 데도 지연이 발생한다. 따라서 스모크 테스트 및 야간 회귀 테스트에서 실행할 테스트 유형을 선택할 때는 주의해야 한다. 또한 스모크 테스트는 매크로 수준 및 교차 기능 테스트만 수행할 수 있으며 마이크로 수준 테스트는 빌드 및 테스트 단계에서 모두 실행되어야 한다.

애플리케이션의 규모가 작은 초기 단계에서는 복잡한 전략을 고민하지 않고 모든 테스트를 한 번에 실행해도 문제가 없다. 테스트 수와 함께 애플리케이션이 성장하면 CI 런타임 최적화 방법을 적용하거나 스모크 테스트 및 야간 회귀 테스트 방식을 적용할 수 있다.

4.2.1 CT의 이점

CT를 통해 얻을 수 있는 5가지 이점은 [그림 4-6]과 같다.

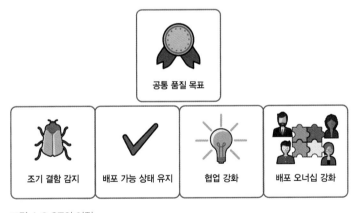

그림 4-6 CT의 이점

1 공통 품질 목표

CT 프로세스를 따르면 팀 구성원이 기능적 측면과 교차 기능적 측면에서 공통 품질 목표에 대한 공감대를 형성할 수 있고, 이를 달성하기 위해 지속적으로 품질을 평가함으로써 애플리케이션 품질을 높일 수 있다.

2 조기 결함 감지

팀 구성원은 커밋에 대해 기능적 측면과 교차 기능적 측면에서 즉각적인 피드백을 받을 수 있다. 이를 통해 상황을 빠르게 파악하고 문제를 해결할 수 있다.

3 배포 가능 상태 유지

지속적으로 코드를 테스트하기 때문에 애플리케이션은 항상 모든 환경에 대해 배포 가능한 상태가 된다.

4 협업 강화

여러 팀 구성원이 협업하는 환경에서 어떤 커밋이 문제를 발생시켰는지 쉽게 파악할 수 있어 불필요한 논쟁을 피할 수 있다.

5 배포 오너십 강화

테스트 팀이나 선임 개발자뿐만 아니라 모든 팀 구성원이 배포에 대한 오너십을 갖기 때문에 커밋에 대한 구성원의 책임감을 높일 수 있다.

4.3 실습

이번 절에서는 CT를 구축해볼 것이다. CI 서버를 설정하고 Chapter 3에서 생성한 자동화된 테스트를 CI 서버와 통합하여 VCS에 커밋을 푸시할 때마다 자동으로 테스트를 실행한다. 먼저 Git과 젠킨스를 사용하는 방법을 알아보자.

4.3.1 Git

Git은 리눅스 OS 커널을 만든 리누스 토르발스^{Linus Torvalds}가 2005년에 개발했으며 가장 많이 사용되는 오픈소스 버전 관리 시스템이다. 2021년 스택 오버플로 조사[89]에 따르면 응답자의

---

89 *https://oreil.ly/pb7Pb*

90%가 Git을 사용한다. Git은 분산형 관리 시스템으로, 모든 팀 구성원이 변경 기록과 함께 전체 코드 베이스의 복사본을 받을 수 있으며 디버깅 및 독립적인 작업 측면에서 많은 유연성을 제공한다.

설정

우선 GitHub나 Bitbucket과 같이 코드를 호스팅할 곳이 필요하다(GitHub와 Bitbucket은 클라우드 기반 Git 저장소를 제공하는 서비스다). 특히 GitHub는 공개 저장소를 무료로 제공하기 때문에 오픈소스 커뮤니티에서 인기가 높다. 따라서 이번 실습에서는 GitHub를 사용한다. GitHub 계정이 아직 없다면 GitHub 웹 사이트[90]에서 계정을 생성하기 바란다.

먼저 GitHub 계정에서 셀레니움 테스트를 위한 신규 저장소를 생성한다. 저장소 이름을 'FunctionalTests'라고 입력한 후 공개 저장소로 생성한다. 저장소가 생성되면 나타나는 Quick setup 페이지에서 저장소 URL[91]을 확인한다. 또한 이 페이지에서는 저장소에 코드를 푸시할 수 있는 git 명령어를 제공한다. Git을 실행하려면 로컬 컴퓨터에 Git을 설치하고 설정해야 한다.

Git 설치 및 설정 방법은 다음과 같다.

1 다음 명령어를 사용해 명령 프롬프트에서 Git을 다운로드하고 설치한다.

```
// macOS
$ brew install git

// 리눅스
$ sudo apt-get install git
```

윈도우를 사용한다면 Git for Windows 웹 사이트[92]에서 설치 파일을 다운로드한다.

---

[90] *https://github.com/join*
[91] *https://github.com/<yourusername>/FunctionalTests.git*
[92] *https://gitforwindows.org*

2 Git 설치를 완료했다면 다음 명령어를 실행하여 설치를 확인한다.

```
$ git --version
```

3 커밋할 때마다 추적을 위해 사용자 이름과 이메일 주소를 연결해야 한다. 다음 명령어를 실행하여 Git에 커밋할 때 자동으로 이름과 이메일 주소가 포함되게 한다.

```
$ git config --global user.name "yourUsername"
$ git config --global user.email "yourEmail"
```

4 다음 명령어를 실행하여 구성을 확인한다.

```
$ git config --global --list
```

워크플로

Git 워크플로는 [그림 4-7]과 같이 네 단계로 구성된다. 각 단계는 서로 다른 목적을 갖는다.

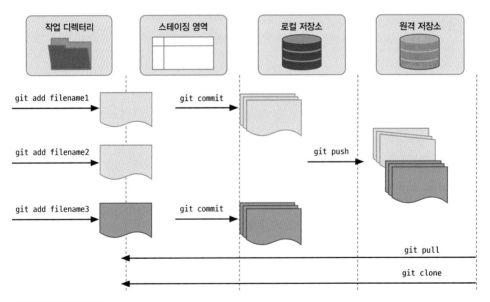

그림 4-7 Git 워크플로

첫 번째 단계는 **작업 디렉터리**^{working directory}로, 테스트 코드를 작성하고 수정하는 영역이다. 두 번째 단계는 로컬 **스테이징 영역**^{staging area}으로, 페이지 클래스와 같은 작은 작업의 청크^{chunk}를 추가하는 영역이다. 스테이징 영역을 활용하면 변경 사항을 추적할 수 있어 나중에 검토하거나 재사용할 수 있다. 세 번째 단계는 **로컬 저장소**^{local repository}다. 앞서 언급했듯이 Git은 각 로컬 컴퓨터의 기록과 함께 전체 저장소의 복사본을 제공한다. 테스트 구조를 갖춘 후에는 커밋을 통해 스테이징 영역에서 로컬 저장소로 코드를 이동할 수 있다. 이렇게 하면 오류가 발생했을 때 모든 코드를 단일 청크로 쉽게 되돌릴 수 있다. 변경 작업을 완료한 경우(**CI** 테스트 작업을 완료하고 CI 파이프라인에서 테스트를 실행하고 싶은 경우) **원격 저장소**^{remote repository}로 푸시하면 된다. 이제 새로운 테스트는 팀 내 모든 구성원이 사용할 수 있다.

여러 단계를 통해 코드를 이동하는 `git` 명령어는 [그림 4-7]과 같다. 다음과 같이 단계별로 사용해보자.

1 터미널을 통해 Chapter 3에서 셀레니움 테스트를 진행한 폴더로 이동한 후 Git 저장소를 초기화한다.

```
$ cd /path/to/project/
$ git init
```

Git 저장소가 초기화되면 `.git` 폴더가 생성된다.

2 다음 명령어를 실행하여 전체 테스트 집합을 스테이징 영역에 추가한다.

```
$ git add .
```

`git add filename`을 사용해서 특정 파일이나 폴더를 추가할 수도 있다.

3 적절한 설명과 함께 명령어를 실행해 변경 사항을 로컬 저장소에 커밋한다.

```
$ git commit -m "Adding functional tests"
```

`git commit -am "message"`와 같이 `-a` 옵션을 사용하면 2단계와 3단계를 결합할 수 있다.

4 공개 저장소에 코드를 푸시하려면 먼저 원격 저장소를 추가해야 한다. 다음 명령어를 실행해 앞서 생성한 GitHub 저장소를 원격 저장소로 설정한다.

```
$ git remote add origin
  https://github.com/<yourusername>/FunctionalTests.git
```

5 공개 저장소에 푸시한다. GitHub에 푸시하기 위해서는 GitHub 사용자 이름과 개인 액세스 토큰을 사용해 인증해야 한다. 개인 액세스 토큰은 2021년 8월부터 보안상의 이유로 GitHub가 의무화한 단기 암호다. 개인 액세스 토큰을 생성하려면 GitHub 웹 사이트에서 [Settings] → [Developer Settings] → [Personal access tokens]로 이동한다. 그런 다음 [Generate new token]을 클릭하고 필수 항목을 입력해 토큰을 생성하면 된다. 토큰 생성을 완료했다면 다음 명령어를 실행한 후 생성한 토큰을 입력한다.

```
$ git push -u origin main
```

TIP SSH 인증 메커니즘을 설정[93]하면 GitHub 저장소에 접속할 때마다 인증하지 않아도 된다.

6 GitHub 저장소로 접속해 업로드된 코드를 확인한다.

다른 팀 구성원과 함께 작업할 때는 공용 저장소에서 로컬 컴퓨터로 코드를 가져와야 한다. 이 경우 git pull 명령어를 사용하면 된다. 팀에 기능 테스트 저장소가 이미 존재하는 경우에는 git init 대신에 git clone <repoURL>을 사용해 로컬 저장소로 복사본을 가져올 수 있다.

그 밖에도 git merge, git fetch, git reset 등의 명령어가 있으며 자세히 알고 싶다면 Git 공식 문서[94]를 참고하자.

---

93 *https://oreil.ly/Yu10Q*
94 *https://git-scm.com/docs*

4.3.2 젠킨스

이번 절에서는 로컬 컴퓨터에 젠킨스 CI 서버를 설정하고 Git 저장소에서 자동화된 테스트를 통합해볼 것이다.

> **NOTE** 이번 실습의 목적은 CI/CD 도구를 사용하여 CT를 구현하는 방법을 이해하는 것이다. 데브옵스에 관해서는 자세히 설명하지 않는다. 팀에 전문화된 데브옵스 역량을 보유한 개발자 또는 CI/CD/CT 파이프라인 구축 및 유지 보수 역량을 가진 데브옵스 엔지니어가 있을 수 있다. 하지만 개발자와 테스터 모두 CI/CD/CT 프로세스와 상호 작용하고 오류를 직접 디버깅하기 때문에 이러한 프로세스에 익숙해야 한다. 또한 테스트 관점에서 팀의 CT 전략과 프로젝트의 요구 사항에 맞게 CT 프로세스를 조정하고 테스트 단계를 적절하게 배치하는 방법을 배우는 것이 중요하다.

설정

젠킨스는 오픈소스 CI 서버다. 젠킨스를 사용하려면 먼저 OS 플랫폼에 맞는 설치 패키지를 다운로드[95]하고 표준 설치 절차에 따라 설치한다. 설치를 완료하면 젠킨스 서비스를 시작한다. macOS에서는 다음과 같이 brew 명령어를 사용하여 젠킨스 서비스를 설치하고 시작할 수 있다.

```
$ brew install jenkins-lts
$ brew services start jenkins-lts
```

서비스를 시작했다면 *http://localhost:8080*으로 접속해 젠킨스 웹 UI를 연다. 웹 UI는 다음과 같은 구성 작업을 안내한다.

1 설치 과정에서 생성된 고유한 관리자 암호를 사용하여 젠킨스를 잠금 해제한다. 로컬 컴퓨터에 저장된 암호의 경로는 웹 페이지에 표시된다.

2 젠킨스 플러그인을 다운로드 및 설치한다.

3 젠킨스에서 사용할 관리자 계정을 생성한다.

---

95 *https://oreil.ly/pa0yJ*

초기 구성을 완료했다면 [그림 4-8]과 같이 젠킨스 대시보드 페이지로 이동한다.

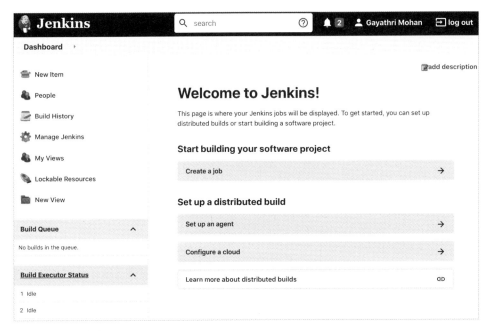

그림 4-8 젠킨스 대시보드

NOTE 이번 예제에서는 로컬 컴퓨터에 CI 서버를 설정했지만 실제로는 모든 팀 구성원이 접근할 수 있도록 클라우드 또는 동일한 네트워크의 VM 서버에 CI 서버를 호스팅한다.

워크플로

이제 다음 단계에 따라 자동화된 테스트를 위한 파이프라인을 설정한다.

1 젠킨스 대시보드에서 [Manage Jenkins] → [Global Tool Configuration]으로 이동하여 [그림 4-9], [그림 4-10]과 같이 JAVA_HOME과 MAVEN_HOME 환경 변수를 구성한다. 터미널에서 mvn -v 명령어를 실행하면 입력에 필요한 경로를 확인할 수 있다.

그림 4-9 젠킨스에서 JAVA_HOME 설정

그림 4-10 젠킨스에서 MAVEN_HOME 설정

2 대시보드로 돌아가 왼쪽 패널에서 [New Item]을 클릭해 신규 파이프라인을 생성한다. 파이프라인의 이름을 'Functional Tests'로 입력한 후 [Freestyle project] 옵션을 선택한다. [OK] 버튼을 클릭하면 [그림 4-11]과 같이 파이프라인 구성 페이지로 이동한다.

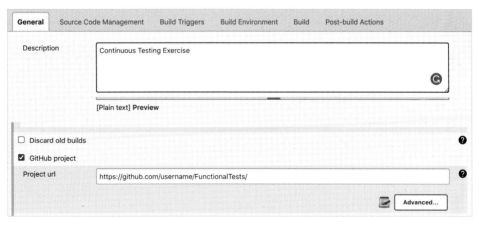

그림 4-11 젠킨스 파이프라인 구성 페이지

3 다음 세부 정보를 입력해 파이프라인을 구성한다.

- General 탭에서 파이프라인 설명을 추가한다. [GitHub project]를 선택하고 저장소 URL을 입력한다 (.git 확장자는 입력하지 않는다).

- Source Code Management 탭에서 [Git]을 선택하고 저장소 URL을 입력한다(이번에는 .git 확장자까지 입력한다). 젠킨스는 여기서 지정한 저장소를 복제한다.

- Build Triggers 탭에서는 파이프라인을 자동으로 시작하는 시점과 방법을 구성하는 몇 가지 옵션을 제공한다. 예를 들어 [Poll SCM] 옵션을 사용하면 2분마다 폴링하여 Git 저장소를 확인하고 변경 사항이 있는 경우 테스트를 실행할 수 있다. [Build periodically] 옵션을 사용하면 코드가 변경되지 않더라도 정해진 간격으로 테스트를 실행하도록 예약할 수 있다. [Build periodically] 옵션은 야간 회귀 테스트를 구성하는 데 사용할 수 있다. [GitHub hook trigger for GITScm polling] 옵션을 사용하면 새로운 변경 사항이 있을 때마다 젠킨스를 트리거하도록 GitHub 플러그인을 구성한다. 가장 간단한 방법은 [Poll SCM] 옵션을 선택하고 H/2 * * * *을 입력하여 2분마다 기능 테스트 저장소를 폴링하는 것이다.

- 셀레니움 웹 드라이버 테스트 프레임워크는 메이븐을 사용하기 때문에 Build 탭에서 [Invoke top-level Maven targets] 옵션을 선택한다. Maven Version 필드에는 로컬 컴퓨터에 설치된 메이븐 버전을 선택한다.[96] Goals 필드에는 파이프라인에서 실행할 메이븐 생명 주기 단계인 test를 입력한다 (파이프라인은 프로젝트 폴더에서 mvn test 명령을 실행한다).

- Post-build Actions 탭에서는 여러 개의 파이프라인을 연결할 수 있다. 예를 들어 기능 테스트 파이프라인을 통과한 후 교차 기능 테스트를 실행해 완전한 CD 파이프라인을 구축할 수 있다(파이프라인에 관한 자세한 내용은 젠킨스 웹 사이트의 문서[97]를 참고하자).

4 저장한 후 대시보드로 돌아가면 [그림 4-12]와 같이 방금 생성한 파이프라인이 표시된다.

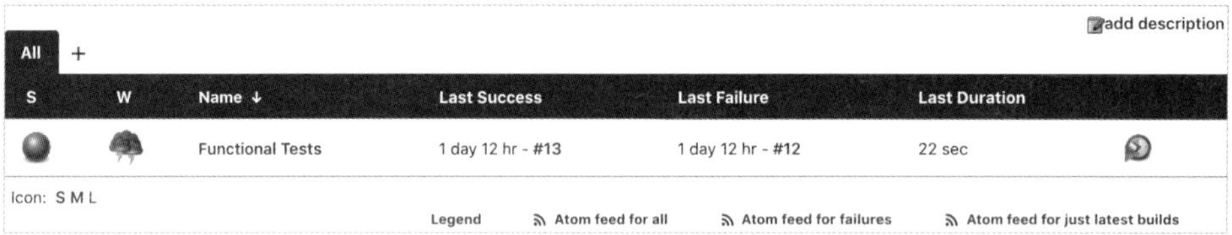

S	W	Name ↓	Last Success	Last Failure	Last Duration	
		Functional Tests	1 day 12 hr - #13	1 day 12 hr - #12	22 sec	

Icon: S M L

Legend   ⟫ Atom feed for all   ⟫ Atom feed for failures   ⟫ Atom feed for just latest builds

그림 4-12 젠킨스 대시보드의 파이프라인

---

96 옮긴이_터미널에서 mvn -v 명령을 실행하면 로컬 컴퓨터에 설치된 메이븐 버전을 확인할 수 있다.
97 https://oreil.ly/iYASL

5 대시보드에서 파이프라인 이름을 클릭하고 왼쪽 패널에서 [Build Now]를 선택한다. 파이프라인이 로컬 컴퓨터에 저장소를 복제하고 `mvn test` 명령을 실행한다. 테스트 실행으로 크롬 브라우저가 열리고 닫히는 것을 볼 수 있다.

6 [Workspace]를 선택하면 테스트 실행 후 생성한 보고서와 저장소에서 로컬 컴퓨터로 가져온 코드 복사본을 확인할 수 있다. 테스트에 문제가 발생할 경우에는 디버깅을 위해 작업 공간을 활용할 수 있다.

7 왼쪽 패널 하단 섹션에서 방금 실행한 파이프라인의 번호를 선택해 페이지를 이동한다. 왼쪽 패널에서 [Console Output]을 선택하면 디버깅을 위한 실시간 작업 로그가 나타난다.

이로써 간단한 CI 설정이 끝났다.

프로젝트에 대한 엔드 투 엔드 CD 설정을 완료하려면 CT 전략에 따라 테스트 단계(정적 코드, 승인, 스모크, 교차 기능 테스트 등)를 추가해야 한다. 마지막으로 파이프라인은 애플리케이션 코드 변경뿐만 아니라 구성, 인프라, 테스트 코드를 변경한 후에도 트리거되어야 한다는 점을 기억하기 바란다.

4.4 4가지 주요 지표

우리는 CI/CD/CT 프로세스를 구축하고 기본 원칙과 에티켓을 따름으로써 구글의 DORA DevOps Research and Assessment 팀에서 정의한 4가지 핵심 지표[4 key metrics] (4KM) 기준에 따라 성과가 높은 조직 또는 엘리트로 평가받을 수 있다. DORA 팀은 광범위한 연구[98]를 기반으로 4KM을 만들었으며, 4KM을 사용하여 소프트웨어 팀의 수준을 엘리트, 높음, 중간, 낮음 중 하나로 정량화하는 방법을 발표했다. 4KM에 관해 자세히 알고 싶다면 제즈 험블, 진 킴, 니콜 폴스그렌이 쓴 『디지털 트랜스포메이션 엔진』(에이콘출판사, 2020)을 참고하자.

간단히 말해서 다음 **4가지 주요 지표**는 팀의 전달 속도와 릴리스의 안정성을 측정하는 데 도움이 된다.

98 *https://oreil.ly/bDj9t*

1 리드 타임

코드를 커밋한 후 상용 환경 배포 준비까지 걸리는 시간

2 배포 빈도

소프트웨어를 상용 환경 또는 앱 스토어에 배포하는 빈도

3 평균 복구 시간

서비스 중단이나 장애 발생 시 복구에 소요되는 시간

4 변경 실패율

이전 버전 롤백 또는 핫픽스hot fix와 같은 후속 조치가 필요하거나 서비스 품질에 문제가 생기는 변경의 비율

처음 두 지표인 리드 타임과 배포 빈도는 팀의 전달 속도를 나타낸다. 팀이 최종 사용자에게 얼마나 빠르게 가치를 제공할 수 있는지, 얼마나 자주 가치를 더할 수 있는지 측정한다. 하지만 고객에게 빠르게 가치를 제공하면서 소프트웨어의 안정성은 유지해야 한다. 마지막 두 지표는 릴리스되는 소프트웨어의 안정성을 나타낸다. 오늘날 소프트웨어 장애는 불가피하다. 평균 복구 시간과 변경 실패율은 장애를 복구하기가 얼마나 쉬운지, 새로운 릴리스로 인해 장애가 얼마나 자주 발생하는지 측정한다. 4KM은 속도, 반응성, 품질과 안정성을 갖춘 전달 능력을 측정함으로써 소프트웨어 팀의 능력을 명확하게 보여준다.

DORA 연구에 따른 엘리트 팀의 목표 지표는 [표 4-1]과 같다.

표 4-1 엘리트 팀의 4가지 주요 지표

지표	목표
배포 빈도	온디맨드(하루에 여러 번 배포)
리드 타임	하루 미만
평균 복구 시간	1시간 미만
변경 실패율	0–15%

앞서 논의한 바와 같이 엄격한 CI/CD/CT 프로세스를 통해 얻을 수 있는 주요 이점은 필요할 때 언제든 고객에게 가치를 전달할 수 있다는 것이다. 마찬가지로 올바른 애플리케이션 계층에 자동화된 테스트를 배치하면 CT 프로세스의 일부를 코드로 테스트하여 몇 시간 내에 배포 준비를 완료할 수 있다(즉, 리드 타임이 하루 미만이 된다). 또한 기능 및 교차 기능 테스트를 자동화하고 CT 프로세스에서 실행하기 때문에 변경 실패율을 권장 범위인 0~15% 내로 유지하는 것이 어렵지 않다. 이러한 노력을 통해 팀은 DORA 정의에 따른 '엘리트' 팀이 될 수 있다. DORA 연구[99]에 따르면 엘리트 팀은 이익, 주가, 고객 유지 및 기타 기준 측면에서 조직의 성공에 기여한다(조직의 성공에 따른 보상을 기대해도 좋다!).

요점 정리

- CT 프로세스는 변경 사항에 대해 기능적 측면과 교차 기능적 측면에서 애플리케이션 품질을 자동화된 방식으로 검증한다.

- CT는 CI 프로세스에 크게 의존한다. CI/CT를 통해 필요할 때 언제든 고객에게 소프트웨어를 지속적으로 전달할 수 있다.

- 팀은 CI/CT 프로세스를 통해 성과를 얻을 수 있도록 엄격한 원칙과 에티켓을 따라야 한다.

- 여러 루프에서 지속적으로 빠른 피드백을 받을 수 있도록 CT 프로세스를 설계해야 한다.

- CT를 통해 얻을 수 있는 이점은 매우 다양하다. 역할과 팀에 걸쳐 공통의 품질 목표를 설정하고 오너십을 공유하며 분산된 팀 간의 협업을 개선할 수 있다. 이러한 이점은 CT가 없다면 달성하기 어렵다.

- 일반적으로 데브옵스 엔지니어가 CI/CD 설정 및 유지 관리를 담당할 수도 있지만, 팀의 테스터가 CT 전략을 수립하고 피드백 루프가 올바르게 트리거되도록 하는 것이 중요하다. 무엇보다도 팀에서 테스트를 작성하고 관리하는 데 드는 시간과 노력이 결실을 맺을 수 있도록 CT 관행을 주의 깊게 살펴보아야 한다.

- CI/CD/CT 프로세스를 잘 따른다면 DORA 연구에서 정의한 엘리트 팀이 되어 조직의 성공에 기여할 수 있을 것이다!

---

99 https://oreil.ly/lvf0X

데이터 테스트

> " Make or break trust with data!
> 데이터가 기업의 성패를 좌우한다! "

우리가 자주 사용하는 온라인 서비스는 크게 두 가지 유형으로 분류할 수 있다. 첫째는 이커머스, 차량 호출, 음식 배달, 영화 예약, 스트리밍, 온라인 게임과 같이 고객에게 데이터를 제공하는 서비스다. 둘째는 메모 애플리케이션, 소셜 네트워크 앱(페이스북, 트위터, 인스타그램 등), 블로그 사이트와 같이 고객의 데이터를 수집하고 처리하는 서비스다. 두 유형 모두 데이터가 중심에 있기 때문에 기업은 데이터를 기준으로 서비스 기능, 사용자 경험, 브랜드, 마케팅을 설계한다. 예를 들어 데이터 중심 기업인 아마존은 제품 정보 데이터를 기반으로 구매 및 배송과 같은 핵심 기능을 구현한다. 아마존의 로고는 a와 z 사이에 화살표가 있는데, 이는 a−z에 이르는 모든 제품에 대한 데이터가 있음을 의미한다.

데이터는 애플리케이션에서 가장 중요한 요소다. 데이터를 잘 관리하지 않으면 애플리케이션에 대한 고객의 신뢰가 빠르게 무너질 수 있으며 매출과 기업 이미지에도 타격을 줄 수 있다. 예를 들어 온라인 뱅킹 앱을 사용해 돈을 이체했는데 이체한 금액이 일정 시간 동안 계좌에 반영되지 않는다고 생각해보자. 고객은 당혹감을 느끼며 은행에 대한 불신을 갖게 될 것이다. 이러한 반응은 상대적으로 덜 중요한 데이터를 다루는 애플리케이션에서도 발생한다. 예를 들어 블로그 사이트에 작성한 게시물이 제대로 나타나지 않거나 소셜 네트워크 사이트에 업로드한 가족 사진이 유실되는 경우를 생각해보자. 데이터의 상대적인 중요도와 관계없이 개인에게는 모두 귀중한 데이터이기 때문에 고객은 실망할 것이다.

앞선 예시에서 볼 수 있듯이 데이터의 무결성은 성공과 실패를 결정하는 강력한 힘을 갖고 있다. 따라서 데이터의 저장, 처리, 제공 방식을 테스트하는 것은 애플리케이션의 성공을 위해 반드시 따라야 하는 과정이다. Chapter 5에서는 데이터 테스트의 필수 요소를 설명한다. 먼저 데이터베이스, 캐시, 스트리밍, 배치 처리 시스템batch processing system과 같이 애플리케이션이 데이터를 저장하고 처리하는 다양한 방법을 소개한다. 데이터 시스템을 소개한 후에는 시스템별 테스트 케이스 작성 방법을 소개한다. 특히 동시성 처리, 분산 데이터 처리, 비동기 통신에서 발생할 수 있는 실패 케이스를 다룬다. 그런 다음 다양한 도구를 사용하여 데이터에 대한 수동 테스트 및 자동화된 테스트 실습을 진행한다.

> **데이터 테스트와 기능 테스트**
>
> 기능 테스트를 통해 데이터 테스트를 수행할 수 있다는 주장도 있으며 이는 부분적으로 사실이다. 하지만 데이터 흐름에 따라 기능을 탐색한다면 데이터 관점의 새로운 테스트 케이스를 발견할 수 있다.
>
> 또한 UI와 API의 기능을 테스트하는 것만으로 애플리케이션을 검증하는 것은 부족한 면이 있다. 저장 및 처리 시스템에서 데이터 무결성을 별도로 테스트하여 기능이 완벽한지 확인해야 한다. 이를 위해서는 데이터를 다루기 위한 도구와 방법을 배워야 한다. 여기서는 데이터 테스트 기술을 주제로 데이터 저장 및 처리 시스템의 특성을 배우고 이를 통해 발견할 수 있는 새로운 테스트 케이스를 소개한다.
>
> 결론적으로 기능을 완벽하게 테스트하려면 데이터 테스트를 반드시 수행해야 한다.

5.1 구성 요소

먼저 웹과 모바일 애플리케이션에서 일반적으로 사용되는 데이터 저장 및 처리 시스템을 알아보자. 여기서는 〈Chapter 3 자동화된 기능 테스트〉에서 소개한 이커머스 애플리케이션을 예로 들어 데이터 시스템을 설명한다(그림 5-1).

이커머스 애플리케이션에는 비즈니스 처리를 위해 다양한 종류의 서비스와 통신하는 UI가 있으며, 모든 서비스는 애플리케이션 데이터를 저장하는 중앙 집중식 데이터베이스에 연결된다. 또한 캐시 서버, 배치 처리 시스템, 이벤트 스트림과 같은 다른 유형의 데이터 시스템도 있다. [그림 5-1]에서 화살표는 시스템 간의 데이터 흐름을 나타낸다. UI 계층에서 시작되는 데이터 흐름을 추적하여 각 데이터 시스템이 담당하는 역할을 알아보자.

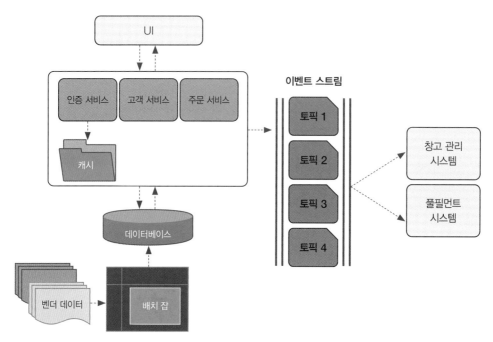

그림 5-1 네 개의 데이터 저장 및 처리 시스템을 갖춘 이커머스 애플리케이션

먼저 최종 사용자는 UI에 자격 증명을 입력하여 애플리케이션에 로그인을 시도한다. UI 계층은 인증 서비스에 자격 증명 데이터를 전달한다. 인증 서비스는 사용자가 입력한 자격 증명 데이터를 데이터베이스에 전달하여 입력 값이 일치하는지 확인한다. 자격 증명이 일치한다면 인증 서비스는 액세스 토큰을 UI에 반환하고 캐시 서버에 저장한다(인증 서비스가 OAuth 2.0 프로토콜[100]을 사용한다고 가정한다). 사용자가 이후에 수행하는 작업은 사용자 검증을 위해 액세스 토큰을 첨부해야 한다. 따라서 액세스 토큰은 애플리케이션 내부에서 사용하는 중요한 데이터다.

다음 단계로 넘어가서 사용자가 UI에서 주문을 시도한다고 생각해보자. UI 계층은 주문 서비스로 전송할 주문을 작성하고 요청 헤더에 액세스 토큰을 추가한다. 주문 서비스는 인증 서비스를 통해 액세스 토큰이 유효한지 확인하며 인증 서비스는 캐시를 쿼리한다. 액세스 토큰이 만료된 경우에는 캐시 서버가 자동으로 토큰을 삭제하기 때문에 인증에 실패하며 주문 서비스

---

100 https://oreil.ly/FgEwf

는 404 상태 코드를 반환한다. 404 응답을 수신하면 UI는 보안을 위해 사용자를 로그인 페이지로 이동시킨다.

반대로 액세스 토큰이 캐시 서버에서 만료되지 않아 유효하다면 인증 서비스는 주문 서비스에 인증 성공을 반환하며 주문 서비스는 데이터베이스에 주문을 생성한다. 주문 서비스는 창고 관리 시스템, 풀필먼트fulfillment 시스템과 같은 다운스트림 시스템이 주문을 처리할 수 있도록 신규 주문 정보를 이벤트로 생성한 후 이벤트 스트리밍 시스템에 전달한다. 여기서 주문 시스템의 책임은 이벤트 스트리밍 시스템에 이벤트를 전달하는 것으로 끝난다. 주문 서비스는 각 다운스트림 시스템이 작업을 제대로 처리했는지 확인하지 않는다. 다운스트림 시스템은 지속적으로 이벤트 스트림을 수신하고 자신과 관련된 이벤트만 소비한다. 예를 들어 고객 주소 변경 이벤트가 있는 경우 풀필먼트 시스템은 이벤트를 처리하지만 창고 관리 시스템은 처리하지 않는다. 하지만 주문 생성 이벤트의 경우에는 두 시스템 모두 처리한다.

배치 처리 시스템은 다양한 업체의 제품 세부 정보를 분석해 중앙 데이터베이스에 저장한다. 배치 처리기는 매일 밤 자정과 같이 프로그래밍된 시간에 자동으로 트리거되며 새로 추가된 데이터와 업데이트된 데이터를 모두 데이터베이스에 저장한다. 다음날 애플리케이션에서는 배치 처리 시스템을 통해 데이터베이스에 업데이트된 제품 정보를 확인할 수 있다.

이커머스 애플리케이션 예제에서 볼 수 있듯이 4가지 데이터 시스템은 애플리케이션에 필요한 요구 사항을 만족시키기 위해 중요한 역할을 한다. 데이터 시스템의 특성에 맞는 새로운 테스트 케이스를 찾기 위해 각 데이터 시스템을 더 자세히 알아보자.

5.1.1 데이터베이스

데이터베이스는 거의 모든 애플리케이션에서 일반적으로 사용되는 데이터 저장 시스템이다. 데이터베이스를 사용하는 가장 큰 이유는 데이터베이스가 데이터에 대한 강력한 내구성을 제공하기 때문이다. 데이터는 하드 디스크에 저장되며 하드웨어 오류가 발생한 경우에만 손실된다.

데이터베이스를 쉽게 설명하기 위해 보석 상자를 예로 들어 생각해보자. 보석 상자는 각각의 칸에 서로 다른 종류의 액세서리를 보관하며 필요할 때 꺼내 쓸 수 있다. 각 장신구는 누군가 장신구를 옮기거나 교체할 때까지 상자 안에 안전하게 보관된다. 마찬가지로 애플리케이션 데이터는 데이터베이스에 의미 있게 정리되고 저장되며 필요할 때마다 쿼리할 수 있다. 애플리케이션은 기능에 따라 새로운 데이터를 **생성**create하고, 기존 데이터를 **읽고**read, **수정**update하고, **삭제**delete할 수 있는 유연성을 갖춘다(이 4가지 작업을 일반적으로 CRUD라 부른다).

테이블, 문서(JSON, XML 등), 그래프와 같은 데이터 구조에 따라 데이터베이스는 관계형, 문서, 그래프 데이터베이스로 분류된다. 관계형 데이터베이스는 지난 수십 년 동안 다양한 애플리케이션의 데이터를 저장하는 데 사용되었다. MySQL과 PostgreSQL은 대표적인 오픈소스 관계형 데이터베이스다(여기서는 PostgreSQL 데이터베이스를 사용한 실습을 다룬다).

관계형 데이터베이스에서 데이터는 로우row와 컬럼column이 있는 테이블 구조에 저장된다. [표 5-1]의 Customers 테이블과 같이 테이블의 각 로우는 컬럼으로 구분된 고객의 정보를 보여준다.

표 5-1 관계형 데이터베이스의 테이블 구조

UUID (기본 키)	이름 (varchar 30)	전화번호 (varchar 30)	이메일 주소 (varchar 254)	배송 주소 (varchar 100)
019367	Alice	4567879	alice@xyz.com	8/13, Block A
045678	Bob D'arcy	0898678	bobdarcy@xyz.com	23-A, Winscent Square

컬럼은 이름, 데이터 유형, 최대 길이 등 미리 정의된 속성을 갖는다. 로우는 여러 테이블에 걸쳐 레코드를 연결하는 역할을 하는 UUID universally unique identifier를 갖는다. 예를 들어 이커머스 애플리케이션의 고객 목록을 이름, 전화번호, 이메일 주소, 배송 주소와 같은 고객의 세부 정보를 나타내는 테이블에 저장할 수 있다. 이 경우 레코드의 고유 식별자로 사용자 ID를 생성해 함께 저장하고 고객의 정보를 쿼리하는 데 사용한다. 계정 기록 테이블과 같은 다른 테이블에서도 사용자 ID를 사용할 수 있으므로 고객에 관한 전체 정보를 검색할 수 있다. 테이블, 로우, 컬럼 이름, 고유 식별자 등에 대한 정의는 **데이터베이스 스키마**database schema라고 한다. 데이터베이스 스키마는 애플리케이션의 비즈니스 유스 케이스use case를 기반으로 개발자나 데이터베이스 관리자가 정의한다. 데이터베이스 스키마는 애플리케이션의 요구 사항이 증가함에 따라 재정의될 수 있다. 이러한 작업을 수행하기 위해 관계형 데이터베이스에서는 도메인 특화 언어로 SQL을 사용한다(SQL은 '시퀄see-quel'로 발음한다).

관계형 데이터베이스의 특성을 고려한 기본 테스트 케이스는 다음과 같다.

- 긍정적 테스트 케이스로 UI를 통해 사용자에게서 수집한 정보를 데이터베이스에 적절하게 저장했는지 확인한다.
- 컬럼 데이터 유형과 입력 길이를 기준으로 경곗값을 검증한다. 예를 들어 고객 이름 필드가 데이터베이스에서 20자 미만으로 제한될 경우 UI에서도 동일하게 제한해야 한다. 이름의 길이가 20자를 초과할 경우에는 사용자에게 적절한 오류 메시지를 표시해야 한다.
- SQL 구문을 포함하는 입력을 테스트한다. 예를 들어 이름에 아포스트로피^{apostrophe}를 포함하는 Bob D'arcy를 입력할 경우 데이터베이스에 제대로 저장되는지 테스트한다.
- 갑작스럽게 네트워크 장애가 발생할 경우 진행 중인 쓰기 작업이 어떻게 되는지 확인한다. 데이터가 일부 테이블에만 반영되고 나머지 테이블에는 반영되지 않는 문제가 발생할 수 있다. 이러한 문제는 특히 여러 서비스를 통해 작업을 처리할 때 발생할 가능성이 높다.
- 재시도 작업이 데이터베이스에 어떤 영향을 미치는지 확인한다.
- 애플리케이션이 데이터베이스 작업을 재시도하는 타임아웃 시간을 확인하고 이것이 사용자 경험에 미치는 영향을 확인한다.

여러 사용자와 시스템이 동시에 데이터베이스에 접근하는 동시성 요소를 포함하면 다음과 같이 경쟁 조건에 대한 몇 가지 테스트 케이스를 추가로 고려해야 한다.

- 한 사용자의 작업이 다른 사용자의 작업과 충돌하여 업데이트가 손실될 수 있다. 예를 들어 두 명의 사용자가 동시에 동일한 품목을 구매할 때 품목의 수량이 두 개가 아니라 한 개만 감소할 수 있다.
- 마찬가지로 애플리케이션이 부분적으로 업데이트된 데이터를 읽는 경우 데이터가 일치하지 않을 수 있다. 예를 들어 재고가 없는 품목이 보충되면 먼저 한 테이블에서 해당 품목의 재고 플래그를 '재고 있음'으로 변경한 다음 다른 테이블에서 구매 가능한 재고 수량을 업데이트한다. 이 두 작업 사이에서 최종 사용자는 '재고 있음' 상태임에도 재고 수량이 0인 데이터를 읽을 가능성이 있다.
- 다시 말하지만 동시성은 공유 리소스에 예측 불가능한 영향을 미칠 수 있다. 예를 들어 두 명의 사용자가 착불 결제 옵션을 사용하여 마지막 하나 남은 품목을 동시에 구매하는 경우 한 사용자에게는 제품을 배송하고 다른 사용자에게는 결제 청구서를 발행하는 문제가 발생할 수 있다.
- 또한 동시성은 데이터베이스 성능에 영향을 미칠 수 있다. 따라서 예상되는 실시간 데이터 규모에 대한 성능 테스트는 중요한 테스트 케이스가 될 것이다.

동시성 관련 테스트 케이스는 시뮬레이션하기 어렵다. 따라서 동시성에 관한 지식을 기반으로 분석 단계에서 문제가 발생할 수 있는 케이스를 사전에 고려해야 개발 과정에서 문제를 선제적으로 해결할 수 있다.

데이터베이스는 **레플리케이션**replication을 통해 확장성을 제공한다. 레플리케이션은 동일한 데이터를 가진 여러 개의 인스턴스를 만드는 것을 의미한다. 인스턴스는 일반적으로 미국 동부와 미국 서부 또는 북미와 유럽 같이 서로 다른 위치에 있는 사용자를 위한 성능을 향상시키기 위해 지리적으로 분리된다. 이러한 경우 모든 복제본replica을 최신 상태로 업데이트하거나 동기화할 수 있는 메커니즘이 필요하다. 일반적으로 복제본 중 하나를 리더leader로 할당하여 다른 복제본(**팔로워**follower)에게 업데이트를 전파하는 역할을 수행하도록 한다. 이 경우 레플리케이션 지연이 발생해 팔로워가 업데이트를 전달받고 리더와 동일한 상태에 도달하는 데 시간이 소요된다. 지연 시간은 네트워크 지연 시간, 해당 인스턴스에 대한 트래픽 등을 기준으로 몇 초에서 몇 분 정도다. 일정 시간 후 일관된 상태에 도달하는 모델을 **최종 일관성**eventual consistency이라고 한다.

> **NOTE** 일관성 모델에 관해 더 알고 싶다면 젭슨Jepsen이 작성한 가이드맵[101]을 참고하자.

최종 일관성 모델은 시간이 조금 지난 게시물을 보여주는 것이 사용자에게 큰 영향을 미치지 않는 트위터나 페이스북과 같은 애플리케이션에 적합하다. 하지만 다른 애플리케이션에서는 지연이 적절하게 처리되지 않으면 사용자를 혼란스럽게 만들거나 애플리케이션에 대한 신뢰에 부정적인 영향을 미칠 수 있다. 지연으로 인해 발생할 수 있는 문제점은 다음과 같다.

직접 작성한 글 읽기

사용자가 프로필 정보를 업데이트한 후 변경된 내용을 확인하기 위해 몇 초 후에 프로필 페이지를 다시 연다고 가정해보자. 업데이트가 아직 모든 팔로워에게 전파되지 않았다면 지연된 팔로워에서 데이터를 읽는 경우 이전 프로필 정보가 표시될 수 있다. 이에 혼란을 느낀 사용자는 변경 사항을 다시 입력할 수도 있다. 이러한 과정이 반복된다면 사용자가 불만을 느낄 뿐만 아니라 시스템에 과부하가 걸려 복제 지연이 더 길어질 수 있다.

시간 여행

사용자가 스포츠 웹 사이트에서 크리켓cricket 경기 스코어를 실시간으로 확인한다고 가정해보

---

101 *https://jepsen.io/consistency*

자. 사용자는 점수를 보기 위해 몇 초마다 페이지를 계속 새로 고침할 것이다. 만약 웹 사이트가 최종 일관성으로 여러 팔로워에서 데이터를 읽는다면 사용자는 시간 여행을 경험하게 될 것이다. 예를 들어 첫 번째로 업데이트된 팔로워에서는 5오버에 116점을 읽을 수 있지만 새로 고침한 후에는 지연된 팔로워에서 데이터를 읽어 4.5오버에 110점으로 점수를 표시할 수 있다.

일관되지 않은 순서

때때로 데이터는 순차적으로 연결되는 경우가 있는데, 이때 반드시 순서를 유지해야 한다. 예를 들어 페이스북 게시물에서 사용자가 작성한 댓글의 순서는 유지되어야 한다. 만약 복제 지연을 고려하지 않고 적절하게 처리하지 않을 경우에는 사용자가 엉뚱한 순서로 정렬된 댓글을 보게 될 것이다.

쓰기 충돌

단일 장애 지점 single points of failure 을 제거하기 위해 복제를 관리하는 리더를 둘 이상 할당하는 경우 새로운 업데이트가 다른 리더에게 전달되어 쓰기 충돌이 발생할 수 있다. 예를 들어 쓰기 충돌은 여러 팀 구성원이 구글 슬라이드에서 단일 리소스를 수정할 때 발생할 수 있다. 이때 동일한 텍스트가 서로 다른 리더로부터 업데이트된다면 어느 것을 최종 업데이트로 가져가야 하는지에 관해 충돌이 발생할 수 있다.

좋은 소식은 이러한 일반적인 문제에 대한 해결책이 잘 마련되어 있다는 것이며, 대부분의 경우 데이터베이스 자체에서 본질적으로 문제를 처리한다. 하지만 애플리케이션 개발 및 테스트 과정에서는 이러한 문제를 인식하고 경계해야 한다.

요약하자면, 데이터베이스를 테스트할 때 애플리케이션 데이터와 변경뿐만 아니라 네트워크 오류, 동시성 충돌, 분산 데이터 문제와 같은 잠재적인 문제를 고려해야 한다.

5.1.2 캐시

캐시는 데이터를 키-값 key-value 쌍으로 저장하는 인메모리 in-memory 데이터 저장소다. 메모리에 데이터를 저장하면 애플리케이션이 기존 관계형 데이터베이스와 같은 무거운 백엔드 저장 시스템을 호출할 필요가 없기 때문에 성능이 몇 배나 향상된다. 멤캐시드[Memcached], 레디스[Redis 102]와 같이 오늘날 유명한 캐시 도구는 테라바이트(TB)의 데이터를 저장하고 밀리초 미만의 응답을 제공할 수 있다. 하지만 내구성 측면에서는 데이터베이스가 디스크에 데이터를 저장하기 때문에 캐시보다 더 좋다.

> **NOTE** 레디스는 단순한 인메모리 캐싱 외에도 다양한 기능을 제공하도록 발전해왔다. 예를 들어 복구를 위해 특정 시점의 데이터(스냅샷)를 디스크에 저장하도록 구성할 수 있다. 레디스의 기능을 자세히 알고 싶다면 공식 문서[103]를 참고하자.

일반적으로 애플리케이션이 자주 사용하는 일시적인 데이터에만 캐시를 적용하는 것을 권장한다. 예를 들어 이커머스 애플리케이션에서 액세스 토큰은 사용자가 로그인한 짧은 기간 동안만 유효하며 애플리케이션 내부에서 서비스 요청의 신뢰성을 검증하기 위해 자주 사용되므로 캐시에 적합하다. 또한 캐시 장애와 같은 불행한 상황에서도 액세스 토큰 유실로 인한 영향이 크지 않다. 액세스 토큰을 복구하려면 단순히 사용자가 로그아웃했다가 다시 로그인하면 된다. 이는 개인 데이터나 고객 기록의 손실과는 비교할 수 없는 사소한 문제다. 캐시는 데이터베이스와 같은 견고한 내구성을 보장하지 않기 때문에 액세스 토큰과 같은 시나리오에 적합하다.

일반적인 접근 방식은 자주 접근하는 애플리케이션 데이터를 캐시와 데이터베이스에 모두 복제하는 것이다. 이때 애플리케이션 코드는 데이터베이스와 동기화 상태 유지, 오래된 데이터 삭제, 캐시 실패 시 데이터베이스로 이동 등 데이터의 생명 주기를 관리해야 한다. 이러한 시나리오는 데이터가 데이터베이스와 캐시에 복제될 때 테스트 케이스가 된다. 캐시와 연관된 일반적인 테스트 케이스는 다음과 같다.

- 캐시 데이터는 TTL[time to live] 값으로 만료 시간을 설정할 수 있다. 예를 들어 액세스 토큰이 30초 동안 지속되도록 구성할 수 있다. 30초 이후에는 인증 서비스가 새로운 토큰을 생성하고 캐시에 다시 저장해야 한다.
- 캐시 장애로 인해 모든 사용자가 로그아웃했다가 다시 로그인해야 하는 경우 사용자 리다이렉션[redirection] 흐름이 정상적으로 작동하는지 테스트한다.

---

102 https://oreil.ly/oqCZw
103 https://redis.io/topics/introduction

- 서비스 인스턴스가 복제되면 해당 캐시도 복제되어 분산 캐시 저장소가 구성된다. 이 경우 캐시 기능이 올바르게 작동하는지 확인해야 한다(레디스 클러스터와 같은 분산형 캐시는 기본적으로 올바른 캐시 인스턴스로의 리다이렉션을 지원한다).
- 최대 부하로 애플리케이션 성능을 테스트했을 때 캐시가 잘 작동하는지 확인한다.

5.1.3 배치 처리 시스템

배치 처리 시스템은 일정 기간 동안 수집된 입력 데이터의 집합을 원하는 출력으로 변환하기 위해 프로그램이나 잡job을 실행하는 시스템이다. 배치 잡batch job은 스프링 배치Spring Batch 또는 아파치 스파크Apache Spark와 같은 프레임워크나 라이브러리를 사용해 작성할 수 있으며 사용자의 개입 없이 실행된다. 배치 잡에 대한 입력 데이터는 파일, 데이터베이스 레코드, 이미지 등의 형태일 수 있다. 입력 데이터의 양이 많다면 작업을 완료하는 데 몇 시간 또는 며칠이 걸릴 수 있다. 실제로 배치 잡의 성능은 데이터베이스나 캐시 같은 응답 시간이 아니라 처리할 수 있는 입력 파일의 크기와 시간으로 측정된다.

배치 처리 시스템의 대표적인 사용 사례는 보고서 생성, 청구서 생성, 월 급여 명세서 생성, 머신러닝 모델 데이터 정리 등이 있다. 이러한 사례의 공통점은 배치 작업을 통해 정리되지 않거나 희소한sparse 데이터를 의미 있는 데이터 구조로 변환하는 작업을 수행한다는 것이며, 변환이 실시간으로 실행될 필요가 없다는 것이다.

이커머스 애플리케이션을 예로 들어보자. 공급 업체는 애플리케이션에 새 제품 또는 업데이트된 제품 카탈로그를 나타내기 위해 최신 품목 세부 정보를 파일로 전달한다. 파일에는 수천 개의 품목이 있으며 각 품목은 SKU, 색상, 크기, 가격 등의 정보를 갖고 있다. 품목 레코드의 키는 공급 업체마다 다를 수 있으며 공급 업체의 내부 시스템에 따라 JSON, CSV와 같이 파일의 형식이 다양할 수 있다. 이렇게 정리되지 않은 데이터는 애플리케이션에 의미 있는 공통 구조로 변환되어야 한다. 즉, 애플리케이션이 UI에 품목을 표시할 수 있도록 데이터베이스 레코드로 변환해야 한다. 여기서 유의할 점은 실시간으로 반영할 필요는 없다는 것이다. 업데이트된 제품 카탈로그를 다음 날 또는 며칠 후에 반영해도 충분하다. 따라서 이러한 시나리오에는 배치 처리 시스템이 적합하다.

배치 잡은 서로 다른 파일에서 레코드를 하나씩 읽고 원하는 정보를 추출하여 데이터베이스 레코드로 변환할 수 있다. 배치 잡은 매일 같은 시간에 자동으로 실행되도록 예약할 수 있다. 예를 들어 사이트 트래픽이 적은 매일 밤 자정에 배치 잡을 실행하도록 자동화할 수 있다. 이를 위해 공급 업체의 파일은 배치가 실행되기 전인 자정 이전에 전달되어야 한다. 일반적으로 배치 잡이 실패한 경우에는 생성한 데이터를 삭제하거나 덮어쓰는 작업을 통해 배치 잡을 다시 실행한다.

배치 처리 시스템의 특성을 고려한 일반적인 테스트 케이스는 다음과 같다.

- 입력 파일 처리 작업이 중간에 중단되지 않고 완전히 처리되었는지 확인한다.
- null 값, 큰 정수 등 예상하지 못한 값이 입력되었을 경우 예외를 제대로 처리하는지 확인한다.
- 필요한 구조로 변환할 수 없는 불완전한 레코드에 플래그를 지정하고 격리할 수 있는지 확인한다.
- 재시도 메커니즘이 실패한 배치 잡의 데이터를 정리하거나 덮어쓰는지 확인한다.
- 처리 용량을 크게 차지할 수 있는 배치 잡이 애플리케이션 성능에 부정적인 영향을 미치지 않는지 확인한다.

배치 처리 시스템 테스트를 통해 공급 업체가 새로운 형식의 데이터를 전달하는지 발견할 수 있으며 이를 통해 배치 잡을 업데이트할 수 있다. 또한 공급 업체마다 남성복, 운동화 등 특정 카테고리의 제품 개수가 다를 수 있다. 특정 카테고리의 제품 수량이 너무 많으면(**데이터 스큐** data skew[104]라고도 한다) 프로그래밍 방식에 따라 배치 잡의 성능이 영향을 받을 수 있다. 따라서 관련 업체로부터 미리 몇 가지 입력 샘플을 받는 것이 테스트에 도움이 된다.

5.1.4 이벤트 스트림

이벤트 event는 문자 그대로의 의미처럼 행위를 나타내며, **스트림** stream은 흐르는 것, 즉 본질적으로 연속적인 엔티티 entity를 나타낸다. 따라서 **이벤트 스트림**은 애플리케이션별 이벤트가 스트림에 지속적으로 게시되는 시스템이며, 관련된 시스템은 추가 처리를 위해 해당 데이터를 소비한다. 예를 들어 이커머스 애플리케이션에서 고객이 주문을 하면 주문 내역이 포함된 주문 이벤트가 이벤트 스트림에 게시되고, 다운스트림 시스템은 이벤트를 읽고 주문을 처리하기 위해 각자의 작업을 수행한다(그림 5-2). 데이터 흐름의 관점에서 주문 데이터는 일정 시간 동안 이벤트 스트림에 저장되며 관련된 시스템은 이벤트 스트림에서 데이터를 읽는다.

---

104 *https://oreil.ly/dTpJ3*

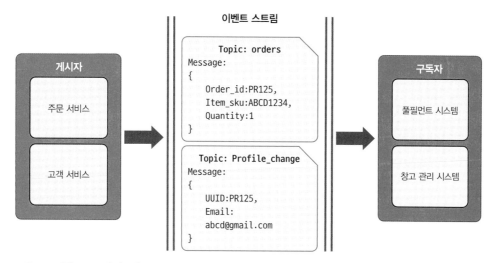

그림 5-2 이벤트 스트림 시스템

여기서 주문 서비스는 이벤트를 게시하기 때문에 **게시자**^{publisher}라 부르고 이벤트를 소비하는 다운스트림 시스템은 **구독자**^{subscriber}라고 한다. 모든 이벤트는 구독자가 자신과 관련된 이벤트를 식별할 수 있도록 특정 **토픽**^{topic} 이름과 함께 게시된다. 구글 클라우드 Pub/Sub[105]이나 RabbitMQ[106]와 같은 일부 이벤트 스트림 시스템은 모든 구독자가 해당 이벤트를 소비한 후 이벤트를 삭제한다. 아파치 카프카와 같은 다른 이벤트 스트림 시스템에서는 설정한 시간이 지나면 이벤트를 삭제한다. 이러한 보존^{retention} 기능을 통해 구독자는 중간 오류가 발생할 경우 이벤트를 따라잡을 수 있다. 이벤트 스트림은 또한 데이터베이스와 같이 이벤트를 디스크에 기록하며 내구성을 제공한다.

이벤트 스트리밍 시스템은 배치 처리 시스템과 유사하지만 시간 제한적인 측면에서 다르다. 배치 작업은 미리 구성된 시간 이후에 입력을 처리하는 반면 이벤트 스트림 처리는 거의 실시간으로 발생한다. 예를 들어 이커머스 애플리케이션의 주문 서비스는 주문이 생성되는 즉시 이벤트를 게시하지만 비동기로 작동하여 다운스트림 시스템의 승인이 필요하지 않다. 이벤트 스트림에 주문을 게시하면 배치 처리처럼 주문 처리가 몇 시간 이상 지연되지는 않지만 웹 서비스처럼 주문이 동기화되지는 않는다. 결과적으로 구독자가 몇 초 내에 이벤트를 소비할 수 있지

---

105 *https://cloud.google.com/pubsub/architecture*
106 *https://www.rabbitmq.com*

만 이는 **실시간 처리**real-time processing가 아닌 **실시간 근접 처리**near real-time 라고 한다. 이러한 비동기식 모델은 병렬 처리 및 확장에 적합하기 때문에 최근 웹과 모바일 애플리케이션 개발에 자주 사용된다.

이벤트 스트리밍 시스템에서 고려해야 할 테스트 케이스는 다음과 같다.

- 이벤트 구조는 게시자와 구독자 간의 계약이므로 구조가 변경될 때마다 전체 기능 흐름을 다시 테스트해야 한다.
- 경우에 따라 이전 이벤트 구조와 신규 이벤트 구조를 모두 지원하기 위해 하위 호환성 테스트를 해야 한다.
- 특정 순서로 이벤트를 처리해야 하는 요구 사항이 있을 수 있다. 예를 들어 품목의 배송은 창고에서 발송 가능 여부를 확인할 때까지 처리할 수 없다. 이벤트 처리는 비동기적으로 발생하기 때문에 이러한 흐름이 순서대로 처리되는지 테스트해야 한다.
- 구독자는 실패했을 때 올바른 순서로 새로운 이벤트를 따라잡을 수 있어야 한다.
- 여러 번 재시도한 후에도 이벤트를 처리하는 데 문제가 있다면 디버깅을 위한 세부 에러 정보와 함께 **데드 레터 큐**dead letter queue[107]라는 별도의 큐로 이벤트를 이동시킨다. 따라서 데드 레터 큐로의 이벤트 흐름을 테스트해야 한다.
- 이벤트 스트림이 다운됐을 때 어떻게 되는지 테스트해야 한다. 예를 들어 게시자와 구독자가 실패를 어떻게 처리하는지, 어떻게 재시도하는지 확인해야 한다.
- 구독자의 성능이 게시자보다 느리다면 스트림에 병목 현상이 발생할 수 있다. 따라서 이벤트를 적절한 시간 내에 소비할 수 있는지 성능을 테스트해야 한다.

앞서 설명했듯이 다양한 데이터 저장 및 처리 시스템은 대규모 애플리케이션에서 고유한 역할을 수행하기 때문에 테스트 시 각 시스템의 특성을 고려해야 한다. 다음 절에서는 앞서 설명한 4가지 데이터 시스템을 테스트하기 위한 접근 방식을 알아본다.

5.2 데이터 테스트 전략

『데이터 중심 애플리케이션 설계』(위키북스, 2018)에서 마틴 클레프만Martin Kleppmann은 테스트에 관해 다음과 같이 말한다.

---

107 https://oreil.ly/7Ykw7

결함이 드물 것이라 가정하고 최선의 상황을 바라기만 하는 것은 현명하지 못하다. 발생 가능성이 상당히 낮을지라도 생길 수 있는 결함을 광범위하게 고려하고 테스트 환경에서 인위적으로 이런 상황을 만들어서 어떤 일이 생기는지 보는 게 중요하다.

필자는 데이터 테스트와 관련하여 클레프만의 의견에 전적으로 동의한다. 사용자의 작업에 중점을 두는 기능 테스트와 달리 데이터 테스트의 90%는 발생할 수 있는 결함에 관해 생각하는 것이다. 이는 이전 절에서 설명했듯이 결함을 유발하는 테스트 케이스에 초점을 맞추는 것을 의미한다. 이러한 사고방식을 통해 [그림 5-3]과 같은 4가지 테스트 전략을 구성할 수 있다.

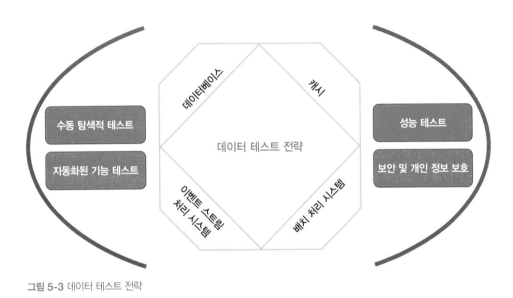

그림 5-3 데이터 테스트 전략

1 수동 탐색적 테스트

수동 탐색적 테스트는 결함 유발 테스트 케이스를 도출하는 데 도움이 될 수 있기 때문에 데이터 테스트에서 매우 중요하다. 〈Chapter 2 수동 탐색적 테스트〉에서 설명한 샘플링 기술을 사용하면 데이터베이스나 배치 처리 시스템과 관련된 데이터 테스트에 도움이 된다. 또한 사용 중인 데이터 처리 도구(아파치 카프카, 레디스 등)의 특성을 학습하면 탐색에 도움이 된다.

필요하다면 수동 탐색을 위한 추가 도구를 배워야 한다. 예를 들어 SQL은 관계형 데이터베이스의 탐색적 테스트에 필수적인 도구다. SQL을 다루는 방법은 〈5.3 실습〉에서 다룰 예정이다.

② 자동화된 기능 테스트

데이터 관련 테스트 케이스에 대한 빠른 피드백을 얻으려면 이를 자동화하고 CI에 통합해야 한다. 앞서 설명한 4가지 데이터 시스템과 관련된 유닛 테스트 및 통합 테스트를 자동화하는 것부터 시작하기를 권장한다. 자동화와 관련된 도구를 다루는 방법은 〈5.3 실습〉에서 설명한다.

③ 성능 테스트

지금까지 살펴본 바와 같이 데이터 저장 및 처리 시스템은 모든 애플리케이션에서 중요한 구성 요소이며 전체 애플리케이션 성능에 큰 영향을 미친다. 따라서 애플리케이션의 모든 데이터 시스템에서 부하 및 스트레스 테스트를 수행하는 것이 중요하다. 백엔드 성능 테스트에 관한 내용은 〈Chapter 8 성능 테스트〉에서 자세히 설명한다.

④ 보안 및 개인 정보 보호

데이터 유출은 고객에게 큰 손실을 입히고 기업이 막대한 과징금을 물도록 만든다. 보안 테스트는 데이터 테스트의 가장 중요한 측면으로, 〈Chapter 7 보안 테스트〉에서 자세히 설명한다. 또한 개인 정보 보호를 위한 국가별 데이터 보호법도 있다. 이러한 규정과 규정 준수를 위한 테스트 방법은 〈Chapter 10 교차 기능 요구 사항 테스트〉에서 다룬다.

데이터 테스트 전략을 요약하면 다음과 같다. 데이터를 테스트할 때는 데이터 유형과 변형, 동시성, 데이터 및 시스템의 분산 특성, 네트워크 장애 가능성 등을 고려한다. 또한 동시성 관련 테스트 같은 일부 데이터 테스트 케이스는 실행 시점과 환경에 크게 의존하기 때문에 테스트 과정에서 버그가 나타나지 않을 수 있다. 따라서 개발 전 분석 단계에서 이러한 테스트 케이스에 관해 미리 논의해야 한다. 다음 절에서는 데이터 테스트와 관련된 실습을 진행한다.

5.3 실습

이번 절에서는 SQL과 JDBC 같은 데이터베이스 테스트에 필수적인 몇 가지 도구를 소개한다. 또한 아파치 카프카와 제로코드^Zerocode를 통해 카프카 메시지를 자동으로 검증하는 방법을 설명한다.

NOTE 앞서 설명했듯이 대부분의 데이터 관련 테스트 케이스는 개발 과정에서 유닛 테스트나 통합 테스트로 자동화되어야 한다. 이번 절에서는 수동 탐색적 테스트 또는 매크로 수준의 자동화된 기능 테스트에 필요한 도구를 설명한다.

5.3.1 SQL

데이터베이스를 포함하는 애플리케이션의 기능 테스트를 수행할 때는 데이터베이스에 쿼리하고 데이터에 문제가 없는지 확인하기 위해 SQL을 알아야 한다. SQL에 관한 지식이 있으면 테이블, 컬럼, 로우가 많은 데이터베이스를 다룰 때 데이터를 빠르게 필터링하고 테스트 케이스에 필요한 결과를 확인하는 데 도움이 된다. 이번 절의 실습을 통해 정렬, 필터링, 그룹화, 중첩, 결합 등 SQL의 다양한 측면에 익숙해지기 바란다.

SQL 실습을 위해서는 관계형 데이터베이스가 필요하다. 로컬 컴퓨터에 관계형 데이터베이스가 설치되어 있지 않다면 다음 설명에 따라 설치를 진행한다.

사전 요구 사항

PostgreSQL 공식 웹 사이트[108]에서 설치 파일을 다운로드한 후 로컬 컴퓨터에 설치한다. 설치를 완료했다면 OS에 맞는 명령어를 사용해 postgres 서버를 시작한다.[109] 예를 들어 macOS 사용자인 경우 터미널을 열고 다음 명령어를 실행한다.

1 다음 명령을 사용해 PostgreSQL을 다운로드한다.

```
brew install postgresql
```

2 다음 명령을 사용해 postgres 서버를 시작한다.

```
brew services start postgresql
```

---

108 *https://oreil.ly/Qsmp2*
109 *https://oreil.ly/gIsxP*

3 다음 명령을 사용해 셸 클라이언트인 psql을 실행한다.

```
psql postgres
```

psql 클라이언트는 데이터베이스 서버에 연결하고 SQL 쿼리를 실행한다. 또는 pgAdmin[110]
과 같은 GUI 클라이언트를 사용할 수 있다.

> **NOTE** 실습을 완료한 후에는 다음 명령을 사용해 데이터베이스 서버를 중지할 수 있다.[111]
>
> ```
> brew services stop postgresql
> ```

워크플로

SQL 언어는 관계형 데이터베이스에서 데이터를 읽고, 쓰고, 업데이트하고, 삭제하는 데 사용
된다. 또한 여러 테이블의 데이터를 정렬, 필터링, 결합하는 작업을 간단하게 수행할 수 있는
다양한 키워드와 함수로 구성된다. 여기서는 데이터베이스 수동 테스트에서 자주 사용하는 쿼
리를 소개한다.

▶ Create

먼저 SKU, 색상, 크기, 가격과 같은 품목 세부 정보를 저장하는 items 테이블을 생성하기 위해
psql 클라이언트에서 다음 쿼리를 실행한다.

```
postgres=> create table items (item_sku varchar(10), color varchar(3), size
varchar(3), price int);
```

쿼리는 SQL 키워드 create table을 사용해 수행할 작업 유형을 정하고 테이블 이름을 지정한
다. 또한 컬럼 이름, 데이터 유형(예 varchar, int) 및 각 컬럼의 최대 길이를 지정하여 컬럼 구
조를 정의한다. 최대 길이는 세 개의 문자열 데이터 컬럼에 명시적으로 지정되며 정수 컬럼은
암시적으로 최대 4바이트(Byte) 크기로 지정된다.

---

110 *https://oreil.ly/rydvr*
111 *https://oreil.ly/4vhii*

▶ **Insert**

테이블에 품목 세부 정보 데이터를 입력하려면 다음 쿼리를 실행한다.

```
postgres=> insert into items values ('ABCD0001', 'Blk', 'S', 200),
('ABCD0002', 'Yel', 'M', 200);
```

쿼리는 insert, into, values 3가지 키워드를 사용한다. 처음 두 키워드는 작업 유형을 나타내며 데이터를 삽입할 items 테이블을 가리킨다. 입력할 값은 괄호 안에 작성하며 컬럼 순서와 각 필드의 데이터가 일치해야 한다. 테이블 생성 시 정의한 최대 컬럼 길이에 맞지 않거나 데이터 유형이 다른 데이터를 삽입하면 쿼리가 실패한다. 다음 쿼리로 넘어가기 전에 다양한 색상, 크기, 가격의 조합으로 더 많은 품목을 추가하기 바란다.

▶ **Select**

데이터베이스 테스트에서 가장 자주 수행하는 것은 **읽기** 작업이다. 테이블에서 데이터를 읽으려면 다음 쿼리를 실행한다(실행 결과는 추가한 데이터에 따라 다르게 나타난다).

```
postgres=> select * from items;
item_sku | color | size | price
---------+-------+------+-------
ABCD0001 | Red   | S    |   200
ABCD0002 | Blk   | S    |   200
ABCD0003 | Yel   | M    |   200
ABCD0004 | Blk   | S    |   150
ABCD0005 | Yel   | M    |   100
ABCD0005 | Blk   | S    |   120
ABCD0007 | Yel   | M    |   180
(7 rows)
```

쿼리에서 주목할 키워드는 select, *, from이다. 와일드카드 기호(*)는 테이블에서 모든 컬럼을 읽는 것을 의미한다. 특정 컬럼을 선택하고 싶다면 와일드카드 기호 대신 쉼표로 구분된 컬럼 이름을 지정하면 된다.

▶ 필터링 및 그룹화

대부분의 경우 테이블에는 많은 로우가 있으며 로우에는 여러 개의 컬럼이 있다. 특정 테스트 케이스와 관련된 데이터를 필터링해야 하는 경우 다음 쿼리를 실행하면 된다.

```
postgres=> select item_sku, size from items limit 3;
item_sku | size
---------+------
ABCD0001 | S
ABCD0002 | S
ABCD0003 | M
(3 rows)
```

여기서는 items 테이블에서 item_sku와 size 컬럼을 선택하며 limit 키워드로 결과에서 상위 n개의 레코드를 가져온다. 마찬가지로 where 키워드는 다음과 같이 컬럼 값을 기반으로 필터링 기준을 정의하는 데 사용된다.

```
postgres=> select color from items where size='S';
color
-------
Red
Blk
Blk
Blk
(4 rows)
```

쿼리는 사이즈가 S인 레코드를 필터링하고 해당 레코드의 색상 컬럼만 표시한다. 쿼리 결과 같은 색이 여러 로우로 반복될 수 있다. 이 경우 다음과 같이 group by 키워드를 사용해 각 색상의 S 사이즈 품목의 수를 요약할 수 있다.

```
postgres=> select color, count(*) from items where size='S' group by color;
color | count
------+-------
Blk   |     3
Red   |     1
(2 rows)
```

group by 키워드는 where 키워드 없이 사용할 수 있으며 정의한 기준에 따라 여러 로우를 요약하고 각 그룹을 단일 로우로 나타낸다. 다음과 같이 having 키워드를 사용하면 그룹화된 결과를 추가로 필터링할 수 있다.

```
postgres=> select color, count(*) from items where size='S' group by color
having count(*)>1;
color ¦ count
------+-------
Blk   ¦     3
(1 row)
```

이 쿼리는 품목 수가 1보다 큰 그룹을 필터링한다. having 키워드는 단독으로 사용할 수 없으며 group by와 함께 사용해야 한다.

select 절의 count(*) 함수는 각 그룹의 레코드 수를 나타낸다.

▶ 정렬

order by 키워드를 사용하면 단일 또는 여러 컬럼 값을 기준으로 결과를 오름차순/내림차순으로 정렬할 수 있다.

```
postgres=> select item_sku, color, size from items order by price asc;
item_sku ¦ color ¦ size
---------+-------+------
ABCD0005 ¦ Yel   ¦ M
ABCD0005 ¦ Blk   ¦ S
ABCD0004 ¦ Blk   ¦ S
ABCD0007 ¦ Yel   ¦ M
ABCD0001 ¦ Red   ¦ S
ABCD0003 ¦ Yel   ¦ M
ABCD0002 ¦ Blk   ¦ S
(7 rows)
```

여러 컬럼을 서로 다른 순서로 정렬하는 쿼리는 다음과 같다.

```
postgres=> select * from items order by price asc, size desc;
```

▶ 함수 및 연산자

앞서 설명한 count() 함수와 같이 SQL 언어는 집계, 비교, 변환을 위한 함수와 연산자를 제공한다. 유용한 함수로 sum(), avg(), min(), max()가 있으며 count()와 같은 방식으로 사용할 수 있다. 마찬가지로 and, or, not, null과 같은 연산자는 값을 필터링하는 데 사용할 수 있다. 예를 들어 사이즈가 S인 검은색 품목을 반환하는 쿼리는 다음과 같다.

```
postgres=> select * from items where size='S' and color='Blk';
```

▶ 표현식 및 술어

SQL은 표현식과 술어를 제공한다. 표현식은 price+100과 같은 수학 공식일 수 있으며, 술어는 논리적인 비교로 true, false, unknown 값을 반환한다. 표현식과 술어를 사용한 SQL 쿼리는 다음과 같다.

```
postgres=> select * from items where price=100+50 and color is not NULL;
```

SQL 언어는 계산한 결과를 필터링할 가격 값으로 지정하고, 각 레코드의 색상 값이 null이 아닌지 확인하기 위해 논리 조건식인 is not NULL을 실행한다.

▶ 중첩 쿼리

필요한 경우 쿼리를 중첩할 수 있다. 하위 쿼리는 where 절, group by 절 등을 포함하여 기본 쿼리 내부에 어디든 배치할 수 있다. 다음 예제 쿼리는 전체 품목 수와 품목 가격의 평균을 표시한다. 괄호로 묶인 중첩된 하위 쿼리에 주목하기 바란다.

```
postgres=> select count(*), (select avg(price) from items) from items;
 count |          avg
-------+----------------------
     7 | 164.2857142857142857
(1 row)
```

▶ 결합

대부분의 경우 데이터가 여러 테이블에 분산되기 때문에 테스트 케이스를 검증하기 위해 데이터를 연관시켜야 하는 경우가 많다. SQL은 여러 테이블 쿼리를 지원하기 위해 공통 속성을 기반으로 두 테이블을 결합할 수 있는 join 키워드를 제공한다. 테이블 결합 테스트를 위해

order_id, item_sku, quantity 컬럼을 가진 orders 테이블을 만들고 다음과 같이 데이터를 삽입한다.

```
postgres=> create table orders (order_id varchar(10), item_sku varchar(10),
quantity int);
postgres=> insert into orders values ('PR123', 'ABCD0001', 1),
('PR124', 'ABCD0001', 3), ('PR125', 'ABCD0001',2);
```

이제 inner join 키워드를 사용해 items 테이블과 orders 테이블의 공통 컬럼인 item_sku를 기준으로 두 테이블을 병합할 수 있다.

```
postgres=> select * from orders o inner join items i on o.item_sku=i.item_sku;
order_id │ item_sku │ quantity │ item_sku │ color │ size │ price
---------+----------+----------+----------+-------+------+------
PR124    │ ABCD0001 │        3 │ ABCD0001 │ Red   │ S    │   200
PR125    │ ABCD0001 │        2 │ ABCD0001 │ Red   │ S    │   200
PR123    │ ABCD0001 │        1 │ ABCD0001 │ Red   │ S    │   200
---------+----------+----------+----------+-------+------+------
```

결과에서 볼 수 있듯이 두 테이블의 컬럼이 단일 로우로 병합되었다. 하지만 두 테이블에서 item_sku 값이 존재하는 로우만 병합된다는 점에 유의해야 한다. 쿼리에서 관찰할 수 있는 몇 가지 특징을 살펴보자. on 키워드를 사용해 병합할 조건을 설정하고 테이블 이름에 대한 별칭 (orders 테이블일 경우 o, items 테이블일 경우 i)을 정의해 쉽게 사용할 수 있다. 별칭은 병합 조건식에서 재사용된다.

내부 조인[inner join] 외에 일반적으로 사용되는 다른 유형의 조인으로는 왼쪽 조인[left join], 오른쪽 조인[right join], 전체 외부 조인[full outer join]이 있다. 각 조인의 쿼리 구문은 동일하며 키워드만 변경된다. 왼쪽 조인은 병합 조건에서 먼저 언급된(왼쪽) 테이블의 모든 로우를 가져와서 다른 테이블의 일치하는 로우와 병합한다. 로우가 다른 테이블과 일치하지 않으면 컬럼은 null 값으로 채워진다. 오른쪽 조인은 왼쪽 조인과 반대로 두 번째(오른쪽) 테이블의 모든 로우와 첫 번째 테이블의 일치하는 로우만 포함한다. 전체 외부 조인은 두 테이블의 모든 행을 반환하고 일치하는 행이 없는 경우 병합된 결과에 null 값을 표시한다.

이러한 조인 쿼리는 원하는 결과를 보기 위해 필터링과 정렬 키워드를 사용하여 추가로 확장 가능하다.

▶ **업데이트 및 삭제**

남은 두 가지 CRUD 작업은 업데이트와 삭제다. 컬럼을 업데이트하고 결과를 확인하려면 다음과 같이 update와 set 키워드를 사용한다.

```
postgres=> update items set color='BK' where color='Blk';
```

마찬가지로 테스트 목적으로 만든 일부 레코드를 삭제하려면 다음과 같이 delete 키워드를 사용한다.

```
postgres=> delete from items where price=180;
```

> **NOTE** 여기서 설명한 SQL 언어는 수동으로 데이터베이스를 테스트하기 위해 필요한 핵심 명령어만 골라낸 것이다. SQL에 관해 더 알고 싶다면 앨리스 자오^Alice Zhao가 쓴 『SQL Pocket Guide』(O'Reilly, 2021)[112]를 읽어보기 바란다.

5.3.2 JDBC

JDBC^Java Database Connectivity[113]는 관계형 데이터베이스에 연결하고 SQL 쿼리를 실행하기 위한 자바 API를 제공한다. JDBC는 이전 장에서 언급한 UI 또는 API 자동화 테스트와 결합하여 데이터베이스의 데이터를 직접 확인할 수 있다. 또한 다양한 데이터베이스별 드라이버를 제공하며 메이븐 의존성으로 추가할 수 있다. 예를 들어 PostgreSQL JDBC 드라이버를 추가하면 앞서 생성한 PostgreSQL 데이터베이스에 연결하여 데이터베이스 레코드를 검증할 수 있다.

테스트를 위해 다음 3가지 JDBC API를 사용해 데이터베이스에 연결하고 쿼리를 실행한다.

```
// 데이터베이스 연결
connection = DriverManager.getConnection("jdbc:postgresql://host/database",
"username", "password");
```

---

112 *https://oreil.ly/SQLpg*
113 *https://oreil.ly/Mg9dZ*

```
// SQL 쿼리 실행
Statement statement = connection.createStatement();
ResultSet results = statement.executeQuery(query);

// 사용 후 연결 닫기
results.close();
statement.close();
```

 테스트 피라미드 준수

데이터베이스 관련 테스트 케이스는 〈Chapter 3 자동화된 기능 테스트〉에서 설명한 테스트 피라미드를 따라 유닛 테스트나 통합 테스트에서 수행되어야 한다. 또한 매크로 수준에서 자동화된 테스트에 필요한 데이터를 생성하는 이상적인 방법은 애플리케이션 API를 사용하는 것이다. 이렇게 하면 데이터베이스 스키마가 변경되더라도 API 내 애플리케이션 코드가 변경 사항을 처리하기 때문에 테스트에 영향을 주지 않는다(API는 클라이언트와의 통합에 영향을 줄 수 있기 때문에 거의 변경되지 않아야 한다).

하지만 기능을 엔드 투 엔드로 확인하거나 다운스트림 시스템을 확인해야 할 수도 있다. 특히 다운스트림이 레거시 시스템일 때 API로 기능을 확인할 수 없는 경우가 있다. 이러한 경우에는 데이터베이스에 직접 접속해 데이터를 확인해야 한다. 예를 들어 이커머스 애플리케이션 예제에서 엔드 투 엔드 주문 프로세스 흐름을 검증하기 위해 애플리케이션에서 주문을 생성한 다음 풀필먼트 시스템의 데이터베이스를 직접 확인할 수 있다.

설정 및 워크플로

Chapter 3에서 생성한 자바−셀레니움 웹 드라이버 자동화 프레임워크 프로젝트를 확장해 orders 테이블에서 주문을 가져오고 order_id와 quantity 값을 검증하는 테스트를 추가해보자. 이 테스트는 다음과 같은 단계를 따른다.

1 POM 파일에 PostgreSQL JDBC driver[114] 의존성을 추가한다.

2 tests 패키지에 DataVerificationTest.java 클래스 파일을 생성한다.

3 [예제 5−1]의 DataVerificationTest 클래스는 각 테스트 실행 전에 PostgreSQL 데이터베이스로의 연결을 초기화하고 테스트를 마친 후 연결을 닫는다. 테스트는 SQL 쿼리를 실행해

---

114 *https://oreil.ly/qBf5L*

데이터베이스 레코드를 가져오며 TestNG 어설션으로 반환된 데이터를 검증한다.

테스트에서 데이터베이스에 연결하기 위해 사용한 JDBC URL에 주목하자. 먼저 데이터베이스는 로컬 컴퓨터에 있기 때문에 호스트명으로 localhost를 사용한다. 이번 예제에서 데이터베이스의 이름은 postgres다. 사용자 이름과 암호는 로컬 컴퓨터의 환경에 맞춰 수정해야 한다. 이를 위해 psql 클라이언트에서 \l 명령을 실행하면 데이터베이스와 소유자(사용자 이름)를 확인할 수 있으며 \dt 명령을 실행하면 모든 테이블과 소유자를 확인할 수 있다.

예제 5-1 JDBC로 PostgreSQL 데이터베이스에 연결하는 테스트

```
package tests;
import org.testng.annotations.AfterTest;
import org.testng.annotations.BeforeTest;
import org.testng.annotations.Test;
import static org.testng.Assert.*;
import java.sql.*;

public class DataVerificationTest {

    private static Connection connection;
    private static ResultSet results;
    private static Statement statement;

    @BeforeTest
    public void initiateConnection() throws SQLException {
        connection = DriverManager.getConnection(
            "jdbc:postgresql://localhost/postgres",
            "newuser", null);
    }

    public void executeQuery(String query) throws SQLException {
        initiateConnection();
        statement = connection.createStatement();
        results = statement.executeQuery(query);
    }

    @Test
    public void verifyOrderDetails() throws SQLException {
        executeQuery("select * from orders where item_sku='ABCD0006'");
        System.out.println(results);
        while (results.next()){
```

```
            assertEquals(results.getString("Quantity"), "1");
            assertEquals(results.getString("order_id"), "PR125");
        }
    }

    @AfterTest
    public void closeConnection() throws SQLException {
        results.close();
        statement.close();
    }
}
```

4 명령줄에서 mvn clean test를 실행하거나 IDE에서 직접 테스트를 실행하면 결과를 확인할 수 있다(테스트 실행 전에 postgres 서버를 반드시 시작해야 한다).

간단하게 테스트를 마쳤다. 데이터베이스 연결과 관련된 메서드를 별도의 유틸리티 클래스로 추상화하면 재사용에 도움이 된다.

5.3.3 아파치 카프카 및 제로코드

카프카[115]는 오픈소스 분산 스트리밍 플랫폼으로. 여러 생산자와 소비자(또는 게시자와 구독자)가 공통 스트림을 통해 정보를 교환할 수 있게 해준다. 카프카는 여러 시스템에서 정보를 수집하고 의미 있는 지표를 생성하기 위해 링크드인[LinkedIn] 팀에서 개발했다. 링크드인 팀은 카프카를 통해 수조 개의 메시지[116]를 처리하고 매일 페타바이트(PB) 단위의 데이터를 소비하도록 시스템을 확장할 수 있었다.

> **NOTE** 카프카의 이름은 '변신[The Metamorphosis]'을 비롯한 여러 초현실주의 작품의 작가로 유명한 프란츠 카프카[Franz Kafka]의 이름에서 따왔다. 이유는 단순하다. 개발을 이끌었던 수석 엔지니어가 프란츠 카프카의 팬이었기 때문이다.

---

115 *https://kafka.apache.org/intro*
116 *https://oreil.ly/WTQPJ*

이제 카프카를 살펴보고 어떻게 테스트하는지 알아보자. 서버(브로커), 생산자, 소비자로 구성된 샘플 카프카 시스템은 [그림 5-4]와 같다.

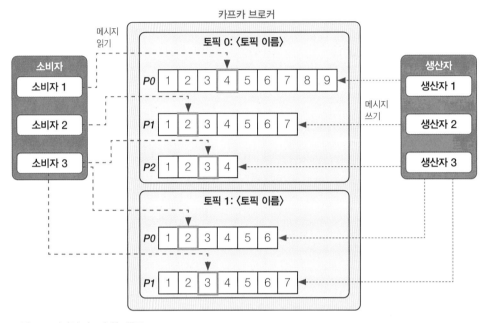

그림 5-4 아파치 카프카 워크플로

워크플로를 이해하기 위해 몇 가지 주요 용어를 살펴보자.

메시지

카프카에서는 이벤트를 메시지라고 하며, 주문과 같은 정보 단위로 구성된다. 메시지는 디스크에 직접 저장되기 때문에 내구성이 보장된다.

토픽

메시지는 토픽 이름으로 구성된다. 예를 들어 이커머스 예제에서 주문 메시지를 orders 토픽에 게시할 수 있다. 많은 메시지가 서로 다른 생산자들로부터 전송되면 토픽 이름을 통해 데이터를 집계할 수 있고 소비자는 어떤 메시지가 자신과 관련이 있는지 쉽게 식별할 수 있다.

파티션

각 토픽의 메시지는 일반적으로 [그림 5-4]와 같이 여러 파티션에 저장된다. 메시지는 지정된 파티션에 추가되므로 파티션은 순서대로 메시지를 처리할 수 있다. 올바른 파티션으로 메시지를 배포하기 위해 생산자는 메시지의 메타데이터로 **키**^{key}를 추가한다. 예를 들어 트랜잭션이 고객 ID와 연결되면 고객 ID를 키로 사용해 올바른 파티션으로 보낼 수 있으며 순서대로 트랜잭션을 처리할 수 있다.

파티션 관련 기능을 통해 카프카는 성능과 확장성을 제공할 수 있다. 또한 파티션은 다중화^{redundancy} 기능을 지원하여 데이터를 복제하고 예기치 않은 장애로부터 정보 손실을 방지할 수 있다.

오프셋

소비자는 다양한 토픽에서 메시지를 읽을 수 있으며 각 토픽에서 읽은 메시지를 추적하여 재처리하지 않아야 한다. 이를 위해 소비자는 메시지 내에 있는 **오프셋**^{offset} 번호를 사용한다. 카프카는 지속적으로 증가하는 오프셋 정수를 메시지가 생성될 때 메타데이터로 추가한다. 따라서 소비자에서 장애가 발생하면 마지막으로 처리한 오프셋을 기준으로 작업을 다시 시작할 수 있다. 또한 새로운 소비자가 추가될 경우 이전 메시지를 처리하기 위해서는 이전 오프셋 번호에서 시작하여 따라잡으면 된다. 이러한 기능을 메시지 리플레이^{replaying}라고 한다.

브로커

브로커는 생산자와 소비자 사이를 중재하는 카프카 서버다. 브로커는 생산자로부터 메시지를 받고 메시지에 오프셋을 추가한 다음 토픽별로 정렬된 디스크에 저장한다. 마찬가지로 소비자가 메시지를 요청할 경우 파티션에서 메시지를 가져와 응답한다.

스키마

카프카는 메시지를 데이터 바이트의 모음으로 여기지만 생산자와 소비자 간의 협업을 위해서는 **스키마**^{schema}라 불리는 데이터 형식과 구조를 정해야 한다. 예를 들어 앞서 [그림 5-2]에서는 orders 토픽에 대한 스키마로 order_id, item_sku, quantity 필드를 정의했다.

카프카는 JSON, XML, 아파치 아브로^{Apache Avro} 등 다양한 메시지 형식을 지원한다. 메시지의 데이터 구조는 소비자 및 생산자의 코드 수정 없이는 변경 불가능하다. 기본적으로 다양한 스키마 버전이 있는 경우 웹 서비스의 요청 및 응답 계약처럼 하위 호환성과 상위 호환성을 지원해야 한다. **스키마 레지스트리**Schema Registry[117]는 별도의 구성 요소로 스키마 버전을 저장하며, 스키마가 변경될 때 생산자와 소비자 사이에 계약이 깨지지 않도록 호환성 검사를 수행한다.

보관 주기

카프카는 메시지를 삭제하기 전에 잠시 동안 메시지를 보관한다. 기본 설정은 7일 동안 보관하거나 파티션 크기가 1기가바이트(GB)에 도달할 때까지 보관하도록 되어 있다. 보관 주기 retention는 메시지별로 설정할 수 있기 때문에 보관 요구 사항이 서로 다른 메시지에 적절한 수명을 부여할 수 있다.

설정

다음 단계를 따라 로컬 컴퓨터에 카프카를 설치한다. 여기서의 목표는 테스트 관점에서 카프카를 익히는 것이므로 도커 컨테이너를 사용해 설치를 간소화한다.

간단한 도커 소개

PostgreSQL 데이터베이스, 카프카, Nginx와 같은 도구가 필요한 애플리케이션을 개발한다고 생각해보자. 설치 세부 정보를 팀 구성원에게 공유하는 일반적인 방법은 설치할 소프트웨어의 버전과 구성 정보를 문서로 작성해 전달하는 것이다. 하지만 팀 구성원이 서로 다른 버전의 OS를 사용하거나 기존 도구와의 호환성 문제가 있어 설치 실패 문제를 해결하는 데 며칠이 걸리는 경우가 종종 있다. 이 경우 더 쉬운 접근 방법은 모든 애플리케이션 관련 설정을 도커[118]를 사용해 **컨테이너**로 패키징하고 팀에 배포하는 것이다. 팀 구성원은 도커를 설치하고 컨테이너를 다운로드한 후 명령어 한 줄로 애플리케이션을 실행할 수 있다.

도커는 기본적으로 인프라와 애플리케이션을 격리한다. 컨테이너에서 애플리케이션을 실행하는 것은 애플리케이션별 소프트웨어를 격리된 호스트 머신에서 실행하는 것과 같다. 도커의 장점은 호스트 머신 방식과 다르게 시스템을 패키지로 묶어 전달할 수 있다는 것이다. 이 방법은 특히 QA 및 상용 환경을 생성할 때 동일한 애플리케이션 바이너리를 사용할 수 있기 때문에 유용하다.

도커를 설치하기 전에 주의해야 할 점은 도커 데스크톱이 개인 용도로만 무료라는 것이다. 업무용 노트북에 도커를 설치할 때는 사내 규정을 먼저 확인하기 바란다.

---

117 https://oreil.ly/nBVFk
118 https://docs.docker.com

도커를 사용해 카프카를 설치하려면 다음 단계를 따른다.

1 도커 공식 웹 사이트[119]에서 OS별 도커 데스크톱 설치 파일을 다운로드한 후 설치한다. 설치를 완료했다면 도커 데스크톱 애플리케이션을 실행한다.

2 도커 데스크톱이 실행되면 `docker run -d -p 80:80 docker/getting-started` 명령을 실행하라는 메시지가 나타난다. 터미널에서 명령을 실행하면 샘플 `hello-world` 컨테이너를 다운로드하고 해당 컨테이너를 호스트 머신의 80 포트에 매핑한다.

3 도커 데스크톱 애플리케이션으로 돌아가면 실행 중인 `hello-world` 컨테이너를 확인할 수 있다. 중지 버튼을 클릭해 `hello-world` 컨테이너를 중지하고 다음 단계로 넘어간다.

4 제로코드 도커 팩토리 저장소[120]를 `git clone` 명령을 사용해 로컬 컴퓨터로 복제한다. 제로코드 도커 팩토리 저장소에는 카프카와 관련 의존성을 설정하는 데 필요한 모든 구성 파일이 있으며 제로코드 도구를 사용해 자동화된 테스트를 작성할 수 있다.

5 카프카 설치를 완료하려면 터미널에서 `cd` 명령을 사용해 `zerocode-docker-factory/compose` 폴더로 이동하고 다음 명령어를 실행한다.

```
$ docker-compose -f kafka-schema-registry.yml up -d
```

`docker-compose up` 명령어 실행을 완료했다면 `docker ps` 명령어로 실행 중인 컨테이너 목록을 확인한다.

카프카 및 관련 의존성 설치를 마쳤다. 이제 제로코드를 사용하여 메시지를 생성하고 소비하는 자동화된 테스트를 작성할 수 있다.

---

119 *https://oreil.ly/hQUGt*
120 *https://oreil.ly/Wg08y*

<u>워크플로</u>

제로코드는 REST API, SOAP API, 카프카 시스템을 위한 선언형 테스트를 작성할 수 있는 오픈소스 도구다. 테스트 케이스는 JSON 또는 YAML 파일로 만들어 JUnit 테스트에 연결할 수 있다. 테스트를 작성해 API를 호출하고 API에 의해 생성된 메시지를 카프카에서 확인할 수 있다. 또한 테스트를 작성하여 새로운 메시지를 생성하고 소비함으로써 메시지 구조를 검증할 수 있다. 제로코드의 주요 역할은 이러한 작업을 수행하는 데 필요한 카프카 API와 다양한 유형의 응답을 읽기 위한 직렬화_serialization/역직렬화_deserialization 코드를 추상화하는 것이다.

제로코드를 사용하여 선언형 테스트 코드를 작성하고 방금 생성한 로컬 브로커에 order_id, item_sku, quantity 값을 포함하는 JSON 구조의 주문 메시지를 전송해보자. 메시지는 orders 토픽에 게시되며 선언형 테스트 케이스에 따라 메시지를 소비하고 검증한다.

제로코드를 사용해 테스트를 생성하는 방법은 다음과 같다.

1 KafkaTesting이라는 이름의 신규 메이븐 프로젝트를 생성한다(메이븐 프로젝트 생성 방법은 〈Chapter 3 자동화된 기능 테스트〉를 참고하자).

2 JUnit 4와 zeroCode-tdd 라이브러리를 pom.xml 파일에 추가한다(예제 5-2).

예제 5-2 제로코드를 활용해 카프카를 테스트하기 위한 pom.xml 파일

```xml
<?xml version="1.0" encoding="UTF-8"?>
<project xmlns="http://maven.apache.org/POM/4.0.0"
        xmlns:xsi="http://www.w3.org/2001/XMLSchema-instance"
        xsi:schemaLocation="http://maven.apache.org/POM/4.0.0
            http://maven.apache.org/xsd/maven-4.0.0.xsd">
    <modelVersion>4.0.0</modelVersion>

    <groupId>org.example</groupId>
    <artifactId>KafkaTesting</artifactId>
    <version>1.0-SNAPSHOT</version>

    <properties>
        <maven.compiler.source>1.8</maven.compiler.source>
        <maven.compiler.target>1.8</maven.compiler.target>
    </properties>
```

```
    <dependencies>
        <dependency>
            <groupId>org.jsmart</groupId>
            <artifactId>zerocode-tdd</artifactId>
            <version>1.3.28</version>
        </dependency>
        <dependency>
            <groupId>junit</groupId>
            <artifactId>junit</artifactId>
            <version>4.13.2</version>
            <scope>test</scope>
        </dependency>
    </dependencies>
</project>
```

3 src/main/resources 아래에 kafka_servers 폴더를 생성한다.

4 kafka_servers 폴더에 broker.properties, producer.properties, consumer.properties 속성 파일을 추가한다(예제 5-3). 속성 파일은 로컬 컴퓨터에서 실행 중인 브로커, 생산자, 소비자 컨테이너에 관한 세부 정보를 지정한다.

예제 5-3 카프카 테스트 속성 파일

```
// broker.properties

kafka.bootstrap.servers=localhost:9092
kafka.producer.properties=kafka_servers/producer.properties
kafka.consumer.properties=kafka_servers/consumer.properties
consumer.commitSync = true
consumer.commitAsync = false
consumer.fileDumpTo= target/temp/demo.txt
consumer.showRecordsConsumed=false
consumer.maxNoOfRetryPollsOrTimeouts = 5
consumer.pollingTime = 1000
producer.key1=value1-testv ycvb

// producer.properties

client.id=zerocode-producer
key.serializer=org.apache.kafka.common.serialization.StringSerializer
```

```
value.serializer=org.apache.kafka.common.serialization.StringSerializer

// consumer.properties

group.id=consumerGroup14
key.deserializer=org.apache.kafka.common.serialization.StringDeserializer
value.deserializer=org.apache.kafka.common.serialization.StringDeserializer
max.poll.records=2
enable.auto.commit=false
auto.offset.reset=earliest
```

5 src/main/resources 아래에 testCases 폴더를 생성한다.

6 JSON 형식으로 테스트를 작성하기 위해 testCases 폴더에 orderMessages.json이라는 이름의 JSON 파일을 추가한다.

7 먼저 주문 내역이 포함된 메시지를 생성하고 브로커로부터 응답받은 메타데이터에 대해 검증할 수 있는 테스트를 작성한다. 일반적으로 응답에 대한 상태 값(status), 파티션 번호 (partition), 토픽 이름(topic)을 표시한다. 생산자 테스트 케이스 orderMessages.json은 [예제 5-4]를 참고하자.

예제 5-4 제로코드로 작성한 생산자 테스트 케이스

```json
{
    "scenarioName": "Produce an order details JSON message for the orders topic",
    "steps": [
      {
        "name": "produce order messages",
        "url": "kafka-topic:orders",
        "operation": "produce",
        "request": {
          "recordType" : "JSON",
          "records": [
            {
              "value": {
                "order_id" : "PR125",
                "item_sku" : "ABCD0006",
                "quantity" : "1"
```

```
              }
            }
          ]
        },
        "verify": {
          "status": "Ok",
          "recordMetadata": {
            "topicPartition": {
              "partition": 0,
              "topic": "orders"
            }
          }
        }
      }
    ]
  }
```

8 JSON 테스트 케이스를 JUnit 테스트에 연결한다. src/test/java 아래에 ProducerTest.java 파일을 만들고 [예제 5–5]와 같이 코드를 추가한다.

예제 5-5 ProducerTest 클래스[121]

```java
// ProducerTest.java

import org.jsmart.zerocode.core.domain.JsonTestCase;
import org.jsmart.zerocode.core.domain.TargetEnv;
import org.jsmart.zerocode.core.runner.ZeroCodeUnitRunner;
import org.junit.Test;
import org.junit.runner.RunWith;

@TargetEnv("kafka_servers/broker.properties")
@RunWith(ZeroCodeUnitRunner.class)
public class ProducerTest {

    @Test
    @JsonTestCase("testCases/orderMessages.json")
    public void verifySuccessfulCreationOfOrderDetailsMessageInBroker()
```

---

121 옮긴이_ @JsonTestCase는 사용을 권장하지 않는다(deprecated). @JsonTestCase 대신 @Scenario를 사용하기 바란다.

```
        throws Exception {

    }
}
```

여기서 @TargetEnv 속성은 브로커 구성 파일의 위치를 테스트에게 알려주고 @RunWith 속성은
제로코드를 JUnit과 바인딩한다. @JsonTestCase 속성은 테스트로 실행할 JSON 파일 또는 테
스트 케이스를 나타낸다.

9 IntelliJ에서 @Test 속성 옆에 있는 녹색 버튼을 클릭하여 테스트를 실행할 수 있다. 테스트
를 통과하면 터미널에서 다음 명령어를 실행하여 로컬 카프카 인스턴스에서 생성된 메시지를
확인할 수 있다.

```
// 실행 중인 컨테이너에 명령어 실행
$ docker exec -it compose_kafka_1 bash
// 소비자로서 메시지 확인
$ kafka-console-consumer --bootstrap-server kafka:29092
  --topic orders --from-beginning
```

10 이번에는 orderMessages.json 파일의 steps 배열에 [예제 5-6]의 JSON을 추가하여 메
시지 내용을 검증하는 소비자 테스트를 수행한다.

예제 5-6 제로코드로 작성한 소비자 테스트 케이스

```
{
    "name": "consume order messages",
    "url": "kafka-topic:orders",
    "operation": "consume",
    "request": {
      "consumerLocalConfigs": {
        "recordType": "JSON",
        "commitSync": true,
        "showRecordsConsumed": true,
        "maxNoOfRetryPollsOrTimeouts": 3
      }
    },
    "assertions": {
```

```
      "size": 1,
      "records": [
        {
          "value": {
            "order_id" : "PR125",
            "item_sku" : "ABCD0006",
            "quantity" : "1"
          }
        }
      ]
    }
  }
```

소비자 테스트에서는 토픽 이름인 orders로 받은 메시지 수와 메시지 내용을 검증한다. 마찬가지로 제로코드에서는 오프셋, 파티션, 키-값 등 다른 메시지 내용에 대한 유효성 검사를 선언적인 방식으로 검증할 수 있다.

제로코드를 사용한 카프카 테스트 방법을 더 자세히 알고 싶다면 공식 문서[122]를 참고하자.

5.4 추가 테스트 도구

이번 절에서는 앞선 예제에서 설명한 도구 외에 데이터 테스트에서 일반적으로 사용되는 몇 가지 도구를 설명한다.

5.4.1 테스트 컨테이너

이전 절에서 진행한 실습은 테스트 과정에서 데이터베이스에 연결하고 데이터를 확인하기 위해 로컬 컴퓨터에 PostgreSQL 데이터베이스를 설치하고 관련 테이블 구조를 생성해야 했다. 별도의 테스트 환경에서 데이터베이스를 제공하는 경우에는 로컬 컴퓨터의 데이터베이스 대신에 테스트 환경의 데이터베이스를 사용할 수 있다. 또 다른 대안은 컨테이너형 일회용 데이

---

122 *https://github.com/authorjapps/zerocode*

터베이스 인스턴스를 제공하는 테스트 컨테이너Testcontainers[123] 도구를 사용하는 것이다. 테스트 컨테이너를 사용하면 데이터베이스를 설치할 필요 없이 로컬 컴퓨터에서 간편하게 유닛 테스트와 통합 테스트를 수행할 수 있다. 테스트를 위한 데이터베이스가 이미 있더라도 기능 개발 및 테스트 과정에서 쓸모없는 데이터가 쌓여 있어 테스트가 실패할 가능성이 높다. 테스트 컨테이너는 매번 동일하게 안정적인 상태로 데이터베이스 인스턴스를 생성하기 때문에 이러한 문제를 해결할 수 있다.

애플리케이션에서 테스트 컨테이너 데이터베이스를 사용하려면 JDBC URL을 수정해야 한다. 또는 API를 사용해 데이터베이스를 인스턴스화할 수 있다. 예를 들어 테스트를 실행하기 전에 PostgreSQL 데이터베이스 컨테이너를 시작하려면 테스트 설정에 다음 코드를 추가하면 된다.

```
PostgreSQLContainer<?> postgres = new PostgreSQLContainer<>(A_sample_image);
postgres.start();
```

필요에 따라 테스트를 위한 컨테이너 객체에 더 많은 작업을 수행할 수 있다. 테스트 컨테이너는 MySQL, PostgreSQL, 카산드라Cassandra, 몽고DBMongoDB 등 다양한 데이터베이스 인스턴스를 제공한다. 테스트 컨테이너는 JUnit으로 작업할 수 있으며 테스트 실행을 시작하기 전에 스크립트, 함수, 파일로 데이터베이스를 실행할 수 있는 기능을 제공한다.

> **NOTE** 테스트 컨테이너를 사용하면 데이터베이스 외에도 다양한 종류의 컨테이너를 실행할 수 있다. 예를 들어 카프카 및 RabbitMQ 컨테이너, 웹 브라우저를 포함한 컨테이너 등을 코드 한 줄로 실행할 수 있다. 또한 테스트 실행에 필요한 사용자 정의 컨테이너를 가져올 수 있는 프레임워크를 제공한다. 테스트 컨테이너에 관해 더 알고 싶다면 공식 문서[124]를 참고하자.

이식성 테스트

이식성portability은 애플리케이션이 내부 구성 요소를 쉽게 전환할 수 있는 능력을 의미한다. 데이터베이스 이식성은 때때로 제품 개발에서 필수적인 요구 사항이 된다. 예를 들어 제품 팀이 주문 관리 시스템order management system(OMS)을 개발한다고 생각해보자. 제품으로서 OMS는 기업이 현재 사용하고 있는 모든 이커

---

123 *https://oreil.ly/v7TqQ*
124 *https://www.testcontainers.org/*

머스 플랫폼과 내부 레거시 시스템을 연결할 것으로 예상된다. 이러한 경우 데이터베이스 이식성을 통해, 즉 오라클이나 PostgreSQL과 같은 다양한 데이터베이스를 지원할 수 있다면 IT 팀이 새로운 도구를 배울 필요가 없기 때문에 OMS 제품의 강점이 될 수 있다. OMS 개발 팀은 유닛 테스트와 통합 테스트 과정에서 테스트 컨테이너를 사용해 다양한 데이터베이스에 대한 애플리케이션 기능을 검증할 수 있다.

5.4.2 Deequ

〈5.1.3 배치 처리 시스템〉에서는 공급 업체가 업데이트된 카탈로그를 파일로 보내고 배치 작업을 통해 데이터베이스 레코드로 변환하는 방법을 설명했다. 필자의 경험에 따르면 미국과 유럽의 주요 업체들조차도 데이터를 관리하기 위해 코볼COBOL이나 메인프레임mainframe과 같은 레거시 시스템을 사용하는 경우가 있다. 이들은 매일 제품 카탈로그에 대한 수백만 개의 레코드를 파일로 보내 재고 정보를 업데이트하고 배치 작업을 밤새 실행하여 데이터베이스에 삽입한다. 파일의 레코드는 종종 오래되거나 잘못된 데이터, null 값, 누락된 키와 같은 유효하지 않은 값을 포함한다. 이러한 데이터가 데이터베이스에 삽입되면 애플리케이션에도 문제가 발생하는 최악의 상황이 벌어질 수 있다. 오픈소스 유닛 테스트 도구인 Deequ[125]는 이러한 상황에 도움이 될 수 있다.

Deequ는 아마존에서 개발한 도구로, 내부 시스템에서 생산된 데이터의 품질을 테스트하기 위해 사용된다.[126] Deequ는 대규모 분산 데이터 처리 플랫폼인 아파치 스파크 위에 구축된다. 앞서 언급했듯이 스파크는 대규모 데이터의 배치 처리에 사용된다. Deequ는 배치 처리 전후로 데이터의 유닛 테스트를 실행하기에 적합하다. 예를 들어 Deequ를 사용하여 데이터 유형, null 값, 예외 값을 확인하는 유닛 테스트를 추가할 수 있다. 이커머스 애플리케이션의 경우, 배치 처리를 위해 파일이 스파크에 로드될 때 이러한 유닛 테스트를 먼저 실행할 수 있다. 테스트 실행의 일부로 요구 사항을 충족하지 않는 파일의 레코드는 추가 분석을 위해 격리된다. 또한 배치 처리 작업 자체의 오류를 밝히기 위해 배치 처리 후 변환된 데이터에 대한 유닛 테스트를 작성할 수 있다.

---

125 *https://github.com/awslabs/deequ*
126 *https://oreil.ly/RSxAD*

Deequ를 사용한 테스트 예제는 다음과 같다.

```
val verificationResult = VerificationSuite()
  .onData(data)
  .addCheck(
    Check(CheckLevel.Error, "unit testing vendor files")
      .hasSize(_ > 100000)        // 레코드 수가 백만 개를 초과해야 한다.
      .isComplete("item_sku")     // item_sku 값에 null 값이 존재하면 안 된다.
      .isUnique("item_sku")       // tem_sku에 중복된 값이 존재하면 안 된다.
      // size 값은 "S", "M", "L", "XL" 중 하나여야 한다.
      .isContainedIn("size", Array("S", "M", "L", "XL"))
      .isNonNegative("price")     // price 값은 모두 양수여야 한다.
  )
  .run()
```

Deequ는 테스트 실행의 결과로 다양한 지표를 생성하여 모든 레코드에 걸쳐 매개변수의 품질을 나타낼 수 있다. 예를 들어 결과에서 price 값의 90%는 유효하지만 10%는 유효하지 않은 값으로 수정이 필요함을 나타낼 수 있다. 데이터 품질 지표에 대한 이상 감지, 유효성 검사를 위한 자동 제안 등 도구에서 제공하는 다른 기능도 있다.

> **NOTE** Deequ와 유사한 데이터 검증 도구로는 TensorFlow Data Validation[127]과 Great Expectations[128]
> 가 있다.

이것으로 데이터 테스트에 관한 설명을 마무리한다. 지금까지 다양한 유형의 데이터 저장 및 처리 시스템, 기능 테스트에 추가할 새로운 테스트 케이스, SQL, 몇 가지 도구를 사용한 프로젝트 실습을 다루었다. 데이터 테스트는 중요성이 점점 커지고 있으므로 관련 기술을 관심 있게 살펴보기 바란다.

---

127 https://oreil.ly/6c61n
128 https://oreil.ly/dS2D5

요점 정리

- 데이터는 온라인 애플리케이션의 핵심 요소다. 오늘날 애플리케이션의 기능, 브랜딩, 마케팅, 디자인은 데이터를 중심으로 설계된다. 데이터 무결성에 문제가 있다면 기업의 평판이 손상되고 고객의 신뢰를 잃을 수 있다. 따라서 데이터 테스트는 반드시 수행해야 하는 주요 테스트다.

- 데이터 테스트 기술은 데이터 저장 및 처리 시스템에 관한 지식, 각 시스템의 고유한 특성과 그에 따른 테스트 케이스, 수동 탐색적 테스트를 수행하는 데 필요한 테스트 방법 및 도구에 관한 지식을 포함한다.

- 여기서는 데이터베이스, 캐시, 배치 처리 시스템, 이벤트 스트림 처리 시스템 등 일반적으로 사용되는 4가지 데이터 저장 및 처리 시스템과 각 시스템의 특성에 따른 테스트 케이스를 논의했다.

- 일반적인 데이터 테스트 전략에는 수동 탐색적 테스트, 자동화된 기능 테스트, 성능 테스트, 보안 및 개인 정보 보호를 위한 테스트가 포함되어야 한다. 데이터 테스트를 수행할 때는 데이터 유형 및 변형, 분산 특성, 동시성 요인, 네트워크 장애와 관련된 테스트 케이스를 기본적으로 포함해야 한다.

- 데이터 테스트 케이스의 90%는 발생할 수 있는 결함에 대한 것이기 때문에 데이터 테스트에서는 오류를 찾는 사고방식이 필수적이다. 이는 사용자 행동을 중심으로 돌아가는 기능 테스트와는 대조적이다.

시각적 테스트

> " Visual quality amplifies brand value!
> 브랜드 성공의 핵심은 시각적 품질이다! "

시각적 품질은 애플리케이션의 첫인상을 결정한다. 고객은 애플리케이션의 룩앤필이 마음에 들었을 때 애플리케이션을 더 오래 사용하는 경향이 있다. 고객이 이커머스 웹 사이트에서 온라인 결제를 진행하려는 상황을 생각해보자. 만약 결제 버튼이 [그림 6-1]과 같은 모양이라면 고객은 애플리케이션을 신뢰하지 못해 결제를 진행하지 않을 것이다. 돈을 잃을 위험을 감수하기보다는 다른 경쟁 웹 사이트에서 상품을 구매할 가능성이 높다.

그림 6-1 버튼 텍스트가 잘린 결제 UI

기업은 더 많은 고객을 확보하기 위해 광고, 사은 행사, 이벤트 등 마케팅에 많은 비용을 지출한다. 이러한 상황에서 소프트웨어 팀이 시각적 품질에 신경을 쓰지 않는 것은 고급 자재로 집을 짓고 외벽에 페인트를 칠하지 않는 것과 같다. 애플리케이션의 시각적 품질은 기업과 고객을 더 가깝게 만들고 고객의 호감을 얻는 데 도움이 되는 중요한 요소다. 그리고 고객의 호감을 얻는 것은 브랜드 가치를 높이는 가장 좋은 방법이다. 시각적 테스트는 수동 테스트와 자동화된 테스트를 모두 사용하여 애플리케이션의 시각적 품질을 검증한다.

> **NOTE** UX 디자인을 검증하는 것은 시각적 테스트가 아닌 사용성 테스트에 속한다. 사용성 테스트에 관한 내용은 〈Chapter 10 교차 기능 요구 사항 테스트〉에서 논의한다.

시각적 테스트는 각 요소의 크기와 색상, 요소의 상대적 위치, 전체 기기 및 브라우저의 시각적 유사성 측면에서 각 디자인이 **예상한**expected 모양을 유지하는지 확인한다. Chapter 6에서는 프로젝트/비즈니스별 유스 케이스에 중점을 둔 시각적 테스트를 간단히 소개하고, Cypress, BackstopJS와 같은 도구를 사용하여 실용적인 실습을 진행한다. 또한 자동화된 AI 기반 시각 테스트 도구인 Applitools Eyes를 소개한다. 마지막으로 프론트엔드 테스트 환경을 전체적으로 살펴보고, 다양한 프론트엔드 테스트 유형이 애플리케이션의 시각적 품질 검증에 어떻게 기여하는지 살펴본다.

6.1 구성 요소

시각적 테스트와 여러 가지 방법론을 소개한 다음, 비용–편익cost–benefit 분석을 수행하여 프로젝트에 시각적 테스트가 필요한 시점을 정한다.

6.1.1 시각적 테스트 소개

오늘날에도 많은 소프트웨어 개발 팀이 애플리케이션의 시각적 품질을 검증하기 위해 육안 검사 또는 자동화된 UI 기반 테스트를 수행한다. 애플리케이션에 시각적 테스트가 필요한지 판단하기 위해서는 시각적 테스트의 접근 방법과 장단점을 이해하는 것이 중요하다.

우선 인간의 눈은 픽셀 수준의 변화를 감지할 수 없기 때문에 육안 검사로는 정밀하게 검사하는 데 한계가 있다. 예를 들어 버튼 모서리 곡선에 잘못된 값이 지정되거나 로고가 몇 픽셀씩 이동된 경우를 놓치기 쉽다. 2012년의 한 연구에 따르면 사람은 이미지 영역의 5분의 1이 변경되어도 인식하지 못한다고 한다.[129] **변화맹**change blindness이라 불리는 이 현상은 인간의 시각적 결함과는 아무 관련이 없는 심리적인 현상이다. 따라서 애플리케이션의 작은 변경 사항을 수동 테스트에서 인식하지 못할 가능성이 높다. 또한 다양한 브라우저, 기기, 화면 해상도 조합에서 애플리케이션을 수동으로 테스트하려면 많은 시간과 노력이 필요하기 때문에 시각적 테스트에도 자동화가 필요하다.

자동화된 UI 기반 기능 테스트는 시각적 품질 검증에 부분적으로 기여하지만 요소의 '룩앤필'을 확인하지 않기 때문에 충분하지 않을 수 있다. 자동화된 UI 기반 기능 테스트의 경우 ID 또는 XPath와 같은 로케이터로 요소를 식별하고 원하는 대로 기능이 작동하는지만 확인하면 된다. 예를 들어 [그림 6-1]에서 UI 기반 테스트를 수행한다면 버튼 로케이터로 버튼을 식별할수 있고 버튼 클릭 시 다음 페이지로 사용자를 이동시키므로 테스트에 통과할 것이다. UI 기반 기능 테스트는 엔드 투 엔드 관점에서 기능적인 사용자 흐름을 검증하는 목적으로 수행되기 때문이다. 또한 시각적 테스트를 위해 UI 기반 기능 테스트를 사용할 때는 애플리케이션의 모든 페이지에 있는 요소의 존재를 확인하는 테스트를 추가할 수 없다는 점에 주의해야 한다. 테스트를 추가하면 테스트 실행이 훨씬 느려지고 테스트 유지 및 관리가 어려워지기 때문이다.

이러한 문제를 극복하기 위해서는 기능 테스트와 같이 자동화된 시각적 테스트 도구를 사용하면 된다. 시각적 테스트 도구는 시각적 검증을 위한 다양한 방법론을 채택했으며 시간이 지남에 따라 더욱 안정적이고 사용하기 쉬워졌다. 다음은 시각적 테스트 도구에서 사용되는 몇 가지 검증 방법이다.

- `border-width=10px`를 검증하는 것과 같이 요소의 CSS를 검증하기 위한 코드 작성하기
- 정적 CSS 코드를 분석하여 UI 요소에 대한 브라우저 비호환성 문제 찾기
- 사람이 보는 것처럼 인공지능을 사용해 페이지의 변경 사항을 인식하기
- 페이지 스크린샷을 캡처하여 예상한 기본 스크린샷과 픽셀 단위로 비교하기

마지막 방법은 **스크린샷 테스트**screenshot testing로, 오늘날 시각적 회귀 테스트에서 일반적으로 사용되는 방법이다. 시각적 테스트 도구에는 PhantomJS, BackstopJS 같은 오픈소스 도구와 Applitools Eyes, Functionize 같은 AI 기반 유료 도구가 있다. UX 디자인과 애플리케이션을 수동으로 비교한 후 시각적 테스트 도구를 적용하면 자동화된 기능 테스트가 기능 버그를

---

129 *https://oreil.ly/BaE1m*

잡는 것처럼 시각적 버그를 잡을 수 있다. 반복되는 개발 과정에서 시각적 테스트는 애플리케이션의 시각적 품질에 대한 지속적인 피드백을 제공한다.

자동화된 시각적 테스트에서 유의해야 할 점은 시각적 테스트를 적절한 단계에만 추가해야 한다는 것이다. 예를 들어 팀이 두 개의 사용자 스토리로 로그인 기능을 개발한다고 생각해보자. 첫 번째 스토리는 기본적인 기능을 배치하는 것이고 두 번째 스토리는 기능과 룩앤필을 정교하게 다듬는 것이다. UI 기반 기능 테스트를 두 가지 사용자 스토리에 적용하는 것은 일반적이지만 시각적 테스트를 첫 번째 사용자 스토리에 적용하는 것은 적절하지 않다. 따라서 시각적 테스트의 경우에는 명확하게 관련된 사용자 스토리가 있을 때만 적용해야 한다.

6.1.2 프로젝트/비즈니스별 유스 케이스

앞서 자동화된 시각적 테스트가 중요한 이유를 논의했지만 모든 애플리케이션에서 시각적 테스트가 필수 사항인 것은 아니다. 주요 고려 사항은 비용이며, 테스트 비용은 누적된다. 어떤 프로젝트에서든 애플리케이션의 UI 기반 기능 테스트를 추가하고 유지 및 관리하는 데는 비용이 발생한다. 기능 테스트와 시각적 테스트를 단일 테스트 집합으로 결합할 수 있더라도 시각적 테스트를 개발하고 관리하는 데 비용이 든다. 따라서 애플리케이션의 특성에 따라 시각적 테스트의 적용 여부를 결정해야 한다. 예를 들어 소수의 관리자만 사용하는 내부 애플리케이션의 경우 자동화된 시각적 테스트를 만드는 데 시간과 노력을 들일 필요가 없을 것이다. 이 경우에는 수동으로 시각적 테스트를 수행하는 것으로도 충분하다. 자동화된 시각적 테스트가 충분한 가치를 제공할 수 있는 유스 케이스는 다음과 같다.

- B2C 애플리케이션을 개발할 때는 시각적 품질이 중요하기 때문에 시각적 품질에 대한 지속적인 피드백이 필요하다. 예를 들어 페이지에 구성 요소가 많은 글로벌 이커머스 웹 사이트를 개발하는 동안에는 UI 기반 테스트를 사용해 기능에 대한 피드백을 받는 것처럼 시각적 품질에 대해서도 지속적인 피드백을 받아야 한다. 프로토타입을 개발하는 경우가 아니라면 자동화된 시각적 테스트는 안정적인 애플리케이션을 구축하는 데 도움이 된다(프로토타입은 시장의 요구를 평가하기 위해 나중에 애플리케이션을 다시 설계할 계획으로 빠르게 개발한다).

- 애플리케이션이 여러 브라우저, 기기, 화면 해상도를 지원해야 하는 경우 자동화된 시각적 테스트를 통해 대량의 회귀 테스트를 수행할 수 있다.

  [그림 6-2]는 *gs.statcounter.com*에서 조사한 기기, 브라우저, 제조업체, OS, 화면 해상도별 웹 이용 통계로, 모바일 사용자가 데스크톱 사용자보다 더 많다(2022년 3월 기준). 크롬은 브라우저 시장에

서 가장 큰 점유율을 차지하고 있으며 사파리가 그 뒤를 잇는다. OS는 안드로이드, 윈도우, iOS가 큰 비중을 차지하고 있다. 이러한 모든 조합을 고려해서 애플리케이션의 시각적 품질을 수동으로 테스트하려면 많은 시간과 노력이 필요하기 때문에 자동화된 시각적 테스트를 적용해야 한다.

모바일 vs. 데스크톱 vs. 태블릿 시장 점유율	
모바일	56.45%
데스크톱	41.15%
태블릿	2.40%

OS 시장 점유율	
안드로이드	41.56%
윈도우	31.15%
iOS	16.85%
OS X	6.30%

브라우저 시장 점유율	
크롬	64.53%
사파리	18.84%
엣지	4.05%
파이어폭스	3.40%
삼성 인터넷 및 오페라	~5%

제조업체 시장 점유율	
삼성	28.22%
애플	27.57%
엣지	12.24%
화웨이	6.53%
오포	5.25%

화면 해상도 시장 점유율			
1920×1080	9.27%	360×1800	5.35%
1366×768	7.32%	1536×864	4.05%

그림 6-2 전 세계에서 사용하는 기기, 브라우저, 제조업체, OS, 화면 해상도별 통계 데이터(2022년 3월 기준)

- 일반적으로 애플리케이션 제품군을 소유한 기업은 UI 구성 요소를 개발하는 중앙 집중식 팀이 있다. 각 제품의 개발 팀은 중앙 집중식 팀에서 개발한 **디자인 시스템**^{design system} 구성 요소를 재사용한다. 예를 들어 'FAQ', 'Contact us' 등의 요소를 가진 헤더 내비게이션 패널 같은 UI 구성 요소는 단일 팀에서 개발되고 전체 애플리케이션 제품군에서 재사용된다. 표준 구성 요소의 결함은 전체 제품군에 영향을 줄 수 있기 때문에 구성 요소 수준에서 시각적 테스트가 반드시 필요하다.

- 때때로 확장성 및 기타 품질 측면을 개선하기 위해 애플리케이션을 다시 개발하는 경우가 있다. 이때 고객에게 익숙한 사용자 경험을 그대로 유지해야 한다. 시각적 테스트를 작성하면 사용자 경험을 유지한 채로 애플리케이션을 개선할 수 있다.

- 마찬가지로 시각적 테스트는 기존 애플리케이션을 리팩터링할 때 유용하다. 예를 들어 프런트엔드 성능을 개선하기 위해 UI 구성 요소를 재구성해야 할 수 있는데, 개발 팀은 자동화된 시각적 테스트를 통해 UI 변경 없이 리팩터링 작업을 안전하게 수행할 수 있다.

- 애플리케이션을 다른 나라에 서비스하려면 지역별 룩앤필, 모국어 설정과 같은 현지화 기능을 제공해야 한다. 이러한 변경 사항은 페이지 레이아웃에 영향을 미칠 수 있다. 특히 현지화와 관련된 여러 버전을 테스트해야 한다면 시각적 테스트를 자동화하는 것이 큰 도움이 된다.

요약하자면 애플리케이션에 자동화된 시각적 테스트가 필요한지 여부를 결정할 때는 고객에게 미치는 영향, 수행해야 하는 작업 유형, 수동 테스트에 필요한 노력과 같은 요소를 고려해야 한다. 상황에 따라 가장 중요한 흐름에 대해서만 최소한의 시각적 테스트를 수행하는 프론트엔드 전략을 수립할 수도 있다. 다음 절에서는 프론트엔드 전략에서 사용할 수 있는 다양한 유형의 테스트를 소개한다.

6.2 프론트엔드 테스트 전략

자동화된 시각적 테스트는 다른 유형의 프론트엔드 테스트와 함께 수행해야 이점을 얻을 수 있다. 따라서 각 유형의 프론트엔드 테스트 특징을 잘 이해하면 테스트 전략을 수립하는 데 도움이 된다. 시각적 테스트 전략을 수립할 때는 다른 유형의 프론트엔드 테스트 중 일부가 시각적 테스트에 도움이 된다는 점을 고려해야 한다. 또한 팀이 관련 없는 문제에 대한 해결책을 제안하지 않도록 자동화된 시각적 테스트가 어떤 상황에 적합한지 이해하는 것이 중요하다. 예를 들어 페이지에 나타나는 모든 오류 메시지에 대한 시각적 테스트를 추가할 필요는 없다. 이는 UI 유닛 테스트에서 다뤄야 할 문제이기 때문이다. 이제 프론트엔드 테스트 전략을 자세히 알아보자.

웹 애플리케이션의 프론트엔드 코드는 기본 페이지 구조를 정의하는 HTML 코드, 페이지의 요소를 스타일링하는 CSS 코드, 요소에 작동을 지시하는 스크립트로 구성된다. 또 다른 중요한 요소는 코드를 렌더링하는 브라우저다. 대부분의 최신 브라우저는 요소를 렌더링하기 위한 표준을 따른다. 프론트엔드 개발 프레임워크는 다양한 브라우저를 지원하기 때문에 구현된 요소나 기능은 주요 브라우저에서 올바르게 렌더링되어야 한다. 하지만 개발 프레임워크가 이전 브라우저와 최신 브라우저에서 테스트되지 않은 기능을 사용할 때는 브라우저 간 호환성 문제를 확인해야 한다.

프론트엔드 코드는 백엔드 코드와 마찬가지로 검증을 위해 다양한 유형의 마이크로 및 매크로 수준 테스트를 수행할 수 있다. 이러한 프론트엔드 테스트는 개발자와 테스터가 공동으로 관리하는 것이 일반적이다. 프론트엔드 테스트에 시프트 레프트를 적용하려면 [그림 6-3]과 같이 개발 프로세스 전반에 걸쳐 마이크로 및 매크로 수준의 프론트엔드 테스트를 수행해 빠르게 피드백을 얻어야 한다 이번 절에서는 프론트엔드 코드 관점에서 다양한 테스트 유형을 탐색하고 각 테스트가 시각적 테스트에 기여하는 방법을 알아본다.

그림 6-3 시프트 레프트를 적용한 프론트엔드 테스트

6.2.1 유닛 테스트

프론트엔드 유닛 테스트는 구성 요소의 다양한 상태를 검증하기 위해 구성 요소 수준에서 작성되며 부분적으로 시각적 테스트에 기여한다. 예를 들어 유닛 테스트는 제목 구성 요소의 인사말 메시지나 제출 버튼의 비활성화/활성화 상태를 검증할 수 있다. 일반적으로 개발자는 개발을 시작할 때 Jest와 리액트 테스팅 라이브러리React Testing Library 같은 도구를 사용해 유닛 테스트를 작성한다. 유닛 테스트는 개발 코드에 포함되며 개발 단계에서 빠른 피드백을 제공한다.

[예제 6-1]은 인사말 메시지를 검증하기 위한 유닛 테스트 예제로, h1 제목 요소의 텍스트를 가져와 검증한다. 유닛 테스트는 h1 요소에 대한 검증으로 시각적 테스트에 기여한다.

```
describe("Component Unit Testing", () => {
  it('displays greeting  message as a default value', () => {
    expect(enzymeWrapper.find("h1").text()).toContain("Good Morning!")
  })
})
```

6.2.2 통합 테스트

통합 테스트는 구성 요소의 기능과 통합을 검증한다. 예를 들어 로그인 양식 통합 테스트는 단일 구성 요소를 검증하는 유닛 테스트와 달리 전체 양식의 기능을 검증한다(예제 6-2). 통합 테스트는 일반적으로 서비스 호출을 모방하고 UI 구성 요소의 상태 변화를 시뮬레이션한다. [예제 6-2]에서는 로그인 서비스 호출 시 테스트 성공 응답을 모방하고 로그인 성공 후 로그인 양식 요소가 사라지는지 검증한다. 통합 테스트는 여러 상태를 가진 하위 구성 요소 간의 통합을 확인하는 데 도움이 된다.

예제 6-2 Jest를 사용한 통합 테스트

```
test('User is able to login successfully', async () => {

  // 로그인 응답 모방
  jest
    .spyOn(window, 'fetch')
    .mockResolvedValue({ json: () => ({ message: 'Success' }) });

  render(<LoginForm />);

  const emailInput = screen.getByLabelText('Email');
  const passwordInput = screen.getByLabelText('Password');
  const submit = screen.getByRole('button');

  // 로그인 자격 증명 입력 및 제출
  fireEvent.change(emailInput, { target: { value: 'testUser@mail.com' } });
  fireEvent.change(passwordInput, { target: { value: 'admin123' } });
  fireEvent.click(submit);

  // 제출 버튼 비활성화 상태 검증
```

```
  expect(submit).toBeDisabled();

  // 로그인 성공 후 로그인 양식 요소가 사라질 때까지 대기
  await waitFor(() => {
    expect(submit).not.toBeInTheDocument();
    expect(emailInput).not.toBeInTheDocument();
    expect(passwordInput).not.toBeInTheDocument();
    });
});
```

개발자는 통합 테스트를 구성 요소 개발의 마지막 단계에서 작성하고 개발 코드 내에서 유지 및 관리한다. 유닛 테스트와 마찬가지로 개발 단계에서 기능 작동에 대한 빠른 피드백을 제공하며 시각적 테스트에 기여한다. 예를 들어 [예제 6-2]는 로그인 후 제출 버튼이 비활성화되었는지를 시각적으로 검증한다. 통합 테스트는 유닛 테스트에서 사용한 Jest와 리액트 테스팅 라이브러리 도구를 사용한다.

6.2.3 스냅샷 테스트

스냅샷 테스트는 개별 구성 요소 및 구성 요소 그룹의 구조적 측면을 검증하기 위한 것으로 마이크로 수준에서 시각적 테스트에 직접적으로 기여한다. 스냅샷 테스트는 테스트 렌더러를 사용해 구성 요소의 실제 DOM 구조를 렌더링하고 참조 스냅샷에 저장된 구조와 비교한다. Jest[130]와 react-test-renderer[131]를 함께 사용하면 스냅샷 테스트를 수행할 수 있다.

> **NOTE** 스냅샷 테스트는 HTML 코드 조각을 비교한다. 이는 나중에 다룰 시각적 테스트에서 스크린샷 이미지를 픽셀 단위로 비교하는 것과는 다르다.

[예제 6-3]은 Jest를 사용해 Link 구성 요소의 구조를 확인하는 스냅샷 테스트다.

---

130 https://jestjs.io/docs/snapshot-testing
131 https://reactjs.org/docs/test-renderer.html

```
import React from 'react';
import renderer from 'react-test-renderer';
import Link from '../Link.react';

it('renders correctly', () => {
  const tree = renderer
    .create(<Link page="http://www.example.com">Sample Site</Link>)
    .toJSON();
  expect(tree).toMatchSnapshot();
});
```

스냅샷 테스트는 모든 코드 커밋에 대해 Link 구성 요소의 DOM 구조를 가진 새 스냅샷 파일을 생성하고 구성 요소의 이전 스냅샷과 비교한다(예제 6-4).

예제 6-4 Jest에서 생성한 스냅샷 파일

```
exports[`renders correctly`] = `
<a
  className="test"
  href="http://www.example.com"
  onMouseEnter={[Function]}
  onMouseLeave={[Function]}
>
  Sample Site
</a>
`;
```

구성 요소 개발 단계에서 스냅샷 테스트를 수행하면 구성 요소의 구조적인 측면에 대한 빠른 피드백을 얻을 수 있다(시각적 테스트를 수행하려면 로컬 컴퓨터에서 애플리케이션이 완전하게 작동해야 한다). 스냅샷 테스트는 디자인 시스템과 같이 구성 요소가 여러 애플리케이션에 걸쳐 재사용될 때 더욱 중요해진다. 스냅샷 테스트는 유닛 테스트 및 통합 테스트와 마찬가지로 개발 과정에서 개발 코드에 작성된다.

스냅샷 테스트는 버튼이나 헤더 같은 작은 구성 요소 또는 자주 변경되지 않는 큰 구성 요소를 검증할 때 적합하다. 또한 회귀 테스트를 위한 목적으로 구성 요소 개발을 완료한 후에 작성하는 것이 가장 좋다. 그렇지 않으면 레이아웃이 약간 변경될 때마다 스냅샷 테스트를 업데이트해야 한다.

6.2.4 엔드 투 엔드 기능 테스트

〈Chapter 3 자동화된 기능 테스트〉에서 논의한 바와 같이 자동화된 기능 테스트는 브라우저에서 웹 사이트를 이용하는 실제 사용자의 동작을 모방한다. 이러한 테스트는 기능적인 엔드투 엔드 사용자 흐름을 검증하는 동시에 프론트엔드 서비스와 백엔드 서비스 간의 통합을 확인한다. 앞서 설명한 테스트와 달리 자동화된 엔드 투 엔드 테스트를 실행하려면 애플리케이션을 완전히 배포하고 적절한 테스트 데이터를 설정해야 한다. 엔드 투 엔드 테스트는 실제 브라우저를 사용하며 로케이터를 기반으로 요소가 존재하는지 확인하기 때문에 시각적 테스트에 부분적으로 기여한다. 하지만 요소의 룩앤필을 검증하지는 않는다.

6.2.5 시각적 테스트

지금까지 설명한 모든 유형의 테스트는 시각적 요소 검증에 부분적으로 기여하지만 시각적 테스트는 좀 더 복잡한 작업을 수행한다. 앞서 설명한 엔드 투 엔드 기능 테스트와 마찬가지로 브라우저에서 애플리케이션을 열고 각 페이지의 스크린샷을 기본 스크린샷과 비교한다. 시각적 테스트는 별도의 테스트로 분리되거나 유지 및 관리를 용이하게 하기 위해 기능 테스트에 통합될 수 있다. 시각적 테스트를 수행하기 위한 오픈소스 도구에는 Cypress, 게일런[Galen], BackstopJS 등이 있으며, 유료 도구로는 Applitools Eyes, 크로스브라우저테스팅[CrossBrowserTesting], 퍼시[Percy] 등이 있다.

> **시각적 테스트 vs. 스냅샷 테스트**
>
> 시각적 테스트와 스냅샷 테스트는 비슷해 보이지만 고수준 엔드 투 엔드 기능 테스트와 저수준 API 테스트의 차이처럼 서로 다른 수준에서 작동한다. 시각적 테스트와 스냅샷 테스트는 피드백 주기가 다르다. 시각적 테스트는 브라우저에서 완전히 렌더링된 후 애플리케이션을 확인하는 반면 스냅샷 테스트는 HTML 구조에 대한 피드백을 제공하기 때문에 개발자 친화적이며 시프트 레프트 테스트에 도움이 된다.
>
> 스냅샷 테스트는 작은 개별 구성 요소 검증에 적합하고, 시각적 테스트는 여러 구성 요소가 통합된 웹 페이지를 검증하는 데 적합하다.

6.2.6 교차 브라우저 테스트

교차 브라우저 테스트는 브라우저 간 기능 검증 및 시각적 품질 검증을 위해 수행된다. 일반적으로 브라우저 간 애플리케이션의 기능 흐름은 동일해야 하지만 불일치가 발생한 사례가 있다. 2020년에 트위터는 사용자의 비공개 정보가 파이어폭스 브라우저의 캐시에 저장되는 보안 문제[132]를 수정해야 했다. 하지만 크롬 브라우저에서는 문제가 발생하지 않았다. 따라서 교차 브라우저 테스트로 다양한 브라우저에서 기능 흐름을 테스트해야 한다.

교차 브라우저 테스트의 첫 번째 단계는 테스트할 브라우저 목록을 결정하는 것이다. 앞서 살펴본 바와 같이 크롬과 사파리는 전 세계에서 가장 많이 사용되는 브라우저이며 사용자는 데스크톱, 태블릿, 휴대폰과 같은 다양한 기기로 웹 사이트에 접속한다. 따라서 여러 브라우저에서 테스트할 때 애플리케이션의 반응성 또한 고려해야 한다. 일반적인 원칙은 전체 사용자의 80%가 사용하는 브라우저와 해상도에 초점을 맞추는 것이다. 나머지 20%는 릴리스가 끝날 무렵 버그 배시 과정에서 테스트한다.

브라우저 전반에 대한 기능적 피드백을 받기 위해 UI 기반 테스트를 고려할 때는 가장 중요한 기능 흐름만 선택하여 교차 브라우저 테스트를 실행하는 것이 좋다. 그리고 시각적 품질을 검증하기 위해 시각적 테스트를 수행함으로써 브라우저 간 호환성과 반응성에 대한 피드백을 받을 수 있다. 최종 사용자의 80%가 사용하는 브라우저와 해상도를 선택하고 가장 중요한 사용자 흐름에 대한 시각적 테스트를 추가한다. 전반적으로 애플리케이션의 교차 브라우저 호환성과 반응성을 검증하기 위한 기능 및 시각적 테스트를 작성해야 하는데, 이를 위한 도구로는 Cypress와 Applitools Eyes가 있다.

이러한 노력이 모든 애플리케이션 페이지에 대한 교차 브라우저 테스트 요구 사항을 충족시키지 못할까 걱정된다면 교차 브라우저를 지원하는 리액트, Vue.js, 부트스트랩Bootstrap, Tailwind와 같은 프론트엔드 개발 프레임워크/라이브러리를 사용하기를 권한다. 이러한 도구를 사용하면 애플리케이션에서 중요하지 않은 사용자 흐름의 시각적 품질을 보장할 수 있다. 하지만 앞서 나열한 개발 프레임워크는 표준화된 최신 브라우저만 지원한다. 일부 기능은 이전 브라우저에서 지원되지 않을 수 있기 때문에 주의해야 한다.

브라우저가 개발 프레임워크의 특정 기능을 지원하는지 알고 싶다면 CanIUse[133] 웹 사이

---

132 *https://oreil.ly/hG81i*

133 *https://caniuse.com/ciu/comparison*

트에서 확인할 수 있다. 예를 들어 UI에서 flexbox CSS 레이아웃을 사용하기 전에 대상 브라우저에서 flexbox를 지원하는지 먼저 확인할 수 있다. 또한 개발 팀은 CanIUse 데이터를 기반으로 대상 브라우저에서 지원하는 않는 CSS를 자동으로 확인해주는 stylelint-no-unsupported-browser-features[134] 플러그인을 사용할 수 있다. 마찬가지로 eslint-plugin-caniuse[135] 플러그인을 사용하면 대상 브라우저에서 지원하지 않는 스크립트 기능을 확인할 수 있다. 자바스크립트 코드의 하위 호환성을 제공하는 다른 방법은 바벨[Babel]과 같은 변환기를 사용하는 것이다. 바벨은 최신 자바스크립트로 작성된 코드를 이전 브라우저와 호환되는 버전으로 변환한다. 여기서 언급한 것들을 모두 사용하면 기본적으로 애플리케이션의 모든 페이지가 시각적 품질 측면에서 교차 브라우저 호환성을 만족하는지 확인할 수 있다.

> **교차 브라우저 테스트에 시프트 레프트 적용하기**
>
> • 표준화된 브라우저를 지원하는 리액트, Vue.js와 같은 개발 라이브러리/프레임워크를 사용한다.
>
> • stylelint-no-supported-browser-features와 같은 플러그인, CanIUse와 같은 도구를 사용해 개발 과정에서 대상 브라우저가 UI 기능을 지원하는지 확인한다.
>
> • 애플리케이션 사용자의 80%가 사용하는 브라우저와 기기에서 몇 가지 UI 기반 기능 테스트와 시각적 테스트를 결합해 수행한다.
>
> • 나머지 20%에 해당하는 브라우저와 기기는 버그 배시를 자주 실시하여 최대한 많이 테스트한다.

6.2.7 프론트엔드 성능 테스트

프론트엔드 성능 테스트는 브라우저에서 프론트엔드 구성 요소를 렌더링할 때 지연이 발생하는지 확인한다. 매력적인 이미지와 화려한 애니메이션을 추가하여 애플리케이션을 아름답게 만들고 시각적 품질을 향상시킬 수 있지만 렌더링 성능에 문제가 있다면 사용자가 재방문하지 않을 가능성이 높다. 페이지 로드 시간의 80%는 프론트엔드 구성 요소를 다운로드하는 데 쓰인다. 결과적으로 프론트엔드 성능과 시각적 품질의 균형을 맞추는 것이 매우 중요하다. 프론트엔드 성능 테스트를 위한 도구와 모범 사례는 〈Chapter 8 성능 테스트〉에서 자세히 설명한다.

---

134 *https://oreil.ly/Zo62P*
135 *https://oreil.ly/asdQ1*

6.2.8 접근성 테스트

웹 접근성은 많은 국가에서 법으로 의무화되어 있기 때문에 프론트엔드 코드는 WCAG 2.0[136] 요구 사항에 따라 설계되어야 한다. 접근성 기능은 사이트 전체의 일관된 레이아웃, 이해하기 쉬운 텍스트, 적절한 클릭 공간 등을 강조하기 때문에 웹 사이트의 시각적 품질에 상당한 영향을 미친다. 접근성 테스트를 위한 도구와 모범 사례는 〈Chapter 9 접근성 테스트〉에서 자세히 설명한다.

이것으로 다양한 프론트엔드 테스트 유형에 대한 설명을 마친다. 요약하자면, 팀은 다양한 유형의 테스트 목적과 애플리케이션의 요구 사항에 따라 프론트엔드 테스트 전략을 조정해야 한다. 일반적인 권장 사항은 유닛 테스트와 같은 마이크로 수준의 테스트를 더 많이 수행하고 시각적 테스트와 엔드 투 엔드 기능 테스트 같은 매크로 테스트를 줄이는 것이다.

6.3 실습

이제 자동화된 시각적 테스트 도구를 사용해 실습을 진행해보자. 명령줄이나 코드로 자동화된 시각적 테스트 도구를 실행할 수 있으며 외부 SaaS$^{software-as-a-service}$에서 작업을 수행할 수 있다. 이번 실습에서는 BackstopJS와 Cypress를 사용한다. 시각적 테스트를 기능 테스트와 같이 CI 파이프라인에 추가하여 커밋을 푸시할 때마다 실행할 수 있다.

6.3.1 BackstopJS

BackstopJS[137]는 인기 있는 시각적 테스트 도구로, 오픈소스 커뮤니티의 지원이 활발하다. CI에 통합하기 쉬운 노드 라이브러리로 제공되며 구성 스타일로 테스트를 작성하기 때문에 프로그래밍 코드를 추가할 필요가 없다. BackstopJS는 크롬 브라우저에서 애플리케이션을 렌더링하고 탐색하기 위해 퍼펫티어^{Puppeteer}라는 UI 자동화 도구를 사용하며 웹 페이지의 스크린샷을 비교하기 위해 Resemble.js라는 도구를 사용한다. 이미지를 비교한 후 BackstopJS는 결

---

136 https://oreil.ly/TRxmX
137 https://github.com/garris/BackstopJS

과를 HTML 보고서로 생성한다. 테스트 실패 시에는 이미지 비교 민감도와 자동 유지 관리를 구성하기 위한 기능을 제공한다.

이번 실습에서는 BackstopJS를 사용하여 태블릿, 모바일, 일반 브라우저 3가지 해상도에서 웹 애플리케이션을 확인하는 시각적 테스트를 작성한다.

설정

실습을 위한 사전 요구 사항으로 Node.js와 자바스크립트 IDE를 설치해야 한다(⟨3.3.1 UI 기능 테스트⟩의 '자바스크립트–Cypress 프레임워크' 참고). 설치를 완료했다면 다음 단계를 따라 BackstopJS를 설치하고 기본 프로젝트를 생성한다.

1 신규 프로젝트 폴더를 생성하고 터미널에서 다음 명령어를 실행하여 BackstopJS를 설치한다.

```
$ npm install -g backstopjs
```

2 여러 프로젝트에서 재사용할 수 있도록 로컬 컴퓨터에 BackstopJS를 전역으로 설치한다. BackstopJS 설치 시에는 크롬 브라우저를 위한 chromium과 puppeteer 엔진이 함께 설치된다.

3 다음 명령어를 사용해 기본 구성을 설정하고 프로젝트 뼈대scaffolding를 생성한다.

```
$ backstop init
```

이제 프로젝트 폴더에 기본 구성 파일인 backstop.json이 생성된다. 이 파일에 시각적 테스트를 구성으로 추가할 것이다.

워크플로

시각적 테스트를 위해 공개된 웹 사이트를 선택하고 다음 단계에 따라 테스트를 생성한다.[138]

---

138 옮긴이_아마존 홈 페이지를 대상으로 실습을 진행한다.

1 테스트 케이스에 따라 3가지 화면 해상도로 웹 페이지를 확인하려면 [예제 6-5]의 내용을 backstop.json 구성 파일에 입력한다.

예제 **6-5** backstop.json 구성 파일의 예제 테스트[139]

```json
{
  "id": "backstop_demo",
  "viewports": [
    {
      "label": "browser",
      "width": 1366,
      "height": 784
    },
    {
      "label": "tablet",
      "width": 1024,
      "height": 768
    },
    {
      "name": "phone",
      "width": 320,
      "height": 480
    }
  ],
  "onBeforeScript": "puppet/onBefore.js",
  "onReadyScript": "puppet/onReady.js",
  "scenarios": [
    {
      "label": "Application Home page",
      "cookiePath": "backstop_data/engine_scripts/cookies.json",
      "url": "<give site URL here>",
      "referenceUrl": "<give same URL here>",
      "readyEvent": "",
      "delay": 5000,
      "hideSelectors": [],
      "removeSelectors": [],
      "hoverSelector": "",
      "clickSelector": "",
      "readySelector": "",
      "postInteractionWait": 0,
```

---

139 옮긴이_ url 및 referenceUrl 매개변수에는 *https://www.amazon.com*과 같은 URL을 입력한다.

```
      "selectors": [],
      "selectorExpansion": true,
      "expect": 0,
      "misMatchThreshold" : 0.1,
      "requireSameDimensions": true
    }
  ],
  "paths": {
    "bitmaps_reference": "backstop_data/bitmaps_reference",
    "bitmaps_test": "backstop_data/bitmaps_test",
    "engine_scripts": "backstop_data/engine_scripts",
    "html_report": "backstop_data/html_report",
    "ci_report": "backstop_data/ci_report"
  },
  "report": ["browser"],
  "engine": "puppeteer",
  "engineOptions": {
    "args": ["--no-sandbox"]
  },
  "asyncCaptureLimit": 5,
  "asyncCompareLimit": 50,
  "debug": false,
  "debugWindow": false
}
```

구성 파일에서 주의해야 할 몇 가지 중요한 사항은 다음과 같다.

- viewports 배열에는 브라우저, 태블릿, 모바일 사용자를 정의한 3가지 화면 해상도가 있다.

- 크롬 브라우저의 UI 요소와 상호 작용할 퍼펫티어 스크립트는 onBeforeScript와 onReadyScript 매개변수를 사용해 구성한다. 필요하다면 스크립트를 추가하여 새 작업을 정의할 수 있다.

- 테스트 케이스는 url, referenceURL, clickSelector, hideSelectors 등의 매개변수와 함께 scenarios 배열에 정의한다.

- 기준 스크린샷과 테스트 스크린샷을 저장할 위치는 bitmaps_reference와 bitmaps_test 매개변수에 지정한다. 보고서를 저장할 위치는 html_report 매개변수에 지정한다.

- report 매개변수는 브라우저에서 결과를 볼 수 있도록 "browser"로 설정한다. "CI"로 설정하면 JUnit 형식의 보고서를 생성한다.

- engine 매개변수는 테스트에 사용할 브라우저를 설정한다. 기본 값은 "puppeteer"로 설정되어 있으며 헤드리스 크롬 브라우저에서 테스트를 실행한다.

- asyncCaptureLimit 매개변수는 병렬로 실행할 스레드의 개수를 지정한다. 예제에서는 5개의 테스트를 병렬로 실행한다.

2 스크린샷 비교를 위해 다양한 화면 크기로 웹 페이지의 참조 스크린샷을 찍는다. BackstopJS는 이러한 작업을 자동으로 수행한다. BackstopJS는 referenceURL 매개변수에 저장된 URL을 열어서 viewports 배열에 정의한 모든 화면 크기에 대한 참조 스크린샷을 찍고 bitmaps_reference 매개변수에 지정한 폴더에 저장한다. 이 모든 작업을 수행하는 명령어는 다음과 같다.

```
$ backstop reference
```

3 다음 명령어를 사용해 테스트를 실행한다.

```
$ backstop test
```

BackstopJS는 url 매개변수에 표시된 웹 사이트를 모든 해상도에 대한 참조 스크린샷과 비교하여 확인한다.

테스트 실행을 완료하면 브라우저에서 [그림 6-4]와 같이 테스트 결과를 확인할 수 있다. 필자는 아마존 홈 페이지를 테스트 사이트로 지정했다. 테스트 결과, 한 테스트는 통과하고 두 개의 테스트는 실패했다. [2 failed]를 선택하면 참조 스크린샷과 실제 스크린샷을 확인할 수 있다. 세 번째 이미지는 참조 스크린샷과 실제 스크린샷의 차이점을 강조한다([그림 6-4]의 세 번째 이미지 하단에서 강조된 차이점을 확인할 수 있다).

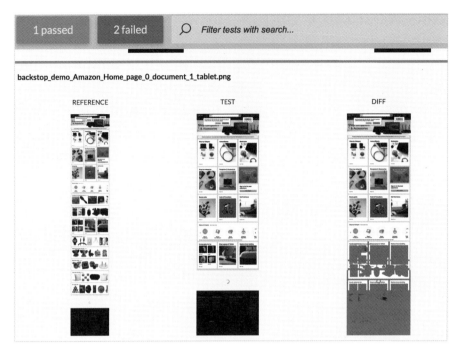

그림 6-4 아마존 홈 페이지의 BackstopJS 보고서

테스트 실패 원인은 아마존 홈 페이지의 동적 콘텐츠에 있다. BackstopJS는 애플리케이션에 동적 콘텐츠가 있는 경우 테스트 실행 중에 이러한 요소를 숨길 수 있는 기능을 제공한다. backstop.json 파일에서 hideSelectors나 removeSelectors 매개변수를 사용하면 동적 콘텐츠를 숨기거나 제거할 수 있다. 동적 콘텐츠 요소 선택자는 다음과 같이 클래스 이름 또는 ID 이름이 될 수 있다.

```
"hideSelectors": [".feed-carousel-viewport"]
```

또는 시각적 테스트를 위해 화면에서 특정 구성 요소를 선택하고 selectors 매개변수를 사용하여 동적 콘텐츠를 제외할 수 있다.

때로는 동적 콘텐츠를 제거한 후에도 시각적 품질을 저해하지 않는 작은 픽셀 수준의 변경으로 인해 테스트가 실패할 수 있다. 이러한 경우 misMatchThreshold 매개변수를 사용하여 테스트 민감도를 조절한다. misMatchThreshold 매개변수는 0.00%부터 100.00%까지의 백분율 값으로 설정할 수 있다. 민감도를 설정하면 테스트를 유지 보수하는 데 필요한 노력을 줄일 수 있다.

BackstopJS는 테스트 유지 보수를 지원한다. 애플리케이션이 변경되어 참조 스크린샷을 업데이트해야 한다고 생각해보자. 다음 명령어를 실행하면 마지막 테스트에서 캡처한 최신 스크린샷을 참조 스크린샷으로 간단하게 승인할 수 있다.

```
$ backstop approve
```

또한 keyPressSelectors를 사용해 제품을 검색하고 제품 페이지를 검증하도록 테스트를 개선할 수 있다. [예제 6-6]은 아마존 검색창에 텍스트를 입력하고 검색 버튼을 클릭한다.

예제 6-6 backstop.json 구성 파일에서 keyPressSelectors를 사용해 검색 텍스트 입력

```
"keyPressSelectors": [
  {
    "selector": "#twotabsearchtextbox",
    "keyPress": "Women's Tshirt"
  }
],
"clickSelectors": ["#nav-search-submit-button"],
```

BackstopJS의 일반적인 유스 케이스는 서로 다른 환경의 페이지를 비교하는 것이다. 예를 들어 로컬 컴퓨터와 테스트 환경의 페이지를 비교할 수 있다. 로컬 컴퓨터의 URL은 url 매개변수에 지정하고 테스트 환경의 URl는 referenceURL 매개변수에 지정한다.

CI에 통합할 때는 report 매개변수의 값을 "CI"로 변경하고 스크린샷과 함께 출력 아티팩트를 저장한다. 테스트 기록 탐색이 필요한 경우 이전 버전의 스크린샷을 보관한다.

6.3.2 Cypress

cypress-plugin-snapshots[140] 플러그인을 사용하면 Cypress로 시각적 테스트를 수행할 수 있다(Cypress를 사용하기 위한 사전 요구 사항 및 설정은 〈Chapter 3 자동화된 기능 테스트〉를 참고하자). cypress-plugin-snapshots 플러그인은 BackstopJS와 같이 스크린샷을

---

140 *https://oreil.ly/76YwA*

비교하고 차이점을 강조한다. 또한 테스트 감도를 구성하고 비교할 요소를 선택하는 것 등 다양한 기능을 제공한다.

설정

Cypress 플러그인을 사용하려면 다음 단계를 따른다.

1 다음 명령어를 실행하여 플러그인을 설치한다.[141]

```
$ npm i cypress-plugin-snapshots -S
```

2 [예제 6-7]과 같이 cypress/plugins/index.js 파일과 cypress/support/index.js 파일에 플러그인을 가져오는 코드를 추가한다.

예제 **6-7** Cypress 플러그인 구성

```
// cypress/plugins/index.js

const { initPlugin } = require('cypress-plugin-snapshots/plugin');

module.exports = (on, config) => {
  initPlugin(on, config);
  return config;
};

// cypress/support/index.js

import 'cypress-plugin-snapshots/commands';
```

3 Cypress 구성은 cypress.json 파일에 설정한다. [예제 6-8]과 같이 테스트 구성 값을 추가한다. 주의해야 할 몇 가지 매개변수로는 테스트 민감도를 정의하는 threshold, 사용하지 않는 스크린샷을 자동으로 삭제하는 autoCleanUp, 스크린샷 비교에서 구성 요소를 제외하는 excludeFields가 있다.

------

141 옮긴이_설치 실패 시에는 --force 옵션을 추가한다.

```json
{"env": {
  "cypress-plugin-snapshots": {
    "autoCleanUp": false,
    "autopassNewSnapshots": true,
    "diffLines": 3,
    "excludeFields": [],
    "ignoreExtraArrayItems": false,
    "ignoreExtraFields": false,
    "normalizeJson": true,
    "prettier": true,
    "imageConfig": {
      "createDiffImage": true,
      "resizeDevicePixelRatio": true,
      "threshold": 0.01,
      "thresholdType": "percent"
    },
    "screenshotConfig": {
      "blackout": [],
      "capture": "fullPage",
      "clip": null,
      "disableTimersAndAnimations": true,
      "log": false,
      "scale": false,
      "timeout": 30000
    },
    "serverEnabled": true,
    "serverHost": "localhost",
    "serverPort": 2121,
    "updateSnapshots": false,
    "backgroundBlend": "difference"
  }
}}
```

워크플로

시각적 테스트를 추가하기 위해 Cypress 플러그인은 toMatchImageSnapshot() 메서드를 제공한다. 이 메서드를 사용하면 지정한 구성 요소 또는 현재 페이지의 스크린샷을 캡처하여 기본 스크린샷과 비교한다. Cypress는 첫 번째 테스트 실행의 스크린샷을 참조 스크린샷으로 사용한다. [예제 6-9]에서는 애플리케이션 URL을 열고 페이지가 나타나기를 기다린 다음 페이지 콘텐츠의 스크린샷을 캡처하여 이미지를 비교한다.

예제 6-9 Cypress를 사용하여 애플리케이션 홈 페이지를 검증하는 시각적 테스트[142]

```
describe('Application Home page', () => {
  it('Visits the Application home page', () => {
    cy.visit('<give application URL here>')
    cy.get('#twotabsearchtextbox')
      .should('be.visible')
    cy.get('#pageContent').toMatchImageSnapshot()
  })
})
```

아마존 홈 페이지에 대해 테스트를 실행하면 동적 콘텐츠로 인해 시각적 테스트가 실패한다 ([그림 6-5]와 같이 이미지 차이가 강조된 스크린샷을 확인할 수 있다).

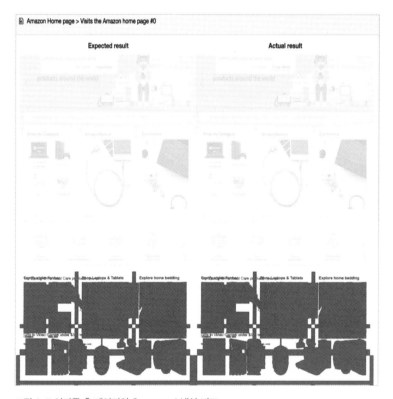

그림 6-5 아마존 홈 페이지의 Cypress 스냅샷 비교

기본, 참조, 차이가 강조된 비교 스크린샷은 스크린샷 폴더에 별도로 저장되며 디버깅을 위해 CI에서 출력 아티팩트로 저장할 수 있다. Cypress처럼 기능 테스트와 시각적 테스트를 둘 다 지원하는 프레임워크를 사용하면 테스트 데이터 생성 스크립트를 더 쉽게 관리하고 재사용할 수 있다.

6.4 추가 테스트 도구

앞서 언급했듯이 시각적 테스트를 수행하는 방법은 다양하다. 이번 절에서는 시각적 테스트를 자동화하기 위한 테스트 도구를 추가로 소개한다.

6.4.1 Applitools Eyes

AI, 즉 컴퓨터 비전과 딥러닝 기술은 시각적 테스트에 활용된다. 컴퓨터 비전은 이미지, 비디오와 같은 디지털 미디어 콘텐츠를 보고 높은 수준으로 이해하는 AI의 한 분야다. 엔지니어링 관점에서 컴퓨터 비전의 목표는 인간의 시각 시스템이 할 수 있는 작업(**예** 웹 페이지 보기, 변경 사항 인식하기 등)을 컴퓨터가 이해하고 수행하게 만드는 것이다.

Applitools Eyes[143]는 AI 기반 시각적 테스트 도구다. **비주얼 AI**Visual AI라고 하는 컴퓨터 비전 기술은 인간의 눈처럼 요소의 색상과 모양을 포함한 페이지의 구조 및 레이아웃을 분석하고 차이점을 찾아낸다. Applitools Eyes는 유료 SaaS 솔루션으로 제공된다.

비주얼 AI는 다음과 같이 일반적인 시각적 테스트의 장애물을 해결하도록 훈련되었다.

- **유지 보수:** 일반적인 시각적 변경으로 테스트가 실패하면 변경 사항을 인식한다. 사용자가 자동 승인을 설정했다면 참조 스크린샷을 자동으로 수정한다.
- **동적 데이터 처리:** 동적 데이터를 인식하고 비교에서 제외한다.
- **테스트 민감도 제어:** 사소한 UI 변경 사항을 무시하도록 민감도를 조정한다.

---

142 옮긴이_ <give application URL here>에 *https://www.amazon.com/*을 입력한다.
143 *https://oreil.ly/n1hc8*

Eyes를 설정하려면 Applitools에 가입하고 해당 클라우드에 호스팅된 Eyes 서버에 접속할 수 있는 개인 API 키를 받아야 한다. Eyes 서버는 실제 비교 작업을 수행한다. Eyes 서버와 통신하려면 Eyes SDK$^{software development kit}$를 다운로드하고 API 키를 구성해야 한다. Eyes SDK는 스크린샷을 캡처하고 Eyes 서버로 보낼 수 있는 API를 제공한다. 셀레니움 웹 드라이버에서 Eyes API를 사용하면 시각적 테스트를 수행할 수 있다. Eyes SDK는 Cypress, 리액트 스토리북, 앱피움^{Appium}[144]과 같은 다양한 UI 개발 및 테스트 도구와도 통합할 수 있다.

테스트에 사용할 Eyes SDK API는 다음과 같다.

- **eyes.open(driver)**: 웹 드라이버와 Eyes 서버 간의 연결을 초기화한다.
- **eyes.checkWindow()**: 지정한 모든 기기와 브라우저에서 페이지의 시각적 품질을 확인한다.
- **eyes.closeAsync()**: Eyes 서버에 테스트를 완료했음을 알린다.

[예제 6-10]은 셀레니움 웹 드라이버 테스트에 API를 통합한 코드다.

예제 6-10 셀레니움 웹 드라이버 테스트에 Applitools Eyes 통합

```
// 시각적 체크포인트 1: 애플리케이션 홈 페이지로 이동한 후

driver.get("<give application URL here>");
eyes.checkWindow("Application Homepage");

// 시각적 체크포인트 2: 버튼을 클릭한 후

driver.findElement(By.className("searchbutton")).click();
eyes.checkWindow("After clicking search button on home page");
```

Applitools Eyes는 셀레니움 웹 드라이버 테스트를 실행하는 동안 생성된 웹 페이지의 DOM 스냅샷을 사용한다. Applitools 클라우드는 여러 브라우저, 기기, 화면 해상도에서 DOM 스냅샷을 병렬로 비교해 성능을 향상시킨다. 모든 테스트 환경은 클라우드에서 호스팅되기 때문에 프로젝트의 인프라 비용을 절약할 수 있다. 또한 Applitools Eyes는 전체 워크플로를 관리할 수 있는 대시보드를 제공한다.

---

144 옮긴이_앱피움은 모바일 테스트 자동화 도구다.

6.4.2 스토리북

스토리북[145]은 UI 개발 지원 도구로, GitHub 스타가 7만 개 이상인 인기 있는 오픈소스다. 스토리북은 리액트, Vue.js, 앵귤러 Angular처럼 일반적으로 사용되는 프론트엔드 개발 프레임워크 및 라이브러리와 통합할 수 있다. 개발자는 복잡한 애플리케이션 스택을 설정하거나, 테스트 데이터를 생성하거나, 애플리케이션을 탐색하지 않아도 스토리북을 사용해 UI 구성 요소를 별도로 빌드할 수 있다.

개발자는 새로운 구성 요소를 만든 다음 스토리북을 사용해 구성 요소의 다양한 상태를 수동으로 확인할 수 있다. 스토리북은 렌더링된 구성 요소의 각 상태를 **스토리**로 저장한다. 예를 들어 버튼 구성 요소를 Large, Small 등 서로 다른 상태로 렌더링할 수 있는 경우 스토리북은 각각의 상태를 스토리로 저장한다. 이는 시각적 테스트를 위한 훌륭한 저장소 역할을 한다.

스토리북은 크로매틱 chromatic[146]을 통해 시각적 테스트 기능을 제공한다. 크로매틱은 스토리북을 확장해 여러 브라우저에서 자동화된 시각적 테스트를 수행하는 호스팅 서비스다(무료 버전의 경우 일부 기능이 제한된다). 크로매틱은 새로운 스토리를 이전 스토리와 비교하여 자동으로 테스트하는 기능을 제공한다.

스토리북은 디자인 시스템에서 사용할 공유 구성 요소를 개발하는 UI 개발 팀에서 유용하게 활용된다.

지금까지 살펴본 바와 같이 시각적 테스트를 수행하고 개발 워크플로에 통합하는 방법은 다양하다. 스토리북과 개발 환경 내에서 통합될 수 있으며 BackstopJS를 사용해 개발 프로세스에 통합할 수 있다. 또는 Cypress와 Applitools Eyes를 사용해 기능 테스트에 통합될 수 있다. 진행하는 프로젝트의 요구 사항에 맞는 적합한 방식을 선택해 시각적 테스트를 수행하기 바란다.

6.5 인사이트 시각적 테스트 적용

시각적 테스트를 적용하려면 가장 먼저 사용할 도구를 선택해야 한다. 앞서 언급한 AI 및 SaaS

---

145 *https://storybook.js.org*

146 *https://www.chromatic.com*

제품은 여러 시각적 테스트 도구 중 하나일 뿐이다. 다음은 자동화된 시각적 테스트 도구를 선택할 때 고려할 사항이다.

- 테스트 생성 및 관리, CI 통합이 간편해야 한다.
- 다양한 스크린샷 관리 기능을 제공해야 한다. 작은 변경마다 수백 개의 기본 이미지를 교체해야 한다면 시각적 테스트에 막대한 비용이 들 것이다. 이 경우 스크린샷 자동 정리 및 자동 업데이트 기능을 제공하는 도구가 좋다.
- 사소한 UI 변경은 무시할 수 있도록 테스트 민감도 조정 기능을 제공해야 한다.
- 동적 데이터를 처리하는 기능을 제공해야 한다.
- 다양한 브라우저 및 기기 조합에서 실행 가능해야 한다.
- 다양한 브라우저 및 기기 조합에서 시각적 테스트를 실행할 때 성능이 좋아야 한다.

도구 선택과는 별개로 시각적 테스트를 만들고 관리하는 데는 추가적인 노력이 필요하므로 팀 구성원이 자동화된 시각적 테스트의 필요성에 공감하도록 해야 한다. 적절한 단계에서 시각적 테스트를 수행하고 테스트 관리가 쉬운 도구를 선택한다면 팀원들은 시각적 테스트의 가치를 인정하게 될 것이다. 하지만 자동화된 시각적 테스트가 모든 애플리케이션에 필요하지는 않다. 따라서 시각적 테스트를 적용하기 전에 먼저 프로젝트/비즈니스별 특성을 고려하여 비용-편익 분석을 수행하는 것이 좋다.

요점 정리

- 시각적 테스트는 애플리케이션이 디자인한 대로 보이는지 확인한다. 시각적 품질이 좋은 애플리케이션은 고객으로부터 호감을 얻을 수 있으며 기업의 브랜드 가치를 높일 수 있다.
- 육안 검사 및 UI 기반 기능 테스트는 부분적으로 시각적 테스트에 기여할 수 있다. 하지만 수동 테스트는 오류가 발생하기 쉽고 기능 테스트는 애플리케이션의 시각적 측면을 검증하지 않기 때문에 충분하지 않다. 따라서 별도의 자동화된 시각적 테스트가 필요하다.
- 자동화된 시각적 테스트는 애플리케이션의 특성에 따라 큰 가치를 제공하기도 한다. 일반적으로 고객 영향, 팀 신뢰도, 수동 작업, 작업 유형과 같은 요소를 고려하여 애플리케이션에 자동화된 시각적 테스트가 필요한지 결정한다.

- BackstopJS, 스토리북, Cypress와 같은 오픈소스 도구는 자동화된 시각적 테스트를 수행하기 위한 다양한 기능을 제공한다. Applitools Eyes, 크로매틱과 같은 SaaS 솔루션은 추가 인프라 및 워크플로 기능을 유료로 제공한다.

- 애플리케이션 개발 중 적절한 단계에 시각적 테스트를 적용하고, 제공 주기 초기에 빠르고 안정적인 피드백을 제공할 수 있는 도구를 선택한다.

- 시각적 테스트는 프론트엔드 테스트 중 하나일 뿐이다. 마이크로 및 매크로 수준의 다양한 프론트엔드 테스트를 적절하게 활용하고 프론트엔드 전략을 수립하면 시각적 품질에 관해 더 빠른 피드백을 얻을 수 있을 것이다.

보안 테스트

> A chain is only as strong as its weakest link.
>
> " 사슬은 가장 약한 고리만큼 강할 뿐이다. [147] "
>
> – 토마스 리드 Thomas Reid

더원뉴스

영국항공 웹 사이트 해킹으로 고객 수백만 명의 신용 카드 정보 유출

아시아 태평양 뉴스

야후!, 보안 침해로 수백만 명의 민감한 개인 정보 유출

뉴스투데이

CEO, AI로 조작된 목소리에 속아 해커의 계좌에 거액의 돈 송금

성인 데이터 웹 사이트 해킹: 민감한 데이터 유출로 대혼란 발생

월드뉴스

소셜 미디어 기반 사이버 범죄 피해액 연간 32억 5천만 달러

그림 7-1 보안이 세계적인 관심사임을 보여주는 뉴스 헤드라인

---

147 옮긴이_사슬에서 가장 약한 고리가 사슬의 강함을 판단하는 기준이 된다는 의미다. 나머지 고리가 매우 튼튼하더라도 가장 약한 고리가 끊어지면 사슬은 더 이상 쓸모 없기 때문이다.

우리는 그 어느 때보다 사이버 범죄에 취약한 세상에 살고 있다. **사이버 범죄**는 금융 사기, 산업 기술 유출, 개인 정보 도용 등 컴퓨터와 네트워크로 할 수 있는 모든 불법 행위를 의미하는 포괄적인 용어다. 사이버 보안 전문가들은 사이버 범죄로 인한 사회적 비용이 2021년 6조 달러에서 2025년 10조 5천억 달러까지 증가할 것으로 추정한다.[148] 2019년 연구에 따르면 소셜 미디어 기반 사이버 범죄를 통해 전 세계 범죄자가 얻는 수익은 32억 5천만 달러로 추정된다.[149]

이러한 수치는 사이버 범죄가 상상하는 것보다 훨씬 더 만연하다는 것을 보여준다. [그림 7-1] 에서 볼 수 있듯이 사이버 범죄는 은행이나 소셜 미디어 사이트에만 국한되지 않고 항공권 예약과 데이트 사이트 등 모든 종류의 웹 사이트로 확장됐다. 사이버 범죄가 만연한 상황에서 소프트웨어 팀은 애플리케이션을 보호하기 위해 어떻게 대응해야 할까?

강력하고 안전한 시스템을 구축하고자 할 때 일반적으로 권장하는 방법은 심층 방어 defenses in depth 전략을 활용하는 것이다. 심층 방어는 단일 외부 계층에 집중하기보다 애플리케이션의 여러 계층에서 보안 수단을 구축한다. 이는 중세 시대에 해자(성 주위에 둘러 판 못), 철문, 무장한 수비대 등 여러 계층으로 성을 보호한 방식과 유사하다. 침입자가 내부로 진입할수록 점점 더 많은 자원에 접근할 수 있기 때문에 각 계층은 침입을 방어할 수 있을 만큼 충분히 강력해야 한다.

시스템 보안은 내부 관리자 또는 해킹된 비밀번호처럼 취약한 부분을 통해 뚫리기 쉽다. 따라서 시스템의 취약점을 탐색하는 것은 보안이 탄탄한 시스템을 구축하기 위해 매우 중요한 단계다. 보안 테스트는 이런 취약한 고리를 찾는 것을 목표로 한다.

보안 테스트는 해커의 입장에서 생각하여 사이버 범죄에 노출될 수 있는 잠재적 취약점, 위협, 시스템 위험 요소를 찾는 것이다. 전문 보안 또는 침투 penetration (펜 pen) 테스터는 수년에 걸쳐 보안 테스트 분야를 연구하고 애플리케이션에 대한 다양한 공격을 스크립트로 작성해 취약점을 찾는다. 하지만 우리 모두가 보안 문제를 방지하기 위해 펜 테스터가 될 필요는 없다.

기능적 소프트웨어 버그와 마찬가지로 보안 버그는 개발 주기 후반에 발견되면 수정하는 데 많은 비용이 든다. 따라서 애플리케이션이 사이버 범죄에 노출될 가능성을 줄이려면 개발 주기 후반에 펜 테스터가 참여할 때까지 기다리지 말고 보안 테스트에 시프트 레프트를 적용해야 한다.

---

148 *https://oreil.ly/OwtEm*
149 *https://oreil.ly/G4zyD*

실제로 권장하는 모범 사례는 요구 사항 수집 단계에서 기능의 보안 측면을 고려하는 것이다. 예를 들어 은행 애플리케이션에서 모든 거래 내역을 계좌 주인과 은행 관리자만 조회할 수 있어야 한다는 조건은 보안 측면의 요구 사항이다. 마찬가지로 이중 인증 기능에 관한 요구 사항은 성을 보호하는 돌담 외에 추가로 무장 경비원을 두는 것과 같이 추가적인 보안 계층을 제공한다. 분석, 개발, 테스트 단계에서 보안 모범 사례를 적용하면 강력하고 안전한 시스템을 구축할 수 있다.

Chapter 7에서는 소프트웨어 전달 주기에서 보안 테스트에 시프트 레프트를 적용하기 위한 기본 사항을 설명한다. 실제 공격 사례, 애플리케이션 취약점, STRIDE 위협 모델을 알아보고, 위협 모델링 실습, 시프트 레프트 보안 테스트를 구현하기 위한 보안 테스트 전략, CI 파이프라인에 보안 테스트 도구를 통합해 보안에 관한 지속적인 피드백을 얻는 방법을 소개한다.

> **NOTE** 보안 전문가가 되려면 수년간의 연습이 필요하다. 하지만 보안 전문가가 있다고 해서 소프트웨어 팀이 애플리케이션 보안과 관련된 책임을 피할 수는 없다. 여기서는 보안에 익숙해질 수 있도록 권장하는 보안 관행, 보안 테스트 도구, 해커의 입장에서 생각하는 방법을 중점적으로 설명한다.

7.1 구성 요소

해커처럼 생각하기 위한 첫 번째 단계는 다양한 유형의 사이버 공격을 관찰하여 취약점을 이해하는 것이다. 먼저 일반적인 사이버 공격 유형을 알아보자.

일반적인 보안 용어

다음은 앞으로 사용할 몇 가지 보안 용어다.

- **자산**asset : 적절한 방어 메커니즘을 구축하여 보호해야 하는 애플리케이션의 중요 엔티티다.
- **보안 침해**compromise : 시스템의 방어 메커니즘이 자산을 보호하지 못할 때 발생한다.
- **취약점**vulnerability : 시스템의 보안을 손상시킬 수 있는 시스템의 잠재적인 위험 요인이다.
- **위협**threat : 취약점을 이용해 시스템을 침해할 수 있는 부정적인 행위 또는 이벤트다.
- **공격**attack : 보안 침해를 목적으로 시스템에 수행하는 승인되지 않은 악의적인 작업이다.

- **암호화**encryption: 코드를 해독할 수 있는 키를 가진 수신자만이 정보를 이해할 수 있도록 정보를 변환하는 기술이다.
- **해싱**hashing: 알고리즘을 사용하여 임의의 크기를 가진 데이터를 고정된 크기의 데이터로 매핑하는 기술이다. 출력 결과인 **해시**hash는 데이터의 신뢰성을 검증하는 데 사용된다. 데이터를 조금만 변경해도 다른 해시가 생성되기 때문이다. 각 입력 값은 동일한 해시를 생성하며 원래의 데이터를 복원하기 위해 해독하는 것은 불가능하다. 따라서 해싱을 단방향 기술이라고 한다.

7.1.1 일반적인 사이버 공격

이번 절에서는 일반적인 사이버 공격 유형과 실제 사례를 소개한다.

웹 스크래핑

시스템을 악용하는 가장 쉬운 방법은 웹 사이트에서 공개적으로 사용 가능한 데이터(특히 사용자의 개인 데이터)를 이용하는 것이다. 웹 스크래핑 공격은 소프트웨어나 스크립트를 사용해 웹 사이트를 자동으로 크롤링하고 잠재적으로 악용 가능한 정보를 수집하는 것을 말한다. 소셜 미디어 애플리케이션은 사용자의 위치, 전화번호 등 개인 데이터를 가지고 있기 때문에 주요 표적이 된다. 앞서 언급한 연구에 따르면 소셜 미디어 사이트에서 스크랩한 데이터를 통해 사이버 범죄자가 얻는 수익은 연간 6억 3천만 달러로 추정된다.[150]

대표적인 웹 스크래핑 공격 사례는 2019년에 발생한 페이스북 개인 정보 유출 사건이다.[151] 당시 전화번호를 포함한 4억 1900만 개의 페이스북 사용자 정보가 온라인에서 발견되었다. 페이스북은 사용자 프로필에 전화번호를 표시하는 기능을 제거했지만 사용자 정보가 이미 유출된 후였다. 2018년에는 트위터에서 의도하지 않은 데이터 노출이 보고되었다. 트위터는 내부 도구에서 사용자 암호를 해싱 작업 없이 일반 텍스트로 기록하는 버그를 발견했다.[152] 다행히도 침해가 발생하진 않았지만 트위터는 3억 3천만 명의 사용자에게 비밀번호 변경을 권고했다.

노출된 데이터는 웹 사이트에서 또는 다른 곳에서 언제든 악용될 수 있다. 따라서 애플리케이션 전체에서 노출된 데이터를 찾아야 한다.

---

150 *https://oreil.ly/G4zyD*
151 *https://oreil.ly/uydzf*
152 *https://oreil.ly/u51SN*

무차별 대입

만약 친구의 비밀번호를 찾아야 한다면 무엇부터 시작할 것인가? 아마도 친구의 생년월일, 좋아하는 색깔, 배우자의 이름 등을 조합해서 시도할 것이다. 이렇게 동일한 시행착오^{trial-and-error} 방법을 확장하여 가능한 모든 키 조합을 입력하는 것을 무차별 대입^{brute-force}이라 한다.

2016년 프렌드 파인더 네트워크^{FriendFinder Networks}의 데이터베이스를 대상으로 한 무차별 대입 공격으로 인해 사용자의 성적 선호도 같은 민감한 정보, 비밀번호가 포함된 4억 1,200만 명의 사용자 정보가 노출되었다.[153] 사용자 이름과 비밀번호는 SHA-1 암호화 알고리즘을 사용해 해시되었지만 무차별 대입 기술과 컴퓨팅 성능의 발전으로 인해 공격을 방어하지 못했다.[154]

사회공학

사회공학은 비밀 정보를 획득하기 위해 개인을 심리적으로 조종하는 것이다. 예를 들어 유명 기업의 고객 서비스 담당자로부터 서비스 결제를 위해 신용카드 세부 정보를 요청하는 전화가 걸려올 수 있다. 실제로 2019년에 영국의 에너지 회사 CEO는 AI가 상사의 목소리를 흉내낸 전화를 받고 24만 3천 달러의 목돈을 해커의 계좌로 송금했다.[155]

피싱

피싱^{phishing}은 공격자가 개인 데이터를 훔칠 목적으로 이메일이나 메신저를 사용해 접근하는 사회공학 공격이다. 해커는 사람들이 첨부 파일의 악성 프로그램을 다운로드하게 만들거나 실제 웹 사이트와 유사한 가짜 웹 사이트로 이동하는 링크를 클릭하게 만들어 로그인 세부 정보나 신용카드 정보를 탈취한다. 실제로 2021년 마이크로소프트 365 사용자가 피싱의 위협에 노출된 사례가 있었다. 해커는 사람들에게 마이크로소프트 365 가격 개정의 세부 사항처럼 보이는 악성 프로그램이 첨부된 이메일을 보냈다.[156] 첨부 파일을 실행하면 인증 세부 정보를 탈취하는 스크립트가 실행되었다.

---

153 *https://oreil.ly/rwYsc*
154 옮긴이_ 컴퓨팅 성능이 발전함에 따라 SHA-1 대신 SHA-256과 같은 더 안전한 알고리즘을 사용하기를 권장한다.
155 *https://oreil.ly/6n3Qy*
156 *https://oreil.ly/YDTnE*

크로스 사이트 스크립팅(XSS)

크로스 사이트 스크립팅cross-site scripting(XSS) 공격에서 해커는 보안이 취약한 웹 사이트를 대상으로 코드를 주입해 애플리케이션의 작동을 조작한다. 예를 들어 해커는 고객의 결제 세부 정보를 자체 서버로 리다이렉션할 수 있는 코드를 삽입할 수 있다. 2018년 영국항공British Airways은 38만 고객의 신용카드 정보를 노출시킨 XSS 공격의 피해자였다.[157] 영국항공은 적절한 보안 시스템을 구축하지 않았기 때문에 막대한 벌금을 물었다.

랜섬웨어

랜섬웨어 공격은 해커가 원하는 몸값ransom을 지불할 때까지 시스템을 차단하는 악성 프로그램을 시스템에 감염시키는 것이다. 2019년 웨더 채널은 랜섬웨어 공격을 받아 한 시간 동안 오프라인 상태가 되었지만[158] 다행히도 백업 서버를 가지고 있었기 때문에 위기를 잘 넘겼다.

쿠키 위조

쿠키 위조cookie forging는 웹 사이트에서 사용자 정보를 저장하고 사용자 계정에 접근하는 쿠키를 조작하는 기술이다. 2017년 야후는 해커가 회사 코드에 접근하여 계정에 접근할 수 있는 쿠키 위조 방법을 알아낸 다음 약 3,200만 개의 사용자 계정을 해킹했다고 밝혔다.[159]

크립토재킹

크립토재킹cryptojacking은 타인의 기기에서 무단으로 암호화폐를 채굴하는 공격이다. 먼저 봇이 공개 GitHub 저장소를 크롤링하여 AWS와 같은 인프라 접속 정보를 찾는다. 접속 가능한 인스턴스를 발견하면 몇 초 이내에 악성 프로그램을 설치해 인프라 소유자에게 막대한 손실을 입힌다. 2018년 테슬라는 크립토재킹에 노출되어 피해를 입었다[160]

이번 절에서 다룬 내용은 빙산의 일각에 불과하다. [그림 7-2]에서 볼 수 있듯이 애플리케이션, 인프라, 네트워크 계층을 대상으로 하는 다양한 공격이 있다. 해커들은 계속해서 새로운 유형의 공격 방법을 연구한다. 소프트웨어 팀은 해커보다 앞서 나아가 고객과 기업을 보호

---

157 *https://oreil.ly/OuPZU*
158 *https://oreil.ly/SsDlS*
159 *https://oreil.ly/6natu*
160 *https://oreil.ly/f4H9L*

할 수 있도록 노력해야 한다. 실제로 정부는 보안 및 데이터 보호를 위해 유럽연합 일반 데이터 보호 규정^{General Data Protection Regulation}(GDPR)과 개정된 결제 서비스 지침^{Revised Payment Services} ^{Directive}(PSD2)을 만들어 따르지 않은 기업에게 법적 책임을 묻는다.

그림 7-2 소프트웨어 시스템에 대한 일반적인 위협

7.1.2 STRIDE 위협 모델

해커는 사용자 또는 기업의 데이터, 재무 정보, 인프라, 서비스 접근 권한, 브랜드 평판 등 애플리케이션에서 보호해야 하는 중요한 자산을 가로채거나 악용한다. 중요한 자산을 손상시키는 잠재적 위협의 수는 놀라울 정도로 많다.

애플리케이션의 보안을 고려할 때는 애플리케이션의 자산을 손상시킬 수 있는 모든 위협을 생각해야 한다. 마이크로소프트의 로렌 콘펠더^{Loren Kohnfelder}와 프라이릿 가그^{Praerit Garg}가 제안한 위협 모델링 프레임워크인 STRIDE 모델을 사용하면 위협을 식별하는 데 도움이 된다. STRIDE는 스푸핑된 ID(S), 변조된 입력(T), 작업 부인(R), 정보 노출(I), 서비스 거부(D), 권한 승격(E)의 약자다. 이러한 위협 요소를 하나씩 살펴보면 애플리케이션에서 발생할 수 있는 모든 위협에 관해 논의할 수 있다.

각 위협 요소를 자세히 살펴보자.

스푸핑된 ID

스푸핑된 ID 공격은 해커가 자산에 접근하기 위해 다른 사람의 ID를 가장하는 공격이다. 앞선 사회공학 사례에서 AI가 CEO의 상사를 사칭해 송금하게 한 사례와 유사하다. 오늘날에는 사회공학, 피싱, 맬웨어malware, 숄더 서핑shoulder surfing[161] 등의 공격을 사용한 ID 도용 사례가 늘고 있다.

이러한 유형의 위협에 대응하는 방어 메커니즘으로는 다중 인증multifactor authentication, 강력한 비밀번호 사용 권장, 데이터 저장 및 자격 증명 전송 시 강력한 암호화 사용 등이 있다.

변조된 입력

변조된 입력은 무결성을 침해하는 방식으로 애플리케이션의 코드, 데이터, 메모리 등을 수정한다. 일반적으로 악성 코드를 UI 또는 다른 계층에 삽입해 수행한다. '크로스 사이트 스크립팅(XSS)'에서 언급한 영국항공 사례에서 해커는 고객의 신용카드 정보를 수집하는 스크립트를 삽입해 웹 사이트의 작동을 변경한다.

변조된 입력에 대한 방어 수단으로는 적절한 검증(예 입력 필드에 SQL 쿼리를 보내지 못하게 하는 검증), 인증 및 권한 부여 메커니즘, 코드 삽입을 초래할 수 있는 취약점을 방지하기 위한 보안 관행[162] 준수 등이 있다.

작업 부인

작업 부인은 악의적인 사용자의 작업을 증명하거나 추적할 수 없을 때 발생한다. 예를 들어 상품 수령 확인 과정이 없는 경우 고객은 배송된 상품의 수령을 부인할 수 있다. 이는 기업의 평판 악화, 금전적 손실로 이어지기 때문에 기능 설계 시 중요하게 고려해야 한다. 애플리케이션은 작업 부인에 대처하기 위해 적절한 로그 및 감사 메커니즘을 구축해야 한다.

정보 노출

정보 노출 위협은 승인되지 않은 주체가 애플리케이션 자산에 접근하는 것이다. 앞선 웹 스크

---

161 숄더 서핑은 비밀번호, ATM 핀번호와 같은 개인 정보를 어깨너머로 훔쳐보는 공격이다.
162 안전한 소프트웨어 개발을 위한 원칙과 모범 사례를 알고 싶다면 다니엘 더건(Daniel Deogun), 댄 버그 존슨(Dan Bergh Johnsson), 다니엘 사와노(Daniel Sawano)가 쓴 『Secure by Design』(Manning, 2019)을 참고하자.

래핑 사례에서 보았듯이 트위터 직원들은 노출되면 안 되는 사용자들의 비밀번호를 볼 수 있었다. 트위터의 비밀번호 노출은 의도하지 않은 설계로 인해 발생했기 때문에 다행히도 해킹 피해가 발생하지 않았다. 하지만 허가되지 않은 정보에 접근하기 위한 공격은 흔하다. 주로 사용되는 접근 방식은 백그라운드에서 수신을 대기하고 사이트의 정보를 해커에게 전달하는 악성 프로그램을 설치하는 것이다. 이를 **중간자 공격**^{man-in-the-middle}이라 한다. 이러한 유형의 위협을 막기 위해서는 애플리케이션에 강력한 권한 부여 메커니즘을 구축하고 모든 비밀 정보를 암호화하고 안전한 전송 프로토콜을 사용해 통신해야 한다.

서비스 거부

서비스 거부^{denial of service}(DoS) 공격의 목표는 애플리케이션 서비스를 중단시켜 기업의 매출과 평판에 손상을 입히는 것이다. 우리에게 잘 알려진 분산 서비스 거부^{distributed denial of service}(DDoS) 공격은 의도적으로 여러 장치에서 수백만 건의 요청을 발생시키고 시스템에 과부하를 일으켜 서비스를 느려지게 한다.

이러한 유형의 위협을 방어하려면 로드 밸런서^{load balancer} 추가, IP 주소당 요청 제한, 특정 IP 주소만 허용, 시스템 백업 생성, 로드 증가 시 스케일 아웃, 요청 급증 시 경고를 발생시키는 모니터링 시스템 구축 등 추가 작업이 필요하다.

권한 승격

권한 승격은 악의적인 사용자가 승인되지 않은 권한을 획득하는 것이다. 해커가 시스템 최고 관리자 권한을 얻는다고 상상해보자. 이 경우 기밀 데이터 유출, 서비스 거부, 재정적 손실 등 모든 유형의 위험이 발생할 수 있다. 이를 방지하는 가장 좋은 방법은 최소 권한의 원칙에 따라 시스템 사용자에게 작업을 수행하는 데 필요한 최소 권한만 부여하는 것이다. 개별 팀에도 이러한 원칙을 적용할 수 있다. 예를 들어 코드 커밋 권한은 개발자에게만 부여하고 다른 사람에게는 필요할 때 부여한다. 권한 승격 위협에 대응하기 위한 몇 가지 유용한 방어 기술에는 액세스 토큰 갱신 주기 단축, 트랜잭션 권한 부여를 위한 다중 서명 기능, 볼트^{vault}에 시크릿 저장 등이 있다.

우리는 앞서 설명한 STRIDE 모델을 사용해 애플리케이션에서 발생할 수 있는 모든 보안 위협을 고려해야 한다. 다양한 유형의 공격을 방어하는 방법과 공격이 발생했을 때 피해를 줄이기 위한 대응 방안을 고민해야 한다.

7.1.3 애플리케이션 취약점

이전 절에서는 해커처럼 생각하는 법을 배우기 위해 일반적인 공격 유형, 해커가 대상으로 하는 잠재적 자산, 위협 식별에 사용되는 프레임워크를 살펴봤다. 이번 절에서는 애플리케이션의 코드 측면에서 악용될 수 있는 보안 취약점을 알아본다. 보안 취약점을 이해하면 방어 코드를 작성하고 테스트하는 데 도움이 된다.

코드 또는 SQL 삽입

해커는 보안이 취약한 웹 사이트에 악의적인 명령이나 SQL 쿼리를 삽입하여 웹 사이트의 작동을 변경할 수 있다. [예제 7-1]은 이름으로 학생의 기록을 검색하는 쿼리다.

예제 7-1 입력 변수를 사용하는 SQL 쿼리

```
// 이름으로 학생의 기록을 가져오는 SQL 쿼리
SELECT * FROM Students WHERE name = '$name'
```

쿼리는 사용자로부터 변수 $name을 입력받는다. 악의적인 사용자가 [예제 7-2]와 같이 학생 이름 대신 테이블을 삭제하는 SQL쿼리를 입력하면 Students 테이블을 삭제할 수 있다.

예제 7-2 삽입된 SQL 쿼리가 테이블을 삭제한다.

```
// 악의적인 사용자가 학생 이름 대신 테이블 삭제 SQL 쿼리를 입력하는 경우
Name: Alice'; DROP TABLE Students; --

// 애플리케이션은 삭제 SQL 쿼리를 실행한다.
SELECT * FROM Students WHERE name = 'Alice'; DROP TABLE Students; --'
```

따라서 입력 값이 적절한지 검사하는 테스트가 필요하다.

크로스 사이트 스크립팅(XSS)

앞서 설명한 바와 같이 XSS는 사용자의 세션을 장악하고 사용자를 악성 사이트로 이동시키거나 코드를 변경해 웹 사이트를 손상시키는 스크립트를 공격 대상의 브라우저에서 실행한다. 이러한 유형의 공격은 사용자 입력에 대한 유효성 검사나 적절한 처리가 없을 때 쉽게 발생한다.

예를 들어 한 트위터 사용자는 트윗덱TweetDeck 애플리케이션의 XSS 취약점을 알리기 위해 [그림 7-3]과 같이 간단한 자바스크립트 코드를 게시했다. 이 코드는 트윗이 누군가의 타임라인에 나타날 때마다 자동으로 리트윗하고 대화 상자를 표시한다. 만약 트윗덱 애플리케이션이 입력 텍스트에서 스크립트가 존재하는지 적절하게 검증했다면 XSS로 악의적인 스크립트가 실행되는 문제는 발생하지 않았을 것이다.

그림 7-3 XSS로 트윗하기

처리되지 않은 알려진 취약점

애플리케이션이 서드파티 OS, 라이브러리, 프레임워크 등에 의존하는 경우 서드파티 소프트웨어의 취약점을 악용해 시스템에 접근할 수 있다. 소프트웨어 취약점은 종종 발견되고 수정된 패치가 주기적으로 업데이트된다. 하지만 팀이 사용 중인 구성 요소의 취약점을 모두 업데이트하지 않는다면 위협에 노출될 수 있다. GitHub의 디펜더 봇Dependabot[163]을 사용하면 애플리케이션 코드 내에 알려진 취약점이 있는 모든 의존성을 자동으로 업데이트하도록 사용자에게 권고한다. 마찬가지로 스닉Snyk, OWASPOpen Web Application Security Project Dependency-Check와 같은 취약점 스캔 도구를 사용하면 취약한 구성 요소를 찾는 데 도움이 된다.

인증 및 세션 관리 오류

웹 사이트의 인증 메커니즘이 완벽하지 않은 경우 해커가 세션 토큰을 훔쳐 권한을 얻고 이를 악용할 수 있다. 세션 ID와 중요한 사용자 데이터를 세션 쿠키에 저장한다면 자주 갱신하고 이전 쿠키를 무효화해야 한다. 또한 URL에 세션 ID가 노출되거나 암호화되지 않은 연결로 민감한 인증 데이터가 전송되는 것과 같은 취약점이 발생하지 않도록 주의해야 한다.

---

163 https://oreil.ly/Hpo7p

암호화되지 않은 개인 데이터

페이스북 사용자의 공개된 전화번호를 무단으로 수집해 저장하는 경우와 같이 일반 사용자는 암호화되지 않은 개인 데이터가 외부에 노출되어 피해를 입는 경우가 많다. 개인 데이터는 로그, 데이터베이스, 코드 저장소, 프로젝트 문서, 공개 호스팅 서비스에서 공개되어서는 안 된다. 또한 동적 솔트 salt[164] 및 페퍼 pepper 기술[165]과 함께 AES, HMAC, SHA−256과 같은 고급 암호화 알고리즘[166]을 사용해 전송 및 저장 데이터를 보호해야 한다.[167]

애플리케이션 구성 오류

관리를 편하게 하기 위해 애플리케이션을 사용하는 모든 사용자에게 관리자 권한을 부여해서는 안 된다. 사용자, 폴더, 시스템 등에 대한 권한을 잘못 구성하면 해커가 권한 상승을 통해 허가되지 않은 데이터베이스나 관리자 엔드포인트에 접근할 수 있다. 팀은 앞에서 설명한 것처럼 최소 권한 원칙을 엄격하게 준수해야 한다.

애플리케이션 시크릿 노출

애플리케이션 코드를 작성할 때 발생할 수 있는 일반적인 취약점은 코드 및 구성 파일에 자격 증명과 같은 시크릿을 일반 텍스트로 저장하는 것이다. 권장하는 방식은 볼트와 같은 시크릿 관리 서비스를 사용해 시크릿을 저장하고 시크릿 관리 서비스를 통해서만 접근하는 것이다. 이러한 방식은 애플리케이션 코드, CI/CD 파이프라인, 구성 파일 등 시크릿에 접근하는 모든 곳에 적용되어야 한다.

이번 절에서 설명한 취약점은 개발 및 테스트 단계에서 신중하게 검토해야 한다. 다른 취약점에 관해 더 알고 싶다면 국제 웹 보안 분야의 비영리단체인 OWASP에서 정리한 「Top 10 Web Application Security Risks」[168]를 참고하자.

---

164 옮긴이_솔트란 해싱을 수행하기 전에 원문에 임의의 문자열을 덧붙이는 것이다.

165 https://oreil.ly/SKoYx

166 https://oreil.ly/gWBsM

167 암호화 알고리즘을 더 자세히 알고 싶다면 웨이드 트랩(Wade Trappe), 로런스 워싱턴(Lawrence Washington)이 쓴 「Introduction to Cryptography with Coding Theory」(Pearson, 2020)를 읽어보자.

168 https://oreil.ly/uXFbn

7.1.4 위협 모델링

이번 절에서는 위협 모델링에 관한 체계적인 접근 방식을 다룬다. 잠재적인 보안 위협을 종합하는 구조화된 방식으로 애플리케이션에 대한 위협 요소를 찾아보자.

일반적인 모범 사례는 애플리케이션의 작은 범위에 대해 위협 모델링을 연습하는 것이다. 예를 들어 사용자 스토리당 15분의 위협 모델링을 수행할 수 있다. 보안 위협을 모델링한 후에는 영향력과 위험 발생 확률을 기준으로 보안 위협의 우선순위를 정하고 해결 방법을 사용자 스토리의 일부 또는 새로운 기능으로 통합할 수 있다. 위협의 우선순위를 지정할 때는 다음과 같은 원칙을 명심해야 한다.

> 잠재적인 위협에 대응하기 위한 보안 수단 구축 비용이 보호하려는 자산의 가치보다 높아서는 안된다.

팀에서 블로그 플랫폼을 개발한다고 가정해보자. 홈 페이지를 만들기 전에 15분 동안 위협 모델링 연습을 수행해 랜섬웨어 공격으로 인해 페이지가 다운될 수 있는 잠재적 위협을 발견한다. 팀은 랜섬웨어에 대응하기 위해 보안 감시 시스템 구축을 제안한다. 만약 보안 감시 시스템 구축에 연간 40만 달러의 비용이 발생한다면 랜섬웨어 위협으로부터 애플리케이션을 보호하기 위해 별도의 감시 시스템을 구축하는 것은 효율적이지 않다(회사의 연간 이익보다 보안 시스템 구축 비용이 더 많이 들 수도 있다). 또한 블로그 플랫폼에서 랜섬웨어 공격이 발생할 확률은 매우 낮다. 반면 이커머스 웹 사이트에서는 코드 삽입 공격과 같은 위협이 발생 가능성이 높고 신용카드 정보가 유출될 수 있기 때문에 보안 시스템 구축이 필요하다.

위협을 식별하고 우선순위를 지정했다면 사용자 스토리에 해결 방법을 적용하거나 필요한 경우 다음과 같이 새로운 '어뷰저[abuser]' 또는 '악성 유저' 스토리를 작성한다.

> 악성 유저는 웹 사이트 내용을 리다이렉션하는 코드를 삽입할 수 없다.

개발 및 테스트 단계에서 위협 모델링 연습과 악성 유저 사용자 스토리를 작성하면 보안 관련 테스트 케이스를 도출할 수 있다.

위협 모델링 단계

위협 모델링을 연습하기 위한 프레임워크를 자세히 알아보자. 이 연습은 모든 역할이 모여 함께 수행하는 것이 좋다. 색상 스티커와 함께 화이트보드를 활용하면 팀의 생각을 빠르게 작성하고 분류할 수 있다. 원격으로 연습을 진행한다면 뮤랄^{MURAL}과 같은 디지털 화이트보드를 사용하자. 연습할 팀을 구성했다면 다음 단계를 따른다.

1 **기능 정의**

위협 모델링을 위한 기능의 범위를 정의한다. 그런 다음 사용자 흐름과 시스템 내 사용자 유형을 정의한다. 마지막으로 다음 구성 요소로의 데이터 흐름을 매핑한다. 이렇게 하면 사용자 흐름, 사용자, 데이터 흐름, 시스템 구성 요소 간의 통합을 다룰 수 있다.

2 **자산 정의**

기능에서 보호해야 하는 자산을 식별한다. 각 자산별 손실의 영향을 논의하고 위험의 심각성을 파악한다.

3 **검은 모자 생각**

해커처럼 생각해서 애플리케이션의 자산을 공격할 수 있는 방법을 생각한다. 앞서 설명한 STRIDE 모델을 사용해 토론한다. 실제로 위협적인지 자세히 따지지 않고 모든 방법을 자유롭게 생각해 색상 스티커에 작성한다.

4 **위협의 우선순위 지정 및 스토리 작성**

식별한 위협의 가능성 및 잠재적 영향을 분석하고 우선순위를 지정한다. 위협 모델링 브레인스토밍 세션을 마쳤다면 팀이 대응할 수 있도록 악성 유저 스토리를 작성한다.

이제 기본 사항을 알았으니 위협 모델링을 연습해보자.

위협 모델링 연습

여기서는 주문을 관리(생성/조회/업데이트/삭제)하는 애플리케이션이 있다고 가정한다. 주문 애플리케이션은 웹 UI 및 백엔드 REST 서비스를 통해 데이터베이스에 저장된 주문 데이터에 대한 비즈니스 작업을 수행한다. 사용자, 데이터 흐름, 구성 요소 간의 통합을 정의하는 첫 번째 단계를 진행하자.

> **NOTE** 이번 연습은 위협 모델링 단계에 익숙해지기 위한 것이지 주문 관리 시스템에 대한 정확한 위협 모델을 제공하기 위한 것이 아니다.

시스템의 사용자는 다음과 같다.

- 주문을 생성, 수정, 취소하는 점원
- 인프라, 구성, 배포를 관리하는 시스템 관리자
- 고객 응대를 위해 애플리케이션을 사용하는 고객 서비스 담당자

사용자 흐름은 간단하다. 점원과 고객 서비스 담당자는 최신 주문 목록을 확인하거나 수정하기 위해 애플리케이션에 로그인해야 한다. [그림 7-4]는 사용자 흐름을 파악하는 데 도움이 되는 구성 요소 간 통합과 데이터 흐름을 나타낸다.

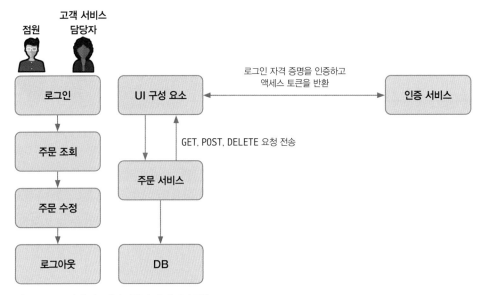

그림 7-4 주문 관리 시스템의 사용자 및 데이터 흐름

마찬가지로 시스템 관리자는 [그림 7-5]와 같이 스크립트를 실행하거나 인프라를 구성하기 위해 VM(가상 머신)에 로그인해야 한다.

그림 7-5 시스템 관리자의 사용자 흐름

다음으로 보호해야 할 자산에 관해 논의한다.

1 주문 정보는 비즈니스에 중요한 자산이다. 주문이 변조되면 고객은 불만을 갖게 되며 기업 평판이 나빠진다.

2 주문에는 이름, 전화번호, 결제 정보, 집 주소 등 개인 정보가 포함된다. 개인 정보가 노출되면 고객이 피해를 입어 기업에 소송을 제기할 수 있다. 따라서 고객 세부 정보는 보호해야 할 필수 자산이다.

3 데이터베이스에는 주문과 관련된 모든 정보가 저장된다. 데이터베이스가 공격을 받아 외부(또는 경쟁사)에 유출되면 고객과 기업 모두 피해를 입을 수 있다.

4 애플리케이션을 호스팅하는 인프라에 다운타임이 발생하면 주문 실패 및 매출 손실로 이어질 수 있다. 따라서 인프라는 중요한 자산이다.

위협 모델링의 처음 두 단계를 완료했다. 다음으로 검은 모자 생각 단계를 진행한다. 먼저 사용자 및 데이터 흐름을 생각하고 해커가 자산을 제어할 수 있는 방법을 생각한다. 이후에 STRIDE 모델을 사용해 생각을 구조화하면 [그림 7-6]과 같이 가능한 위협을 식별할 수 있다.

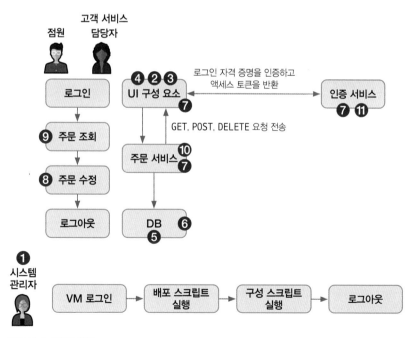

그림 7-6 식별된 위협

[그림 7-6]의 각 위협을 STRIDE 모델과 연결해 살펴보자.

스푸핑된 ID

❶ 시스템 관리자는 시스템에 대한 모든 권한을 갖고 있다. 해커는 사회공학, 숄더 서핑, 악성 프로그램 등을 이용해 시스템 관리자의 자격 증명을 얻고 인프라 중단과 같은 악의적인 작업을 수행할 수 있다.

❷ 점원이 애플리케이션에서 로그아웃하지 않을 경우 매장에 있는 누군가가 로그인한 세션을 사용해 기존 주문의 배송 주소를 자신의 주소로 변경할 수 있다.

변조된 입력

❸ 주문 서비스의 엔드포인트가 보호되지 않는다면 해커는 열려 있는 브라우저 세션을 보관했다가 나중에 주문 정보를 변경할 수 있다.

❹ 코드 삽입으로 주문 과정에서 고객의 결제 정보를 가로챌 수 있다.

작업 부인

❺ 시스템 작업에 대한 로그가 남지 않는다면 시스템 관리자가 개인적인 목적으로 데이터베이스에 직접 레코드를 삽입해 대량으로 주문을 생성하고 관련 프로세스를 실행할 수 있다.

정보 노출

❻ 데이터가 일반 텍스트로 저장되어 있는 경우 데이터베이스가 백도어를 통해 공격받으면 모든 정보가 노출될 수 있다.

❼ 암호화되지 않은 로그 또는 기타 저장소에 비밀번호가 노출되면 해커가 주문 데이터를 조작할 수 있다.

❽ 고객 서비스 담당자는 어떠한 작업이든 수행할 수 있다. 고객에게 주문 상태 정보를 안내하는 역할을 담당하지만 고객의 주문을 편집하는 것 또한 가능하다. 따라서 고객 서비스 담당자가 악성 유저와 협력해 이러한 권한을 남용할 수 있다.

❾ /viewOrders 엔드포인트는 레코드를 원하는 개수만큼 반환할 수 있다. 해당 엔드포인트를 악용해 모든 주문을 볼 수 있기 때문에 반환 값을 제한해 피해 범위를 줄여야 한다.

서비스 거부

❿ 해커는 DDoS 공격으로 주문 서비스를 중단시켜 매출에 영향을 끼칠 수 있다.

권한 승격

⓫ 해커가 관리자 자격 증명을 확보하면 새로운 사용자를 추가하거나 기존 사용자의 권한을 승격시켜 시스템에 대한 권한을 유지할 수 있다. 만약 시스템 관리자 작업에 대한 로그가 기록되지 않는다면 아무도 모르게 주문을 생성, 수정, 삭제할 수 있다.

주문 서비스 같이 구성 요소와 사용자가 적은 시스템에도 공격 가능한 지점이 많다. 수 천 개의 구성 요소와 사용자가 있는 실제 시스템에는 얼마나 많을지 상상해보기 바란다!

다음 단계로 위협의 우선순위를 정하고 사용자 스토리를 작성한다. 앞서 확인한 위협의 발생 가능성과 영향에 따라 다음과 같은 새로운 보안 관련 사용자 스토리와 악성 유저 스토리를 추가할 수 있다.

1 악성 유저가 데이터베이스에 접속하더라도 고객 정보를 볼 수 없어야 한다.
2 악성 유저가 브라우저 세션을 탈취할 수 없어야 한다.
3 악성 유저가 시스템 관리자나 고객 서비스 담당자의 권한을 얻더라도 주문을 수정할 수 없어야 한다.
4 점원은 주문 수정 권한을 가진 유일한 사용자다.
5 점원은 비밀번호를 주기적으로 변경해야 하며 강력한 비밀번호를 사용해야 한다.

애플리케이션에 대한 잠재적인 위협을 발견하려면 이러한 위협 모델링 연습을 주기적으로 반복해야 한다. 또한 새로운 기능에 대한 위협을 점진적으로 브레인스토밍하다 보면 이전 기능에서 새로운 위협을 발견할 수 있다.

위협 모델의 보안 테스트 케이스

위협 모델링을 통해 애플리케이션에 대한 다양한 공격 방법과 악성 유저 스토리, 보안 관련 사용자 스토리를 파악했다. 이제 〈Chapter 2 수동 탐색적 테스트〉에서 설명한 탐색적 테스트를 수행해 각 애플리케이션 계층에 대한 보안 테스트 케이스를 파악해보자.

> **NOTE** 제로 트러스트^{zero trust}는 사람, 시스템 등 어떤 것도 신뢰하지 말 것을 제안하는 원칙이다. 제로 트러스트 아키텍처는 요청을 실행하기 전에 OAuth 2.0[169]과 같은 인증 및 권한 부여 프로토콜을 사용해 요청을 검증한다.

주문 관리 시스템에 OAuth 2.0을 사용해 제로 트러스트 아키텍처를 구현한다고 가정하면 애플리케이션 계층에 대한 보안 테스트 케이스는 다음과 같다.

1 UI 계층

- 세션 타임아웃 후 사용자에게 다시 로그인하라는 메시지가 나타나는지 확인한다.
- 설정된 횟수만큼 로그인에 실패하면 사용자 자격 증명이 잠기는지 확인한다.
- 자바스크립트 코드, SQL 쿼리와 같은 비정상 입력에 대한 유효성 검사가 입력 필드에 적용되어 있는지 확인한다.
- 액세스 토큰이 짧은 시간 후에 만료되는지 확인한다. 로그인 상태를 유지하려면 UI에서 갱신 토큰을 보내 액세스 토큰을 갱신해야 한다.
- 시스템 관리자나 고객 서비스 담당자로 로그인한 경우 UI에서 주문을 수정할 수 없어야 한다.

2 API 계층

- 만료된 액세스 토큰을 재사용하면 401 Unauthorized 응답을 반환하는지 확인한다(해커에게 추가 정보를 제공하지 않으려면 400 응답을 반환한다).
- API 매개변수 값에 대해 적절한 유효성 검사를 수행하고 유효하지 않을 시 404 오류를 반환하는지 확인한다.
- 시스템 관리자 또는 고객 서비스 담당자의 액세스 토큰을 사용해 /editOrder 엔드포인트를 호출할 경우 401 Unauthorized 응답을 반환하는지 확인한다.

3 데이터베이스 계층

- NIST 지침[170]에 따라 비밀번호를 동적 솔트가 포함된 해시로 데이터베이스에 저장하는지 확인한다.
- 중요한 개인 정보를 암호화한 후 데이터베이스에 저장하는지 확인한다.

4 애플리케이션 계층

- 애플리케이션 로그에 비밀번호를 일반 텍스트로 기록하지 않는지 확인한다.

---

169 *https://oreil.ly/RLmbH*
170 *https://oreil.ly/RzkYf*

- 애플리케이션 로그에 사용자 개인 정보를 일반 텍스트로 기록하지 않는지 확인한다.
- 시스템에서 수행하는 모든 작업을 타임스탬프가 포함된 로그로 기록하는지 확인한다(시스템 관리자의 작업도 로그로 기록해야 한다).

앞서 나열한 케이스는 보안 관련 테스트 케이스 중 일부에 불과하다. 이번 절의 위협 모델링 연습을 통해서 잠재적인 위협에 대한 솔루션 설계부터 보안 관련 테스트까지 소프트웨어 개발 주기에서 보안을 고려하는 방법을 이해했기를 바란다.

7.2 보안 테스트 전략

이번 절에서는 시프트 레프트 보안 테스트 전략을 통해 지속적으로 개발 중인 코드의 잠재적인 취약점에 대한 피드백을 제공하는 메커니즘을 추가한다.

[그림 7-7]은 개발부터 상용 배포까지 여러 단계에 걸친 시프트 레프트 보안 테스트 전략을 보여준다.

그림 7-7 시프트 레프트를 적용한 보안 테스트 전략

다양한 단계에서 사용할 수 있는 몇 가지 도구와 기술을 알아보자.

정적 애플리케이션 보안 테스트(SAST)

정적 애플리케이션 보안 테스트 static application security testing (SAST)는 정적 애플리케이션 소스 코드, 바이트 코드, 어셈블리 코드를 분석해 알려진 취약점을 찾는다. 예를 들어 애플리케이션 코드에서 암호화되지 않은 시크릿을 검색한다. SAST 도구는 스닉 IDE 플러그인, 체크막스 Checkmarx SAST, 시큐리티 코드 스캔 Security Code Scan 과 같이 플러그인, 라이브러리, SaaS 솔루션 등 다양한 형태로 제공되며 모든 커밋에 대해 실행할 수 있도록 CI 파이프라인과의 통합을 지원한다. SAST를 사용하면 개발 중 문제를 발견할 수 있기 때문에 시프트 레프트 적용에 큰 도움이 된다.

탈리스만은 SAST 도구는 아니지만 개인 키, 환경 자격 증명 등 시크릿을 스캔하도록 설계되었다. 탈리스만을 커밋 전 pre-commit 훅으로 통합하면 시크릿이 저장소로 푸시되지 않게 만들 수 있다. 〈7.3 실습〉에서는 스닉 JetBrains IDE 플러그인과 탈리스만을 간단히 살펴본다.

소프트웨어 구성 분석(SCA)

소프트웨어 구성 분석 software composition analysis (SCA)은 애플리케이션이 사용하는 서드파티 의존성의 취약점을 스캔한다. 오픈소스 라이브러리를 많이 사용하는 경우라면 스닉과 OWASP Dependency-Check 같은 도구를 유용하게 활용할 수 있다. SCA는 개발 중 피드백을 제공하며 모든 커밋에 대해 CI와 통합할 수 있다. SCA와 함께 SAST를 사용하면 개발 단계에서 정적 애플리케이션 코드의 취약점을 발견할 수 있다. OWASP Dependency-Check는 〈7.3 실습〉에서 다룬다.

기능적 보안 테스트 자동화

〈Chapter 3 자동화된 기능 테스트〉에서 설명한 자동화된 테스트 도구를 사용하여 기능적 보안 테스트 케이스를 자동화할 수 있다. 예를 들어 앞서 설명한 주문 관리 시스템에 대한 위협 모델링의 경우 주문 편집 권한이 점원에게만 있는지 확인하는 보안 테스트 케이스를 주문 서비스의 서비스 테스트로 추가할 수 있다.

이미지 스캔

컨테이너는 애플리케이션 패키징 및 배포에 널리 사용된다. 컨테이너를 사용한다면 해당 컨테이너 이미지의 취약점을 테스트해야 한다. 스닉 컨테이너, 앵커Anchore와 같은 도구를 사용하면 컨테이너 이미지를 스캔하고 CI와 통합할 수 있다. 도커의 내장 명령어인 docker scan을 사용하면 도커 이미지의 취약점을 스캔할 수 있다. 마찬가지로 아마존 ECRElastic Container Registry은 레지스트리에 푸시된 이미지를 스캔하는 기능을 제공한다. 또한 테라폼, 쿠버네티스처럼 인프라를 코드로 작성한다면 스닉 IaC 또는 terraform-compliance와 같은 도구를 사용해 보안 모범 사례를 따르는지 점검할 수 있다.

동적 애플리케이션 보안 테스트(DAST)

동적 애플리케이션 보안 테스트dynamic application security testing(DAST)는 블랙박스 테스트로, 애플리케이션에 실제 공격과 유사한 조작된 요청을 전송하고 이에 대한 응답을 분석해 보안 문제를 찾는다. 예를 들어 OWASP ZAP Zed Attack Proxy, 버프 스위트Burp Suite와 같은 DAST 도구를 사용해 악성 스크립트를 애플리케이션에 삽입하고 취약점을 확인할 수 있다. 그리고 DAST는 CI 파이프라인에 통합할 수 있다. 애플리케이션에 따라 테스트 시간이 오래 걸릴 수 있기 때문에 실행할 단계를 적절히 선택해야 한다(〈Chapter 4 지속적 테스트〉 참고). OWASP ZAP를 사용해 DAST를 수행하는 방법은 〈7.3 실습〉에서 다룬다.

> **NOTE** 대화형 애플리케이션 보안 테스트interactive application security testing(IAST)[171]는 SAST와 DAST를 결합하여 실행 중인 애플리케이션의 작동을 분석하는 새로운 방식으로, 소프트웨어 조작을 통해 보안 취약점을 실시간으로 찾는다. IAST는 계속해서 발전하고 있으며, IAST 도구로는 콘트라스트 시큐리티Contrast Security와 아큐네틱스Acunetix가 있다.

수동 탐색적 테스트

수동 탐색적 테스트를 수행하면서 모든 계층(UI, 서비스, 데이터베이스)에 대한 위협 모델링을 통해 보안 관련 테스트 케이스를 도출할 수 있다. 크롬 개발자 도구와 포스트맨을 사용해 보안 테스트 케이스를 수행하는 방법은 〈7.4.3 크롬 개발자 도구와 포스트맨〉에서 다룬다.

---

171 *https://oreil.ly/mbpNW*

침투(펜) 테스트

애플리케이션의 중요도와 개발 팀의 보안 역량에 따라 필요하다면 개발 주기 후반에 보안 전문가가 테스트에 참여해 침투 테스트를 수행한다. 이를 통해 애플리케이션 보안에 심각한 문제가 될 수 있는 취약점을 미리 찾을 수 있다.

런타임 애플리케이션 자가 보호(RASP)

앞서 설명한 SAST, DAST 같은 테스트는 애플리케이션 코드에서 취약점을 찾는 데 도움이 된다. 하지만 실제 상용 환경에서 공격이 성공하지 못하도록 방어할 계층이 필요하다. 런타임 애플리케이션 자가 보호 runtime application self protection (RASP)는 애플리케이션을 모니터링하여 상용 환경에서 잠재적인 공격이 발생하는 것을 방지한다. 트위스트락 Twistlock과 아쿠아 시큐리티 Aqua Security 같은 RASP[172] 도구는 애플리케이션 런타임 내에서 작동하며 애플리케이션 작동에 관한 지식을 구축함으로써 기존의 방화벽 개념을 확장한다. RASP는 런타임에서 애플리케이션 프로세스를 수신하고 보호 조치를 자동으로 수행한다. 예를 들어 크립토마이닝 cryptomining 프로세스[173]를 감지하여 자동으로 종료하고 요청 페이로드를 검사하여 악성 공격이 포함된 페이로드일 경우 요청을 거부하며 맬웨어 공격을 차단한다. RASP 도구는 현재 유료 제품으로만 제공된다.

다음 절에서는 일부 도구를 실제로 적용하는 방법에 관해 알아보자.

7.3 실습

이번 절에서는 OWASP Dependency-Check를 사용해 자동화된 SCA를, OWASP ZAP를 사용해 DAST를 수행하고, 지속적인 피드백을 받기 위해 CI에 통합하는 방법을 다룬다.

7.3.1 OWASP Dependency-Check

앞서 살펴본 것처럼 일반적인 위협 요소는 의존성에 존재하는 취약점이다. OWASP

---

172 *https://oreil.ly/29Cw5*
173 옮긴이_ 크립토마이닝 프로세스는 암호화폐를 채굴하는 프로세스다.

Dependency-Check는 프로젝트 라이브러리 및 외부 의존성에 알려진 취약점을 스캔하는 오픈소스 SCA 도구다. OWASP Dependency-Check는 명령줄을 통해 사용하거나 젠킨스 또는 메이븐 플러그인으로 사용할 수 있다.

설정 및 워크플로

다음 단계에 따라 명령줄에서 Dependency-Check 도구를 설치하고 Chapter 3에서 생성한 셀레니움 웹 드라이버 자동화 테스트 프로젝트에 대해 취약점 스캔을 실행한다.

1 macOS에서 Dependency-Check를 설치하려면 다음 명령어를 실행한다.

```
$ brew install dependency-check
```

다른 OS를 사용할 경우 공식 웹 사이트[174]에서 Dependency-Check ZIP 파일을 다운로드한다.

2 설치를 완료했다면 다음 명령어로 셀레니움 웹 드라이버 자동화 프로젝트에 대한 취약점 스캔을 실행한다.

```
// macOS
$ dependency-check --project project_name -s project_path --prettyPrint175

// 이전 단계에서 다운로드한 ZIP 파일의 압축을 푼 경우
// 윈도우의 경우 bin 폴더 안에 dependency-check.bat 파일이 있다.
> dependency-check.bat --project "project_name" --scan "project_path"
```

취약점 스캔 명령어를 CI 파이프라인에 통합하여 취약점이 발견되면 CI가 실패하게 만들 수 있다.

---

174 *https://oreil.ly/ICEKY*
175 옮긴이_셀레니움 웹 드라이버 자동화 프로젝트 폴더에서 명령어를 실행할 경우 project_path를 .(현재 경로)으로 입력한다.

3 스캔을 완료하면 HTML 스캔 결과 보고서를 생성한다(셀레니움 웹 드라이버 프로젝트에는 취약점이 있을 수도 있고 없을 수도 있다). 취약점이 있는 보고서 예제는 [그림 7-8]과 같다.

Summary

Display: Showing Vulnerable Dependencies (click to show all)

Dependency	Vulnerability IDs	Package	Highest Severity	CVE Count	Confidence	Evidence Count
jquery-1.8.2.min.js		pkg:javascript/jquery@1.8.2.min	MEDIUM	5		3

Published Vulnerabilities

CVE-2012-6708 suppress

jQuery before 1.9.0 is vulnerable to Cross-site Scripting (XSS) attacks. The jQuery(strInput) function does not differentiate selectors from HTML in a reliable fashion. In vulnerable versions, jQuery determined whether the input was HTML by looking for the '<' character anywhere in the string, giving attackers more flexibility when attempting to construct a malicious payload. In fixed versions, jQuery only deems the input to be HTML if it explicitly starts with the '<' character, limiting exploitability only to attackers who can control the beginning of a string, which is far less common.

CWE-79 Improper Neutralization of Input During Web Page Generation ('Cross-site Scripting')

그림 7-8 OWASP Dependency-Check 스캔 결과

[그림 7-8]의 보고서를 보면 알 수 있듯이 OWASP Dependency-Check는 jquery-1.8.2 라이브러리에서 취약점을 발견했다. 보고서는 CVE-2012-6708 취약점으로 'jQuery 1.9.0 이전 버전은 XSS 공격에 취약하다'고 설명하며 라이브러리를 적절하게 업데이트하도록 안내한다.

7.3.2 OWASP ZAP

OWASP ZAP는 배포된 애플리케이션에서 DAST를 수행하는 오픈소스 도구로, 미리 구성한 자동화 스크립트를 애플리케이션에 대한 공격으로 사용하여 알려진 취약점을 확인한다. ZAP는 브라우저와 애플리케이션 사이에서 중간자man-in-the-middle 도구로 작동하며, 브라우저와 애플리케이션이 주고받은 메시지를 분석해 알려진 취약점을 탐지하고 다양한 공격을 수행하기 위해 메시지를 수정한다. 보안 기본 사항을 처음 접하는 팀은 이를 통해 보안 문제를 쉽게 찾을 수 있다. 또한 ZAP는 구성 및 애드온add-on을 통해 여러 기능을 지원하므로 보안 전문가가 고급 스크립트를 추가할 수 있다. ZAP가 제공하는 기능을 자세히 알고 싶다면 공식 웹 사이트의 문서[176]를 참고하자. ZAP는 셀레니움과 같은 도구와 통합될 수 있으므로 CI에서 쉽게 실행할 수 있다.

176 *https://oreil.ly/v7gmD*

설정

macOS에 ZAP를 설치하려면 다음 명령어를 실행한다.

```
$ brew install cask owasp-zap
```

다른 OS를 사용할 경우 공식 웹 사이트[177]에서 설치 바이너리를 다운로드한다.

워크플로

설치를 완료했다면 [그림 7-9]와 같이 ZAP 데스크톱 UI를 실행한다(macOS의 경우 앱 스토어에서 설치한 애플리케이션이 아니기 때문에 앱 실행 권한을 부여해야 한다).

그림 7-9 ZAP 데스크톱 UI

첫 번째 단계는 ZAP가 공격할 수 있도록 내부 애플리케이션 URL과 UI 구성 요소에 관해 교육하는 것이다. [그림 7-9]와 같이 [Manual Explore] 옵션을 사용하거나 ZAP 스파이더를 사용해 작업을 수행할 수 있다.

---

177 https://oreil.ly/lXZ9t

▶ **수동 탐색**

애플리케이션을 수동으로 탐색하려면 ZAP 데스크톱 UI에서 [Manual Explorer] 버튼을 클릭한다. 그러면 [그림 7-10]과 같은 애플리케이션 URL 입력 화면이 열린다.

⚠ 공개된 웹 사이트를 대상으로 ZAP를 사용하면 안 된다. 승인 없이 웹 사이트에서 보안 테스트를 수행하는 것은 불법이다.

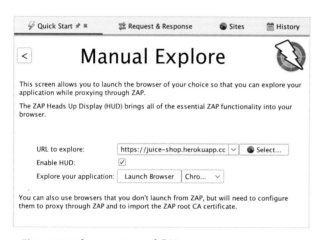

그림 7-10 ZAP [Manual Explore] 옵션

OWASP는 보안 테스트에 관해 배울 수 있는 OWASP Juice Shop[178]이라는 기니피그 웹 사이트를 제공한다. 여기서는 OWASP Juice Shop URL을 사용한다. ZAP는 파이어폭스와 크롬을 모두 지원하므로 익숙한 브라우저를 선택하기 바란다. 브라우저가 애플리케이션을 열면 사용자 흐름을 수동으로 살펴본다. ZAP는 백그라운드에서 애플리케이션을 스캔하고 관련 세부 정보를 기록한다.

[그림 7-10]과 같이 [Enable HUD] 항목에 체크한다. 헤드업 디스플레이^{heads-up display}(HUD)는 ZAP에서 제공하는 브라우저 오버레이로, 웹 사이트 위에 표시된다. HUD를 사용하면 데스크톱 ZAP UI와 브라우저를 전환할 필요가 없다. HUD를 활성화한 경우 [그림 7-11]과 같이 Juice Shop 웹 사이트의 왼쪽과 오른쪽 패널에 HUD가 표시된다.

---

178 *https://oreil.ly/BdI8D*

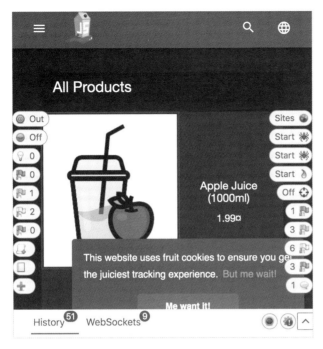

그림 7-11 HUD가 활성화된 Juice Shop 웹 사이트

수동으로 웹 사이트를 탐색하면 오른쪽 패널에서 사이트 트리가 수집되는 [Sites] 아이콘을 확인할 수 있고 하단의 [History]에서 방문한 URL 목록을 확인할 수 있다.[179] ZAP는 애플리케이션을 공격할 때 사이트 트리, 히스토리와 같은 세부 정보를 활용한다.

▶ ZAP 스파이더

ZAP 스파이더를 사용하면 수동으로 웹 사이트를 탐색하지 않아도 된다. ZAP 스파이더는 셀레니움 웹 드라이버를 사용해 웹 사이트를 자동으로 탐색하고 모든 애플리케이션 URL과 UI 구성 요소를 수집한다. 단순 스파이더([Sites] 버튼 아래 회색 거미 아이콘)를 사용하면 자바스크립트 구성 요소를 탐색할 수 없지만 Ajax 스파이더[180] (빨간색 거미 아이콘)를 사용하면 자바스크립트 구성 요소를 탐색할 수 있다. 따라서 단순 스파이더와 Ajax 스파이더를 모두 사용하면 애플리케이션 구성 요소를 완전히 탐색할 수 있다.

---

179 옮긴이_ 수동으로 사이트를 탐색하려면 [Launch Browser] 버튼을 클릭한다.

180 *https://oreil.ly/oifnD*

▶ **스캐닝**scanning

ZAP 스파이더는 백그라운드에서 패시브passive 스캐닝으로 애플리케이션 정보를 수집한다. ZAP는 또한 액티브active 스캐닝으로 애플리케이션 공격을 수행할 수 있다.

- 패시브 스캔은 브라우저와 웹 애플리케이션이 주고받은 메시지를 읽고 취약점을 검사한다(공격과 같이 중간에서 메시지를 수정하지는 않는다). ZAP 스파이더가 수집한 취약점 경고는 오른쪽과 왼쪽 패널의 경고 아이콘에서 확인할 수 있다. 취약점 경고는 [그림 7-11]과 같이 심각도에 따라 High, Medium, Low로 우선순위가 정해지며 빨간색, 주황색, 노란색 플래그로 그룹화된다. 각 플래그를 클릭하면 해당 취약점에 관한 세부 정보를 볼 수 있다. 취약점에 관한 자세한 로그는 ZAP 데스크톱 UI에서 확인할 수 있다. 예를 들어 [그림 7-12]와 같이 ZAP 데스크톱 UI에서 사설 IP 주소가 노출되는 취약점에 관한 세부 로그를 확인할 수 있다.

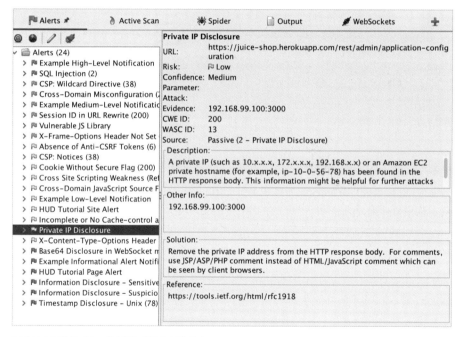

그림 7-12 ZAP 데스크톱 UI의 패시브 스캔 결과

- 액티브 스캔은 요청을 가로채고 수정하며 SQL 삽입과 같은 알려진 취약점이 있는지 검사하면서 애플리케이션을 공격한다. HUD 오른쪽 패널의 네 번째 아이콘(Ajax 스파이더 하단 아이콘)을 클릭하면 액티브 스캔이 시작된다. ZAP는 웹 사이트를 한 페이지씩 탐색하며 다양한 유형의 공격을 모방한다. 액티브 스캔을 완료하는 데는 시간이 소요되며 스캔을 완료하면 플래그에서 취약점을 확인할 수 있다. 액티브 스캔을 통해 Juice Shop 웹 사이트에서 발견한 SQL 삽입 취약점은 [그림 7-13]과 같다.

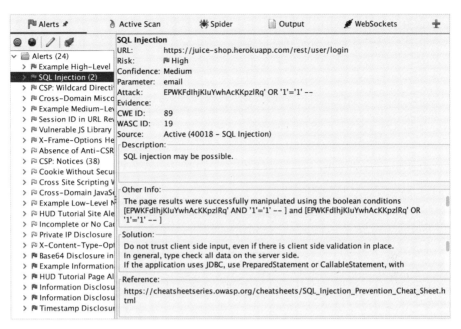

그림 7-13 액티브 스캔으로 발견한 SQL 삽입 취약점

ZAP를 사용해 DAST를 수행하는 방법은 매우 간단하다. ZAP 데스크톱 UI에서 애플리케이션을 열고, 스파이더를 사용해 패시브 스캔을 수행하고, 액티브 스캔을 실행하기만 하면 된다!

▶ CI에 ZAP 통합하기

ZAP를 통해 애플리케이션 취약점을 확인했다면 이제 취약점 목록을 분석하고 수정할 취약점을 결정해야 한다. 여기에는 많은 시간과 전문 지식이 필요하다. 필자는 이러한 작업을 마지막에 몰아서 하기보다는 ZAP를 CI에 통합해 중간 과정에서 지속적으로 피드백을 받고 처리하기를 권한다.

> **NOTE** 앞서 언급했듯이 애플리케이션에 따라 액티브 스캔을 완료하는 데 오랜 시간이 걸릴 수 있다(때로는 몇 시간까지 걸릴 수 있다). 이 경우 야간 회귀 단계로 CI와 통합하거나 모든 사용자 스토리에서 사용할 수 있는 수동 트리거를 포함하도록 선택할 수 있다.

CI와 통합하기 위해 ZAP는 다음과 같은 API를 제공한다.

- `zap.urlopen(target)`: 애플리케이션을 연다.

- `zap.spider.scan(target)`: ZAP 스파이더를 실행해 패시브 스캔을 수행한다.

- `zap.ascan.scan(target)`: 액티브 스캔을 실행한다.

- `zap.core.alerts()`: 결과를 출력한다.

자바스크립트 또는 파이썬 스크립트에서 이러한 API를 사용해 스캔을 수행할 수 있으며, ZAP CLI[181]를 사용해 CI와 통합할 수 있다.

셀레니움 웹 드라이버 기능 테스트에서 ZAP API를 사용하면 CI 파이프라인 내 일반적인 기능 테스트처럼 ZAP를 실행할 수 있다. 웹 사이트 로그인과 같이 ZAP가 자체적으로 수행할 수 없는 작동은 웹 드라이버가 대신 수행할 수 있다. [예제 7-3]은 애플리케이션을 스캔하고 취약점을 발견하는 경우 실패하는 테스트 예제다. 애플리케이션의 스캔 시간에 따라 대기가 필요한 경우 적절한 대기 시간을 추가해야 한다.

예제 7-3 셀레니움 테스트에서 ZAP 스캔 수행

```
@Test
public void testSecurityVulnerabilities() throws Exception {

    zapScanner = new ZAProxyScanner(ZAP_PROXYHOST, ZAP_PROXYPORT, ZAP_APIKEY);
    login.loginAsUser();

    // 1단계: ZAP API를 사용할 앱 지정
    zapSpider.spider(BASE_URL)

    // 2단계: 패시브 스캔 활성화
    zapScanner.setEnablePassiveScan(true);

    // 3단계: 액티브 스캔 시작
    zapScanner.scan(BASE_URL);

    // 4단계: 경고를 기록한 후 경고 수 검증
    List<Alert> alerts = filterAlerts(zapScanner.getAlerts());
```

---

181 *https://oreil.ly/3S67c*

```
    logAlerts(alerts);
    assertThat(alerts.size(), equalTo(0));
}
```

ZAP는 [그림 7-14]와 같이 취약점에 대한 HTML 보고서를 생성한다. HTML 보고서는 CI에 출력 아티팩트로 저장할 수 있다.

High (Medium)	SQL Injection
Description	SQL injection may be possible.
URL	https://juice-shop.herokuapp.com/rest/user/login
Method	POST
Parameter	email
Attack	EPWKFdIhjKluYwhAcKKpzlRq' OR '1'='1' --
URL	https://juice-shop.herokuapp.com/rest/user/login
Method	POST
Parameter	email
Attack	VqqxCXFFxHhqClxYYvCGioKa' OR '1'='1' --
Instances	2
	Do not trust client side input, even if there is client side validation in place.
	In general, type check all data on the server side.
	If the application uses JDBC, use PreparedStatement or CallableStatement, with parameters passed by '?'

그림 7-14 ZAP HTML 보고서

CI/CD에 GitHub Actions를 사용하는 경우 사전에 정의된 OWASP ZAP Baseline Scan[182] 과 OWASP ZAP Full Scan[183] 액션을 사용해 ZAP를 쉽게 통합할 수 있다. 해당 액션은 ZAP 스캔을 수행하고 취약점을 발견한 경우 GitHub 이슈에 등록한다.

이번 절에서 설명한 것 외에도 ZAP는 다음과 같이 다양한 유형의 탐색적 보안 테스트 기능을 제공한다.

- API의 보안 테스트를 수행하기 위해 OpenAPI 스펙을 사용할 수 있다.
- 특정 테스트 데이터를 요청에 삽입하고 작동을 관찰할 수 있는 브레이크[Breaks] 기능을 제공한다. 예를 들어 API가 SQL 삽입에 대한 입력 매개변수를 검증하는지 테스트하기 위해 브레이크 기능을 사용할 수 있다.

---

182 *https://oreil.ly/Ht7hI*
183 *https://oreil.ly/aaxT2*

- 브라우저에서 요청을 재생할 수 있다.

- HTML에서 숨겨진 특정 키워드를 강조 표시하는 기능을 제공한다.

- 애플리케이션에서 숨겨진 입력 필드를 공개하는 기능을 제공한다.

- 전문가가 미리 작성한 스크립트를 애드온으로 사용해 원하는 유형의 공격을 수행할 수 있다.

전반적으로 ZAP는 보안에 관해 많은 것을 배우고 시도해볼 수 있는 좋은 도구다.

7.4 추가 테스트 도구

SAST 및 수동 탐색적 테스트를 지원하는 보안 관련 테스트 도구를 좀 더 알아보자.

7.4.1 스닉 IDE 플러그인

스닉 JetBrains IDE 플러그인[184]은 SCA와 SAST 기능을 모두 제공한다. 모든 기능이 무료이며 IntelliJ IDE, WebStorm, PyCharm 같은 모든 JetBrains IDE와 함께 사용할 수 있다. 또한 개발 단계에서 애플리케이션 코드와 의존성의 취약점을 확인할 수 있어 매우 유용하다. [그림 7-15]는 IntelliJ IDE 하단 패널에 표시된 취약점 스캔 결과다. 스닉은 애플리케이션 코드에서 '정보 노출Information disclosure' 취약점을 강조한다. 또한 취약점을 수정하기 위한 방안을 제공하여 개발자가 보안을 쉽게 구축할 수 있도록 도와준다.

그림 7-15 스닉 IDE 플러그인 스캔 결과

---

184 https://oreil.ly/8Vq7c

스닉은 CLI를 지원하지만 CI와 통합은 SCA 기능만 제공한다. 스닉에서 제공하는 다른 보안 관련 서비스 제품군을 사용하려면 유료 옵션을 사용해야 한다.

7.4.2 탈리스만 커밋 전 훅

탈리스만[185]은 오픈소스 도구로, 버전 관리 시스템에 애플리케이션 코드를 커밋할 때 시크릿과 중요한 정보(비밀번호, SSH 키, 토큰 등)를 검색하고 이를 발견하면 경보를 발생시킨다. 탈리스만을 커밋 전 훅 또는 푸시 전 훅에 구성하면 시크릿이 코드에 포함되는 실수를 방지할 수 있다. 예를 들어 커밋 전 훅에 탈리스만을 설정한 경우 Git을 사용해 코드를 커밋하면 [예제 7-4]와 같은 스캔 결과를 확인할 수 있다.

예제 7-4 탈리스만 스캔 결과

```
$ git commit
Talisman Report:
+---------------+------------------------------------------------------------+
|     FILE      |                          ERRORS                            |
+---------------+------------------------------------------------------------+
| sampleCode.pem | The filename "sampleCode.pem"                             |
|                | failed checks against the                                |
|                | pattern ^.+\.pem$                                         |
+---------------+------------------------------------------------------------+
| sampleCode.pem | Expected file not to contain hex-encoded texts such as:   |
|                | awsSecretKey=                                             |
|                | c99e0c79ddcf5ddb02f1274db2d973f363f4f553ab1692d8d203b4cc09692f79 |
+---------------+------------------------------------------------------------+
```

스캔 결과 탈리스만은 애플리케이션 코드에서 awsSecretKey 시크릿을 검출했다. 크립토재킹 공격 사례에서 설명한 것처럼 GitHub 저장소를 돌아다니며 시크릿을 찾는 봇 공격이 있을 수 있기 때문에 탈리스만을 사용해보기를 권한다.

---

185 *https://github.com/thoughtworks/talisman*

7.4.3 크롬 개발자 도구와 포스트맨

크롬 개발자 도구와 포스트맨은 기능적 유스 케이스를 중심으로 한 수동 탐색적 보안 테스트에 유용하게 활용된다. [그림 7-16]은 포스트맨으로 API 요청에 인증 토큰을 구성한 것이다. 포스트맨을 사용하면 이와 같은 보안 관련 탐색 테스트를 수행할 수 있다(포스트맨의 자세한 사용 방법은 〈Chapter 2 수동 탐색적 테스트〉를 참고하자). 이러한 기능을 사용하면 변조된 액세스 토큰이나 만료된 액세스 토큰과 같은 시나리오를 테스트할 수 있다.

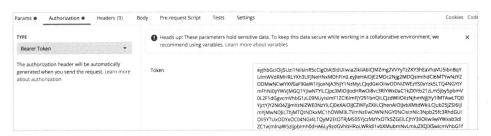

그림 7-16 포스트맨 액세스 토큰 설정

마찬가지로 크롬 개발자 도구의 Security 탭을 사용하면 HTTPS를 통해 페이지가 제대로 서비스되는지 여부를 확인할 수 있다. 또한 타사 사이트의 리소스가 안전하게 제공되지 않을 경우 중간자 공격이 발생할 수 있음을 강조한다.

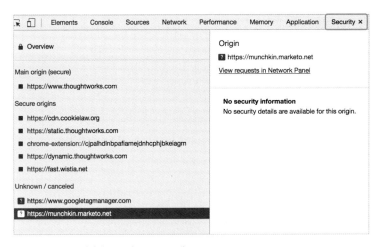

그림 7-17 크롬 개발자 도구의 Security 탭

이번 절에서 살펴본 보안 테스트 도구를 사용하면 소프트웨어 개발 주기에서 보안 테스트를 수행할 수 있으므로 전문 펜 테스터에 대한 보안 테스트 의존성이 줄어든다. 시프트 레프트 보안 테스트를 통해 보안 테스트를 미리 수행하여 심각한 보안 문제가 발생할 가능성을 줄이도록 하자.

7.5 (인사이트) 보안은 습관이다

애플리케이션의 보안을 강화하기 위해 지금까지 설명한 다양한 방법을 적용하더라도 보안을 습관화하지 않는다면 예상치 못한 취약점이 발생할 수 있다. 실제로 소프트웨어 팀의 몇 가지 일반적인 관행은 쉽게 보안 문제로 이어질 수 있다. 다음과 같은 질문을 스스로에게 던져보자.

- 개발 및 테스트를 지원하는 도구를 사용하기 전에 각 도구의 보안 측면을 생각해봤는가?
- 보안 도구가 사설 클라우드에 프로젝트 데이터를 저장하는지 확인해봤는가?
- 프로젝트의 아키텍처 다이어그램과 환경 세부 정보를 온라인 포털에 업로드한 적은 없는가?

상용 시스템의 자격 증명을 모든 팀원과 공유하는가? 만약 그렇다면 자격 증명을 일반 텍스트로 슬랙에 공유한 적은 없는가?

무의식적으로 행하는 사소한 관행이 나중에는 큰 보안 문제로 발전할 수 있다. 따라서 보안을 습관화하는 것이 매우 중요하다. 음식을 먹기 전에 상하지 않았는지 살펴보거나 길에서 누군가 따라오고 있는 건 아닌지 뒤를 돌아보는 것처럼 소프트웨어 팀은 보안이 습관화되도록 스스로를 훈련해야 한다. 우리가 수행하는 단순하고 의도하지 않은 행동이 보안에 문제를 일으킬 여지가 있는지 매일 스스로에게 질문하자!

요점 정리

- 오늘날 사이버 범죄는 만연해 있다. 전문가들은 사이버 범죄로 인한 사회적 비용이 몇 년 안에 10조 달러를 넘어설 것으로 예상한다.

- 실제로 다양한 유형의 디지털 플랫폼이 돈, 개인 데이터, 인프라 등을 목적으로 해킹되고 있다. 따라서 보안은 더 이상 단순히 '갖고 있으면 좋은 것 nice-to-have'이 아니다.

- 뚫을 수 없는 강력한 시스템을 구축하려면 분석부터 테스트까지 소프트웨어 개발 주기 전반에 걸쳐 적절한 보안 수단을 애플리케이션에 적용해야 한다.

- STRIDE 모델은 애플리케이션에 대한 보안 위협을 탐색하기 위한 구조화된 접근 방식으로 위협 모델링을 수행할 때 활용된다.

- 팀 전체가 사용자 스토리나 기능과 같은 애플리케이션 기능의 작은 부분에 대해 자주 위협 모델링 연습을 수행해야 한다. 이를 통해 악성 유저 스토리와 보안 관련 테스트 케이스를 도출할 수 있다.

- SAST, SCA, DAST 등 다양한 유형의 자동화된 보안 테스트, 수동 탐색적 테스트, 자동화된 기능 테스트 도구를 사용해 시프트 레프트 보안 테스트 전략을 구현할 수 있다.

- 자동화된 보안 테스트 도구를 통해 소프트웨어 팀은 펜 테스트에 대한 의존성을 줄일 수 있다.

- 가장 중요한 것은 보안을 습관화하는 것이다.

Chapter 8 > 성능 테스트

Time is money!

66 시간은 돈이다. 99

– 벤저민 프랭클린^{Benjamin Franklin}

누구나 한 번쯤은 평소에 즐겨 사용하는 웹 사이트가 갑자기 느려져 '내 인터넷 환경에 문제가 있나?'라고 생각했던 적이 있을 것이다. 특히 블랙프라이데이 세일 기간에 물건을 구입하거나 크리스마스 연휴에 숙소를 예약할 때 웹 사이트가 무한 로딩 상태에 빠지는 경우가 빈번하다. 이렇게 웹 사이트의 성능에 문제가 생기면 고객은 서비스에 큰 불만을 갖게 된다.

성능 문제로 인한 고객 불만을 줄이려면 성능을 지속적으로 측정하고 개선하기 위해 노력해야 한다. Chapter 8에서는 웹 사이트의 성능을 테스트하는 데 필요한 성능 KPI, API 성능 테스트, 프론트엔드 성능 테스트, 시프트 레프트 성능 테스트를 설명한다. 또한 API 및 프론트엔드 성능을 테스트하는 실습도 진행한다.

성능 테스트는 백엔드 테스트와 프론트엔드 테스트로 구분하여 수행되어야 하기 때문에 Chapter 8은 크게 두 부분으로 구성된다. 전반부에 백엔드 성능 테스트와 관련된 구성 요소, 실습, 추가 도구를 설명하고 후반부에 프론트엔드 성능 테스트를 설명한다. 시프트 레프트 성능 테스트 전략은 〈8.7 성능 테스트 전략〉에서 다룬다.

8.1 백엔드 성능 테스트 구성 요소

먼저 성능이 비즈니스 성공에 중요한 이유를 알아보자. 이번 절에서는 애플리케이션 성능에 영향을 미치는 요소, 웹 애플리케이션 성능을 나타내는 주요 지표와 측정 방법을 설명한다.

8.1.1 성능, 매출, 주말 휴무의 상관관계

애플리케이션 성능에 문제가 생기면 고객은 불편함을 느낀다. 우리는 페이지 로드 시간이 고객 행동에 미치는 영향을 이해해야 한다. **이탈률**bounce rate은 단일 페이지 방문 이후 웹 사이트를 떠나는 고객의 비율을 측정한 지표다. 이를 활용하면 단 몇 초의 웹 사이트 지연이 실제 고객 행동에 어떤 영향을 미치는지 파악할 수 있다.

[표 8-1]은 구글에서 게시한 페이지 로드 시간과 사용자 이탈률의 상관관계를 정리한 자료다. 이 자료에 따르면 이탈률을 증가시키는 가장 큰 요인은 웹 사이트의 성능이다. 웹 사이트의 페이지 로드 시간이 1초 증가할 때마다 사용자 이탈률이 증가하고 경쟁사에 고객을 빼앗기게 된다.

표 8-1 구글에서 게시한 페이지 로드 시간과 사용자 이탈률의 상관관계

페이지 로드 시간	사용자 이탈률
1~3초	32%
1~5초	90%
1~6초	106%
1~10초	123%

또한 구글의 검색 엔진 최적화search engine optimization(SEO) 알고리즘은 페이지 로드 시간이 오래 걸리는 웹 사이트의 검색 순위를 낮추기 때문에 해당 웹 사이트의 사용자 유입이 줄어들 수 있다. 구글은 자신들의 웹 사이트를 0.5초 내에 로드하는 것을 목표로 하고 있으며, 일반적인 웹 사이트의 경우 2초 이내에 로드할 것을 권장한다.

이탈하는 고객이 증가하면 매출에 타격을 입는다. 예를 들어 2018년 아마존은 프라임데이 행사의 트래픽을 처리하지 못해 7,200만~9,900만 달러의 손해를 봤다. 또한 성능 문제로 인한 고객 불만이 소셜 미디어를 통해 퍼지면 브랜드 평판이 나빠질 수 있다.

반대로 약간의 성능 향상이 매출을 크게 향상시킬 수 있다. 예를 들어 2016년 영국의 철도 운영 회사인 트레인라인Trainline은 평균 페이지 로딩 시간을 0.3초 단축시켜 연간 매출이 800만 파운드(1,100만 달러) 증가했다. 마찬가지로 프론트엔드 서비스 업체인 모비파이Mobify는 홈페이지 로딩 시간이 100ms 감소할 때마다 전환율이 증가해 연간 매출이 38만 달러 증가한다고 발표했다. 이러한 성능과 매출의 상관관계는 온라인 비즈니스의 매출을 개선하기 위한 첫 번째 단계가 애플리케이션 성능 향상이라는 점을 말해준다. 따라서 소프트웨어 팀은 성능 테스트에 시프트 레프트를 적용해 초기 단계에서 성능을 자주 검증해야 한다.

성능 문제는 이전 사례에서 살펴본 바와 같이 매출과 브랜드 평판에 직접적으로 영향을 미치기 때문에 개발 팀은 최대한 빨리 문제를 수정해야 한다는 중압감에 시달리게 된다. 따라서 소프트웨어 개발 주기 초기에 성능 테스트를 자주 수행하지 않는다면 나중에 상용 환경에서 발생하는 성능 문제를 해결하기 위해 야근과 주말 근무를 해야 할지도 모른다!

8.1.2 성능 목표

성능은 간단히 말해서 동시에 다수의 사용자에게 서비스를 제공할 수 있는 애플리케이션의 능력이다. 단일 사용자가 서비스를 이용하는 경우와 비교했을 때 애플리케이션 성능이 크게 저하되지 않아야 한다. 즉, 최종 사용자가 수용할 수 있는 성능 수준을 유지해야 한다. 따라서 성능을 테스트하려면 먼저 애플리케이션의 예상 피크 타임peak-time 사용자 수를 확인해야 한다. 그리고 해당 규모의 사용자가 동시에 서비스를 이용할 때 애플리케이션의 성능이 허용 가능한 수준인지 확인한다.

'허용 가능한 수준'은 사람의 인식 능력에 의해 크게 좌우된다. 웹 사용성 및 인간-컴퓨터 상호작용 연구자 제이콥 닐슨Jakob Nielsen의 연구에 따르면 웹 사이트의 응답 시간이 약 0.1초 미만일 때 사용자는 웹 사이트가 바로 반응한다고 느낀다. 응답 시간이 0.2초에서 1초일 때 사용자는 약간의 지연을 인식하지만 큰 불편함을 느끼지 않는다. 응답 시간이 1초가 넘어가면 사용자는 UI가 느리다고 생각하며 원하는 작업의 흐름이 끊겼다고 느낀다. 앞서 살펴본 바와 같이 구글의 통계에 따르면 웹 사이트가 3초 이상 지연되면 고객이 경쟁사로 떠날 위험이 있기 때문에 페이지 로드 시간을 2초 이내로 유지해야 한다.

성능을 원하는 수준으로 유지하려면 애플리케이션이 실행되기 전에 인프라 튜닝, 코드 최적화와 같은 작업을 여러 번 반복해야 한다. 이는 우리가 시프트 레프트 성능 테스트 전략을 채택해야 하는 중요한 이유가 된다.

8.1.3 성능에 영향을 미치는 요소

애플리케이션의 성능 목표를 달성하는 것은 그리 간단하지 않다. 여기서는 애플리케이션 성능에 영향을 미치는 몇 가지 요소를 소개한다.

아키텍처 설계

아키텍처 설계는 웹 사이트 성능에 중요한 역할을 한다. 예를 들어 웹 서비스의 책임이 적절하게 구분되지 않으면 UI에서 다른 서비스로 여러 번 호출해야 하기 때문에 응답이 지연된다. 마찬가지로 올바른 수준에서 적절한 캐싱 메커니즘이 구현되지 않으면 웹 사이트 성능이 나빠질 수 있다.

기술 스택 선택

애플리케이션의 각 계층은 다양한 스택의 기술로 개발된다. 이러한 기술이 적절한 조화를 이루지 못하면 애플리케이션 전체 성능에 문제가 생길 수 있다. 예를 들어 언어(자바, 루비, Go, 파이썬 등)의 선택이 AWS 람다 콜드 스타트업 시간에 영향을 미칠 수 있다.

코드 복잡도

복잡한 코드나 잘못 작성된 코드(복잡한 알고리즘, 긴 연산, 유효성 검사 누락, 중복 등)는 종종 성능에 영향을 미친다. 빈 문자열로 검색을 요청하는 경우를 생각해보자. 검색 엔드포인트가 몇 가지 간단한 입력 데이터 유효성 검사를 수행하고 빠르게 오류를 응답하는 것이 좋다. 유효성 검사를 수행하지 않으면 검색 서비스가 데이터베이스에 입력 데이터를 조회한 다음 오류를 반환하기 때문에 응답 시간이 불필요하게 길어진다.

데이터베이스 선택 및 설계

데이터베이스는 애플리케이션 성능에 중요한 역할을 한다. 〈Chapter 5 데이터 테스트〉에서 소개한 바와 같이 다양한 유형의 데이터베이스가 존재하는데, 애플리케이션에 요구되는 성능 수준에 따라 데이터베이스 유형을 선택하고 내부 데이터를 적절하게 구성해야 한다. 예를 들어 단일 구매 주문의 세부 정보를 여러 테이블에 걸쳐 저장하면 통합이 필요하며 최종 주문의 검색이 지연될 수 있다. 따라서 성능을 염두에 두고 데이터 구조를 적절하게 설계해야 한다.

네트워크 지연 시간

네트워크는 모든 애플리케이션의 중추 신경계 역할을 한다. 애플리케이션의 모든 구성 요소는 네트워크를 통해 내부적으로 통신한다. 따라서 동일한 데이터 센터 또는 여러 데이터 센터에 있는 구성 요소 간의 연결을 안정적으로 유지하는 것이 중요하다. 전 세계의 최종 사용자는 2G, 3G, 4G, WiFi 같은 네트워크를 사용해 애플리케이션과 상호 작용한다. 사용자의 네트워크는 소프트웨어 팀에서 통제할 수 없지만 소프트웨어 팀은 네트워크 속도가 느린 사용자를 고려해야 한다. 모든 사용자 환경에서 애플리케이션의 성능을 높이려면 이미지와 데이터의 전송 용량이 너무 크지 않게 UX를 설계해야 한다.

애플리케이션 및 사용자의 지리적 위치

웹 사이트 사용자가 특정 지역에만 있는 경우 해당 지역과 물리적으로 가까운 거리에서 호스팅되는 인프라를 사용하면 네트워크 홉^{hop}의 수가 줄어 지연 시간을 줄일 수 있다. 예를 들어 유럽 지역의 고객을 위한 웹 사이트가 싱가포르에서 호스팅되는 경우 유럽과 싱가포르 사이의 여러 네트워크 홉을 거쳐야 한다. 이를 개선하기 위해 웹 사이트를 유럽에서 호스팅하면 최종 사용자가 경험하는 성능을 높일 수 있다. 웹 사이트가 전 세계 고객들에게 서비스된다면 콘텐츠 전송 네트워크$^{content\ delivery\ network}$(CDN)를 사용해 여러 지역에 복제본을 호스팅하는 전략을 사용할 수 있다. 클라우드 인프라를 사용한다면 대상 고객과 물리적으로 더 가까운 리전을 사용해야 한다(이와 관련된 일반적인 실수는 개발 팀의 물리적 위치와 더 가까운 리전을 사용하는 것이다).

인프라

인프라는 시스템의 모든 근육을 지탱하는 뼈대 역할을 한다. CPU, 메모리 측면에서 인프라의 성능은 시스템 처리 능력에 직접적인 영향을 미친다. 높은 성능의 시스템을 제공하기 위해서는 인프라 설계에 많은 고민이 필요하다. 인프라 엔지니어는 애플리케이션에 적합한 인프라를 설계하기 위해 성능 테스트 결과를 지속적으로 관찰해야 한다.

서드파티 통합

서드파티 구성 요소와 통합하는 경우 애플리케이션은 해당 구성 요소의 성능에 영향을 받는다. 서드파티 구성 요소의 지연 시간은 애플리케이션 자체의 지연 시간을 증가시킨다. 예를 들어 〈Chapter 3 자동화된 기능 테스트〉에서 소개한 일반적인 이커머스 애플리케이션은 PIM 시스템, 창고 관리 시스템과 같은 외부 시스템에 연동되어 영향을 받을 수 있다. 따라서 서드파티 구성 요소를 선택할 때는 해당 구성 요소의 성능을 고려해야 한다.

실제 사례와 유사한 환경에서 성능 테스트를 수행하려면 이러한 모든 요소를 고려해야 한다. 예를 들어 네트워크, 인프라, 지리적 위치 등이 상용 환경과 유사한 테스트 환경을 구축해야 한다. 그렇지 않으면 정확한 성능을 측정할 수 없다.

8.1.4 핵심 성과 지표

애플리케이션의 성능을 측정하거나 테스트하려면 정량적인 핵심 성과 지표^{Key Performance} ^{Indicator}(KPI)를 수집해야 한다. 개발 주기 전반에 걸쳐 KPI를 지속적으로 측정하면 더 적은 노력으로도 조기에 성능을 개선할 수 있다. 일반적으로 모니터링해야 하는 KPI는 다음과 같다.

응답 시간

응답 시간은 애플리케이션이 사용자 요청에 응답하는 데 걸리는 시간으로, API 응답 시간과 프론트엔드가 페이지를 완전히 로드하는 데 걸리는 시간을 모두 포함한다. 예를 들어 제품 검색의 경우 검색 서비스 API로 조회하고 프론트엔드에서 고객에게 표시하는 데 걸리는 시간을 말한다. 앞서 보았듯이 웹 애플리케이션에서 권장하는 최대 응답 시간은 3초다. 응답 시간이 3초를 초과하면 고객 이탈률이 급증한다.

동시성/처리량

특정 시점에 전 세계의 수많은 사용자가 웹 사이트에 접속할 수 있다. 실제로 증권 사이트 같은 고속 애플리케이션은 초당 수백만 건의 트랜잭션을 처리한다. 애플리케이션이 주어진 시점에 허용 가능한 범위 내에서 주어진 사용자 규모를 감당할 수 있는지 확인하는 것을 **동시성**^{concurrency} 측정이라 한다. 예를 들어 애플리케이션이 500명의 동시 사용자에게 3초 이내에 응답할 수 있는지 검증할 수 있다.

'동시 사용자'라는 용어는 비즈니스와 소프트웨어 팀에서 일반적으로 사용된다. 하지만 시스템 관점에서 동시성을 생각해보면, 시스템은 최종 사용자와 다른 구성 요소로부터 다양한 요청을 받고 이러한 요청이 병렬 스레드에 의해 처리되도록 대기열에 등록한다. 실제 처리는 스레드가 작업을 선택한 후 진행된다. 따라서 동시 사용자 수를 지표로 삼는 것은 적절하지 않다. 좀 더 측정하기 좋은 지표는 **처리량**^{throughput}이다. 처리량은 일정 시간 동안 시스템이 처리할 수 있는 요청의 수를 측정한다.

처리량에 관한 이해를 돕기 위해 매우 짧은 다리를 건너는 자동차를 생각해보자. 교통 흐름이 원활하다면 각 자동차는 수백 밀리초 안에 다리를 건널 수 있을 것이다. 따라서 1초 안에 다리를 건너는 총 차량의 수는 30~40대가 되는데, 이때 초당 30~40대의 차량이라는 수치가 처리량이다.

동시성과 처리량은 서버 용량 계획 시 유용하게 활용되며 다양한 상황에서 중요한 결정을 내리는 데 사용된다.

가용성

가용성은 주어진 연속 기간 동안 허용 가능한 수준 내에서 최종 사용자에게 응답할 수 있는 시스템의 능력을 측정한 것이다. 일반적으로 웹 사이트는 계획된 유지 보수 작업 시간을 제외하고 24시간 내내 사용 가능한 상태여야 한다. 실행 후 처음 30분 동안은 애플리케이션이 잘 작동할 수 있지만 시간이 지남에 따라 메모리 누수, 병렬 배치 작업으로 인한 인프라 과부하, 그 밖의 예측할 수 없는 이유로 응답률이 저하될 수 있다. 따라서 가용성은 반드시 측정해야 하는 중요한 지표다.

KPI에 관해 논의했으니 이제 KPI를 측정하는 방법을 알아보자.

8.1.5 성능 테스트 유형

KPI를 측정하려면 유형에 따라 성능 테스트를 구체적으로 설계해야 한다. 다음은 일반적인 성능 테스트 유형이다.

볼륨 테스트(부하 테스트)

앞서 논의한 바와 같이 동시성 또는 처리량을 측정하여 애플리케이션이 허용 가능한 시간 내에 예상 사용자 볼륨에 서비스를 제공할 수 있는지 검증한다. 예를 들어 검색 기능의 허용 가능한 응답 시간을 2초로 지정하고, 검색 기능이 사용자 300명의 볼륨에 대해 2초 이내에 응답하는지 검증한다. 이렇게 사용자 볼륨을 시뮬레이션하고 애플리케이션이 예상 목표 응답 시간을 만족하는지 확인하는 성능 테스트를 **볼륨 테스트** volume test 또는 **부하 테스트** load test 라고 한다. 일관성을 관찰하고 애플리케이션을 벤치마킹해 평균값을 측정하려면 이러한 테스트를 여러 번 반복해야 한다.

스트레스 테스트

일반적으로 사용자가 많이 몰릴 때 애플리케이션의 성능이 저하되기 시작한다. 예를 들어 수용 가능한 사용자 한도가 X명인 경우 한도 내에서는 애플리케이션이 잘 작동하지만 사용자가 X명을 초과하면 응답에 지연이 발생하기 시작한다. 그리고 $X+n$명에 도달하면 결국에는 응답 오류가 발생한다. 우리는 이 수치를 정확하게 측정해야 한다. 이는 애플리케이션을 새로운 지역으로 확장하거나 할인 이벤트를 위한 인프라를 계획하는 데 활용될 수 있다. **스트레스 테스트**는 볼륨 테스트의 한계를 넘기 위해 작은 단위로 애플리케이션의 부하를 천천히 증가시켜 오류가 발생하는 지점을 찾는 테스트다.

담금 테스트

애플리케이션이 수용 가능한 볼륨 내에서 실행되더라도 인프라 문제, 메모리 누수 등의 문제가 발생하면 응답 시간이 길어질 수 있다. **담금 테스트** soak test 는 이러한 상황을 검증하기 위한 성능 테스트로, 애플리케이션에 장시간 일정한 양의 부하를 발생시키고 작동을 관찰한다.

성능 테스트를 설계할 때 유의할 점은 현실적인 범위 내에서 테스트해야 한다는 것이다. 부하가 극단적으로 높은 상황과 같이 애플리케이션에 발생할 가능성이 매우 낮은 경우를 테스트하는 것은 권하지 않는다. 예를 들어 모든 사용자가 정확히 같은 순간에 애플리케이션에 로그인할 확률은 매우 낮다. 더 현실적인 상황은 몇 밀리초의 간격을 두고 사용자가 로그인하는 것이다. **램프 업** ramp-up **시간**은 테스트 시작과 모든 가상 사용자가 연결된 것으로 간주되는 시간 사이의 지연 시간이다. 예를 들어 램프 업 시간 설계를 통해 1분 이내에 100명의 사용자를 늘리려는 계획을 세울 수 있다.

또한 실제 사용자는 로봇이 아니기 때문에 로그인, 제품 검색, 구매를 밀리초 이내에 완료할 수 없다. 최소 몇 초 동안 생각하고 행동하기 때문에 로그인 후 제품을 구매하는 데 일반적으로 몇 분이 걸린다. 이를 성능 테스트 용어로 **인지 시간**think time이라 한다. 테스트 케이스에 적절한 인지 시간을 포함시키고 사용자 작업을 몇 초 또는 몇 분 간격으로 분산시켜야 한다. 인지 시간과 관련된 또 다른 개념으로 **페이싱**pacing이라는 용어가 있다. 페이싱은 사용자 작업이 아닌 트랜잭션 사이의 시간을 정의한다. 실제로 사용자는 일정 시간이 지나면 트랜잭션을 다시 시작할 수 있다. 따라서 피크 시간 동안 1,000개의 트랜잭션이 예상되는 경우 페이싱 시간을 구성해 트랜잭션 시간을 분산시킬 수 있다. 애플리케이션 성능을 현실적으로 측정하려면 램프 업 시간, 인지 시간, 페이싱 시간을 잘 구성해야 한다.

8.1.6 부하 패턴 유형

앞선 절에서는 KPI 측정에 사용되는 다양한 유형의 성능 테스트를 소개했다. 이러한 성능 테스트는 램프 업 시간, 인지 시간, 동시 사용자 수, 페이싱 시간 속성을 사용해 애플리케이션에 대한 다양한 부하 패턴을 만들 수 있다. 이번 절에서는 성능 테스트에서 사용하는 일반적인 부하 패턴을 소개한다.

지속적 증가 패턴

[그림 8-1]과 같이 지속적 증가 패턴에서 사용자 수는 주어진 시간 동안 점점 증가한다. 그리고 일정 기간 동안 부하를 유지하여 성능을 측정한다. 지속적 램프 업은 블랙프라이데이 세일과 같은 상황에서 발생할 수 있는 패턴이다. 일반적으로 애플리케이션에 접속하는 사용자가 조금씩 증가하다가 일정 시간 동안 유지되며 이후에는 지속적으로 부하가 줄어든다.

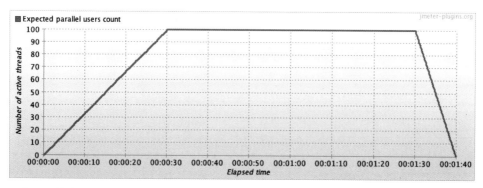

그림 8-1 사용자 수의 지속적 증가

단계적 증가 패턴

[그림 8-2]와 같이 단계적 증가 패턴에서는 주기적으로 사용자의 수가 배치 단위로 증가한다. 예를 들면 2분마다 사용자가 100명씩 증가한다. 사용자 수의 각 단계마다 애플리케이션의 성능을 관찰하고 측정하면 다양한 부하에 대해 애플리케이션을 벤치마킹하는 데 도움이 된다. 단계적 증가 패턴은 성능을 조정하거나 인프라 용량을 계획할 때 유용하게 활용된다.

NOTE 벤치마킹을 반복적으로 실행해 평균 응답 시간을 측정한다.

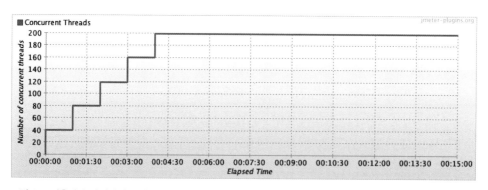

그림 8-2 사용자 수의 단계적 증가

피크-레스트 패턴

[그림 8-3]과 같이 피크-레스트 패턴에서 시스템 부하는 피크에 도달할 때까지 증가하다가 감소하며 이러한 과정을 반복한다. 이 패턴은 소셜 네트워크와 같이 하루 중 최대(피크) 부하가 주기적으로 변경되는 애플리케이션에서 관찰된다.

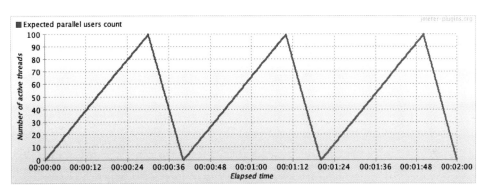

그림 8-3 피크-레스트 부하 패턴

성능 테스트 도구를 활용하면 이러한 패턴을 쉽게 생성할 수 있다. 성능 테스트 도구를 활용하는 방법은 〈8.2 실습〉에서 다룬다.

8.1.7 성능 테스트 단계

지금까지 KPI, 성능 테스트 유형, 부하 패턴을 살펴봤다. 이번 절에서는 실습을 위한 성능 테스트의 각 단계를 알아보자.

1단계 목표 KPI 정의

첫 번째 단계는 비즈니스 요구 사항에 따라 목표 KPI를 정의하는 것이다. 목표 수치를 정하는 가장 좋은 방법은 먼저 정성적으로 생각한 다음 숫자로 변환하는 것이다. 예를 들어 성능에 관한 정성적 사고는 다음과 같은 목표로 이어질 수 있다.

- 애플리케이션은 새로운 국가로 서비스를 확장할 수 있어야 한다.
- 애플리케이션은 경쟁사 X보다 성능이 더 좋아야 한다.
- 애플리케이션의 새로운 버전은 이전 버전보다 성능이 더 좋아야 한다.

이러한 정성적 목표는 자연스럽게 다음 단계로 이어진다. 만약 최신 애플리케이션 버전의 성능을 이전 버전보다 좋게 하는 것이 목표라면 이전 버전의 성능을 측정해 현재 버전의 성능 값이 더 나은지 확인해야 한다. 마찬가지로 경쟁사보다 더 높은 성능을 제공하는 것이 목표라면 경쟁사의 성능 값을 파악하고 비교해야 한다.

> **NOTE** 비즈니스 담당자들은 실제 사용 패턴을 반영하지 않는 성능 수치를 말하는 경향이 있다. 하지만 목표 KPI는 데이터를 기반으로 도출해야 한다.
>
> • 기존 애플리케이션이 있는 경우 상용 데이터를 분석해 KPI와 부하 패턴을 도출한다.
>
> • 새로운 애플리케이션을 개발하는 경우 경쟁사에 데이터를 요청한다.
>
> • 애플리케이션이 참조할 데이터가 없는 완전히 새로운 서비스라면 국가 전체의 인터넷 사용량, 피크 시간 등의 데이터를 사용해 목표 KPI를 산출한다.

2단계 테스트 케이스 정의

두 번째 단계는 부하 패턴, 성능 테스트 유형을 활용해 테스트 케이스를 작성하는 것이다. 테스트 케이스는 애플리케이션에서 중요한 엔드포인트의 가용성, 처리량, 응답 시간 측정을 반드시 포함해야 한다. 성능 테스트 케이스의 경우 부하 테스트 실행을 위한 테스트 데이터를 먼저 구성해야 한다. 따라서 성능 테스트에서는 기능 테스트와 달리 일부 케이스만 작성할 수 있다.

3단계 성능 테스트 환경 준비

앞서 언급한 바와 같이 실제와 유사한 결과를 얻기 위해서는 성능 테스트 환경이 상용 환경에 가까워야 한다. 그래야만 테스트를 통해 문제가 될 수 있는 병목 지점을 미리 발견할 수 있다.

다음은 실제와 유사한 테스트 환경을 구성하기 위해 고려해야 할 사항이다.

- 각 계층/구성 요소는 상용 환경과 유사한 방식으로 배포되어야 한다.
- 시스템 구성(CPU 수, 메모리 용량, OS 버전 등)이 상용 환경의 시스템과 유사해야 한다.
- 클라우드를 사용할 경우 상용 환경과 동일한 지역에 시스템을 호스팅해야 한다.
- 시스템 간 네트워크 대역폭이 상용 환경과 유사해야 한다.
- 레이트 리미팅과 같은 애플리케이션 구성은 완전히 동일해야 한다.
- 상용 환경에서 실행하는 백그라운드 배치 작업이 있다면 테스트 환경에도 동일하게 구성해야 한다.

- 상용 환경에서 로드 밸런서를 사용할 경우 성능 테스트 환경에서도 동일하게 사용해야 한다.
- 서드파티 소프트웨어는 모방을 통해 최소한의 용량을 제공해야 한다.

상용 환경과 유사한 테스트 환경을 구성하려면 비용이 발생하기 때문에 비용 대비 테스트 효과에 관해 비즈니스 이해관계자와 논의해야 한다. 논의를 통해 비즈니스 이해관계자를 설득하지 못했다면 애플리케이션에서 성능 테스트가 꼭 필요한 부분으로 범위를 좁혀 테스트 환경을 구성한다. 이때 테스트 환경은 상용 환경과 완벽하게 유사하지 않기 때문에 측정된 값에 오차가 존재할 수 있음을 미리 알려야 한다.

> **NOTE** 프로젝트 시작 시 QA 환경과 함께 성능 테스트 환경을 구성해 성능 테스트가 필요할 때 바로 사용할 수 있도록 하는 것이 가장 좋다.

성능 테스트 환경 외에도 테스트 실행기를 위한 별도의 시스템이 필요하다. 전 세계 고객을 대상으로 서비스하는 애플리케이션의 경우 여러 국가의 네트워크 대기 시간으로 성능을 측정해야 한다. 이를 위해 서로 다른 지리적 위치에서 호스팅되는 개별 테스트 실행기를 사용한다(클라우드를 활용해 테스트 실행기의 호스팅 위치를 분산한다).

4단계 테스트 데이터 준비

측정되는 성능 값은 테스트 데이터의 품질에 따라 크게 달라지기 때문에 (성능 테스트 환경이 상용 환경과 유사해야 하는 것처럼) 테스트 데이터는 상용 데이터를 최대한 반영해야 한다. 이를 위한 가장 좋은 방법은 상용 데이터에서 사용자 정보를 익명화한 후 테스트 데이터로 활용하는 것이다. 이렇게 하면 실제 데이터베이스의 크기와 데이터 복잡성을 테스트에 반영할 수 있다. 하지만 특정 상황에서는 보안 문제로 인해 이러한 방식이 불가능할 수 있다. 이 경우에는 상용 데이터를 모방한 테스트 데이터를 준비하면 된다.

상용 환경과 유사한 데이터를 생성할 때 유의해야 할 사항은 다음과 같다.

- 상용 데이터베이스의 크기(예 1GB 또는 1TB)를 추산하고 테스트 데이터를 채우기 위한 스크립트를 설정한다. 테스트를 실행할 때마다 테스트 데이터를 정리하고 다시 채워야 하기 때문에 테스트 데이터 생성 및 정리 스크립트가 중요한 역할을 한다.
- 실제와 유사한 테스트 데이터를 생성한다. 예를 들어 '티셔츠 1', '티셔츠 2'보다는 '반 휴센 올리브 그린

V넥 티셔츠'와 같은 값을 사용한다.

- 사용자가 입력하는 주소 등의 값에 철자 오류가 있는 주소, 공백 등 잘못된 값을 적당히 채운다.

- 연령, 국가 등의 요소를 기반으로 한 데이터 분포를 상용 데이터와 유사하게 맞춘다.

- 테스트 케이스에 따라 동시 사용자와 볼륨 테스트를 위해 신용카드 번호, 로그인 자격 증명과 같은 고유한 데이터를 대량으로 생성해야 할 수 있다.

테스트 데이터를 준비하는 것은 지루하고 힘든 일이지만 배포 주기 초반에 미리 계획해두어야 한다. 나중에 급하게 작업할 경우 테스트 데이터의 품질이 좋지 않아 측정되는 성능 결과가 부정확해질 수 있기 때문이다.

5단계 APM 도구 통합

다음 단계는 성능 테스트 중 시스템의 상태를 확인할 수 있도록 뉴 렐릭, 다이나트레이스, 데이터독과 같은 애플리케이션 성능 모니터링 도구application performance monitoring(APM)를 통합하는 것이다. APM 도구를 활용하면 성능 문제를 디버깅하는 데 큰 도움이 된다. 예를 들어 성능 테스트 중 시스템의 메모리 부족으로 요청이 실패할 경우 APM을 통해 이러한 문제를 쉽게 발견할 수 있다.

6단계 도구를 사용한 성능 테스트 스크립트 작성 및 실행

마지막 단계는 도구를 사용해 스크립트를 작성하고 성능 테스트 환경에서 실행하는 것이다. 성능 테스트 케이스 도구를 사용하면 테스트 케이스를 스크립트로 작성하고 클릭 한 번으로 테스트를 실행할 수 있으며 CI에 성능 테스트를 통합할 수 있다. 대표적인 성능 테스트 도구에는 제이미터, 개틀링, k6, 아파치 벤치마크Apache Benchmark(ab) 같은 오픈소스 도구와 블레이즈미터, 네오로드 같은 상용 클라우드 호스팅 도구가 있다. 성능 테스트 도구를 사용하면 결과를 그래프로 출력할 수 있다(상용 도구를 사용한다면 대시보드까지 제공한다). 일부 도구의 경우 사용자 인터페이스를 통해 간단하게 성능 테스트를 구성할 수 있다(코딩이 필요하지 않다). 〈8.2 실습〉에서는 제이미터를 사용해 테스트 스크립트를 작성하고 이를 CI에 통합하는 방법을 설명한다.

> TIP 성능 테스트는 테스트에 따라 몇 분에서 몇 시간까지 걸릴 수 있다. 전체 테스트를 실행하기 전에 사용자 수를 적게 잡고 예행 테스트를 실행하면 전체 테스트 시간이 얼마나 걸릴 지 예측할 수 있다.

다음 절에서는 성능 테스트의 여섯 단계를 적용해 실습을 진행한다. 모든 단계를 성공적으로 실행하기 위한 핵심은 각 단계를 적절하게 계획하는 것이다. 이러한 계획에는 테스트 실행 보고서 작성, 용량 문제 디버깅, 용량 조정에 필요한 시간과 비용을 포함해야 한다.

8.2 실습

이번 절에서는 온라인 도서관 관리 애플리케이션을 예로 들어 성능 테스트 단계를 실습한다. 도서관 관리 애플리케이션은 편의를 위해 기능을 단순하게 유지한다. 애플리케이션 사용자는 관리자와 고객이다. 관리자는 책을 추가하거나 삭제할 수 있고, 고객은 책 정보를 조회하고 ID로 검색할 수 있다. 각 기능을 위한 REST API에는 `/addBook`, `/deleteBooks`, `/books`, `/viewBookByID`가 있다.

1단계 목표 KPI 정의

도서관 관리 애플리케이션의 목표 KPI를 정의하기 위해 사내 마케팅 팀에서 다음과 같은 사항을 요구한다고 가정한다.

- 마케팅 팀은 유럽의 두 도시에 애플리케이션을 출시하기 위해 공격적인 캠페인을 펼치고 있으며 첫 해에 10만 명의 사용자가 캠페인에 참여할 것으로 예상한다.
- 사용 패턴 분석 결과 사용자는 단일 세션에서 책 검색, 연관 책 보기 등에 10분을 소비한다.
- 사용 패턴 분석 결과 사용자는 평균적으로 매달 두 번 책을 빌린다. 따라서 각 사용자는 한 달에 최소 두 번 사이트에 접속한다.
- 유럽 사용자는 매일 오전 10시부터 오후 10시까지 12시간 동안 인터넷을 사용한다.

정성적인 요구 사항을 다음과 같이 정량적인 값으로 변환한다.

- 월별 접속 사용자 수 = 사용자 100,000명 × 한 달에 2번 접속 = 200,000명
- 일평균 사용자 수 = 월별 접속 사용자 200,000명 ÷ 30일 = 일평균 사용자 6,667명(주말 사용자 수가 평일보다 많을 수 있다)
- 시간당 평균 사용자 = 일평균 사용자 수 6,667명 ÷ 12시간 = 시간당 사용자 수 555명(정오 또는 야간과 같이 특정 시간대에 사용자가 더 많이 몰릴 수 있다)

- 사용자가 몰리는 피크 시간대를 처리하기 위해 시간당 평균 사용자 수 555명을 1,000명으로 넉넉하게 반올림한다.
- 각 사용자는 10분(0.166667시간) 동안 웹 사이트를 사용한다.
- 동시 사용자 수 = 피크 시간대 시간당 사용자 1,000명 × 0.166시간 = 동시 사용자 166명
- 각 사용자가 10분 간의 세션에서 책을 검색하고 목록을 조회하는 데 최소 5개의 요청을 발생시킨다고 가정하면 시스템은 시간당 5,000건의 요청을 처리해야 한다(5개 요청 × 피크 시간대 사용자 1,000명 = 5,000건).

계산을 통해 다음과 같은 목표 KPI를 정의할 수 있다.

- 시스템은 동시 사용자 166명에 대해 3초 이내에 응답해야 한다.
- 시스템은 시간당 5,000건의 요청을 처리해야 한다.

성능 테스트를 진행하기 전에 정의한 KPI 값을 고객 관리팀과 함께 검토해야 한다. 필요에 따라 첫 해 이후의 사용자 수를 반영해 목표 KPI 값을 다시 정의해야 할 수 있다.

> **NOTE** 목표 KPI 정의에 사용한 계산식은 정량적 지표를 계산하기 위한 하나의 예시일 뿐이다. 앞서 언급했 듯이 가장 먼저 확인해야 하는 것은 기존 애플리케이션의 상용 데이터나 경쟁사의 데이터다. 이를 통해 KPI와 부하 패턴을 더 정확하게 파악할 수 있다.

2단계 테스트 케이스 정의

목표 KPI 및 도서관 관리 애플리케이션의 기능을 기반으로 다음과 같은 성능 테스트 케이스를 작성한다.

- 4가지 엔드포인트(/addBook, /deleteBooks, /viewBookById, /books)의 응답 시간을 벤치마킹한다.
- 동시 사용자 수가 166~200명인 고객용 엔드포인트의 볼륨 테스트를 실행한다. /viewBookById와 /books 엔드포인트는 166명의 동시 사용자에게 3초 이내에 응답해야 한다(여기서 3초는 프론트엔 드에서의 응답을 포함한 시간이므로 엔드포인트의 응답 시간은 이보다 더 짧아야 한다). /addBook와 /deleteBooks 엔드포인트는 관리자만 사용하기 때문에 볼륨 테스트를 진행하지 않아도 된다.
- 100명의 사용자를 단계적으로 증가시켜 고객용 엔드포인트를 스트레스 테스트하고 한계점을 찾는다.

- 시간당 5,000건의 요청 처리량을 확인한다. 테스트 케이스를 위한 사용자 흐름은 책 목록 조회, 책 선택 및 정보 조회, 책 목록 돌아가기, 다른 책 선택 및 정보 조회, 책 목록 돌아가기로 사용자 흐름당 총 5개의 요청을 만들 수 있다. 각 작업 사이에는 30초의 인지 시간을 포함하고 45명의 사용자가 한 시간 동안 이러한 흐름을 반복한다고 가정한다. 처음 10분 동안은 사용자를 천천히 증가시킨다.
- 사용자가 시스템을 지속적으로 사용할 수 있는지 확인하기 위해 12시간 동안 담금 테스트를 수행한다. 앞서 설명한 처리량 테스트 케이스를 재사용해 담금 테스트로 12시간 동안 실행할 수 있다.

3~5단계 데이터, 환경, 도구 준비

실습을 위해 /books 엔드포인트에 대한 스텁을 로컬 컴퓨터에 생성한다(스텁을 생성하는 방법은 〈2.3.1 API 테스트〉의 'WireMock'를 참고하자). /books 엔드포인트는 [예제 8-1]과 같이 여러 개의 책을 응답하도록 구성할 수 있다.

> ⚠️ 공개된 API에 대해 대용량 부하 테스트를 수행하는 것은 DDoS 공격으로 간주될 수 있다. 따라서 실습을 위한 별도의 스텁을 생성해야 한다. 또는 제이미터, 개틀링과 같은 성능 테스트 도구에서 제공하는 연습 사이트를 대상으로 실습할 수 있다. 연습 사이트의 URL은 각 성능 테스트 도구의 공식 사이트에서 확인할 수 있다. 연습 사이트를 대상으로 테스트할 경우에는 정해진 부하 내에서 테스트를 수행해야 한다.

예제 8-1 /books 엔드포인트

```
GET: /books

Response:

Status Code: 200
Body:
[
{ "id": 1,
  "name": "Man's search for meaning",
  "author": "Victor Frankl",
  "language": "English",
  "isbn": "ABCD1234"
},
{ "id": 2,
  "name": "Thinking Fast and Slow",
  "author": "Daniel Kahneman",
```

```
      "language": "English",
      "isbn": "UFGH1234"
  }]
```

6단계 제이미터를 사용한 성능 테스트 스크립트 작성 및 실행

제이미터는 널리 사용되는 오픈소스 성능 테스트 도구로, CI 통합 기능을 제공하며 성능 테스트 결과를 그래프로 제공한다. 또한 클라우드 기반 성능 분석 도구인 블레이즈미터와 통합 가능하다. 제이미터는 자바를 기반으로 하며 다양한 플러그인을 제공하는 개발자 커뮤니티를 갖고 있다. 앞서 살펴본 〈8.1.6 부하 패턴 유형〉의 그림들은 제이미터의 플러그인을 사용해 생성한 그래프다. 성능 테스트를 처음 접하는 사람은 제이미터에서 제공하는 다양한 사례와 문서, 튜토리얼을 통해 학습할 수 있다. 이번 절에서는 제이미터를 설치하고 도서관 관리 애플리케이션을 위한 테스트 스크립트를 작성한다.

설정

제이미터를 설정하려면 다음 단계를 따른다.

1 제이미터 공식 사이트에서 ZIP 파일을 다운로드한다. 로컬 컴퓨터에 설치된 자바 버전이 제이미터와 호환되는지 확인해야 한다. 또한 `JAVA_HOME` 환경 변수가 로컬 컴퓨터의 `bash_profile`에 설정되어 있는지 확인해야 한다.

2 ZIP 파일의 압축을 해제한 후 터미널에서 `/bin` 폴더에 있는 `jmeter.sh` 셸 스크립트를 실행해 제이미터 GUI를 연다.

3 제이미터 플러그인 공식 사이트에서 Plugins Manager를 다운로드한 후 JAR 파일을 방금 압축을 해제한 제이미터 폴더 내 `/lib/ext` 폴더로 이동시킨다.

4 제이미터를 다시 실행하면 Plugins Manager가 옵션 메뉴에 나타난다.

워크플로

다음 단계를 따라 기본적인 제이미터 테스트 구조를 생성하고 /books 엔드포인트의 응답 시간을 벤치마킹하는 간단한 테스트를 추가한다.

1 제이미터 GUI의 왼쪽 패널에 있는 [Test Plan]에서 마우스 오른쪽 버튼을 클릭하고 [Add] → [Threads (Users)] → [Thread Group]을 선택한다. 스레드 그룹의 이름을 'ViewBooks'로 지정한다. [그림 8–4]와 같이 Number of Threads = 1, Ramp–up period = 0, Loop Count = 10으로 매개변수를 구성해 엔드포인트의 응답 시간을 10번 기록하고 평균을 계산한다.

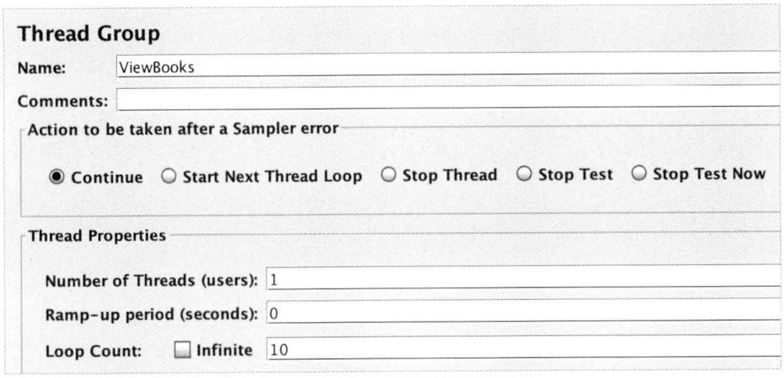

그림 8-4 요청을 10번 실행하는 스레드 그룹 구성

2 HTTP 요청 샘플러를 추가하고 API 매개변수를 구성한다. 왼쪽 창에서 방금 추가한 스레드 그룹을 마우스 오른쪽 버튼으로 클릭한 후 [Add] → [Sampler] → [HTTP Request]를 선택한다. [그림 8–5]와 같이 샘플러의 이름을 'viewBooksRequest'로 입력하고 웹 서버 이름, HTTP 요청 유형, 경로를 입력한다.

그림 8-5 /viewBooksRequest HTTP 요청 구성

3 테스트 실행 중에 모든 요청과 응답을 기록할 리스너를 추가한다. viewBooksRequest 샘플러를 마우스 오른쪽 버튼으로 클릭하고 [Add] → [Listeners] → [View Results Tree]를 선택한 후 같은 방법으로 [Aggregate Report]를 추가한다.

4 기본 테스트 구조를 저장하고 [Start] 버튼을 클릭해 테스트를 실행한다. 결과는 앞서 생성한 두 개의 리스너에서 확인할 수 있다.

왼쪽 패널의 [View Results Tree]를 클릭하면 제이미터에서 실행한 개별 요청과 각 요청의 성공 또는 실패 여부를 확인할 수 있다. 응답 상태 코드 200은 요청 성공을 의미하며 그 외 응답 코드는 실패한 요청으로 간주한다. 한 가지 주의할 점은 애플리케이션에서 작업이 실행되어 200 상태 코드를 응답했지만 의도한 결과를 수행하지 못하는 상황이 발생할 수 있다는 점이다. 예를 들어 동일한 책을 여러 번 추가할 경우 /addBook 엔드포인트는 200 상태 코드와 함께 중복된 책이라는 메시지를 응답할 수 있다. 이러한 경우 응답 데이터에 대한 명시적인 어설션을 추가해야 한다(수신자와 마찬가지로 어설션도 제이미터에서 제공하는 구성 요소다). [View Results Tree]에서 각 요청을 클릭하면 [그림 8-6]과 같이 추가 디버깅을 위한 요청 및 응답 데이터를 확인할 수 있다.

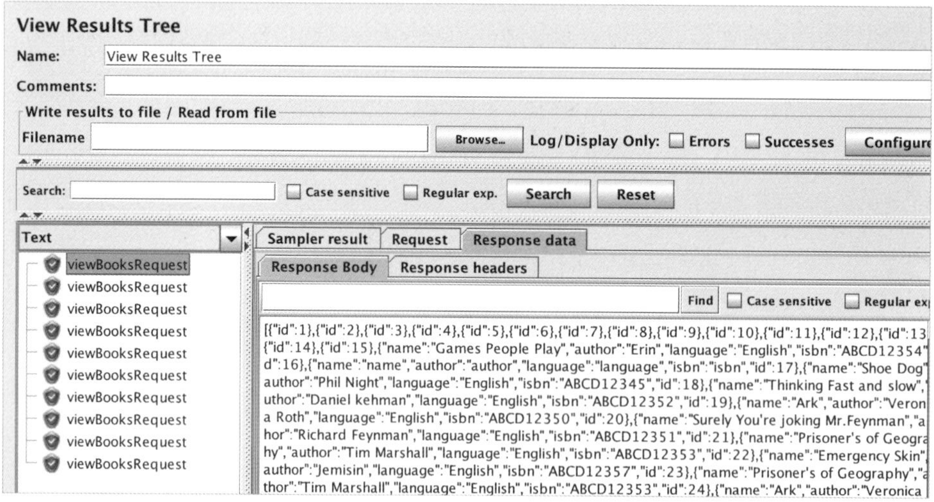

그림 8-6 View Results Tree 리스너 출력

마찬가지로 [Aggregate Report]를 클릭하면 평균, 중앙값, 처리량과 같은 메트릭을 확인할 수 있다. [그림 8-7]과 같이 /book 엔드포인트의 경우 10개의 요청에 대한 평균 응답 시간은 379ms이다. 이는 애플리케이션이 부하를 받고 있지 않을 때 최상의 응답 시간을 의미한다.

Aggregate Report

Name: Aggregate Report

Comments:

Write results to file / Read from file

Filename   Browse...   Log/Display Only: ☐ Errors ☐ Successes   Configure

Label	# Samples	Average	Median	90% Line	95% Line	99% Line	Min	Maximum	Error %	Through...	Receive...	Sent KB/...
viewBoo...	10	379	307	318	318	1139	224	1139	0.00%	2.6/sec	17.87	0.34
TOTAL	10	379	307	318	318	1139	224	1139	0.00%	2.6/sec	17.87	0.34

그림 8-7 /books 엔드포인트의 응답 시간에 대한 Aggregate Report 리스너 출력

다음으로는 166명의 동시 사용자로 /books 엔드포인트에서 부하 테스트를 수행하고 응답 시간을 확인한다. 제이미터는 다양한 부하 패턴 구성 방법을 제공한다. /books 엔드포인트에서 부하를 구성하기 위한 3가지 옵션을 살펴보자.

앞서 살펴본 바와 같이 스레드 그룹은 서로 다른 리스너와 컨트롤러를 배치할 수 있는 기본 요소로 병렬 스레드 수, 램프 업 시간, 반복 횟수 등 부하 매개변수를 구성할 수 있다. 앞선 테스트에서는 /books 엔드포인트의 응답 시간을 벤치마킹하기 위해 ViewBooks Thread Group에서 반복 횟수를 10으로 구성했다. 이제 볼륨 테스트를 수행하기 위해 매개변수를 Number of Threads = 166, Ramp-up period = 0, Loop Count = 5로 변경한다. 제이미터는 램프 업 시간 없이 166개의 동시 스레드로 요청을 5회 반복해 응답 시간의 평균을 구한다.

단계적 증가 패턴과 같은 다양한 부하 패턴의 스레드 그룹을 구성할 수 있는 편리한 플러그인도 있다. 여기서는 Concurrency Thread Group과 Ultimate Thread Group을 사용하는 방법을 소개한다. 볼륨 테스트를 위한 동시성 컨트롤러를 제공하는 Concurrency Thread Group부터 알아보자.

1 [Options] → [Plugins Manager]를 선택한다. Available Plugins 탭에서 [Custom Thread Groups]를 검색한 후 설치한다.

2 새 스레드 그룹 유형을 사용하기 위해 제이미터를 다시 시작한다.

3 왼쪽 패널의 [Test Plan]에서 마우스 오른쪽 버튼을 클릭한 후 [Add] → [Threads (Users)] → [bzm - Concurrency Thread Group]을 선택한다.

4 [그림 8-8]과 같이 부하 매개변수를 Target Concurrency = 166, Ramp Up Time = 0.5, Hold Target Rate Time = 2로 구성한다.

5 스레드 그룹에 HTTP Request 샘플러와 리스너를 추가한 후 테스트를 실행해 결과를 확인한다.

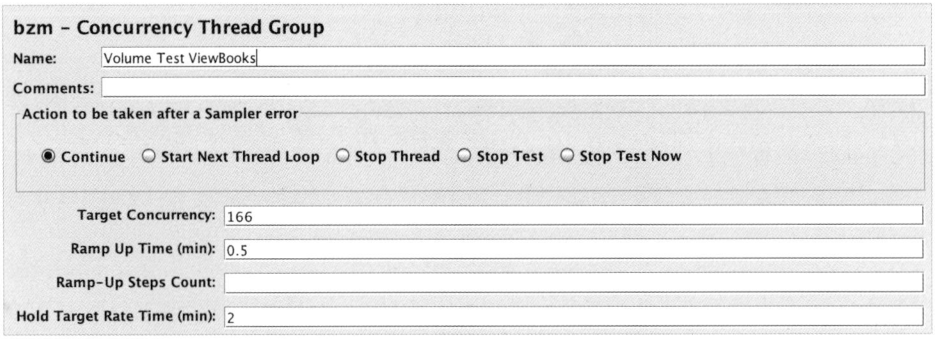

그림 8-8 /books 엔드포인트의 볼륨 테스트를 위한 Concurrency Thread Group

Custom Thread Groups 플러그인은 추가 기능이 있는 Ultimate Thread Group을 제공한다. Ultimate Thread Group을 사용하면 테스트 실행 전 초기 지연, 테스트 실행 후 종료 시간 등을 구성해 부하 패턴을 조정할 수 있다. 볼륨 테스트에서 Ultimate Thread Group을 사용하려면 다음 단계를 따른다.

1 왼쪽 패널의 [Test Plan]에서 마우스 오른쪽 버튼을 클릭한 후 [Add] → [Threads (Users)] → [jp@gc Ultimate Thread Group]을 선택한다.

2 [그림 8-9]와 같이 부하 매개변수를 Threads Count = 166, Initial Delay = 0, Startup Time = 10, Hold Load For = 60, Shutdown Time = 10로 구성한다. 제이미터는 166개의 스레드를 10초 내에 생성한 후 1분 동안 부하를 유지한다. 테스트를 종료한 후에는 10초 동안 스레드를 감소시킨다. 여기에 매개변수 행을 추가하면 피크-레스트 패턴과 같은 다양한 패턴을 구현할 수 있다.

3 스레드 그룹에 HTTP Request 샘플러와 리스너를 추가한 후 테스트를 실행해 결과를 확인한다.

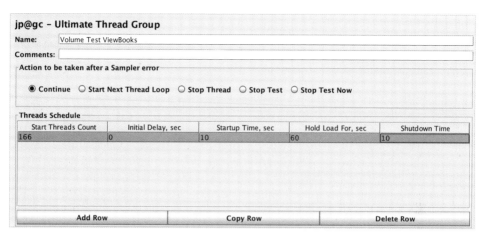

그림 8-9 /books 엔드포인트의 볼륨 테스트를 위한 Ultimate Thread Group

[그림 8-10]은 166명의 동시 사용자가 요청을 5번 반복했을 때의 부하 테스트 결과로, Average = 801ms, 90% Line = 1499ms이다. 동시 사용자의 90%는 1.5초 이내에 응답을 받을 수 있으며 평균적으로는 0.8초 이내에 응답을 받을 수 있다. 최소 응답 시간은 216ms이며, 평균 응답 시간은 800ms로 90% Line 응답 시간인 1.5초보다 짧다.

Aggregate Report

Name: Aggregate Report

Comments:

Write results to file / Read from file

Filename: [   ] Browse... Log/Display Only: ☐ Errors ☐ Successes Configure

Label	# Samples	Average	Median	90% Line	95% Line	99% Line	Min	Maximum	Error %	Through...	Receive...	Sent KB/...
viewBoo...	830	801	731	1499	1543	1611	216	2112	0.00%	177.8/s...	2925.18	23.27
TOTAL	830	801	731	1499	1543	1611	216	2112	0.00%	177.8/s...	2925.18	23.27

그림 8-10 /books 엔드포인트의 볼륨 테스트 결과

다른 성능 테스트 케이스 설계

이전 절에서는 제이미터를 사용해 부하를 분산하는 다양한 방법을 살펴봤다. 볼륨 테스트를 시작으로 스트레스 테스트, 담금 테스트, 처리량 검증과 같은 다양한 성능 테스트 케이스를 시뮬레이션할 수 있다. 스트레스 테스트를 수행하려면 Concurrency Thread Group을 사용해

각 단계를 지정된 시간 동안 실행하면서 최대 x명까지 사용자 부하를 증가시킨다. 여기서의 목표는 응답 시간이 느려지고 오류가 발생하는 부하 지점을 찾는 것이다.

담금 테스트를 수행하려면 Ultimate Thread Group을 사용해 장기간 일정한 부하를 시뮬레이션한다. 시간당 처리량을 확인하려면 Parallel Controller 플러그인을 사용해 여러 개의 HTTP 요청을 병렬로 실행한다. 이때 Timer 구성 요소로 인지 시간 등을 구성하여 요청을 몇 초 간격으로 분산시킨다. Constant Throughput 타이머를 사용하면 처리량을 일정한 값으로 고정하고 애플리케이션이 예상한 대로 작동하는지 확인할 수 있다. Constant Throughput 타이머에 구성한 처리량 값을 초과하면 제이미터가 서버에 요청하는 속도가 자동으로 느려진다.

제이미터에는 애플리케이션별 사용 사례를 모델링하는 데 도움이 되는 다양한 구성 요소가 있다. If, Loop, Random 컨트롤러를 사용하면 테스터에 조건식을 포함할 수 있다. 애플리케이션에 로그인이 필요한 경우 볼륨 테스트를 수행하기 위해 CSV 파일과 같은 외부 소스에서 사용자 자격 증명을 제공할 수 있다. 이를 **데이터 기반 성능 테스트**data-driven performance testing라 한다. 제이미터는 데이터 기반 성능 테스트를 위해 테스트 시작 시 데이터를 설정할 수 있는 기능을 제공한다.

데이터 기반 성능 테스트

도서관 관리 애플리케이션의 /addBook 엔드포인트가 책 이름, 저자, 언어, ISBN을 요청 본문으로 입력받는다고 가정해보자. /addBook 엔드포인트에 부하를 생성하려면 모든 요청 본문에 고유한 책을 추가해야 한다. 이를 수행하기 위해 다음과 같이 제이미터의 데이터 기반 성능 테스트 기능을 사용할 수 있다.

1 제이미터는 입력 변수를 정의하기 위해 키를 참조한다. 먼저 name, author, language, isbn을 키로 사용해 CSV 파일을 만든다. 구글 시트와 같은 도구를 사용해 50권의 도서를 각각 행에 입력하고 CSV로 다운로드한다.

2 제이미터에서 /addBook 엔드포인트에 대한 HTTP Request 샘플러와 함께 스레드 그룹을 추가한다. 스레드 그룹의 Loop Count는 50으로 설정한다.

3 CSV 파일을 HTTP Request 샘플러에 연결하려면 [Thread Group]에서 마우스 오른쪽 버튼을 클릭하고 [Add] → [Config Element] → [CSV Data Set Config]를 선택한다. [그림 8-11]과 같이 CSV Data Set Config 창이 열리면 CSV 파일 경로를 지정하고 파일에서 읽을 변수를 지정한다.

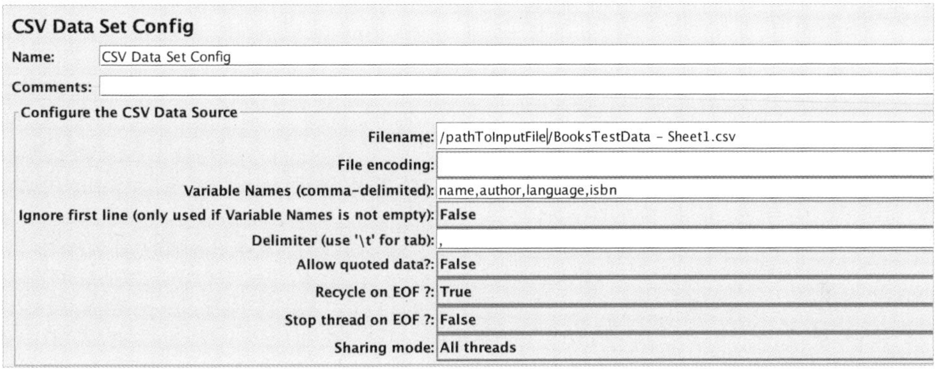

CSV Data Set Config

Name:	CSV Data Set Config
Comments:	

Configure the CSV Data Source

Filename:	/pathToInputFile/BooksTestData – Sheet1.csv
File encoding:	
Variable Names (comma-delimited):	name,author,language,isbn
Ignore first line (only used if Variable Names is not empty):	False
Delimiter (use '\t' for tab):	,
Allow quoted data?:	False
Recycle on EOF ?:	True
Stop thread on EOF ?:	False
Sharing mode:	All threads

그림 8-11 데이터 기반 테스트를 위한 CSV 데이터셋 입력 구성

4 [그림 8-12]와 같이 /addBook 엔드포인트의 HTTP 요청 본문에 ${변수_이름}으로 변수를 사용한다. 제이미터에서는 필요할 때마다 ${변수_이름} 표기법을 사용해 이러한 변수를 참조할 수 있다.

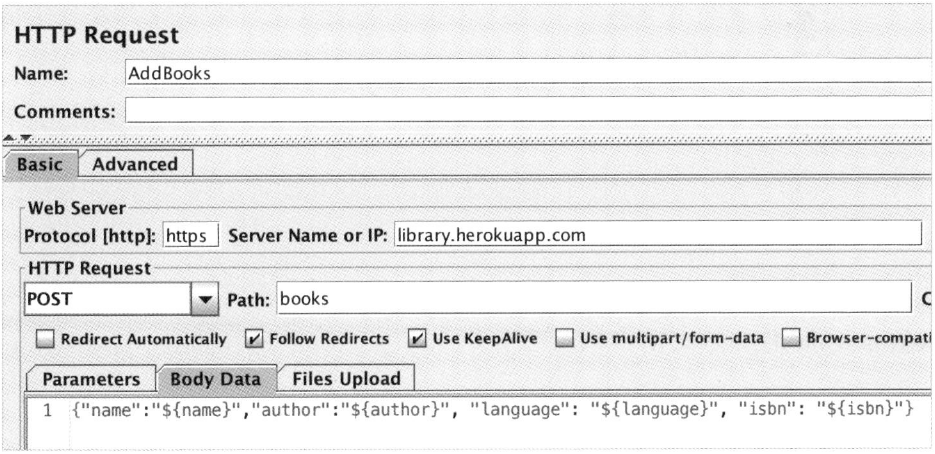

HTTP Request

Name:	AddBooks
Comments:	

Basic | **Advanced**

Web Server
Protocol [http]: https   **Server Name or IP:** library.herokuapp.com

HTTP Request
POST ▼   **Path:** books

☐ Redirect Automatically ☑ Follow Redirects ☑ Use KeepAlive ☐ Use multipart/form-data ☐ Browser-compati

Parameters | **Body Data** | **Files Upload**

```
1 {"name":"${name}","author":"${author}", "language": "${language}", "isbn": "${isbn}"}
```

그림 8-12 CSV 파일에서 변수 참조

테스트를 실행하면 성능 테스트에 필요한 데이터를 미리 생성할 수 있다.

마지막 단계는 제이미터 테스트를 CI 파이프라인에 별도의 작업으로 통합해 성능 테스트에 시프트 레프트를 적용하는 것이다. 올바르게 성능을 측정하려면 완전히 격리된 환경에서 성능 테스트를 실행해야 한다. CI에 테스트를 통합하려면 해당 테스트를 .jmx 파일로 저장하고 다음 명령어를 실행한다.

```
$ jmeter -n -t <library.jmx> -l <log file> -e -o <Path to output folder>
```

필요에 따라 추가 확장을 통해 전체 대시보드 보고서를 제공하도록 제이미터를 구성할 수 있다.

이것으로 제이미터 실습을 마무리한다. 제이미터를 사용하면 성능 테스트 케이스를 GUI로 간단하게 작성하고 실행할 수 있다.

8.3 추가 테스트 도구

이번 절에서는 성능 테스트 케이스의 스크립트를 작성하는 데 도움이 되는 추가 도구를 소개한다. 이러한 도구는 기본적으로 부하 패턴을 설계하기 위한 4가지 주요 매개변수(램프 업 시간, 인지 시간, 동시 사용자 수, 페이싱 시간)를 구성하는 다양한 방법을 제공한다. 예를 들어 개틀링은 도메인 특화 언어를 제공하며 아파치 벤치마크(ab)는 간단한 명령줄 인수를 사용한다 (앞서 실습에서 설명한 제이미터는 GUI를 제공한다). 이번 절에서는 개틀링과 아파치 벤치마크를 간단하게 소개한다.

8.3.1 개틀링

개틀링은 사용자 흐름을 기록할 수 있는 오픈소스 도구로, 스칼라 기반 DSL을 사용해 부하 패턴을 구성한다. 개틀링으로 작성한 테스트는 CI 파이프라인에 통합될 수 있다. 스칼라 언어에 익숙하다면 개틀링을 사용해 성능 테스트를 수행해보기를 권한다. [예제 8-2]는 도서관 관리 애플리케이션의 /books API에 인지 시간을 추가해 부하를 발생시키는 스칼라 스크립트 예제다.

```scala
package perfTest

import scala.concurrent.duration._

import io.gatling.core.Predef._
import io.gatling.http.Predef._

class BasicSimulation extends Simulation {

// HTTP 요청 선언
  val httpProtocol = http
    .baseUrl("https://library.herokuapp.com/")
    .acceptHeader("text/html,application/xhtml+xml,application/
xml;q=0.9,*/*;q=0.8")
    .doNotTrackHeader("1")
    .acceptLanguageHeader("en-US,en;q=0.5")
    .acceptEncodingHeader("gzip, deflate")
    .userAgentHeader("Mozilla/5.0 (Windows NT 5.1; rv:31.0) Gecko/20100101
        Firefox/31.0")

// 인지 시간과 함께 단일 사용자 흐름 선언
  val scn = scenario("BasicSimulation")
    .exec(http("request_1")
    .get("/books"))
    .pause(5) // 인지 시간

// 166명의 사용자가 앞에서 선언한 사용자 흐름을 동시에 사용하도록 부하 구성
  setUp(
    scn.inject(atOnceUsers(166))
  ).protocols(httpProtocol)
}
```

8.3.2 아파치 벤치마크

아파치 벤치마크는 명령줄을 사용해 간단하게 성능 테스트를 수행할 수 있는 오픈소스 도구다. 애플리케이션 성능에 대한 몇 가지 수치를 빠르게 얻고 싶다면 아파치 벤치마크를 사용해보기를 권한다. macOS에는 아파치 벤치마크가 기본으로 설치되어 있다. 아파치 벤치마크에서

200명의 동시 사용자 부하로 /books 엔드포인트를 테스트하고자 한다면 터미널에서 다음 명령어를 실행하면 된다.

```
$ ab -n 200 -c 200 https://library.herokuapp.com/books
```

실행 결과는 다음과 같다.

```
Concurrency Level:      200
Time taken for tests:   5.218 seconds
Complete requests:      200
Failed requests:        0
Total transferred:      1389400 bytes
HTML transferred:       1340800 bytes
Requests per second:    38.33 [#/sec] (mean)
Time per request:       5217.609 [ms] (mean)
Time per request:       26.088 [ms] (mean, across all concurrent requests)
Transfer rate:          260.05 [Kbytes/sec] received

Connection Times (ms)
              min  mean[+/-sd] median   max
Connect:      869 2074  97.6   2064    2289
Processing:   249 1324 299.4   1303    1783
Waiting:      249 1324 299.5   1303    1781
Total:       1192 3398 354.3   3370    4027

Percentage of the requests served within a certain time (ms)
  50%    3370
  66%    3483
  75%    3711
  80%    3776
  90%    3863
  95%    3889
  98%    4016
  99%    4022
 100%    4027 (longest request)
```

다양한 도구를 사용해 성능 테스트 케이스 스크립트를 작성하고 서버 KPI를 측정할 수 있는 방법을 알아보았다. 하지만 성능 테스트는 단순히 실행하는 것으로 끝나지 않는다. 테스트 중 성능 문제를 발견하면 원인을 분석하고 수정한 다음 다시 테스트해야 한다.

백엔드 성능 테스트 방법을 이해했다면 이제 프론트엔드 성능 테스트를 알아보자.

8.4 프론트엔드 성능 테스트 구성 요소

성능 테스트 도구를 사용하면 피크 시간대의 애플리케이션의 작동을 모방할 수 있지만 측정된 성능 수치와 실제 사용자 경험 사이에 차이가 있을 수 있다. 성능 테스트 도구가 브라우저가 일반적으로 수행하는 모든 작업을 모방하지는 않기 때문이다.

이해를 돕기 위해 브라우저의 작동 방식을 좀 더 살펴보자. 〈Chapter 6 시각적 테스트〉에서 설명했듯이 브라우저에서 렌더링되는 프론트엔드 코드는 다음과 같다.

- 웹 사이트의 기본 구조인 HTML 코드
- 페이지 스타일을 지정하는 CSS 코드
- 페이지 로직을 실행하는 스크립트

일반적으로 브라우저는 먼저 서버에서 모든 HTML 코드를 다운로드한 다음 스타일시트, 이미지 등을 다운로드한다. 이후에는 HTML 순서에 따라 스크립트를 실행한다. 이미지와 같은 파일은 병렬로 다운로드하지만 스크립트의 경우에는 실행 순서에 영향을 줄 수 있기 때문에 병렬로 실행하지 않는다. 스크립트가 HTML 끝에 있다면 스크립트가 완전히 실행된 후 페이지가 나타난다.

성능 테스트 도구는 이러한 작업의 대부분을 수행하지 않는다. 페이지를 직접 방문해 HTML 코드를 가져오지만 성능 테스트 과정에서 페이지를 렌더링하지는 않는다. 따라서 서비스의 응답 시간이 밀리초 이내로 측정되었더라도 브라우저가 수행하는 추가 렌더링 작업 때문에 최종 사용자는 시간이 좀 더 지난 후에 페이지를 볼 수 있다. 실제로 페이지 로드 시간 중 프론트엔드 렌더링 시간의 비율은 80~90%로 추정된다.

예를 들어 CNN 홈 페이지에 접속하면 브라우저는 페이지가 나타나기 전에 90가지 작업을 수행한다(그림 8-13). 브라우저에서 실행되는 이러한 작업을 최적화하면 웹 사이트 성능을 크게 개선할 수 있다.

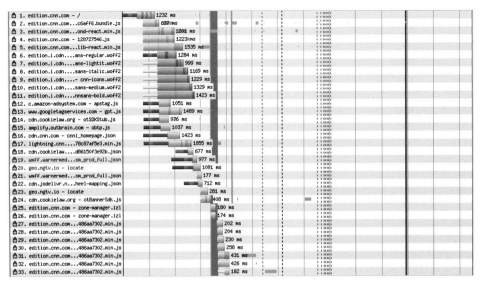

그림 8-13 CNN 홈 페이지 접속 시 프론트엔드 브라우저의 작업

앞서 설명한 백엔드 KPI 측정은 시스템 용량을 계획하고 성능 문제를 해결하는 데 매우 중요하다. 이는 '애플리케이션이 블랙프라이데이 세일 기간 동안 5,000개나 되는 트랜잭션 최대 부하를 감당할 수 있는가?'와 같은 질문에 답하는 데 도움이 된다. 하지만 백엔드 성능 테스트를 통해 최대 부하에서의 애플리케이션 응답 시간이 1.5초 미만으로 측정되었더라도 사용자가 실제 웹 사이트에서 경험하는 응답 시간이 1.5초 미만인 것은 아니다. 실제 웹 사이트의 성능을 충분히 반영하려면 프론트엔드 성능도 함께 측정해야 한다.

이번 절에서는 프론트엔드 성능을 측정하는 방법을 설명한다. 먼저 프론트엔드 성능에 영향을 미치는 요소와 이를 정량화하기 위해 측정해야 하는 메트릭을 알아보자.

8.4.1 프론트엔드 성능에 영향을 미치는 요소

프론트엔드 성능에 영향을 미치는 몇 가지 요소는 다음과 같다.

프론트엔드 코드 복잡도

자바스크립트 파일 최소화, 페이지당 HTTP 요청 축소, 적절한 캐시 적용과 같은 모범 사례를 구현하지 못하면 프론트엔드 성능이 저하된다. 예를 들어 서버의 HTTP 요청 응답 시간이 밀리초 단위인 경우에도 HTTP 요청을 많이 해야 한다면 응답 시간이 누적되어 지연이 발생할 수 있다.

콘텐츠 전송 네트워크(CDN)

CDN은 이미지와 같은 웹 콘텐츠를 사용자에게 효율적으로 전달하기 위해 여러 위치에서 호스팅되는 서버 모음이다. 서버와 사용자의 지리적 위치는 네트워크 지연으로 인해 애플리케이션 성능에 영향을 미친다. CDN을 사용하면 사용자와 물리적으로 가장 가까운 서버에서 웹 콘텐츠를 제공해 네트워크 지연 시간을 줄일 수 있다. 이는 다른 지리적 위치에 애플리케이션을 복제해 호스팅하는 방식보다 훨씬 간단하다. 하지만 CDN 성능 자체가 페이지 로딩 시간에 영향을 미칠 수 있다.

DNS 룩업

호스트 이름을 IP 주소로 변경하는 과정을 DNS 확인Domain Name Service resolution이라고 하며, 브라우저가 이를 수행하는 데는 일반적으로 20~120ms가 소요된다. DNS 확인 작업을 처음 수행하면 브라우저와 OS는 IP 주소를 캐시하여 재방문 시 로드 시간을 줄인다. 인터넷 서비스 제공 업체internet service provider(ISP)도 IP 주소를 캐시하여 성능 향상에 기여한다. 하지만 사용자가 처음 접속한 경우에는 DNS 룩업 시간이 사용자 경험에 영향을 줄 수 있다.

네트워크 지연 시간

사용자의 네트워크 대역폭은 전체 페이지 로드 시간에 큰 영향을 미친다. 〈Chapter 6 시각적 테스트〉에서 살펴본 바와 같이 전 세계 웹 이용 통계에 따르면 모바일 사용자가 데스크톱 사용자보다 더 많다. 모바일 네트워크는 일부 도시 및 시골 지역에서 품질이 낮을 수 있다. 일부 사이트는 네트워크 품질이 안 좋은 경우를 지원하기 위해 '라이트lite' 버전을 제공한다. 하지만 일반적으로 3G처럼 낮은 대역폭의 네트워크를 사용하는 사람은 로드 속도가 느린 상황에 익숙하기 때문에 성능이 매우 좋지 않은 경우를 제외하고는 크게 불평하지 않는 경향이 있다.

브라우저 캐싱

IP 주소와 같이 브라우저는 첫 방문 시 많은 콘텐츠(이미지, 쿠키 등)를 캐시한다. 따라서 페이지 로드 시간은 첫 접속인지 재방문인지에 따라 크게 달라질 수 있다. 브라우저 캐싱은 페이지 로드 시간을 개선하기 위해 코드를 통해 의도적으로 구현할 수 있다.

데이터 전송

사용자와 애플리케이션 간에 대량의 데이터가 전송되면 네트워크 지연으로 인해 전체적인 프론트엔드 성능이 영향을 받을 수 있다.

이 모든 요소를 고려하려면 어디서부터 시작해야 할지 막막할 수 있다. 또한 외부 사용자 환경과 관련된 요소를 어떻게 제어하고 최적화할지 고민될 것이다. 소프트웨어 업계의 많은 사람들 또한 이러한 문제를 해결하기 위해 오랜 시간 고민했다. 다음 절에서는 RAIL 모델을 통해 이러한 문제를 해결하는 방법을 소개한다.

8.4.2 RAIL 모델

RAIL 모델은 프론트엔드 성능에 대한 사고 프로세스를 구조화하는 방식이다. 최종 사용자 경험을 프론트엔드 성능의 핵심으로 유지한다는 기본 원칙에 따라 설계되었으며 프론트엔드 성능의 목표를 정량화한다.

RAIL 모델은 웹 사이트의 사용자 경험을 다음과 같이 4가지 주요 영역으로 나눈다.

응답

웹 사이트에서 버튼을 클릭했지만 아무 반응이 없어 여러 번 클릭했던 경험이 한 번쯤은 있을 것이다. RAIL 모델에서 '응답'은 사용자 입력에 반응하기까지 걸린 **입력 지연 시간**input latency에 관한 목표를 정의한다. RAIL은 사용자가 웹 사이트에서 버튼 클릭, 요소 전환과 같은 작업을 수행할 때 100ms 이내에 반응하기를 권장한다. 그렇지 않으면 사용자는 웹 사이트에서 지연을 느낄 수 있다.

애니메이션

마찬가지로 각 프레임이 16ms(60FPS를 달성하기 위한 최솟값) 이내에 완료되지 않으면 사용자는 로딩, 스크롤, 드래그 앤 드롭 등 애니메이션 효과에서 지연을 느낄 수 있다.

유휴

일반적인 프론트엔드 설계 패턴에서 분석용 데이터 전송, 댓글 상자 출력과 같이 중요하지 않은 작업은 브라우저가 유휴^{Idle} 상태일 때 모아서 처리한다. 이때 가장 이상적인 방식은 50ms 이내에 처리 가능한 작업으로 묶어서 실행하는 것이다. 이렇게 하면 사용자 입력 이벤트가 발생할 경우 100ms 이내에 응답할 수 있다.

로드

고성능 웹 사이트는 1초 이내에 페이지 렌더링을 시작하는 것을 목표로 해야 한다. 그래야만 사용자가 웹 사이트에 대한 탐색을 완전히 제어할 수 있다고 느낀다.

RAIL 모델은 프론트엔드 성능 관점에서 무엇을 테스트해야 할지에 관한 방향을 제시한다. 팀 내 의사소통 과정에서 단순히 '페이지가 느린 것 같다'처럼 막연한 표현을 사용하는 대신 RAIL 모델을 활용해보기를 권한다.

8.4.3 프론트엔드 성능 메트릭

RAIL 모델로 정의한 상위 수준의 목표는 성능 문제를 디버깅하기 위해 더 작은 메트릭으로 세분화된다. 일반적인 프론트엔드 성능 메트릭은 다음과 같다.

최초 콘텐츠풀 페인트(FCP)

최초 콘텐츠풀 페인트$^{first\ contentful\ paint}$(FCP)는 브라우저가 DOM의 첫 번째 요소를 렌더링하는 데 걸리는 시간을 나타낸다. FCP를 통해 사용자가 웹 사이트에 접속해서 이미지, SVG와 같은 콘텐츠를 보기까지 기다려야 하는 시간을 알 수 있다.

제안 상호 작용까지의 시간(TTI)

제안 상호 작용까지의 시간$^{time\ to\ interactive}$(TTI)은 페이지가 상호 작용 가능한 상태가 되기까지 걸리는 시간을 나타낸다. 페이지의 성능을 높이기 위해 처음 렌더링되는 요소를 빠르게 나타내더라도 사용자가 페이지와 상호 작용할 수 없다면 문제가 된다. FCP와 TTI를 함께 사용하면 사용자가 실제로 체감하는 성능을 측정하는 데 도움이 된다.

최대 콘텐츠풀 페인트(LCP)

최대 콘텐츠풀 페인트largest contentful paint(LCP)는 대용량 텍스트 또는 이미지와 같이 웹 페이지에서 가장 눈에 띄는 요소가 보이기까지 걸리는 시간을 나타낸다.

누적 레이아웃 이동(CLS)

뉴스 사이트에서 긴 글의 기사를 읽던 중에 추가 콘텐츠가 로드되어 페이지가 자동으로 아래로 이동하면서 보고 있던 부분이 화면 밖으로 밀리는 경험을 해본 적이 있는가? 누적 레이아웃 이동cumulative layout shift(CLS)은 페이지의 시각적 안정성을 측정하고 페이지 사용자가 레이아웃의 갑작스러운 변경을 경험하는 빈도를 측정한다. 성능 관점에서 CLS 값은 낮을수록 좋다.

최초 입력 지연(FID)

FCP와 TTI 사이에서 페이지가 로딩 중일 때 사용자가 웹 페이지에 있는 링크를 클릭하거나 상호 작용을 시도하면 사용자는 평소보다 긴 입력 지연 시간을 경험한다. 최초 입력 지연first input delay(FID)은 첫 번째 상호 작용에 대한 지연 시간을 측정한다.

MPFID

MPFIDmax potential first input delay는 최악의 FID 시나리오로, FCP 이후 TTI까지 가장 오래 걸리는 시간을 측정한다.

구글은 웹 사이트의 성능을 간단하게 이해하기 위해 코어 웹 바이탈core web vital로 LCP, FID, CLS를 정의한다. 대부분의 프론트엔드 성능 도구는 LCP, FID, CLS 메트릭을 구체적으로 측정한다. 다음 절에서는 이 3가지 메트릭을 사용하여 프론트엔드 성능을 측정하고 CI에 통합하는 실습을 진행한다.

8.5 실습

RAIL 모델에서 보았듯이 프론트엔드 성능은 사용자의 경험에 달려있다. 따라서 애플리케이션의 프론트엔드 성능 메트릭을 측정하려면 다양한 대상에 대한 사용자 경험을 포함하는 테스트 케이스를 정의해야 한다. 예를 들면 다음과 같다.

- 데스크톱, 모바일, 태블릿과 같은 다양한 유형의 장치를 사용하는 사용자를 고려해야 한다. 또한 애플리케이션이 서비스를 제공하는 지역의 주요 장치 제조업체에 관한 정보를 수집한다. 각 장치의 CPU, 메모리, 배터리 용량과 같은 요소는 사용자 경험에 영향을 미칠 수 있다.
- WiFi, 3G, 4G 등 다양한 네트워크 대역폭의 사용자 접속 환경을 고려해야 한다. 평균 유무선 인터넷 속도는 국가마다 다르다. World Population Review의 데이터에 따르면 2021년 기준 모나코의 평균 광대역 속도는 261.8Mbps이며 미국은 203.8Mbps, 영국은 102.2Mbps, 파키스탄은 13.8Mbps다.[186]
- 대상 사용자의 분포를 고려해야 한다. 애플리케이션이 여러 지역에 서비스되는 경우 각 지역에서 접속한 사용자의 프론트엔드 성능을 구체적으로 테스트해야 한다.

사용 데이터에 관한 많은 연구는 인터넷에서 쉽게 찾아볼 수 있다. 구글 애널리틱스를 사용하면 애플리케이션에 접속하는 사용자에 관한 정보를 실시간으로 얻을 수 있다. 테스트 케이스를 정의한 다음 관련 도구를 사용해 프론트엔드 성능 메트릭을 측정하고 CI 파이프라인에 통합해보자.

실습을 위한 테스트 케이스 예제는 다음과 같다.

밀라노에 거주하는 삼성 갤럭시 S5 사용자는 4G 네트워크를 사용해 아마존 홈페이지에 접속한다.

이제 WebPageTest와 라이트하우스 도구를 사용해 프론트엔드 성능을 측정해보자.

8.5.1 WebPageTest

WebPageTest는 웹 사이트의 프론트엔드 성능을 측정하기 위한 무료 온라인 도구다. 웹 사이트에 접속할 때의 지리적 위치를 선택할 수 있으며 실제 사용자처럼 브라우저에서 웹 사이트를 렌더링해 프론트엔드 성능 메트릭을 수집한다.

워크플로

WebPageTest를 사용하는 방법은 다음과 같다.

---

186 옮긴이_ 참고로 한국의 평균 광대역 속도는 212.5Mbps다.

1 [그림 8-14]와 같이 아마존 URL(*https://www.amazon.com*)을 입력한다.

2 테스트할 사용자 환경의 지역, 브라우저 유형, 장치 유형, 네트워크 대역폭을 선택한다.

3 Number of Tests to Run 매개변수를 3으로 설정한다. 한 번만 테스트할 경우 일시적인 네트워크 대역폭 문제로 데이터에 오류가 발생할 수 있기 때문에 테스트 케이스를 여러 번 실행한 후 평균값을 계산한다.

4 Repeat View 매개변수를 'First View and Repeat View'로 설정한다. 이렇게 하면 첫 번째 방문과 후속 방문에 대한 성능이 별도로 측정된다(앞서 설명했듯이 캐시에 의해 첫 번째 방문과 후속 방문의 성능이 다르게 측정될 수 있다).

5 테스트를 실행하고 보고서에서 측정된 메트릭을 확인한다.

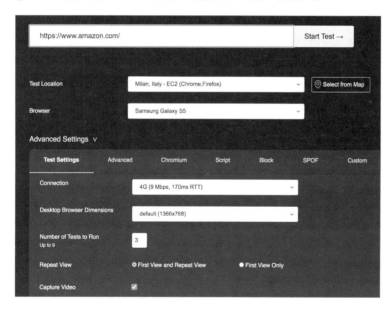

그림 8-14 WebPageTest 구성

WebPageTest는 공개적으로 사용 가능한 무료 도구이기 때문에 테스트를 완료하고 보고서를 확인하려면 몇 분 동안 기다려야 한다. 유료 플랜을 사용할 경우에는 비공개 환경에서 대기 시간 없이 테스트를 수행할 수 있다.

보고서에는 성능을 개선할 수 있는 유용한 정보가 있다. 각 보고서는 고유 ID로 30일동안 조회할 수 있다. WebPageTest 테스트 보고서에서 몇 가지 중요한 부분을 살펴보자.

[그림 8-15]의 성능 메트릭 표는 첫 번째 방문과 후속 방문에 대한 코어 웹 바이탈 결과를 보여준다. 테스트 케이스의 페이지 로드 시간을 벤치마크하려면 모든 실행에서 문서 완료 시간 document complete time 의 중앙값을 취하면 된다. 첫 번째 방문의 문서 완료 시간은 3.134초, LCP는 2.105초로 사용자 경험이 허용 가능한 범위 내에 있다. 전체 로드 시간 fully loaded time 은 모든 콘텐츠를 로드하는 데 걸리는 시간이다. 첫 번째 방문의 전체 로드 시간은 14.615초이며 230개의 요청이 발생했지만 최종 사용자의 경험에는 큰 영향을 미치지 않는다.

Performance Results (Median Run - SpeedIndex)

	First Byte	Start Render	First Contentful Paint	Speed Index	Web Vitals			Document Complete			Fully Loaded			
					Largest Contentful Paint	Cumulative Layout Shift	Total Blocking Time	Time	Requests	Bytes In	Time	Requests	Bytes In	Cost
First View (Run 1)	0.918s	2.000s	1.994s	2.505s	2.105s	0.156	0.162s	3.134s	38	406 KB	14.615s	230	1,154 KB	$$$–
Repeat View (Run 1)	1.156s	2.100s	2.085s	2.577s	2.316s	0.142	0.050s	3.048s	9	116 KB	13.502s	127	127 KB	

그림 8-15 WebPageTest 보고서의 성능 메트릭 표

[그림 8-16]에 나타난 Waterfall View는 DNS 확인, 연결 시작, HTML 및 이미지 다운로드, 스크립트 실행과 같은 작업에 걸리는 시간을 다양한 색상으로 나타낸다. Waterfall View를 활용하면 추가로 최적화할 수 있는 구간을 쉽게 파악할 수 있다.

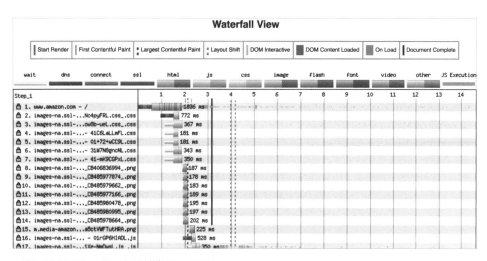

그림 8-16 WebPageTest 보고서의 Waterfall View

WebPageTest는 인증 세부 정보를 전달하는 기능도 제공한다. 하지만 공개된 테스트 보고서에 접근할 수 있는 모든 사용자가 WebPageTest에서 입력한 자격 증명을 볼 수 있기 때문에 보안에 주의해야 한다.

또한 WebPageTest는 보고서를 가져올 수 있는 API와 명령줄에서 테스트를 직접 실행할 수 있는 Node.js 모듈을 제공한다. 하지만 두 가지 방식 모두 유료 결제를 통해 API 키를 얻어야 사용할 수 있다. 유료 결제를 통해 API를 얻었다면 명령줄 명령어(예제 8-3) 또는 API(예제 8-4)를 사용해 CI 파이프라인에 WebPageTest를 통합할 수 있다.

예제 8-3 WebPageTest 설치, 테스트 실행, 결과 조회를 위한 명령어

```
// 1단계: npm을 사용해 webpagetest 설치
npm install webpagetest -g

// 2단계: 명령줄에서 샘플 테스트 케이스 실행
webpagetest test http://www.example.com --key API_KEY --location
ec2-eu-south-1:Chrome --connectivity 4G --device Samsung Galaxy S5 --runs 3
--first --video --label
"Using WebPageTest" --timeline

// 3단계: 2단계에서 생성된 보고서 ID로 테스트 결과 조회
webpagetest results 2345678
```

예제 8-4 WebPageTest 테스트 케이스를 실행하고 결과를 조회하는 API

```
// 1단계: WebPageTest의 API를 사용해 샘플 테스트 케이스 실행
http://www.webpagetest.org/runtest.php?url=http%3A%2F%2Fwww.
example.com&k=API_KEY&location=ec2-eu-south-
1%3AChrome&connectivity=4G&runs=3&fvonly=1&video=1&label=Using%20
WebPagetest&timeline=1&f=json

// 2단계: 1단계에서 응답받은 보고서 ID로 테스트 결과 조회
http://www.webpagetest.org/jsonResult.php?test=2345678
```

8.5.2 라이트하우스

라이트하우스^{Lighthouse}는 무료 오픈소스 도구로, 구글 크롬의 일부로 제공되며 파이어폭스 확장 기능으로도 사용할 수 있다. 라이트하우스는 보안, 접근성, 프론트엔드 성능 등 다양한 관점에서 웹 사이트를 점검한다. 라이트하우스에서 생성한 보고서에는 프론트엔드 성능 메트릭의 세부 정보와 함께 전체 점수가 표시된다.

라이트하우스는 로컬 브라우저에서 실행되기 때문에 보안 문제가 없으며 WebPageTest와 달리 테스트 실행을 위해 대기하지 않아도 된다. 또한 네트워크 및 CPU 스로틀링, 모바일 브라우저 해상도 조정과 같은 기능을 지원하여 다양한 테스트 케이스를 시뮬레이션하고 메트릭을 측정할 수 있다. 하지만 실제 위치에서만 웹 사이트에 접속할 수 있기 때문에 최종 사용자의 지리적 위치를 원하는 대로 구성할 수 없다.

라이트하우스 CLI 도구를 사용하면 CI와 쉽게 통합해 지속적인 피드백을 얻을 수 있다. 유럽의 유명 인터넷 쇼핑몰인 잘란도^{Zalando}는 라이트하우스 CI를 사용해 프론트엔드 성능 피드백을 받는 시간을 1일에서 15분으로 줄였다.

워크플로

라이트하우스를 사용하는 방법은 다음과 같다.

1 크롬 브라우저에서 아마존 웹 사이트에 접속한다.

2 단축키(macOS는 Cmd + Option + J, 윈도우/리눅스는 Shift + Ctrl + J) 또는 마우스 오른쪽 버튼을 클릭한 후 [검사] 옵션을 선택해 크롬 개발자 도구를 연다.

3 Network 탭에서 스로틀링을 [Slow 3G]로 설정한다.

4 Performance 탭에서 CPU 스로틀링을 선택한다. 중간 성능의 모바일 기기의 경우 [4x slowdown]을 선택하고, 저성능 모바일 기기의 경우 [6x slowdown]을 선택한다. 이번 실습에서는 [4x slowdown]을 선택한다.

5 Responsive 드롭다운에서 테스트할 해상도를 선택한다. [그림 8-17]과 같이 [Galaxy S5]를 선택한다.

6 라이트하우스 탭에서 [Performance] 카테고리를 선택한 후 [Generate report] 버튼을 클릭한다.

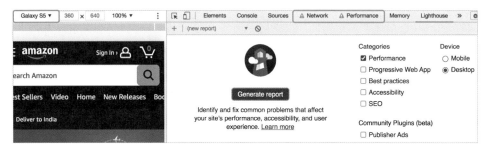

그림 8-17 라이트하우스 창

[그림 8-18]에서 볼 수 있듯이 아마존 웹 사이트 프론트엔드의 TTI 메트릭은 3.8초로 나쁘지 않은 편이다.

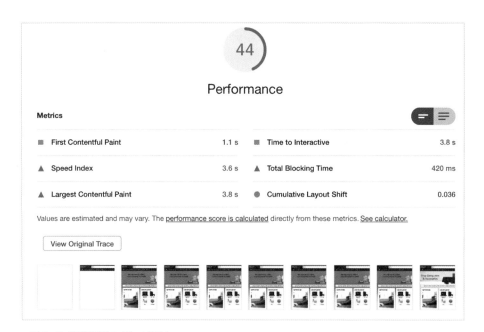

그림 8-18 라이트하우스 성능 보고서

라이트하우스를 사용하면 개발 단계에서 다양한 프론트엔드 성능 테스트 케이스를 테스트할 수 있다. 또한 라이트하우스 Node.js 모듈을 사용하면 CI에 통합할 수 있다. 라이트하우스 Node.js 모듈을 설치하려면 다음 명령을 실행한다.

```
$ npm install -g lighthouse
```

성능 테스트를 실행하려면 다음 명령어를 실행한다.

```
$ lighthouse https://www.example.com/ --only-categories=performance
```

명령어에 매개변수를 추가하면 네트워크 및 CPU 스로틀링을 설정하고 장치의 해상도를 설정할 수 있다. 테스트를 완료하면 현재 디렉터리 경로에 결과 보고서가 생성된다. 성능 점수가 임곗값보다 낮으면 파이프라인을 실패하도록 구성할 수 있다. 예를 들어 성능 점수가 90점보다 낮으면 빌드를 실패하도록 설정한다. LightWallet 기능을 사용하면 각 웹 바이탈 메트릭에 대한 성능 임곗값을 정의할 수 있으며, 라이트하우스 테스트 결과의 각 메트릭이 미리 정의한 임곗값을 초과할 경우 경고를 발생시킬 수 있다.

CI에 통합하는 다른 방법은 cypress-audit 도구를 사용하는 것이다. cypress-audit을 사용하면 Cypress에 라이트하우스를 통합하여 CI 내 기능 테스트 단계에서 프론트엔드 성능을 검증할 수 있다.

8.6 추가 테스트 도구

이번 절에서는 프론트엔드 성능을 측정하고 디버깅하는 데 사용할 수 있는 또 다른 도구인 페이지 스피드 인사이트^{PageSpeed Insights}와 크롬 개발자 도구를 소개한다.

8.6.1 페이지 스피드 인사이트

〈8.5 실습〉에서는 실험실과 같은 환경에서 네트워크, CPU, 해상도 등의 조건을 미리 설정한 뒤 테스트 케이스를 시뮬레이션했다. 하지만 사용자가 체감하는 실제 성능은 네트워크 대역폭,

장치 구성 등의 차이로 인해 시뮬레이션에서 측정한 결과와 다를 수 있다. 실제 사용자 모니터 링real user monitoring(RUM)을 활용하면 다양한 사용자가 웹 사이트의 성능을 실제로 어떻게 경험하는지 파악할 수 있다. 구글은 전 세계 사용자가 웹 사이트에 접속할 때 실제 코어 웹 바이탈을 포함하여 여러 가지 항목을 측정하는 무료 모니터링 서비스를 제공한다. 이러한 데이터를 **필드 데이터**field data 또는 RUM 데이터라 한다.

페이지 스피드 인사이트 도구는 [그림 8-19]와 같이 RUM 데이터와 라이트하우스에서 생성한 랩lab 데이터를 함께 제공해 프론트엔드 성능에 대한 개요를 보여준다. 페이지 스피드 인사이트 홈 페이지에 접속한 후 애플리케이션 URL을 입력하여 테스트해보기를 권한다.

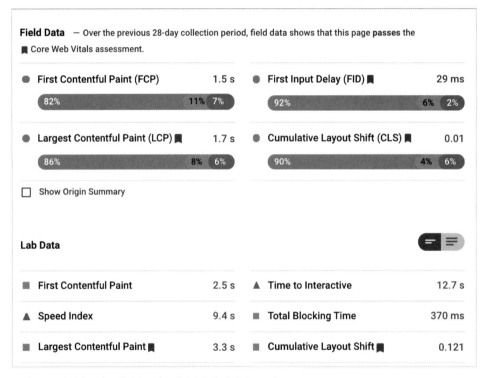

그림 8-19 페이지 스피드 인사이트 필드 데이터와 랩 데이터 보고서

또한 페이지 스피드 인사이트는 지속적으로 모니터링하고 경고를 발생시킬 수 있는 API를 제공한다.

8.6.2 크롬 개발자 도구

크롬 개발자 도구에서 Performance 탭의 성능 프로파일러를 사용하면 프론트엔드 성능 디버깅에 도움이 된다. 성능 프로파일러는 네트워크 스택, 애니메이션 프레임 속도, GPU 사용량, 메모리, 스크립트 실행 시간 등에 관한 자세한 분석 보고서를 제공한다. 크롬 개발자 도구를 사용하면 디버깅하는 동안 네트워크와 CPU에 스로틀링을 적용할 수 있다. 또한 브라우저 자체에 내장되어 있기 때문에 사용하기가 매우 간편하다.

성능 프로파일러를 사용하는 방법은 다음과 같다. 애플리케이션 UI에서 드롭다운의 자동완성에 대한 성능을 측정하고 싶다고 가정해보자. Performance 탭에서 기록 버튼을 클릭한 후 드롭다운에 텍스트를 입력한다. 기록을 중지하면 [그림 8-20]과 같은 분석 보고서가 나타난다.

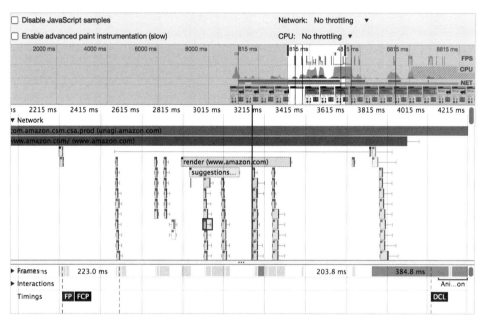

그림 8-20 크롬 개발자 도구 성능 프로파일러 보고서

지금까지 애플리케이션의 엔드 투 엔드 성능 테스트를 위한 구성 요소와 도구 사용법을 알아봤다. 마지막으로 이 모든 것을 종합한 성능 테스트 전략 수립 방법을 소개한다.

8.7 성능 테스트 전략

앞서 말했듯이 성능 테스트 전략은 시프트 레프트를 적용을 기본 원칙으로 한다. 시프트 레프트 성능 테스트를 구현하기 위해서는 아키텍처를 설계하는 단계에서부터 예상 성능에 대한 지원을 고려해야 한다. 또한 CI 파이프라인에 성능 테스트를 통합해 지속적인 피드백을 자주 받아야 하며 비즈니스 및 최종 사용자에게 적합한지 지속적으로 점검해야 한다. [그림 8–21]은 지금까지 설명한 내용을 정리한 시프트 레프트 성능 테스트 전략의 개요다.

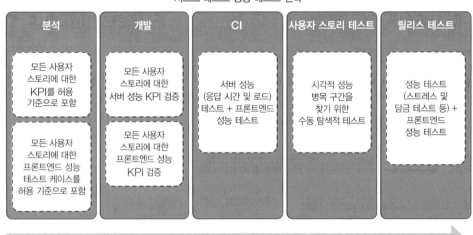

그림 8-21 시프트 레프트 성능 테스트 전략

시프트 레프트 성능 테스트의 각 단계를 알아보자.

1 계획 단계

- 프로젝트를 시작하기 전에 비즈니스, 마케팅, 기술과 관련된 애플리케이션의 모든 이해관계자가 성능 KPI를 논의하고 정한다. 이후에는 정해진 성능 KPI를 기반으로 아키텍처를 설계하고 기술 스택과 기타 세부 사항을 선택한다.
- 프로젝트를 시작하면서 성능 테스트 환경을 구성한다. 상용 환경과 유사한 테스트 환경이 없을 경우에는 최소한의 테스트를 실행할 수 있는 환경이 있는지 확인한다.

- 사용자 스토리의 허용 기준에 따라 다양한 프론트엔드 성능 테스트 케이스(네트워크 조건, 지리적 위치 등)를 추가한다.
- 사용자 스토리의 허용 기준에 따라 API의 기대 KPI(응답 시간, 동시성, 가용성)를 추가한다.

② 개발 단계

- 사용자 스토리 내 백엔드 엔드포인트의 응답 시간 및 부하에 대한 KPI를 검증한다.
- 사용자 스토리의 프론트엔드 성능 테스트 케이스를 검증한다.

③ CI 단계

- 모든 커밋에 대해 응답 시간 검증 테스트를 실행한다. 부하 테스트는 실행 시간이 오래 걸리지 않는 경우 모든 커밋에 대해 실행하며, 실행 시간이 오래 걸릴 경우 야간 회귀로 실행해 검증한다. 성능 테스트를 CI에 통합하면 특정 기능 추가로 인한 성능 저하를 바로 인지할 수 있기 때문에 성능 문제의 디버깅에 도움이 된다.
- 사용자가 자주 방문하는 페이지에 대한 프론트엔드 성능 테스트를 CI 파이프라인에 추가한다.

④ 사용자 스토리 테스트 단계

- 다양한 테스트 케이스에 대해 탐색적 테스트를 수행하면서 성능 병목 구간이 있는지 파악한다.
- 성능이 허용된 기준을 만족하는지 확인한다. 이후에는 테스트를 자동화한 후 CI에 통합한다. 이 모든 과정을 마친 후에만 사용자 스토리를 완료로 처리한다.

⑤ 배포 테스트 단계

- 스트레스 테스트, 담금 테스트, 성능 디버깅을 포함한 엔드 투 엔드 성능 테스트를 완료한다. 배포 테스트 단계에서는 상용 환경과 유사한 테스트 환경을 구성하기 위해 노력해야 한다.

성능 테스트에는 상당한 시간과 노력이 필요하다. 따라서 출시 전 급하게 성능 테스트를 준비하기보다는 성능 테스트 전략을 통해 초기 분석 단계에서부터 도입하는 것을 권장한다.

요점 정리

- 웹 성능이 좋지 않으면 매출에 악영향을 미칠 수 있다. 반대로 성능을 개선하면 전환율과 매출을 크게 높일 수 있다.

- 아키텍처, 서드파티 서비스 성능, 네트워크 대역폭, 사용자의 지리적 위치 등 다양한 요소가 애플리케이션 성능에 영향을 미친다. 이러한 요인은 소프트웨어 제공 주기 내내 계속 변화한다. 하나의 요소를 최적화하면 다른 요소가 성능 저하에 영향을 줄 수 있기 때문에 소프트웨어 팀은 상황에 맞게 균형을 유지해야 한다.

- 소프트웨어 제공 주기 시작부터 지속적으로 KPI(가용성, 동시성/처리량, 응답 시간)를 측정하면 상용 환경에서 발생할 수 있는 성능 문제를 미리 감지하고 해결할 수 있다.

- 제이미터, 개틀링, 아파치 벤치마크와 같은 도구를 활용하면 시프트 레프트 성능 테스트를 구현할 수 있다.

- 프론트엔드 코드가 애플리케이션 로드 시간의 80% 이상을 차지하기 때문에 프론트엔드 성능을 별도로 측정하고 관리해야 한다.

- 구글의 RAIL 모델은 프론트엔드 성능 메트릭 정의에 유용한 프레임워크를 제공한다.

- 네트워크 대역폭, 지리적 위치, 장치 사양 등 다양한 요소를 기반으로 사용자 경험을 고려하여 프론트엔드 성능 테스트 케이스를 설계해야 한다.

- CI 파이프라인에 API 및 프론트엔드 성능 테스트를 추가하면 성능 문제로부터 팀을 보호할 수 있다.

접근성 테스트

> Accessibility—essential for some, useful for all.
> 접근성은 일부에게는 필수이며 모두에게는 유용하다.
> – W3C WAI

웹은 여러 면에서 우리 삶과 뗄 수 없는 중요한 수단이 되었다. 우리는 웹을 통해 일상용품을 구매하고, 친구나 가족과 소통하고, 새로운 기술을 배우고, 전 세계의 뉴스를 접한다. 웹에서 제공하는 연결성, 생산성, 정보가 없었다면 코로나19 전염병을 극복하기가 더 어려웠을 것이다. **웹 접근성**은 영구적, 일시적, 상황적 장애가 있는 모든 사용자가 웹을 쉽게 이용하도록 보장한다. 예를 들어 시각 장애인, 노인, 비문해자, 운전자 등이 웹 사이트를 어려움 없이 이용할 수 있도록 한다. 접근성은 웹 개발 관점에서 사용성의 하위 집합이며 인도주의적 관점에서 포용성 inclusivity 의 하위 집합이다.

웹 접근성은 웹 사이트 이용에 어려움을 겪는 사람을 돕는 것을 목표로 하지만 사실은 모든 사람들의 사용성을 향상시킨다. 필자는 월드 와이드 웹 컨소시엄 World Wide Web Consortium (W3C)에서 만든 웹 접근성 이니셔티브 Web Accessibility Initiative (WAI)인 '접근성은 일부에게는 필수이며 모두에게는 유용하다'라는 슬로건을 좋아한다. 이는 웹 접근성 기능이 장애나 그 밖의 어려움과는 관계없이 모든 사용자에게 유용하다는 것을 강조한다. 예를 들어 우리 모두는 페이지의 각 파트를 쉽게 찾고, 식별하고, 탐색할 수 있는 명확한 레이아웃을 선호한다. 마찬가지로 모든 사용자에게는 간단하고 이해하기 쉬운 오류 메시지와 안내 메시지가 필요하다. 또한 최근에는 기술 발전에 따라 음성 지원을 통한 접근성 제공이 빠르게 확산되고 있다.

W3C는 월드 와이드 웹의 창시자인 팀 버너스 리Tim Berners-Lee가 이끄는 국제 커뮤니티로, 회원 단체들이 협력해 웹 표준을 제정한다. W3C WAI는 웹 접근성에 관한 국제 표준을 제정한다.

통계에 따르면 세계 인구의 20%는 크고 작은 장애를 갖고 있다. 비즈니스 관점에서 살펴보면 장애인 커뮤니티는 세계에서 세 번째로 큰 경제력을 갖는다고 할 수 있다. 이를 통해 웹 접근성 기능에 시간과 노력을 투자해야 하는 구체적인 비즈니스 케이스를 도출할 수 있다.

웹 접근성 제공은 법적 요구 사항이다. 유엔 장애인권리협약United Nations Convention on the Rights of Persons with Disabilities(UN CRPD)에 따르면 웹을 포함한 정보통신기술에 대한 접근은 기본적인 인권이다. 현재 많은 국가들이 이를 기반으로 웹 접근성에 대한 법적 정책을 갖고 있으며, 최근 몇 년 동안 이러한 정책을 위반한 기업에 대한 소송이 급증했다. 2017년 한 시각 장애인은 웹 사이트가 스크린 리더를 지원하지 않는다는 이유로 미국의 슈퍼마켓 체인점인 윈딕시Winn-Dixie를 상대로 소송을 내 승소했다(이는 여러 번의 항소를 통해 결과가 뒤집혔다). 이러한 모든 점을 감안했을 때 소프트웨어 개발 팀과 비즈니스는 웹 접근성 제공에 더 많은 관심을 기울여야 한다.

Chapter 9에서는 웹 접근성 테스트 및 도구를 소개한다. 접근성 페르소나, 접근성 도구와 접근성 기술의 생태계, 스크린 리더의 작동 방식, 여러 국가에서 요구하는 웹 접근성 지침을 설명한다. 또한 접근성을 지원하는 웹 프레임워크와 시프트 레프트 접근성 테스트 전략을 소개한다. 마지막으로 자동화된 접근성 감사 도구를 다루는 방법과 CI/CD에 접근성 감사 기능을 통합하는 방법을 소개한다.

NOTE 모바일 접근성 테스트 도구는 〈Chapter 11 모바일 테스트〉에서 다룬다.

9.1 구성 요소

먼저 접근성 사용자 페르소나와 각 페르소나의 요구 사항을 알아본 다음 접근성 생태계 및 웹 접근성 지침을 살펴본다.

9.1.1 접근성 사용자 페르소나

사용자 페르소나는 유사한 속성을 가진 고객을 대표하는 가상 인물이다. 소프트웨어 프로젝트는 사용자 페르소나를 만들어 고객의 구체적인 요구 사항을 이해하고 설계에 반영해 개발을 시작한다. 접근성과 관련된 사용자 페르소나는 [그림 9-1]과 같다.

접근성 사용자 페르소나

매트	헬렌	애비	코니
락스미	마야	필립	샤오

그림 9-1 접근성 사용자 페르소나

각 페르소나는 다음과 같이 정의된다.

- 매트는 30세 회사원으로 최근에 팔이 부러졌다. 마우스를 작동하는 데 어려움이 있기 때문에 키보드만으로 웹 사이트를 이용하길 원한다.

- 헬렌은 80세 은퇴한 교사로 색상을 잘 구분하지 못한다. 헬렌이 웹 사이트를 쉽게 이용하려면 UI에서 적절한 색상 대비를 제공해야 한다. 예를 들어 이미지, 링크, 버튼과 같은 요소가 구분 가능해야 한다. 이는 색맹을 가진 사용자에게도 필요한 요구 사항이다.

- 애비는 인지 장애를 가진 십 대다. 새로운 것을 배우기 위해 오랜 시간이 걸리기 때문에 적절한 헤더와 내비게이션 바, 일관된 탐색 구조를 가진 레이아웃이 필요하다. 마찬가지로 프레드([그림 9-1]에 없음)는 운전 중 가까운 주유소를 찾고 있다. 그래서 빠른 결정을 내리기 위해 명확한 구조를 가진 레이아웃이 필요하다.

- 코니는 시각 장애를 가진 매장 관리자다. 코니가 웹을 사용하려면 텍스트 음성 변환 및 음성 인식 지원이 필요하다.

- 락스미는 어린 아기가 있다. 하루 종일 아기를 돌봐야 하기 때문에 문자를 보내기 위해서는 음성을 텍스트로 변환해주는 기능이 필요하다.
- 마야는 소프트웨어 개발자로 기민성^{dexterity}이 떨어져 인지 능력과 동작이 느리다. 마야가 웹 사이트를 쉽게 이용하려면 크기가 큰 텍스트와 버튼이 필요하다. 이는 난독증과 저시력을 가진 사용자에게도 필요한 요구 사항이다.
- 필립은 청각장애를 가지고 있다. 요리를 좋아하는 그가 레시피 영상을 이해하려면 자막이 필요하다.
- 샤오는 중국어를 사용하는 상점 주인이다. 영어를 배운 지 얼마 되지 않아 영어에 익숙하지 않다. 샤오가 영어로 된 웹 사이트를 이용하려면 간단한 설명이 필요하다. 또한 전문 용어나 복잡한 단어 없이 쉽게 이해할 수 있는 콘텐츠가 필요하다. 이는 인지 및 학습 문제가 있는 사용자에게도 필요한 요구 사항이다.

종합해보면 사용자 페르소나는 시각, 청각, 인지, 운동 수행 능력에 불편함이 있거나 일시적으로 접근성에 제한을 받는 사용자를 나타낸다. 우리의 목표는 이러한 사용자가 다른 사용자와 똑같이 웹을 인식하고, 이해하고, 탐색하고, 상호 작용할 수 있도록 돕는 것이다.

9.1.2 접근성 생태계

웹 접근성을 제공하려면 접근성 생태계 전체를 이해해야 한다. 접근성 생태계는 일시적 또는 영구적 장애를 가진 사용자에게 콘텐츠를 제공하고 상호 작용하는 데 사용할 수 있는 다양한 도구와 기술(단순한 웹 기술 이상의 기술)을 포함한다. 예를 들어 시각 장애를 가진 사용자 페르소나는 웹과 상호 작용하기 위해 텍스트 음성 변환과 음성 명령을 사용한다. 이를 위해서는 텍스트 리더 기술과 음성 명령 기술이 필요하다. 또 다른 페르소나 사용자는 컴퓨터에 통합할 수 있는 보조 장치를 사용해 웹과 상호 작용한다. 따라서 접근성 유스 케이스를 생각하기 위해서는 먼저 다음과 같은 접근성 생태계 요소를 이해해야 한다.

웹 개발 도구 및 관행

HTML, CSS와 같은 웹 개발 도구는 접근성 제공에 필요한 기능을 지원해야 한다. 예를 들어 페이지 내 요소에 관한 정보를 스크린 리더에 전달하려면 웹 개발 프레임워크에서 명시적인 설명을 추가할 수 있는 기능을 지원해야 한다.

사용자 에이전트

사용자 에이전트는 브라우저 및 미디어 플레이어와 같이 웹 콘텐츠를 렌더링하는 도구다. 사용자 에이전트는 웹 콘텐츠가 접근성 관련 기능을 제공할 수 있음을 판단하고 스크린 리더 같은 도구와 통합하여 콘텐츠를 제공한다.

보조 기술

보조 기술은 스크린 리더, 대체 키보드, 스위치 등 브라우저와 통신하고 사용자에게 정보를 전달하는 추가 장치와 기술을 가리킨다.

앞서 살펴보았듯이 접근성 생태계는 여러 가지 도구와 기술로 구성되어 있으며 이를 통해 사용자는 웹과 상호 작용한다. 일부 요소는 고급 기능을 제공하는데 오히려 이런 기능들로 인해 특정 영역에서의 작업량이 늘어나거나 사용자 페르소나에 대한 기능의 일부가 충족되지 않을 수 있다.

W3C WAI는 접근성 생태계의 모든 구성 요소에서 표준화된 접근성 기능을 제공하기 위해 다음과 같이 각 구성 요소에 대한 국제 표준을 수립했다.

- **저작 도구 접근성 지침**Authoring Tool Accessibility Guidelines **(ATAG)**: HTML 편집기와 같은 콘텐츠 저작 도구의 표준을 설정한다.
- **웹 콘텐츠 접근성 지침**Web Content Accessibility Guidelines **(WCAG)**: 개발 중 고려해야 하는 웹 콘텐츠 표준을 정의한다.
- **사용자 에이전트 접근성 지침**User Agent Accessibility Guidelines **(UAAG)**: 보조 기술을 포함한 웹 브라우저와 미디어 플레이어를 위한 표준을 다룬다.

각 표준에 관한 자세한 내용은 WAI 웹 사이트를 참고하자. 웹 개발 팀으로서 관심 있게 살펴봐야 할 표준은 WCAG이다. 특히 WCAG 2.0은 웹 콘텐츠의 다양한 측면(텍스트, 이미지, 색상, 미디어 등)에서 접근성을 제공하기 위한 여러 가지 사양을 요구한다. 앞서 언급한 바와 같이 많은 국가가 정부 및 공공 기관, 기업의 웹 사이트에서 WCAG 2.0 표준을 준수하도록 정책을 수립하고 있다.

9.1.3 예제: 스크린 리더

WCAG 2.0이 특정 지침을 규정하는 이유를 이해하려면 보조 기술이 작동하는 방식을 이해해야 한다. 먼저 시각 장애를 가진 사용자 페르소나가 사용하는 스크린 리더를 살펴보자. 스크린 리더는 웹 사이트가 지원하는지 테스트해야 하는 일반적인 보조 기술이다.

이름에서 알 수 있듯이 스크린 리더는 키보드로 웹 사이트와 상호 작용하는 사용자를 위해 페이지의 내용을 소리 내어 읽는다. 사용자는 [Tab], [Tab]+[Shift], [Enter] 등 단축키를 눌러 사이트와 상호 작용하며 콘텐츠의 내용을 듣는다.

스크린 리더는 페이지의 **접근성 트리**accessibility tree 순서로 페이지의 콘텐츠를 읽는다. 접근성 트리는 의미 있는 흐름을 나타내는 순서로, 명시적으로 정의된 role, id 등의 속성이 있는 페이지 요소이며 DOM과 유사한 구조를 가진다. 홈 페이지에 출발지 및 목적지 테스트 입력 필드와 검색 버튼이 있는 예약 사이트를 예로 들어보자. 접근성 트리는 '티켓 검색' 사용자 흐름을 나타내도록 구조화된다. 출발지를 먼저 입력한 다음 목적지를 입력하고 검색 버튼을 클릭한다. 필요한 경우 웹 페이지의 특정 요소가 접근성 트리에서 숨겨지도록 코딩할 수 있다.

접근성 기능을 더 잘 이해하려면 스크린 리더를 직접 사용해보는 것이 좋다. 구글 크롬은 브라우저 기반 스크린 리더를 확장 프로그램으로 제공한다. 스크린 리더 확장 프로그램을 설치한 후 데모 예약 사이트에 접속해보자. [그림 9-2]와 같이 데모 예약 사이트는 시각 장애인이 웹을 어떻게 경험하는지 보여준다. 웹 페이지의 내용이 의도적으로 흐리게 표현되어 있으며 스크린 리더와 키보드를 사용해 예약을 진행할 수 있다.

그림 9-2 스크린 리더 경험을 시뮬레이션하기 위해 의도적으로 흐리게 만든 데모 웹 사이트

9.1.4 WCAG 2.0: 기본 원칙과 수준

스크린 리더를 통해 보조 기술이 작동하는 방식을 이해했다면 이제 WCAG 2.0을 자세히 알아보자.

WCAG 2.0는 웹 콘텐츠를 설계할 때 기억해야 할 4가지 기본 원칙을 설정한다. 콘텐츠는 **인지할 수 있고, 조작할 수 있으며, 이해할 수 있고, 견고해야** 한다. 또한 콘텐츠가 정의한 각 지침에 대해 규정된 기준을 충족하는 정도에 따라 다음 3가지 수준으로 적합성을 정의한다.

레벨 A

웹 사이트가 필수로 지원해야 하는 최소 수준이다. 예를 들어 오디오 또는 비디오 콘텐츠에는 자막이 있어야 하며 키보드로 모든 기능을 실행할 수 있어야 한다. 또한 색상이 정보 전달의 유일한 수단이어서는 안 된다.

레벨 AA

레벨 A의 요구 사항과 추가 요구 사항을 지원해야 한다. 추가 요구 사항의 예로는 사이트 전체의 제한된 색상 대비 비율 등이 있다. 일부 정책은 웹 사이트에서 레벨 AA 수준을 준수하도록 권장한다.

레벨 AAA

레벨 AAA는 앞선 두 수준의 요구 사항을 모두 포함하며 모든 사용자가 사이트를 이용할 수 있도록 추가 요구 사항을 지원해야 한다. 예를 들어 비디오 콘텐츠는 수화 통역을 제공해야 한다. 레벨 AAA 수준을 준수한다면 사용자에게 접근성을 제공하기 위해 최선을 다하고 있음을 보여줄 수 있다.

기업은 법적 요건에 맞게 수준을 결정하지만 필요에 따라 사용자를 위해 더 높은 수준의 접근성 기능을 제공할 수 있다.

9.1.5 레벨 A 적합성 표준

웹 사이트가 준수해야 하는 최소 수준인 WCAG 2.0 레벨 A 요구 사항을 살펴보고 이를 기반으로 접근성 테스트 케이스를 도출해보자.

> **NOTE** 이번 절에서 설명하는 내용은 접근성 테스트의 요구 사항을 이해하는 데 도움이 되는 개요를 제공하기 위한 것이다. 자세한 사항은 W3C WAI 웹 사이트의 공식 문서를 참고하자.

인지 가능

웹 콘텐츠를 모든 사용자 페르소나가 쉽게 이용할 수 있도록 지원해야 한다. 사용자가 콘텐츠를 잘 인지할 수 있어야 더 많은 작업을 수행할 수 있다. 따라서 웹 설계 단계부터 사용자 인지에 방해가 될 수 있는 모든 시나리오를 생각하고 이를 피해야 한다.

WCAG 2.0는 다음과 같이 사용자 인지와 관련된 사항을 구체적으로 요구한다.

- 이미지와 같이 텍스트가 아닌 콘텐츠는 시각 장애가 있는 사용자가 스크린 리더를 사용해 콘텐츠를 이해할 수 있도록 대체 텍스트를 포함해야 한다.
- 오디오 또는 비디오 콘텐츠는 텍스트 대본과 자막을 제공해야 한다. 또한 일시 정지, 중지, 볼륨 제어 기능을 제공해야 한다.
- 페이지 로드 시 자동으로 재생되는 오디오는 일시 정지, 재생, 볼륨 제어와 같은 제어 기능을 제공해야 한다.
- 웹 페이지의 정보는 스크린 리더를 사용하는 사용자가 의미 있는 흐름대로 탐색할 수 있도록 페이지 제목, 제목 태그 등 계층 구조를 사용해야 한다.
- 웹 사이트에서 제공하는 지시문은 모양, 색상, 크기, 시각적 위치, 방향, 소리와 같은 감각적인 특성에만 의존해서는 안 된다. 예를 들어 '버튼이 녹색으로 바뀔 때까지 기다리십시오' 또는 '경고음이 들릴 때까지 기다리십시오'와 같은 지시문을 사용하면 안 된다.
- 색상이 화면에서 작동을 나타내고, 응답을 요청하고, 화면의 요소를 구별하는 유일한 수단이 되어서는 안 된다. 색맹 사용자를 위해 텍스트를 사용하여 직관적으로 만들어야 한다.
- 색상에 덜 민감한 사용자를 지원하기 위해 요소의 배경과 전경 사이에 색상 대비가 있어야 한다.

조작 가능

웹 콘텐츠를 인지할 수 있게 되었다면 키보드 단축키를 사용해 버튼을 클릭하는 것과 같이 사용자가 편하게 웹 사이트를 조작할 수 있는 방법을 고민해야 한다. WCAG 2.0은 다음과 같은 사항을 요구한다.

- 사용자는 키보드로 전체 웹 사이트를 탐색하고 조작할 수 있어야 한다. 키보드로 탐색하는 동안 요소의 초점은 명확해야 하며 적절한 색상 대비를 가져야 한다.
- 키보드 단축키를 통해 앞 또는 뒤로 이동하고 창을 종료하거나 영역을 빠져나갈 수 있어야 한다. 예를 들어 모달 창을 종료하는 단축키를 제공한다.
- 사용자가 콘텐츠를 읽고 사용할 수 있도록 충분한 시간을 제공해야 한다.
- 번쩍임과 애니메이션이 많은 콘텐츠는 발작과 같은 신체적 반응을 일으킬 수 있으므로 지양한다.
- 반복되는 콘텐츠가 있다면 이를 건너뛸 수 있는 기능을 제공해야 한다.
- 오프스크린^{offscreen} 콘텐츠를 스크린 리더에서 숨긴다. 예를 들어 링크가 특정 선택 영역에서만 나타나는 경우 스크린 리더 흐름에서 이 링크를 숨긴다.
- 링크에 관해 상세하고 의미 있는 텍스트를 제공해야 한다.

이해 가능

웹 사이트가 작업을 완료하기 위해서는 많은 요소와 사용자 흐름이 필요하다. 예를 들어 항공권을 예약하기 위해 따라야 할 몇 가지 단계와 지시문이 있을 수 있다. 이러한 콘텐츠와 사용자 흐름은 모든 사용자 페르소나가 쉽게 이해할 수 있도록 세심하게 작성되어야 한다. WCAG 2.0은 이해 가능한 콘텐츠 작성을 위해 다음과 같은 사항을 요구한다.

- 전문 용어 및 기술 용어 사용을 지양한다. 대신 단순하면서도 의미 있는 텍스트를 제공한다. 예를 들어 '034506451988은 유효하지 않습니다'와 같은 기술적인 오류 메시지 대신 '잘못된 날짜 형식입니다'와 같은 이해하기 쉬운 텍스트를 제공한다.
- 필요한 경우 확장 및 약어를 제공한다.
- 여러 개의 창 열기 등 갑작스러운 맥락 변경은 키보드 탐색에 영향을 미치기 때문에 지양한다.
- 사용자가 텍스트 확대 등 다른 설정을 적용했을 때 맥락이 변경되지 않아야 한다.
- 사용자가 올바른 작업을 수행할 수 있도록 요소에 명확한 레이블 텍스트를 제공한다. 예를 들어 이메일 주소 입력 필드에는 Email 레이블과 *example@xyz.com* 같은 예시 값이 있어야 한다.

견고함

다양한 유형의 사용자 에이전트와 보조 기술을 지원하는 견고한 웹 콘텐츠가 필요하다. 따라서 스크린 리더 이외에도 다양한 보조 기술과 통합을 지원해야 한다. WCAG는 견고한 콘텐츠를 위해 다음과 같은 사항을 요구한다.

- 마크업 언어를 사용한 콘텐츠는 여러 보조 기술로 쉽게 구문 분석할 수 있어야 한다. 구성 요소는 시작 태그와 종료 태그를 갖추어야 하며 모든 ID는 고유해야 한다.
- 스크립트에서 생성한 요소를 포함하여 각 요소의 이름, 역할, 상태(예 role="checkbox" 또는 aria-checked="true¦false")는 보조 기술에서 사용할 수 있어야 한다. 체크박스와 같은 요소를 선택할 경우 변경된 상태를 스크린 리더에 제공해야 한다.

WAI-ARIA

앞서 접근성 트리를 기반으로 스크린 리더가 요소를 읽고 수행할 작업을 설명하는 방법을 살펴봤다. 경우에 따라 풍부한 사용자 상호 작용을 위해 사용자 정의 요소를 사용한다면 보조 기술이 요소를 식별할 수 없다. 사용자 정의 요소는 보조 기술이 이해할 수 있도록 유형, 상태, 작동을 나타내는 추가 속성을 포함해야 한다. 예를 들어 <input type="checkbox">와 같은 표준 HTML 요소는 체크박스로 변환되고 사용자는 해당 요소를 클릭한다. 하지만 목록(<li>) 요소가 CSS를 사용해 체크박스로 사용된다면 보조 기술이 이를 제대로 이해할 수 있도록 새로운 속성을 추가해야 한다.

WAI-ARIA ^{WAI's Accessible Rich Internet Applications}는 웹 개발 중 준수해야 하는 속성(role, aria-checked 등)에 관한 사양을 제공한다. 이러한 ARIA 속성은 보조 기술이 이를 인식할 수 있도록 접근성 트리에 추가된다.

지금까지 WCAG 2.0 레벨 A 요구 사항을 소개했다. WCAG 2.1은 특정 사용자 페르소나를 위한 몇 가지 추가 요구 사항을 더 포함한다. 기업에서 2.1 버전을 준수하기로 결정했다면 WCAG 공식 문서를 참고하자.

9.1.6 접근성 지원 개발 프레임워크

앞에서 설명한 기능을 제공하기 위해 많은 개발 프레임워크가 정교한 접근성 지원을 제공한다. 예를 들어 리액트는 표준 HTML 기술을 지원하여 접근성을 제공하는 웹 사이트 구축을 완벽하게 지원한다. 마찬가지로 앵귤러 팀은 접근성을 제공하는 UI 구성 요소 모음인 앵귤러 머티리얼^{Material} 라이브러리를 유지 관리하고 있으며 Vue.js 또한 구성 요소에서 접근성을 제공한다.

다음 절에서는 HTML에서 표준 접근성 관련 태그가 누락된 경우 이를 알려주는 자동화된 접근성 감사 도구를 소개한다.

9.2 접근성 테스트 전략

대부분의 접근성 요구 사항은 프로젝트 시작 단계부터 고려되고 개발 프로세스 전반에 걸쳐 지속적으로 검토되어야 한다. 테스트 이후에 접근성 요구 사항을 검토한다면 너무 늦을 수 있다. 예를 들어 레벨 A를 준수하려면 개발 또는 테스트 단계가 아닌 제품 설계 단계에서 간단하고 일관된 사이트 탐색, 비디오 자막, 의미 있는 오류 메시지, 이미지 색상 대비 등을 고려해야 한다. 따라서 접근성을 지원하기 위한 첫 번째 단계는 접근성 사용자 페르소나를 정의하고 각 페르소나에 맞는 사용자 스토리를 작성하는 것이다. 그런 다음 제품의 기능을 논의할 때 접근성 흐름이 기능에 포함되는지 검증한다. 이러한 방식을 통해 접근성 테스트에 시프트 레프트를 적용할 수 있다.

[그림 9-3]은 소프트웨어 개발 주기 전체에 걸친 접근성 테스트의 시프트 레프트 구현을 나타낸다. 이번 절에서는 각 단계별 접근성 테스트를 소개한다.

그림 9-3 시프트 레프트 접근성 테스트 전략

9.2.1 사용자 스토리의 접근성 체크리스트

WCAG 2.0 지침은 대체 텍스트 추가, 키보드 탐색 지원, 페이지 제목 등 웹 사이트의 모든 페이지에 대한 일반적인 요구 사항을 포함한다. 따라서 모든 사용자 스토리에 접근성 체크리스트를 추가하면 개발자와 테스터가 접근성을 검토하는 데 도움이 된다. 팀에서 사용할 수 있는 일반적인 체크리스트는 다음과 같다.

접근성 체크리스트

- 브라우저에서 페이지 제목을 확인한다. 크롬 브라우저의 경우 브라우저 탭 위에 마우스 커서를 가져다 놓으면 작은 위젯으로 페이지 제목을 확인할 수 있다. 페이지 제목은 웹 사이트 내 페이지의 중심 주제를 명확하게 표현해야 한다.

- 웹 페이지의 기본 구조를 확인하여 적절한 요소 속성과 계층 구조를 가지고 있는지 확인한다. CSS를 끄고 요소가 스크린 리더에 적합한 순서로 나열되어 있는지 확인한다. 요소의 순서를 보여주는 접근성 트리는 크롬 개발자 도구에서 확인할 수 있다.

- 키보드 전용 탐색을 확인한다. 키보드 탐색 과정에서 적절한 요소가 강조되는지 확인하고 키보드 조작으로 뒤로 가기, 앞으로 가기, 종료하기 등을 수행할 수 있는지 확인한다.

- 오류 메시지, 레이블, 링크, 페이지 내 텍스트가 올바른 의미를 전달하는지 확인한다.

- 시스템 기본 설정 또는 브라우저 확대/축소 옵션을 사용하여 텍스트 크기를 조정할 때의 페이지 가독성을 확인한다.

- 흑백 모드^{grayscale}에서 가독성을 확인한다. macOS 사용자는 [시스템 환경 설정] → [손쉬운 사용] → [디스플레이] → [흑백음영 사용]으로 흑백 모드를 활성화할 수 있다.

- 비디오 및 오디오 콘텐츠의 자막이 의미를 제대로 전달하는지, 화면 또는 음성과 동기화되었는지 확인한다.

- 이미지의 대체 텍스트가 의미 있는 내용인지 확인한다. 브라우저 설정에서 이미지 다운로드 옵션을 해제하여 이를 확인할 수 있다. 예를 들어 크롬 브라우저에서 [설정] → [개인 정보 보호 및 보안] → [사이트 설정] → [(이미지를 차단할 사이트 선택)] → [이미지] → [차단]을 설정하면 브라우저가 이미지 대신 alt 텍스트를 표시한다.

- 스크린 리더 흐름이 의미 있는지, 이를 통해 사용자 흐름을 완료할 수 있는지 확인한다.

9.2.2 자동화된 접근성 감사 도구

접근성 체크리스트는 흑백 모드 보기, 확대/축소 후 보기, 대체 텍스트 의미 확인 등 사람이 직접 확인해야 하는 몇 가지 측면을 포함한다. 자동화된 접근성 감사 도구를 사용하면 기본 HTML 구조를 스캔하고 요소에 대한 접근성 태그가 누락된 경우 경고를 발생시킬 수 있으며, 개발 단계에서 많은 시간과 노력을 절약할 수 있다.

자동화된 접근성 감사 도구는 정적 코드 분석기 및 런타임 검사기의 형태로 제공된다. 예를 들어 리액트용 린팅 도구인 eslint-plugin-jsx-a11y 플러그인은 JSX 내 접근성 문제에 관한 즉각적인 피드백을 제공한다. 마찬가지로 Codelyzer는 타입스크립트, HTML, CSS, 앵귤러 코드의 접근성 표준을 검사한다. axe-core, Pa11y CI, 라이트하우스 CI와 같은 런타임 검사기는 개발 후 실제 웹 페이지에 대한 접근성 피드백을 제공한다. 런타임 검사기는 로컬 개발 환경에서 실행하거나 지속적인 테스트를 위해 CI에 통합할 수 있다.

자동화된 접근성 감사 도구를 사용하는 것 외에도 접근성 요구 사항을 검사하는 매크로 수준 또는 마이크로 수준의 기능적인 테스트를 추가할 수 있다. 예를 들어 비디오/오디오가 별도의 자막을 제공하는지 확인하거나 의미 있는 오류 메시지를 사용자에게 제공하는지 확인한다.

9.2.3 수동 테스트

앞서 설명한 접근성 체크리스트는 일반적으로 사용하는 필수 항목만 검사하고 자동화된 접근성 감사 도구는 HTML 구조만 확인하기 때문에 수동 테스트는 접근성 테스트에서 매우 중요한 역할을 한다. 예를 들어 스크린 리더와 키보드로 기능적인 흐름을 확인하는 작업은 수동 테스트로만 수행할 수 있다. 수동 테스트는 다음과 같이 집중해야 하는 범위가 단계별로 다르다.

사용자 스토리 테스트

사용자 스토리 단계에서는 사용자 스토리와 관련된 모든 페이지가 접근성 체크리스트를 만족하는지 확인한다. 이를 위해 WAVE를 활용할 수 있다. WAVE는 WCAG 2.0 지침에 따라 웹 페이지의 접근성 문제를 찾는 도구로, WebAIM에서 무료로 제공하는 서비스다. WCAG 2.0 표준의 모든 요구 사항을 확인하지는 않지만 브라우저의 웹 페이지에서 접근성 문제를 시각적으로 강조하여 쉽게 인지할 수 있게 한다. 또 다른 도구로 크롬 개발자 도구의 라이트하우스

를 사용하여 웹 페이지의 접근성을 검사할 수 있다. WAVE와 라이트하우스를 다루는 방법은
〈9.3 실습〉에서 설명한다.

기능 테스트

사용자 스토리 단계의 테스트를 통해 접근성 테스트 작업의 대부분을 처리할 수 있다. 하지만
기능 개발을 완료한 후 최종 사용자가 키보드만으로 사용자 흐름을 완료하고 스크린 리더가 예
상한 대로 기능을 탐색할 수 있는지는 수동으로 테스트해야 한다. 이렇게 하면 애플리케이션의
엔드 투 엔드 탐색에서 일관성이 부족한 부분을 식별할 수 있다.

키보드 전용 탐색 테스트를 위해 일반적으로 사용하는 키로 웹 사이트를 탐색한다. 예를 들어
Tab 및 Tab + Shift 키를 사용해 앞뒤로 이동하고, Enter 키로 선택하고, 방향키로 드롭다운
선택한다. 키보드 탐색을 수행하는 과정에서 초점이 올바른 요소에 있고 해당 요소가 명확하게
강조 표시되는지 확인한다. 스크린 리더 테스트는 앞서 설명한 구글 크롬 확장 프로그램을 사
용해 수행할 수 있다.

릴리스 테스트

모든 기능을 테스트했다면 장애인을 포함한 최종 사용자를 대상으로 테스트를 수행한다. 사용
자마다 사용하는 보조 장치가 다를 수 있으므로 릴리스 테스트를 통해 실시간 피드백을 받는
다. *UserTesting.com*과 같은 사이트를 활용하면 장애가 있는 사용자에게 테스트를 요청할 수 있다.

적합성 인증

웹 사이트를 릴리스할 준비가 되었다면 WCAG 표준 전문가가 최종 적합성을 평가한다. 기업
내 WCAG 전문가 또는 외부 컨설턴트를 통해 적합성 인증을 수행한다.

페이지의 모든 요소에서 접근성을 제공하려면 많은 변경이 필요할 수 있다. 따라서 시프트 레
프트를 통해 개발 주기 초기 단계에서 테스트를 수행하여 접근성 제공에 필요한 시간과 비용을
절약하는 것이 좋다.

9.3 실습

이번 절에서는 앞서 설명한 WAVE와 라이트하우스를 사용해 접근성 테스트를 수행한다.

> **NOTE** 접근성 감사 도구는 HTML 구조를 검사하고 문제가 있을 경우 경고한다. 예를 들어 모든 HTML 태그가 닫혀있는지, 모든 이미지에 alt 속성이 있는지, 모든 양식 요소에 레이블이 있는지, 모든 요소의 ID가 고유한지 확인한다. 이를 통해 접근성 테스트에 대한 빠른 피드백을 받을 수 있다. 하지만 도구를 사용해 접근성 관련 요구 사항을 검증할 수 없기 때문에 여전히 수동 테스트가 필요하다.

9.3.1 WAVE

WAVE는 웹 페이지의 접근성 표준 준수 여부를 평가하는 무료 온라인 도구다. CSS 없이 페이지를 확인할 수 있으며 요소의 색상 대비, lang 속성 등과 관련된 문제를 표시한다.

워크플로

WAVE 도구를 사용하려면 다음 단계를 따른다.

1 WAVE 웹 사이트에 접속한다.

2 'Web page address:'에 애플리케이션의 URL을 입력한다. 이번 실습에서는 학습을 위해 의도적으로 접근성이 떨어지게 만든 WAI의 접근 불가능한 데모 웹 사이트를 사용한다.

3 화살표 아이콘을 클릭해 감사를 시작한다.

[그림 9-4]는 WAI의 데모 웹 사이트에 대한 감사 결과를 보여준다. WAVE는 3개의 구조 요소와 6개의 기능을 식별했으며 37개의 오류와 경고, 2개의 색상 대비 오류를 표시했다. 웹 페이지의 각 요소 옆에는 접근성과 관련된 실패, 성공, 경고 아이콘이 표시된다.

그림 9-4 WAI의 접근 불가능한 데모 웹 사이트에 대한 WAVE 감사 보고서

Detail 탭을 클릭하면 [그림 9-5]와 같이 오류 세부 정보가 표시된다.

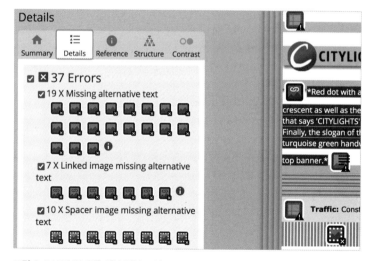

그림 9-5 WAVE 오류 세부 정보 표시

데모 페이지에는 대체 텍스트가 없는 이미지 19개, 링크된 이미지 7개, 스페이서 이미지 10개가 있으며 누락되거나 잘못된 언어 속성이 1개 있다. Details 탭에 있는 다양한 스타일의 아이콘을 클릭하면 해당 문제를 더 쉽게 식별하고 디버깅할 수 있다.

다음으로 페이지의 구조를 확인하기 위해 Styles 컨트롤을 사용하여 CSS 스타일을 제거한다. Structure 탭을 클릭하면 페이지 구조 분석이 표시된다. [그림 9-6]에서 볼 수 있듯이 CSS 스타일을 제거하면 텍스트가 페이지에 겹쳐져 어색하게 나타난다. 또한 웹 페이지에는 적절한 계층 구조와 헤더, 탐색, 메인 섹션이 없기 때문에 접근성이 떨어진다.

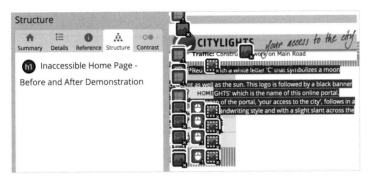

그림 9-6 CSS 스타일을 제거한 WAVE 페이지 구조 분석

이제 WAI의 접근 가능한 데모 웹 사이트의 접근성을 검사해보자. 이 사이트는 [그림 9-7]과 같이 페이지 구조가 계층 구조로 적절하게 설계되어 있다.

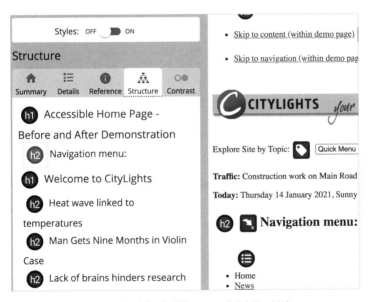

그림 9-7 접근 가능한 데모 웹 사이트에 대한 WAVE 페이지 구조 분석

접근 가능한 웹 사이트에서는 요소와 콘텐츠의 순서를 쉽게 확인할 수 있고 표시된 계층 구조에 따라 의도한 대로 탐색을 수행할 수 있다.

9.3.2 라이트하우스

애플리케이션이 외부에 공개되어 있지 않다면 WAVE를 사용할 수 없다. 이 경우 크롬 브라우저의 라이트하우스를 사용하면 로컬 환경에서 웹 사이트의 접근성을 감사할 수 있다.

워크플로

라이트하우스를 사용한 접근성 감사 방법은 다음과 같다.

1 크롬 브라우저에서 WAI의 접근 불가능한 데모 웹 사이트를 접속한다.

2 단축키(macOS는 Cmd + Option + J, 윈도우/리눅스는 Shift + Ctrl + J)를 사용해 크롬 개발자 도구를 연다.

3 [그림 9-8]과 같이 라이트하우스 탭의 Categories 항목에서 [Accessibility]를 선택한 후 [Generate report] 버튼을 클릭한다.

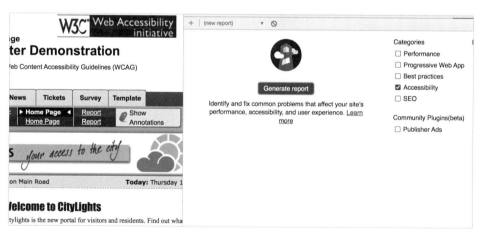

그림 9-8 크롬 개발자 도구에서 라이트하우스를 사용해 생성한 접근성 보고서

이렇게 하면 [그림 9-9]와 같이 라이트하우스의 접근성 감사 보고서가 표시된다.

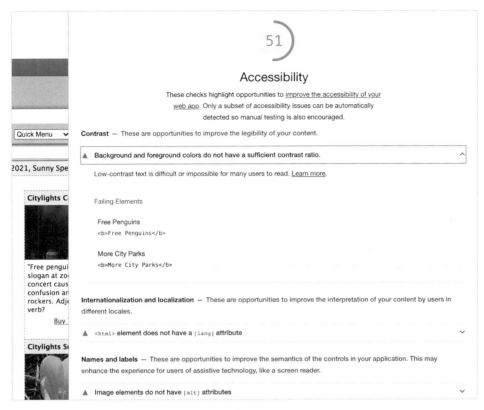

그림 9-9 WAI의 접근 불가능한 데모 웹 사이트에 대한 라이트하우스 접근성 감사 보고서

라이트하우스 접근성 감사 보고서는 WAVE에서 식별한 문제와 유사한 문제(2개의 색상 대비 오류, 언어 속성 누락 등)를 나타낸다. 또한 디버깅을 돕기 위해 오류가 발생하는 실제 코드를 보여주며, 개발자가 오류를 수정할 수 있도록 지원하는 안내 링크를 제공한다. 라이트하우스는 보고서 상단에 페이지에 대한 접근성 점수를 표시하고 보고서 하단에는 감사에서 다루지 않은 체크리스트를 제공한다. Additional items to manually check 체크리스트의 각 항목에는 해당 검사를 위한 설명과 안내 링크가 포함된다.

9.3.3 라이트하우스 노드 모듈

라이트하우스 노드 모듈은 명령줄에서 실행 가능하므로 CI와 통합될 수 있으며 실행 및 보고서 표시 방법과 관련된 다양한 옵션을 제공한다.

워크플로

명령줄에서 라이트하우스 접근성 감사를 실행하려면 다음 단계를 따른다.

1 (Node.js가 이미 설치되어 있다는 가정하에) 다음 명령으로 라이트하우스 노드 모듈을 설치한다.

```
$ npm i -g lighthouse
```

2 다음 명령으로 감사를 실행한다.

```
$ lighthouse --chrome-flags="--headless" URL
```

보고서는 [그림 9-10]과 같이 작업을 실행한 폴더에 HTML 파일로 생성된다.

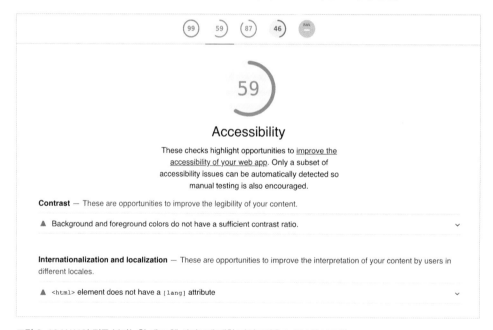

그림 9-10 WAI의 접근 불가능한 데모 웹 사이트에 대한 라이트하우스 CLI의 보고서

HTML 파일은 CI 파이프라인의 출력 아티팩트로 추가할 수 있다. 또한 접근성 점수가 임곗값보다 낮으면 파이프라인을 실패하도록 구성할 수 있다.

9.4 추가 테스트 도구

접근성 테스트에서 자주 사용되는 추가 도구로는 Pa11y CI와 axe-core가 있다.

9.4.1 Pa11y CI 노드 모듈

Pa11y CI는 노드 모듈로 제공되는 명령줄 도구다. 하나 이상의 URL에 대한 접근성 감사를 실행한 후 보고서를 제공한다. Pa11y CI를 사용해 여러 웹 페이지를 테스트하려면 [예제 9-1]과 같이 구성 파일의 urls 섹션에 URL을 추가하면 된다. 아니면 --sitemap 옵션을 사용해 명령줄에 XML 사이트맵을 전달할 수 있다. Pa11y CI는 CI 파이프라인의 빌드 단계에 추가하거나 별도의 단계로 추가할 수 있다.

> **NOTE** a11y는 접근성을 나타내는 단어 'accessibility'의 축약어로, 'a-[중간에 있는 11개의 문자]-y'를 나타낸다.

예제 9-1 WAI의 접근 불가능한(before)/가능한(after) 데모 사이트에 대한 Pa11y CI 구성 파일

```
{
    "defaults": {
        "timeout": 1000,
        "viewport": {
            "width": 320,
            "height": 480
        }
    },
    "urls": [
        "https://www.w3.org/WAI/demos/bad/after/home.html",
        "https://www.w3.org/WAI/demos/bad/before/home.html"
    ]
}
```

Pa11y CI는 CI 빌드를 통과하기 위한 최대 오류 및 경고 수의 임곗값을 설정할 수 있다. 또한 감사를 수행할 뷰포트의 크기와 페이지가 로드될 때까지 대기할 시간을 정의할 수 있다.

9.4.2 Axe-core

axe-core의 GitHub 문서에 따르면 axe-core를 통해 평균적으로 WCAG 문제의 57%를 자동으로 검출할 수 있다고 한다. axe-core는 마이크로소프트 엣지, 구글 크롬, 파이어폭스, 사파리, IE를 포함한 많은 브라우저에서 작동한다. 또한 다양한 도구와 통합될 수 있다. 예를 들어 자바 셀레니움 웹 드라이버의 경우 메이븐 의존성으로 axe-core를 추가해 사용할 수 있다. 마찬가지로 Cypress의 경우 cypress-axe 노드 모듈을 사용할 수 있다. 또한 프론트엔드에서 테스트를 작성할 수 있도록 vue-axe와 react-axe 라이브러리를 제공한다.

기본적으로 axe-core는 웹 페이지의 접근성 감사를 수행할 수 있는 API를 제공한다. API는 기능 테스트의 일부로 추가할 수 있다. 예를 들어 run( ) API는 현재 페이지에서 접근성 감사를 실행하고 실패 시 어설션 오류를 발생시킨다. 따라서 다른 어설션처럼 기능 테스트 내에 페이지 접근성을 평가하기 위한 어설션을 추가할 수 있다.

요약하자면 접근성 감사 도구에는 프로젝트 빌드 스크립트의 일부 또는 CI의 별도 단계로 실행할 수 있는 독립적인 도구와 기능 테스트에 통합할 수 있는 도구가 있다. 어떤 도구를 선택하든 팀이 개발 주기 초기에 피드백을 받을 수 있는 지속적인 테스트 프로세스 전략을 수립하는 것이 가장 좋다.

9.5 인사이트 접근성 문화

지금까지 웹 애플리케이션의 접근성에 관해 논의했다. 하지만 이 개념은 웹 사이트에만 적용되는 것이 아니다. 접근성은 하나의 문화이며 사고방식의 변화를 필요로 한다. 예를 들면 다음과 같은 질문을 스스로에게 해보아야 한다.

- 이미지만 있고 대체 텍스트 요약이 없는 이메일을 보내면 모든 사람이 접근할 수 있을까?
- 프레젠테이션 슬라이드에 작은 글꼴을 사용하면 모두가 읽을 수 있을까?
- 모두가 이해할 수 있도록 어려운 전문 용어 대신 간단하고 명확한 메시지를 작성할 수 있을까?

이러한 질문에 대한 답을 고민하다 보면 자연스럽게 접근성에 관한 이해도를 높일 수 있다.

요점 정리

- 웹 접근성 기능은 일부에게는 필수이며 모두에게는 유용하다.

- 장애인 커뮤니티는 구매력 측면에서 전 세계 3위의 경제력을 갖는다. 따라서 이들에게 접근성을 제공하기 위한 비즈니스 케이스를 도출하고 시간과 노력을 투자해야 한다.

- 많은 정부가 접근성을 의무화하는 정책을 펴고 있으며 이를 법적으로 요구한다.

- W3C WAI는 소프트웨어 개발 팀이 따라야 하는 웹 콘텐츠 접근성 지침을 제공한다. 프로젝트 개발 시 각 지침의 최신 버전을 확인하기를 권한다.

- 접근성 생태계는 웹을 넘어서 도구와 기술을 포함한다. 스크린 리더와 같은 보조 기술을 사용해보면 애플리케이션에 적합한 접근성 지원 기능을 생각하는 데 도움이 된다.

- 접근성을 제공하기 위해 많은 변경이 필요할 수 있다. 따라서 소프트웨어 개발 주기 초기 단계에서 접근성 테스트를 통합하는 것이 좋다.

- 많은 웹 개발 프레임워크는 접근성 기능에 대한 지원을 내장하고 있다.

- 접근성 테스트는 접근성 체크리스트와 Codelyzer, Pa11y CI, 라이트하우스, WAVE, axe-core와 같은 정적 도구 또는 런타임 감사 도구를 사용해 자동화할 수 있다.

- 사용자 테스트 제공 서비스에 테스터를 요청하면 장애가 있는 사용자로부터 애플리케이션에 관한 실시간 피드백을 받을 수 있다.

Chapter 10

교차 기능 요구 사항 테스트

> **When we understand CFRs is when we truly understand quality!**
> 교차 기능 요구 사항을 이해했을 때 비로소 소프트웨어 품질을 이해하게 된다!

기업은 고객에게 가치를 전달하고 수익을 창출하기 위해 서비스가 제공할 수 있는 다양한 기능적 요구 사항을 고민한다. 그리고 이러한 기능적 요구 사항은 고객에게 제공하는 핵심 비즈니스 서비스(**예** 택시 호출 앱의 차량 호출 기능, 모바일 뱅킹 앱의 결제 기능)로 발전한다. 하지만 기능적 요구 사항을 만족시키는 것만으로는 애플리케이션의 성공을 보장할 수 없다. 택시 호출 앱에서 택시 호출 옵션을 확인하는 데 5분을 기다려야 한다면 어떨까? 5분을 기다리는 대신 길거리에 지나다니는 택시를 직접 잡는 방법을 선택할 것이다. 또는 택시를 호출하기 위해 여러 복잡한 단계를 거쳐야 한다면 어떨까? 나쁜 사용자 경험에 실망하여 좀 더 사용자 친화적인 경쟁사 앱을 찾아 떠날 것이다. 마찬가지로 앱이 개인 정보를 노출한다는 사실을 알게 된다면 바로 앱을 제거할 것이다. 이러한 예는 기업과 소프트웨어 개발 팀이 교차 기능 요구 사항(CFR)에 주목해야 하는 이유를 보여준다. CFR은 애플리케이션의 완성도를 높여 좋은 품질의 소프트웨어를 제공할 수 있도록 돕는다.

CFR은 애플리케이션의 모든 기능이 만족시켜야 할 중요한 요소다. 예를 들어 택시 호출 앱에 대한 CFR은 다음과 같다. 앱은 x초 내에 사용자에게 응답해야 하고 사용자는 n단계 이내에 모든 작업을 수행할 수 있어야 한다. 또한 앱은 사용자의 개인 정보를 안전하게 전송하고 저장해야 한다. 모든 기능에 걸쳐 CFR이 철저하게 구현되고 테스트되어야만 애플리케이션은 시장에서 경쟁력을 확보할 수 있다.

> **교차 기능 요구 사항 vs. 비기능 요구 사항**
>
> 종종 CFR을 비기능 요구 사항(NFR)이라고 부르는 경우가 있다. 필자를 비롯하여 소프트웨어 업계의 많은 사람들은 **교차 기능**^{cross-functional}이라는 용어를 더 선호한다. 이는 교차 기능 요구 사항이 모든 사용자 스토리 및 기능의 일부로 구현되고 테스트되어야 하는 점을 강조하기 때문이다. 또한 '비기능'이라고 부르는 것은 필수적이지 않다는 잘못된 인식을 전달할 수 있다. 이는 좋은 품질의 애플리케이션을 개발하려는 우리의 목표에 도움이 되지 않는다.
>
> 소프트웨어 요구 사항을 기능적 또는 비기능적이라고 생각하는 데 익숙하다면 인증 및 권한 부여와 같은 '기능적' 요소를 떠올려보자. 인증 및 권한 부여는 교차 기능 중 하나로, 애플리케이션 내 모든 서비스의 요청을 확인하고 요청자의 접근 수준과 권한에 따라 관련된 정보를 응답해야 한다.

여기서는 CFR 전체를 다룬다. 더 넓은 시각으로 CFR을 살펴보고 팀에 지속적으로 피드백을 제공할 수 있는 전반적인 CFR 테스트 전략을 논의한다. 또한 테스트 전략을 구현하는 데 도움이 되는 필수 테스트 방법론과 도구를 설명한다.

10.1 구성 요소

〈Chapter 1 풀스택 테스트〉에서는 기업과 고객 관점에서 각각 소프트웨어 품질 요소를 소개하고 비교했다. [표 10-1]은 이러한 요소를 종합하여 만든 CFR 목록으로, 일반적인 CFR의 정의와 예시 30가지를 보여준다.

표 10-1 간단한 CFR 정의

CFR	간단한 정의
접근성	스크린 리더 통합 지원과 같이 장애가 있는 사용자 페르소나가 애플리케이션을 원활하게 이용할 수 있게 만드는 시스템 기능(〈Chapter 9 접근성 테스트〉 참고)
보관 가능성	사용자의 온라인 구매 주문 내역 저장과 같이 필요에 따라 애플리케이션의 이벤트와 트랜잭션 내역을 저장하고 검색하는 시스템 기능
감사 가능성	로그, 데이터베이스 항목 등을 통해 애플리케이션의 비즈니스 이벤트와 상태를 추적하는 시스템 기능. 〈Chapter 7 보안 테스트〉에서 설명한 것처럼 이 기능은 작업 부인을 대처하는 데 활용된다.

인증	로그인 기능과 같이 인증된 사용자만 애플리케이션에 접근할 수 있도록 허용하는 시스템 기능
권한 부여	특정 은행 직원만 계좌 세부 정보 조회할 수 있도록 접근을 제한하는 것처럼 권한을 기반으로 애플리케이션 서비스에 대한 접근을 제한하는 시스템 기능
가용성	주어진 연속 기간 동안 허용할 수 있는 수준 내에서 애플리케이션 서비스를 제공하는 시스템 기능(《Chapter 8 성능 테스트》 참고)
호환성	두 개 이상의 시스템이 서로를 방해하지 않고 함께 작동하는 기능. 예로는 애플리케이션이 이전 버전의 서비스와 함께 작동할 수 있는 기능이 있으며 이를 하위 호환성이라 한다.
규정 준수	WCAG 2.0과 같은 법적 요구 사항 및 산업 표준에 대한 준수
구성 가능성	다중 인증 유형 구성과 같이 변수를 사용해 애플리케이션의 작동을 구성하는 시스템 기능
일관성	분산 환경에서 정보의 손실 없이 일관된 결과를 생성하는 시스템 기능. 예를 들어 최종 사용자의 지리적 위치에 관계없이 올바른 순서로 소셜 미디어 게시물의 댓글을 표시할 수 있어야 한다.
연장성	애플리케이션에 새로운 유형의 지불 방법을 추가하는 등 새로운 기능을 연결하는 시스템 기능
설치성	OS, 브라우저와 같은 지원 플랫폼에 시스템을 설치하는 기능
상호 운용성	여러 기술 및 플랫폼에서 작동하는 애플리케이션과 상호 작용할 수 있는 시스템 기능. 예를 들어 직원 관리 시스템은 보험 시스템, 급여 관리 시스템, 성과 평가 시스템 등과 통합될 수 있다.
현지화/국제화	필요한 경우 다른 사용자 경험과 언어 번역을 사용해 애플리케이션을 다른 지역으로 확장하는 기능. 예를 들어 amazon.de는 독일어 사용자를 위해 현지화되어 있다. 현지화/국제화는 일반적으로 l10n(localization)/i18n(internationalization)이라고도 한다.
유지 보수성	가독성이 좋은 코드, 테스트 등을 작성해 애플리케이션을 장기적으로 쉽게 유지 관리하는 기능. 예를 들면 의미 있는 메서드 이름을 사용해야 한다.
모니터링	시스템 활동에 관한 데이터를 수집하고 사전 정의된 오류가 발생하거나 메트릭이 허용 가능한 범위를 벗어날 때 경고하는 시스템 기능. 서버가 다운되었을 때 알람을 발생시키는 것을 예로 들 수 있다.
관찰 가능성	모니터링 시스템에서 수집한 정보를 분석하여 애플리케이션 작동을 디버깅하고 인사이트를 얻을 수 있는 시스템 기능. 피크 일^{day}, 주^{week}에 각 기능이 어떻게 활용되는지 파악하는 것을 예로 들 수 있다.
성능	최대 부하 시간에도 사용자 요청에 정해진 시간 내 응답하는 시스템 기능. 예를 들어 택시 호출 앱의 경우 최대 부하 시에도 x초 내에 사용자에게 탑승 가능 여부를 응답해야 한다.
이식성	새로운 데이터베이스 유형, 클라우드 업체 등 새로운 환경으로 애플리케이션을 이전하기 위한 시스템 기능
개인 정보 보호	신용카드 세부 정보를 데이터베이스에 저장하는 동안 암호화하는 것과 같이 개인 정보를 비롯한 사용자 데이터를 보호하는 시스템 기능
복구 가능성	자동 데이터 백업 메커니즘 사용과 같이 시스템 운영 중단으로부터 시스템을 복구하는 기능

신뢰성	시스템이 오류를 허용하고 서비스와 데이터를 지속적으로 정밀하게 유지 관리하는 기능. 예를 들어 애플리케이션은 일반적으로 네트워크 및 기타 일시적인 장애를 처리하기 위해 재시도 메커니즘을 구현한다.
보고	수집된 이벤트를 기반으로 비즈니스 및 최종 사용자에게 의미 있는 보고서를 제공하는 시스템 기능. 예를 들어 아마존에서는 사용자가 주문 내역 보고서를 생성할 수 있다.
복원력	오류 및 중단 시간을 처리하는 시스템 기능. 온라인 상태인 서버에만 서비스를 요청하도록 로드 밸런서를 구축하는 것을 예로 들 수 있다.
재사용성	엔터프라이즈 제품군 내 여러 애플리케이션에서 설계 구성 요소를 재사용하는 것과 같이 새로운 기능을 구현하기 위해 애플리케이션 코드와 서비스를 재사용하는 시스템 기능
확장성	새로운 지역, 더 많은 사용자에게 서비스를 제공하는 시스템 기능. 예를 들어 대부분의 클라우드 업체는 부하가 증가하면 자동으로 컴퓨팅 리소스를 추가할 수 있는 확장 기능을 제공한다.
보안	〈Chapter 7 보안 테스트〉에서 설명한 도구와 방법으로 보안 취약점을 제거하고 잠재적인 공격으로부터 방어하는 시스템 기능
지원성	코드 베이스 설정 및 테스트 스위트 설정을 자동화하는 것과 같이 팀 내 신입 개발자를 지원하는 시스템 기능
시험성	다양한 테스트 케이스를 시뮬레이션하고 애플리케이션을 실험하는 시스템 기능. 예를 들어 타사 서비스를 모방하면 다양한 테스트 케이스를 시뮬레이션하고 통합을 테스트할 수 있다.
사용성	헤더 패널이 있는 일관된 탐색 레이아웃과 같이 직관적이고 의미 있는 사용자 경험을 제공하는 시스템 기능

CFR은 애플리케이션의 **실행** 및 **진화** 품질을 정의한다. 실행 품질은 가용성, 인증, 모니터링과 같은 런타임 시 애플리케이션의 작동을 나타낸다. 진화 품질은 유지 보수성, 확장성, 연장성 등 정적 애플리케이션 코드의 품질을 나타낸다. 실행 품질에 문제가 있을 경우에는 최종 사용자와 비즈니스가 직접적인 영향을 받는다. 반면 진화 품질에 문제가 있을 경우 소프트웨어 팀이 먼저 타격을 받고 이후에 비즈니스 문제로 이어진다. 예를 들어 최종 사용자는 시스템을 사용할 수 없을 때 불편함을 느끼고, 팀 구성원은 코드 유지 관리가 어려울 때 생산성이 떨어진다. 이러한 문제를 피하기 위해 팀에서는 기능 요구 사항과 마찬가지로 개발 초기에 애플리케이션에 대한 CFR 세트를 설정하고 전달 주기 전체에 걸쳐 이를 지속적으로 테스트해야 한다. 다음 절에서는 CFR 설정을 위한 테스트 전략을 설명한다.

10.2 CFR 테스트 전략

먼저 소프트웨어 요구 사항을 분류하는 데 사용하는 FURPS 모델을 알아보자. FURPS는 기능성 functionality, 사용성 usability, 신뢰성 reliability, 성능 performance, 지원성 supportability 을 나타낸다. FURPS 모델을 사용하면 높은 수준에서 CFR 테스트 전략을 수립할 수 있다.

기능성(F)

기능성 요구 사항은 로그인, 차량 조회, 탑승 예약과 같은 애플리케이션의 사용자 흐름을 나타낸다.

사용성(U)

사용성 요구 사항은 시각적 품질, 브라우저 호환성, 접근성, 사용 편의성 등 사용자 경험에 영향을 미치는 요구 사항을 나타낸다.

신뢰성(R)

신뢰성 요구 사항은 애플리케이션의 일관성, 내결함성 fault tolerant, 복구 가능성과 관련된 요구 사항이다.

성능(P)

성능 요구 사항은 〈Chapter 8 성능 테스트〉에서 설명한 백엔드 및 프론트엔드 성능과 관련된 요구 사항이다.

지원성(S)

지원성 요구 사항은 유지 보수성, 시험성 testability, 코드 보안 등 코드 품질에 대한 요구 사항이다.

[표 10-1]에서 소개한 CFR을 FURPS 모델을 기반으로 생각해보자. 예를 들어 접근성은 비디오에 자막을 추가하는 것처럼 기능과 접근성 제공을 위한 디자인을 필요로 한다. 따라서 접근성 테스트는 기능성 테스트와 사용성 테스트에서 사용하는 도구와 방법론으로 구성된다. 마찬가지로 보안을 위한 테스트는 인증 관련 기능을 테스트하고 정적 코드에서 보안 관련 관행을 점검한다.

이번 절에서는 [그림 10-1]과 같이 FURPS 모델을 나타내는 5가지 주제별 테스트 전략을 안내한다. CFR 테스트 전략을 프로젝트에 적용할 때는 프로젝트의 우선순위에 따라 적절한 방법과 도구를 채택해야 한다.

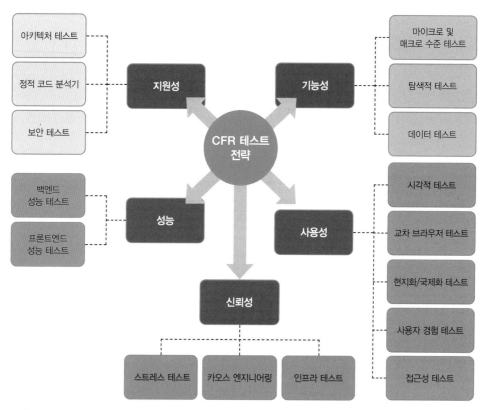

그림 10-1 FURPS 모델로 분류한 CFR 테스트 전략

10.2.1 기능성

CFR의 기능적 측면을 테스트하려면 수동 탐색적 테스트(Chapter 2 참고) 및 자동화된 기능 테스트(Chapter 3 참고)에서 사용하는 도구와 방법론을 다양한 애플리케이션 계층에서 사용해야 한다. 포스트맨, 셀레니움 웹 드라이버, REST Assured, JUnit과 같은 도구로 기능 테스트를 자동화하고 지속적인 피드백을 받을 수 있다. 또한 데이터 테스트(Chapter 5 참고)에서 사용하는 도구와 방법론을 테스트에 추가해야 한다.

PSD2의 강력한 고객 인증 기능이나 GDPR 관련 기능과 같은 규정 준수 관련 기능을 테스트하기 위해서는 해당 규정을 올바르게 이해하고 테스트 및 요구 사항 수집 단계에 법무 팀을 참여시키는 것이 중요하다. 규정 준수에 관한 내용은 〈10.3.4 규정 준수 테스트〉에서 다룬다.

10.2.2 사용성

사용성 테스트는 시각적 품질, 교차 브라우저 호환성, 현지화/국제화, 사용자 경험 디자인, 접근성 테스트로 나눌 수 있다. 시각적 품질 및 교차 브라우저 호환성 테스트는 Chapter 6에서, 접근성 테스트는 Chapter 9에서 설명했다. 이번 절에서는 앞서 다루지 않은 현지화/국제화 테스트와 사용자 경험 테스트를 소개한다.

현지화/국제화 테스트

현지화 테스트는 다양한 유형의 테스트를 수행한다. 먼저 지역마다 UI 스킨이 다른 경우 시각적 테스트를 수행해야 한다. UI 스킨이 변경되지 않고 언어, 날짜, 화폐 형태 등만 바뀐다면 유닛 테스트와 수동 테스트만 수행한다. 예를 들어 지역별 문자열 파일에서 누락된 키를 확인하는 유닛 테스트를 추가한다. 만약 언어가 변경되어 텍스트 길이가 영향을 받는다면 UI 레이아웃이 변경될 수 있기 때문에 시각적 테스트를 수행해야 한다.

언어별 텍스트에 대한 수동 테스트는 중복 작업을 피하기 위해 특정 단계를 따라야 한다. 먼저 해당 언어를 잘 아는 사람에게 요소, 메시지 등에 대한 의미 있는 텍스트를 얻은 다음 제품 소유자product owner 또는 비즈니스 승인 담당자에게 승인을 받는다. 다음으로 개발 및 수동 스토리 테스트가 가능하도록 각 사용자 스토리에 대한 올바른 텍스트를 문서화한다. 이러한 단계를 따르지 않으면 개발자는 온라인 번역 서비스를 사용하여 텍스트를 작성해야 하기 때문에 승인된 문자열을 얻기 전후로 두 번 테스트해야 한다.

앞서 언급한 바와 같이 현지화된 텍스트가 요소의 레이아웃에 맞지 않을 가능성이 있다. 현지화 테스트를 릴리스 직전에 수행하면 전달 주기 후반에 UI 레이아웃을 수정하는 작업이 필요할 수 있으므로 유의해야 한다.

애플리케이션의 모든 텍스트를 확인하는 데 UI 기반 기능 테스트를 사용하면 시간이 많이 소요된다. 따라서 UI 기능 테스트는 지역별로 기능 흐름이 다른 경우에만 수행한다. 이때 어설션과 요소 식별에 사용하는 문자열을 매개변수로 만들어 UI 기반 기능 테스트를 재사용한다.

사용자 경험 테스트

사용자 경험은 사용자 흐름이 얼마나 직관적인지, 사용자가 필요한 정보를 얻기 위해 몇 번 클릭해야 하는지, 아이콘이 올바른 의미를 전달하는지, 애플리케이션 색상을 최종 사용자가 선호하는지 등 애플리케이션의 디자인과 관련된 측면을 포함한다. 이러한 측면은 프로젝트 시작 시 조사되고 설계에 반영된다. 예를 들어 이탈리아에 서비스하는 모바일 쇼핑몰의 경우, 이탈리아 사람들이 선명한 빨간색처럼 밝은 색상을 선호한다는 것을 발견하고 이를 기반으로 애플리케이션의 색상을 디자인한다.

일반적으로 모든 사용자 스토리에 대한 수동 탐색적 테스트는 사용자 경험 측면을 포함해야 한다. 닐슨 노먼^{Nielson and Norman} 그룹은 사용자 경험 디자인에 관한 광범위한 연구를 통해 사용자 경험 테스트에 통합할 수 있는 10가지 사용성 휴리스틱 목록을 정리했다. 대부분의 경우 제품 소유자와 UX 디자이너는 사용자 경험 테스트에 참여한다. 또한 UserZoom 및 Optimal Workshop과 같은 도구를 사용해 실제 최종 사용자를 대상으로 설계 프로토타입에 대한 UX 테스트를 수행할 수 있다. 이러한 테스트를 다른 최종 사용자 그룹과 함께 제공 주기 동안 주기적으로 수행하면 디자인을 크게 개선할 수 있다.

A/B 테스트는 실시간 사용자 경험에 대한 피드백을 얻는 또 다른 방법이다. 테스트라고 부르지만 실제로는 실험에 가깝다. 동일한 기능의 서로 다른 UX 디자인을 프로토타입으로 두 개의 사용자 그룹에 제시하고 사용자 행동에 관한 데이터를 수집한다. 이를 바탕으로 제품 팀은 최종 디자인을 결정한다. 예를 들어 판매 버튼이 빨간색인지 파란색인지에 따라 클릭 가능성이 달라지는지 살펴보는 실험을 진행한다. 한 사용자 그룹에는 빨간색 버튼을, 다른 사용자 그룹에는 파란색 버튼을 제공하여 일정 기간 동안의 사용 데이터를 수집하고 분석한다. 여기에는 데이터 과학이 필요할 수 있으며 일반적으로 제품 소유자, 데이터 과학자, 개발자, 사용자 경험 디자이너로 구성된 팀이 실험을 진행한다.

10.2.3 신뢰성

[표 10-1]에서 애플리케이션의 신뢰성과 관련된 CFR은 복구 가능성, 복원력^{resilience}, 감사 가능성, 보관 가능성^{archivability}, 보고^{reporting}, 모니터링, 관찰 가능성, 일관성이다. 신뢰성 요구 사항을 위한 다양한 측면의 사용자 흐름에는 오류 처리, 재시도 메커니즘, 단일 장애 지점 대비, 데이터 일관성 보장, 서드파티 모니터링 도구 통합 등이 있다. 신뢰성 검증에는 〈Chapter 2 수동 탐색적 테스트〉와 〈Chapter 3 자동화된 기능 테스트〉에서 설명한 기능적인 테스트 접근 방식을 적용할 수 있다. 이 외에도 다음과 같은 신뢰성 검증 방법이 있다.

카오스 엔지니어링

카오스 엔지니어링의 목표는 시스템 중단, 장애, 기타 재해 등으로 발생할 수 있는 애플리케이션의 결함을 발견하는 것이다. 카오스 엔지니어링을 수행하면 일반적으로 알려지지 않은 결함을 발견할 수 있기 때문에 대규모 시스템에서 매우 유용하다. 카오스 엔지니어링에 관한 설명은 〈10.3.1 카오스 엔지니어링〉에서 자세히 다룬다.

인프라 테스트

인프라는 애플리케이션에서 중요한 부분이며 신뢰성과 복구 가능성에 기여한다. 인프라가 다운되면 애플리케이션 전체가 다운된다. 오토 스케일링, 경고/모니터링, 로드 밸런싱, 보관 기능을 지원하려면 인프라 계층을 적절하게 연결해야 한다. 인프라 계층에 대한 테스트는 아직 널리 알려지지 않았지만 서비스 확장의 필요성이 커짐에 따라 주목받고 있다. 인프라 테스트에 관한 설명은 〈10.3.3 인프라 테스트〉에서 자세히 다룬다.

10.2.4 성능

〈Chapter 8 성능 테스트〉에서는 성능의 중요성과 프론트엔드 및 백엔드 성능 테스트를 위한 도구와 메트릭을 설명했다. 성능의 주요 메트릭은 가용성, 응답 시간, 동시성이며 성능 테스트를 위한 도구는 제이미터, WebPageTest, 라이트하우스가 있다. 추가로 주목해야 할 점은 성능 테스트를 통해 시스템 장애 임곗값을 식별하고 시스템 확장에 필요한 요구 사항을 파악할 수 있다는 점이다. 따라서 성능은 애플리케이션의 신뢰성 향상과도 관련이 있다.

10.2.5 지원성

지원성은 호환성, 구성 가능성^{configurability}, 연장성, 설치성, 상호 운용성, 이식성, 유지 보수성, 재사용성, 보안, 시험성과 같은 코드 품질을 나타낸다. 구성 가능성, 프로토콜 호환성, 적절한 OS 설치성, 상호 운용성과 같은 기능적 요소는 이전 장에서 설명한 환경 구성 및 스텁 생성을 통해 기능 테스트로 검증할 수 있다. 지원성을 테스트하기 위한 나머지 접근 방식은 다음과 같다.

아키텍처 테스트

아키텍처 테스트는 아키텍처 특성을 검증한다. 예를 들어 클래스가 재사용성을 보장하기 위해 올바른 패키지 아래에 있는지 확인한다. 아키텍처 테스트를 자동화하면 재사용성, 이식성, 유지 보수성과 같은 CFR을 만족하는지 검증하고 문제가 있으면 피드백을 제공한다. 아키텍처 테스트를 위한 도구는 〈10.3.2 아키텍처 테스트〉에서 설명한다.

정적 코드 분석기

유지 보수성을 높이기 위한 정적 코드 분석 및 피드백 제공 도구는 다양하다. 예를 들어 체크스타일^{Checkstyle}은 일반적으로 지켜야 하는 코딩 표준 스타일을 따르는지 검사한다. PMD는 미사용 변수, 빈 캐치 블록, 중복 코드 등의 문제를 보고한다. 필요하다면 팀별로 프로젝트 표준에 맞는 규칙을 정의할 수 있다. ESLint는 자바스크립트 코드의 스타일과 오류를 검사하는 도구다. 소나큐브^{SonarQube}는 코드의 테스트 커버리지를 검사하고 취약점을 스캔하는 데 자주 사용된다. 이 외에도 〈Chapter 7 보안 테스트〉에서 소개한 스닉 IDE 플러그인 같은 다양한 SATS 도구가 있다.

이번 절에서 소개한 도구와 방법론을 사용하면 CFR 테스트에 시프트 레프트를 적용할 수 있다. 〈Chapter 4 지속적 테스트〉에서 논의한 바와 같이 CFR을 CI에 통합해 지속적으로 테스트하면 팀은 다양한 품질 측면에 대한 지속적인 피드백을 얻을 수 있으며 고객에게 좋은 품질의 소프트웨어를 제공할 수 있다.

10.3 기타 CFR 테스트 방법

이번 절에서는 CFR 테스트에 시프트 레프트를 적용하고 지속적 전달을 수행하기 위해 앞서 소개한 카오스 엔지니어링, 아키텍처 테스트, 인프라 테스트 방법을 자세히 살펴본다. 또한 규정 준수 테스트를 위해 일반적으로 따라야 하는 규정을 소개한다.

> **NOTE** 이번 절의 제목은 Chapter 5부터 Chapter 9까지의 내용에서 이미 다양한 CFR 테스트 방법과 도구를 소개했다는 점을 강조한다.

10.3.1 카오스 엔지니어링

서비스 중단은 비즈니스에 직접적인 손실을 초래할 수 있기 때문에 애플리케이션의 신뢰성은 중요한 CFR 요소다. 2014년 가트너 연구에 따르면 일부 기업의 시간당 서비스 중단 비용은 14,000~54,000달러에 달한다. 애플리케이션의 중요성이 더 커진 2022년에는 이러한 비용이 훨씬 더 클 것으로 예상된다. AWS와 같은 클라우드 서비스는 신뢰성을 중요하게 여기며 서비스 가동 시간을 99.999%(연간 5분 15초의 누적 중단 시간)로 제공하기 위해 노력한다.

서비스 중단을 일으키는 요인에는 애플리케이션 버그, 아키텍처의 단일 장애 지점, 네트워크 문제, 하드웨어 장애, 예상치 못한 높은 트래픽 부하, 서드파티 서비스 문제 등이 있다. 이러한 요소 대부분은 애플리케이션의 아키텍처를 설계하는 동안 고려되고 개발에 반영된다. 예를 들어 지수 백오프^exponential back-off 방식은 서비스 중단에 대한 재시도 대기 시간을 점진적으로 늘려 서비스가 복구할 수 있는 시간을 갖게 해준다. 마찬가지로 블루/그린 배포 모델은 시스템 업데이트 중 서비스 중단을 방지하기 위해 자주 사용된다. 블루/그린 배포는 두 개의 동일한 상용 인스턴스를 사용한다. 하나는 실제 서비스를 제공하는 인스턴스이고 다른 하나는 업그레이드에 사용되는 인스턴스다. 업그레이드를 완료하면 업그레이드 인스턴스는 라이브 인스턴스로 전환된다. 이러한 방법 외에도 팀은 부하 분산용 레플리카, 자동 확장 인프라, 적절한 입력 오류 처리 등 여러 가지 방법으로 서비스 중단에 선제적으로 대응한다. 하지만 이런 노력에도 불구하고 대규모 분산 시스템에서는 복잡한 워크플로, 다중 계층 의존성, 서드파티 서비스 장애, 다운시스템 오류 등으로 서비스 장애가 발생할 수 있다.

가상의 예를 생각해보자. 대규모 분산 애플리케이션을 개발하는 팀이 미국과 유럽 지역에 서비스를 제공하기 위해 두 개의 인스턴스를 별도로 구성한다. 개발 팀은 한 인스턴스에 문제가 발생하면 다른 인스턴스로 리다이렉션되도록 구성하고 두 지역의 요청을 동시에 처리할 수 있도록 애플리케이션 기능을 개발했다. 팀은 두 지역에 서비스를 제공할 수 있는 애플리케이션 기능과 리다이렉션 흐름을 테스트했다. 또한 부하 상태에서 애플리케이션의 성능을 확인했다. 하지만 미국 사용자의 트래픽이 증가한 상황에서 기술적인 문제로 인해 영국 인스턴스가 다운되었다. 영국 사용자의 모든 요청은 미국 인스턴스로 리다이렉션 되었고 애플리케이션은 부하를 견디지 못해 다운되었다. 영국 인스턴스에서 발생한 문제의 원인은 시간당 요청 제약이 있는 서드파티 다운스트림 시스템에서 발견되었다. 레이트 리미트를 초과한 요청에서 문제가 발생한 것이다. 현실적으로 이는 정확하게 예측하기 어려운 엣지 케이스다. 팀에서는 기능 및 성능 테스트 등을 통해 신뢰성을 보장하고자 노력했지만 큰 규모의 분산 시스템에서 발생할 수 있는 모든 문제를 예측하는 것은 불가능하다.

넷플릭스는 서비스를 클라우드 네이티브 구조로 전환했을 때 이와 동일한 문제를 경험했다. 클라우드 인스턴스는 여러 가지 문제로 다운되었고 이로 인해 서비스가 중단되고 엔지니어의 작업 시간이 늘어났다. 넷플릭스는 이 문제를 해결하기 위해 많은 노력을 했다. 의도적으로 장애 상황을 모방하여 예상치 못한 서비스 중단이 발생했을 때 애플리케이션에서 발생하는 문제를 하나씩 해결해나갔다. 그리고 이 과정에서 넷플릭스는 카오스 몽키^{Chaos Monkey}라는 도구를 설계했다. 카오스 몽키는 작업 시간 동안 매일 클러스터의 인스턴스 중 하나를 임의로 선택해 중단시킨다. 엔지니어는 카오스 몽키가 인스턴스를 중단시킨 후 발생하는 문제에 대해 적절한 안전 조치를 구현한다. 이러한 접근 방식을 통해 시스템에서 발생할 수 있는 예기치 못한 결함을 모두 해결하고 궁극적으로 복원력과 신뢰성 모두를 확보할 수 있었다. 넷플릭스는 카오스 몽키의 성공을 바탕으로 **카오스 엔지니어링**이라고 불리는 관행을 더욱 발전시켰다.

노라 존스^{Nora Jones}와 케이시 로즌솔^{Casey Rosenthal}이 쓴 『Chaos Engineering』(O'Reilly, 2020)에서는 카오스 엔지니어링을 다음과 같이 정의한다.

> 카오스 엔지니어링은 상용 시스템이 갑작스러운 장애 상황을 견딜 수 있는지 시스템의 능력에 대한 신뢰를 확보하기 위해 분산 시스템에서 수행하는 훈련이다.

카오스 엔지니어링은 오류, 중단, 기타 예상치 못한 시나리오를 시뮬레이션하여 애플리케이션에 대해 실험을 수행하고 작동을 관찰한다. 이러한 관행은 소프트웨어 산업에서 널리 채택되어 많은 기업이 자신들의 요구 사항에 맞게 발전시켜 왔다. 업계의 적용 사례를 통해 알아본 카오스 엔지니어링의 특성은 다음과 같다.

- 카오스 엔지니어링은 테스트보다 실험에 좀 더 가깝다. 알려지지 않은 문제에 직면했을 때 시스템의 예상 작동을 확인하는 것이 아니라 시스템의 작동을 관찰하고 이를 통해 인사이트를 얻는 과정이다.
- 실험의 목적은 시스템의 신뢰성과 복원력에 대한 확신을 얻는 것이다. 시스템이 예상치 못한 장애에 대응할 수 있다고 확신한다면 카오스 엔지니어링을 수행하지 않아도 된다.
- 카오스 엔지니어링은 대규모 분산 시스템을 개발할 때 특히 유용하다.
- 카오스 엔지니어링은 데브옵스 엔지니어 또는 테스터 같은 특정 역할의 책임이 아니다. 모든 구성원이 함께 실험을 설계하고 수행하며 디버깅하는 팀 활동이다.

앞서 예를 든 미국과 영국에 서비스를 제공하는 팀은 카오스 실험을 수행했다면 레이트 리미트 문제를 더 일찍 발견하고 상용 환경에서 서비스가 중단되는 문제를 피할 수 있었을 것이다.

카오스 실험

넷플릭스 팀은 카오스 실험을 진행할 때 상용 환경에서 수행할 것을 권장한다. 테스트 환경은 상용 환경의 다양한 변수를 모두 반영하기 어렵기 때문이다. 또한 실험을 일시 중지하고 시스템을 정상으로 되돌릴 수 있는 기능을 설계할 것을 권장한다. 카오스 툴킷^{Chaos Toolkit}과 카오스 블레이드^{ChaosBlade} 도구를 사용하면 상용 환경에서 카오스 실험을 자동으로 수행할 수 있다.

카오스 실험을 수행하려면 먼저 교차 기능 팀과 함께 애플리케이션의 신뢰성에 문제가 될 수 있는 가설을 도출해야 한다. 그런 다음 예상되는 애플리케이션 작동의 정상 상태 가설을 정의한다. 카오스 실험 도구를 사용해 실험용 스크립트를 작성하고 상용 환경에서 실행한다. 예상한 대로 작동하지 않을 경우(정상 상태 가설대로 작동하지 않는 경우) 카오스 실험 도구는 경고를 발생시키고 교차 기능 팀은 바로 조치를 취한다.

카오스 실험 도구가 어떻게 작동하는지 이해하기 위해 파이썬 기반의 오픈소스 도구인 카오스 툴킷으로 작성한 스크립트를 살펴보자. [예제 10-1] 스크립트는 기술적인 문제(애플리케이션의 구성 파일을 삭제)를 시뮬레이션하고 애플리케이션의 대체 인스턴스가 계속 실행 중인지 확인한다.

예제 10-1 기술적인 문제를 시뮬레이션하고 애플리케이션 작동을 관찰하기 위한 카오스 실험

```json
{
    "version": "1.0.0",
    "title": "Application should still be up if there are technical issues",
    "description": "When a particular config file is missing, application should
                    still be up from another instance",
    "contributions": {
        "reliability": "high",
        "availability": "high"
    },
    "steady-state-hypothesis": {
        "title": "Application is up and running",
        "probes": [
            {
                "type": "probe",
                "name": "homepage-must-respond-ok",
                "tolerance": 200,
                "provider": {
                    "type": "http",
                    "timeout": 2,
                    "url":"https://www.example.com/"
                }
            }
        ]
    },
    "method": [
        {
            "type": "action",
            "name": "file-be-gone",
            "provider": {
                "type": "python",
                "module": "os",
                "func": "remove",
                "arguments": {
                    "path": "/path/config-file"
                }
            },
            "pauses": {
                "after": 1
            }
        }
    ]
}
```

[예제 10-1] 스크립트는 시작 부분에 실험 의도를 설명하고 테스트 케이스의 신뢰성 (reliability)과 가용성(availability)을 높음(high)으로 태깅한다. 그런 다음 정상 상태 가설과 기술적 문제를 유발하는 방법을 자세하게 설명한다. 여기서는 카오스 툴킷의 기능을 사용해 지정한 경로의 파일을 삭제하고 정상 상태 가설을 확인하기까지 1초 대기한다. 대기 후에는 카오스 툴킷의 프로브가 작동하여 애플리케이션의 URL에 접속하고 2초 이내에 정상 응답 코드(200)를 반환하는지 확인한다. 카오스 툴킷으로 작성한 실험은 명령줄에서 실행하고 관찰할 수 있다.

실험 결과가 실패했다고 가정해보자. 디버깅을 통해 대체 인스턴스로의 라우팅에 지연이 발생했고, 그에 따라 애플리케이션의 응답 시간이 예상했던 2초가 아닌 4초가 걸리는 것을 파악했다. 이러한 분석을 통해 애플리케이션의 신뢰성을 높이기 위한 개선점을 발견할 수 있다.

카오스 툴킷은 다양한 유형의 실험을 수행할 수 있는 API를 제공한다. 따라서 예제와 같이 JSON 파일로 간단하게 구성할 수 있다. 또한 실험을 마친 후 HTML 보고서 파일을 생성할 수 있다.

10.3.2 아키텍처 테스트

프로젝트를 시작할 때는 기능 및 교차 기능 요구 사항을 검토하고 이에 적합한 아키텍처를 설계한다. 예를 들어 유지 보수성과 재사용성을 보장해야 하는 경우에는 아키텍처 설계 시 애플리케이션을 별도의 계층으로 분리한다. 그리고 성능을 보장해야 하는 경우에는 적절한 계층에 캐시 메커니즘을 적용한다. 하지만 콘웨이의 법칙Conway's law에 따르면 아키텍처 설계는 팀 구조에 영향을 받는다. 멜 콘웨이Mel Conway는 「How Do Committees Invent?(위원회는 어떻게 발명을 하는가?)」 논문에서 팀 구조, 특히 사람들 간의 의사소통 경로가 최종 제품 설계에 영향을 미친다고 말한다. 대규모 시스템의 작은 부분을 담당하는 개별 팀은 전체 시스템을 고려하지 못할 가능성이 높다. 예를 들어 개별 팀은 전체 시스템 관점에서 재사용성이나 계층을 고려하지 않고 자신이 맡은 부분의 성능만 높이려 할 수 있다. 이런 경우에 아키텍처 테스트가 유용하게 활용된다. 아키텍처 테스트는 전체 관점에서 시스템을 평가하며 아키텍처 설계에 문제가 있으면 팀에 피드백을 제공한다.

아키텍처 테스트를 위한 도구로는 자바용 ArchUnit, .NET용 NetArchTest 등이 있다. 이러한 도구를 사용하면 패키지가 독립적인지 또는 순환 의존성이 존재하는지 주기적으로 확인할 수 있다. ArchUnit 테스트는 JUnit 테스트와 유사하며 CI 파이프라인에 통합할 수 있다. [예제 10-2]는 재사용성을 보장하기 위해 주문 관리 서비스의 모든 클래스가 oms 패키지에 존재하는지 확인하는 ArchUnit 테스트다. 주문 관리 서비스에서 외부 클래스를 포함해야 한다면 개발 팀은 전체 시스템 관점에서 이를 논의하고 적절한 방법을 찾아야 한다.

예제 10-2 재사용성을 검사하는 ArchUnit 테스트

```
@Test
public void order_classes_must_reside_in_oms_package() {

classes().that().haveNameMatching("*order*").should().resideInAPackage("..oms..")
            .as("order classes should reside in the package '..oms..'")
            .check(classes);
}
```

마찬가지로 JDepend는 확장성, 유지 보수성, 재사용성 측면에서 설계 품질의 메트릭을 측정한다. JDepend는 모든 자바 클래스를 대상으로 정적 코드 분석을 수행하고 자바 패키지에 대해 다양한 설계 점수를 측정한다. 패키지의 추상 클래스 및 인터페이스 수를 연장성의 척도로 사용하고, 외부 패키지에 대한 의존성을 확인하고, 원하지 않는 의존성이 있는 경우 경고를 발생시키고, 패키지 순환 의존성을 확인한다. JDepend는 JUnit 테스트로 작성할 수 있으며 아키텍처 품질에 대한 지속적인 피드백을 받기 위해 CI에 통합할 수 있다.

[예제 10-3]은 재사용성을 점검하기 위해 패키지 A와 B가 의존관계인지 확인하는 JDepend 테스트다.

예제 10-3 패키지 순환 의존성을 검사하는 JDepend 테스트

```
import java.io.*;
import java.util.*;
import junit.framework.*;

public class PackageDependencyCycleTest extends TestCase {
    private JDepend jdepend;

    protected void setUp() throws IOException {
        jdepend = new JDepend();
```

```
        jdepend.addDirectory("/path/to/project/A/classes");
        jdepend.addDirectory("/path/to/project/B/classes");
    }

    public void testAllPackages() {
        Collection packages = jdepend.analyze();
        assertEquals("Cycles exist",
                        false, jdepend.containsCycles());
    }
}
```

같은 방식으로 패키지에 원하는 의존성만 존재하는지 또는 원하지 않는 의존성이 존재하는지 확인하는 테스트를 작성할 수 있다. 이를 통해 팀은 아키텍처에 원하지 않는 변경이 있을 때마다 지속적으로 피드백을 받는다.

10.3.3 인프라 테스트

인프라는 애플리케이션 작동을 위한 컴퓨팅 리소스(서버, VM, 컨테이너), 네트워크 구조(VPN, DNS, 프록시, 게이트웨이), 스토리지 리소스(AWS S3, SQL 서버, 시크릿 관리 시스템)를 의미한다. 인프라 테스트는 최근에 새롭게 등장한 테스트로, 앞서 나열한 리소스의 설정 및 구성이 제대로 되었는지 점검한다.

인프라 테스트는 애플리케이션 확장에 관한 수요(예 새로운 지역 서비스 등)가 증가함에 따라 더욱 중요해졌다. 따라서 애플리케이션 확장을 위해 단 한 번의 클릭으로 인프라 설정을 포함한 엔드 투 엔드 애플리케이션 스택을 짧은 시간 안에 복제할 수 있어야 한다. 대부분의 소프트웨어 팀은 클릭 한 번으로 애플리케이션의 테스트, 빌드, 배포를 자동으로 수행하는 프로세스를 구축하지만 인프라 측면에서는 그렇지 않은 경우가 종종 있다. 이러한 경우에 **코드형 인프라** Infrastructure as Code **(IaC)** 관행이 도움이 된다.

IaC는 지속적 전달과 확장성을 위해 애플리케이션 코드와 같이 재사용 가능한 코드로 인프라 설정과 구성을 설계하는 관행이다. 예를 들어 클라우드 업체의 API를 사용해 3GB의 메모리가 있는 클라우드 인스턴스를 생성하고, 애플리케이션별 로드 밸런서 규칙을 설정하고, 방화벽을 설정하는 코드를 작성한다. 이러한 기능은 필요한 때에 동일한 코드를 사용해 새 인프라 인스턴스를 생성할 수 있도록 테스트되어야 한다.

하시코프^{HashiCorp}의 테라폼^{Terraform}은 선언적 코딩 스타일을 사용해 인프라 코드를 작성하기 위해 널리 사용되는 도구다. 테라폼은 다양한 클라우드 서비스에 사용할 수 있다. 테라폼을 사용해 작성한 인프라 코드를 테스트할 때 염두에 두어야 할 사항은 다음과 같다.

- 테라폼은 개발 단계에서 코드의 구문 오류를 확인할 수 있는 terraform validate 명령어를 제공한다.
- TFLint는 테라폼용 린팅 플러그인으로, 더 이상 사용되지 않는^{deprecated} 구문, 모범 사례와의 비교 등 정적 인프라 코드 분석을 지원한다. 또한 지정한 이미지 유형을 AWS, Azure 같은 클라우드 업체에서 제공하는지 확인한다.
- 테라폼은 안전한 작업을 위해 최신 코드의 변경 사항을 기존 환경 상태와 비교하며 적용 전 변경 사항 미리 보기를 제공한다. 예를 들어 의도하지 않은 데이터베이스 삭제가 변경 사항에 포함되는 경우 미리 보기 기능을 통해 작업을 중단할 수 있다. 이를 위한 테라폼 명령어는 terraform plan이다. 또한 보안 정책 준수와 같은 특정 사항을 확인하기 위해 terraform plan 명령어의 출력값을 검사하는 자동화된 테스트를 작성할 수 있다.
- 인프라 코드를 적용해 실제 클라우드 인스턴스를 생성하고 인스턴스가 코드에 선언한 구성과 동일한지 확인한다. 예를 들어 인스턴스가 사설 서브넷을 사용하고 필요한 디스크 공간이 있는 경우 Terratest, AWSSpec, Inspec, Kitchen-Terraform과 같은 도구를 사용하면 이러한 테스트 케이스를 자동화하고 CI에 통합할 수 있다.
- 인프라 구성 요소에 대한 엔드 투 엔드 테스트를 수행한다. 예를 들어 웹 서버가 애플리케이션 서비스를 정상적으로 호출할 수 있는지 테스트한다. 이러한 테스트는 애플리케이션 코드 배포 및 기능 테스트를 완료했을 때 수행할 수 있다. 하지만 애플리케이션을 배포하기 전에도 앞서 소개한 도구를 사용하면 인프라 테스트를 작성하여 이러한 문제를 미리 파악할 수 있다.

『코드로 인프라 관리하기(2판)』(한빛미디어, 2022)의 저자인 키프 모리스^{Kief Morris}는 다양한 계층의 인프라 테스트 분포가 피라미드 패턴이 아닌 다이아몬드 패턴을 형성한다고 말한다. 테라폼과 같은 낮은 수준의 선언형 코드를 위한 유닛 테스트는 그다지 유용하지 않을 수 있기 때문에 최소한으로 유지할 것을 권장한다. 따라서 인프라 코드의 특성에 따라 적절한 계층에 관련 테스트를 추가해야 한다.

기능적 엔드 투 엔드 테스트 외에 인프라 테스트에서 고려해야 할 측면은 다음과 같다.

확장성

인스턴스가 부하에 따라 자동으로 확장되는지 테스트하고 확장 후 애플리케이션 기능이 원활하게 작동하는지 확인한다.

보안

인프라 보안은 테스트해야 하는 중요한 측면이다. 스닉 IaC와 같은 도구는 개발 과정에서 인프라 코드의 잠재적인 취약점을 확인한다. 의도하지 않은 포트 오픈, 적절한 네트워크 구성 등 보안 테스트 케이스는 자동화된 인프라 테스트를 작성하여 확인할 수 있다.

규정 준수

경우에 따라 인프라 코드는 정책 및 규정을 준수해야 한다. 예를 들어 PCI DSS를 준수하려면 적절한 방화벽을 설정해야 한다. 하시코프는 규정 준수 규칙을 확인하기 위한 기업용 도구인 센티넬^Sentinel을 제공한다.

테라폼에서 규정 준수를 확인하기 위한 오픈소스 도구로는 terraform-compliance가 있다. terraform-compliance는 파이썬을 기반으로 하며 큐컴버와 같이 행동 주도 개발 계층을 사용해 테스트를 작성한다. terraform-compliance는 실제 인스턴스 대신 `terraform plan` 명령어의 출력값에 대해 테스트를 수행한다.

운용성

감사 가능성을 위한 로그 아카이빙, 모니터링 도구 통합, 자동화된 유지 보수 기능 등 운용에 필요한 다른 기능도 테스트한다.

이처럼 인프라 코드의 복잡성과 특성에 따라 테스트 케이스를 작성하고 CI와 통합할 수 있다. 자동화된 인프라 테스트를 위한 도구는 계속해서 진화하고 있으며 다양한 언어의 코딩 기술을 필요로 한다. 예를 들어 Terratest는 GoLang, terraform-compliance는 파이썬, AWSSpec는 루비^Ruby를 사용한다. 자동화된 테스트 도구를 사용하면 실제 인프라가 실행되기 때문에 비용이 발생할 수 있다. 이러한 제약 조건을 고려하여 애플리케이션의 요구 사항에 맞는 인프라 전략을 수립해야 한다.

10.3.4 규정 준수 테스트

웹에서 일반적으로 준수되는 두 가지 규정은 GDPR과 WCAG 2.0이다. WCAG 2.0에 관한 내용은 〈Chapter 9 접근성 테스트〉를 참고하자. 이번 절에서는 GDPR에 관해 간략하게 살펴보고 주의해야 할 결제 관련 규정을 훑어본다.

> **NOTE** 이번 절에서는 규정 요구 사항을 간단히 소개하기만 한다. 소프트웨어 팀은 법무 팀과 상담을 통해 애플리케이션과 도메인에 관한 세부 정보를 얻기를 권한다.

일반 데이터 보호 규정(GDPR)

GDPR은 유럽연합(EU) 시민의 개인 데이터를 보호하는 것을 목표로 한다. 웹 사이트가 유럽 시민에게 상품을 판매하려면 GDPR을 준수해야 한다. 마찬가지로 미국에 있는 학교가 웹 사이트를 통해 EU 시민의 입학을 허용한다면 GDPR을 준수해야 한다. 이를 준수하지 않으면 연간 수익의 최대 4%에 이르는 무거운 벌금이 부과된다.

> **NOTE** 데이터 보호 및 개인 정보 보호법은 국가마다 다르다. 보고서에 따르면 2022년 4월 기준으로 전 세계 국가의 71%가 데이터 보호 및 개인 정보 보호를 위한 법을 제정했다. 예를 들어 캐나다는 소비자 개인정보보호법Consumer Privacy Protection Act(CPPA)이 있고 영국은 (EU 탈퇴 후) 자체 GDPR 버전을 갖고 있다.

GDPR에서 정의한 **개인 정보**는 그 자체로 또는 다른 정보와 결합해 개인을 식별할 수 있는 정보다. 인종, 민족, 종교, 가치관, 정치적 성향, 성적 취향, 유전자 데이터, 생체 데이터, 범죄 경력 등 **민감한 개인 정보 데이터**이기 때문에 주의 깊게 다뤄야 한다. 개인을 식별할 수 있는 IP 주소, MAC 주소, 모바일 장치 ID, 쿠키, 사용자 계정 ID 등 온라인 식별자 또한 GDPR에 따라 보호해야 한다. GDPR은 개인 정보 데이터를 보호하기 위해 개발 팀이 Privacy by Design 원칙을 구현하도록 권장한다. Privacy by Design은 앤 카부키언Ann Cavoukian 박사가 개발한 프레임워크로, 개인 정보 침해 예방을 위한 일곱 가지 기본 원칙을 제공한다.

Privacy by Design 구현을 위한 기술적인 조치는 솔트 및 해싱 기술을 사용한 저장 데이터 보호, 전송 데이터 암호화, 최소 권한 원칙 준수, 데이터 가명화 및 익명화 등이다(그 외 일반적인 데이터 보안 방법은 〈Chapter 7 보안 테스트〉 참고).

또한 GDPR은 다음과 같이 다양한 방식으로 데이터를 제어할 수 있는 사용자의 권리를 보호한다.

정보를 제공받을 권리

사용자는 개인 데이터가 어떻게 사용되는지 알 권리가 있다. 이는 일반적으로 사이트의 개인 정보 보호 정책을 통해 제공된다.

정보 주체의 접근권

사용자는 저장된 개인 기록을 요청할 권리가 있다.

잊혀질 권리

사용자는 사이트 소유자가 개인 정보를 보관해야 하는 타당한 이유가 없는 경우 개인 데이터를 삭제하도록 요청할 수 있다.

처리 제한권

사용자는 자신의 개인 데이터에 대한 처리를 금지하도록 요청할 수 있다. 이 경우 웹 사이트는 개인 데이터를 보관할 수는 있지만 처리할 수는 없다.

정정권

사용자는 웹 사이트에서 불완전하거나 부정확한 정보를 수정할 수 있다.

데이터 이동권

사용자는 자신의 데이터를 얻고 재사용할 수 있다.

반대권

사용자는 자신의 개인 정보가 마케팅, 연구, 통계에 사용되는 것을 반대할 수 있다.

자동 의사결정의 대상이 되지 않을 권리

프로파일링과 같은 자동화된 의사결정을 위해 사용자 프로파일을 사용하려면 사용자의 동의를 받아야 한다.

이러한 요구 사항의 대부분은 기능 테스트 접근 방법으로 검증할 수 있다. 예를 들어 자동화된 매크로 및 마이크로 테스트를 추가하여 사용자 동의를 얻은 후에만 개인 데이터를 저장하는지 확인하고, 애플리케이션 로그에 개인 정보를 저장하지 않는지 점검할 수 있다.

PCI DSS와 PSD2

애플리케이션이 신용카드 결제를 지원하거나 EU 지역에 결제 서비스를 제공하는 경우에는 다음 규정을 따라야 한다.

지불 카드 산업 데이터 보안 표준 (PCI DSS)

지불 카드 산업 데이터 보안 표준Payment Card Industry Data Security Standard(PCI DSS)는 온라인 카드 거래를 보호하기 위해 PCI 보안 표준 위원회가 정의한 글로벌 표준이다. 카드 소지자의 데이터를 저장, 처리, 전송하는 모든 시스템은 PCI DSS를 따라야 한다. 이는 신용카드 정보를 사용하는 모든 사이트(심지어 기부 사이트도)가 PCI DSS를 따라야 한다는 것을 의미한다. PCI DSS가 법적 요구 사항은 아니지만 카드 거래를 위해 은행과 가맹점에 요구되는 필수 조건이다. 기업과 지불 처리 업체 간 계약에 따라 PCI DSS를 준수하지 않으면 벌금이 부과된다. 기업은 일반적으로 자체 평가 설문지를 통해 준수 여부를 확인한다.

PCI DSS는 전송 암호화, 방화벽 설치, 백신 소프트웨어 업데이트 등 애플리케이션에서 안전하게 신용카드 거래를 하기 위한 12가지 지침을 제공한다. 따라서 PCI DSS와 관련된 테스트를 수행할 때는 UI 및 모든 저장 공간에서 카드 세부 정보를 마스킹하고, 카드 데이터에 대한 접근을 제한하고, 카드 세부 정보를 로그에 저장하지 않는 것 등 카드 세부 정보를 보호하기 위한 시나리오를 생각해야 한다(《Chapter 7 보안 테스트》에서 설명한 위협 모델링을 수행하면 도움이 된다).

PSD2

PSD는 온라인 결제 범죄 방지를 목표로 EU 지역에서 최초로 시행한 결제 서비스 지침이다. PSD의 목적은 은행이 결제 서비스를 독점하는 것을 방지하고 결제 시장의 경쟁을 활성화하는 것이다. PSD2는 기존의 지불 서비스 지침을 개정한 것이다. EU 지역에서 결제 서비스를 제공하는 모든 업체는 PSD2 규정을 준수해야 한다. 따라서 EU 지역 고객을 대상으로 결제 서비스를 제공하는 애플리케이션을 구축하고 있다면 PSD2 규정에 유의해야 한다.

PSD2는 주로 강력한 고객 인증strong customer authentication(SCA) 기능과 PSD2의 적용 범위를 EU 지역 내외로 확장하는 데 중점을 둔다. 예를 들어 결제 거래의 일부가 EU 회원국과 관련이 있다면 PSD2 규정을 준수해야 한다. 이를 위해 스트라이프Stripe 또는 페이팔PayPal과 같이 PSD2를 준수하는 결제 서비스 업체를 활용하거나 결제 서비스용 SCA 기능을 애플리케이션에 직접 구축해야 한다. SCA는 간단히 말해서 다중 인증이다. 유럽 연합 집행 위원회European Commission 는 다음 세 가지 검증 요소 중 적어도 두 가지를 사용하는 인증 메커니즘을 SCA로 정의한다.

- 비밀번호와 같이 사용자만 알고 있는 고유한 값
- 직불카드, 신용카드, 휴대폰과 같은 사용자 고유의 소유물
- 얼굴, 음성, 지문과 같은 사용자 고유의 생체 인식 식별자

이러한 기능은 PSD2를 준수하는지 확인하기 위해 철저하게 테스트되어야 한다.

요약하면 규정 준수 테스트의 첫 번째 단계는 관련 법률을 잘 이해하는 것이다. 그런 다음 〈10.2 CFR 테스트 전략〉에서 논의한 5가지 모델을 적절히 사용해 전체적으로 테스트한다. 애플리케이션 테스트를 완료하고 배포할 준비가 되었다면 법무 팀 또는 공인된 기관이 규정 준수 인증에 참여한다. 해당 인증을 통과해야만 규정 준수 테스트를 완료한 것으로 본다.

10.4 [인사이트] 진화성

지금까지 애플리케이션의 기능 및 교차 기능 요구 사항을 테스트하여 소프트웨어 품질을 평가하는 방법을 소개했다. 하지만 소프트웨어 요구 사항은 프로젝트 초기에 결정되지 않는다는 점을 알아야 한다. 소프트웨어 요구 사항은 소프트웨어 개발이 진행되는 동안에도 다양한 요청에 의해 계속 변경된다. 이때 새로운 요구 사항을 세심하게 다루지 않으면 기존 구현들이 영향을 받을 수 있다. 예를 들어 팀 구성원이 성능을 개선하기 위해 급하게 암호화 로직을 제거하면 애플리케이션의 보안 측면에서 문제가 발생할 수 있다.

닐 포드, 레베카 파슨스, 패트릭 쿠아가 쓴『Building Evolutionary Architectures, 2E』(O'Reilly, 2022)에서는 새로운 CFR인 **진화성**evolvability을 소개한다. 진화성이란 새로운 변경 사

항을 통합하면서 기존의 아키텍처 특성(계층화된 아키텍처, 데이터 지속성 방법, 저장 및 전송 암호화)을 보존할 수 있는 시스템의 능력이다. 저자들은 진화성을 달성하기 위해 반드시 유지해야 하는 필수적인 아키텍처 특성에 가드레일을 설치하도록 권장한다. 가드레일은 코드 커버리지 메트릭, 정적 코드 분석 메트릭, 기능 및 교차 기능 요구 사항에 대한 자동화된 테스트로 구현된다. 팀은 변경된 수정 사항이 가드 레일을 벗어날 경우 즉각적인 피드백을 받을 수 있다. **피트니스 함수**fitness function라 불리는 테스트 및 메트릭 조합은 팀이 기존 구현을 손상시키지 않고 요구 사항을 점진적으로 변경할 수 있도록 안내하며 그 과정에서 진화적 아키텍처를 구성하도록 돕는다.

지금까지 책 전반에 걸쳐 소개한 기능 및 교차 기능 테스트 방법과 도구는 좋은 품질의 소프트웨어를 제공하는 것뿐만 아니라 진화적 아키텍처를 구축하는 데도 도움이 된다.

요점 정리

- 일반적으로 비기능 요구 사항이라 불리는 교차 기능 요구 사항은 애플리케이션의 성공을 위한 기능적 요구 사항만큼이나 필수적이다. 좋은 품질의 소프트웨어를 제공하려면 기능적 요구 사항과 교차 기능 요구 사항을 함께 만족시켜야 한다.

- CFR은 애플리케이션의 실행 및 진화 품질을 정의한다.

- CFR은 광범위한 애플리케이션 기능에 적용되므로 각 사용자 스토리의 일부로 개발 및 테스트되어야 한다. 모든 사용자 스토리의 일부로 CFR 체크리스트를 작성하면 테스트에 도움이 된다.

- FURPS 모델은 소프트웨어 요구 사항을 주제에 따라 추상화한다. CFR은 FURPS 모델에 따라 분류할 수 있다.

- FURPS 모델로 분류한 CFR 테스트 전략을 살펴봤다. CFR 테스트 전략을 프로젝트에 적용할 때는 프로젝트 우선순위에 따라 적절한 방법과 도구를 채택해야 한다.

- CFR 테스트는 자동화된 테스트를 작성한 다음 CI에 통합해 시프트 레프트를 적용할 수 있다.

- 카오스 엔지니어링은 애플리케이션에 내재된 결함을 찾기 위한 실험이다. 이는 모든 구성원이 함께하는 팀 활동으로 반복 수행되어야 한다.

- ArchUnit, JDepend와 같은 도구는 코드 품질을 향상시키기 위해 애플리케이션의 아키텍처 특성을 검증한다.

- 인프라 테스트는 새롭게 등장한 테스트 영역으로, 애플리케이션을 빠르게 확장해야 하는 경우에 필요하다. 자동화된 인프라 테스트 도구는 계속해서 진화하고 있으며 다양한 언어의 코딩 기술을 필요로 한다. 또한 테스트 과정에서 실제 인프라가 실행되므로 비용이 발생할 수 있다.

- GDPR과 WCAG 2.0은 웹 애플리케이션에서 일반적으로 따라야하는 규정이다. 규정 준수 여부를 테스트하기 전에 법무 팀에 요청하여 자문을 얻는 것이 좋다.

- 기능 및 교차 기능 테스트는 피트니스 함수로서 좋은 품질의 소프트웨어를 제공하는 것뿐만 아니라 진화적 아키텍처를 구축하는 데도 도움이 된다.

모바일 테스트

> " Imagine a day without your mobile!
> 스마트폰이 없는 삶을 상상해보자! "

스마트폰이 등장한 이후로 모바일 기기는 일상생활에서 떼어놓을 수 없는 필수품이 되었다. 스마트폰은 간단한 터치와 제스처를 통해 이전에는 없던 새로운 사용자 경험과 편리함을 제공하며 우리의 삶을 변화시켰다. 스마트폰은 다양한 목적으로 활용된다. 우리는 스마트폰을 통해 식료품, 옷, 가전제품 등을 구매하거나 독서, 영화 감상, 게임 플레이를 할 수 있다. 또한 은행 업무, 청구서 지불, 일정 관리 등의 작업도 편리하게 처리할 수 있다.

통계에 따르면 전 세계 스마트폰 사용자 수는 무려 66억 명이나 된다.[187] 하지만 이보다 더 놀라운 사실은 모바일 가입자 수가 80억 명을 넘는다는 것이다(이는 전 세계 인구수보다 훨씬 더 많다).[188] 최근 한 연구에 따르면 미국인은 평균적으로 하루에 344번 또는 4분마다 스마트폰을 확인한다.[189] 마찬가지로 전 세계 스마트폰 사용자는 하루 평균 10개의 앱을 사용하며 매달 30개의 앱을 사용하는 것으로 보고됐다.[190] 스마트폰의 광범위한 사용은 특정 연령대에 국한되지 않는다. 18~24세는 매달 93.5시간, 45~54세는 62.7시간, 65세 이상 연령대는 42.1시

---

187 *https://oreil.ly/HvCHF*
188 *https://oreil.ly/lEGtR*
189 *https://oreil.ly/td87T*
190 *https://oreil.ly/fFfg3*

간 스마트폰을 사용한다. 하루로 계산하면 18~24세는 3시간, 45~54세는 2시간, 65세 이상은 1.5시간 정도 스마트폰을 사용하는 것이다.

2021년 기준, 구글 플레이와 애플 앱 스토어에 등록된 앱의 개수는 570만 개이며 이 수치는 앞으로도 수년간 꾸준히 증가할 것으로 예상된다.[191] 모바일 앱은 2020년에만 전 세계적으로 3,180억 달러 이상의 수익을 창출했으며 2025년에는 6,130억 달러의 수익을 창출할 것으로 예상된다.[192]

모바일 시장 규모와 모바일 앱의 수익이 커지면서 모바일 테스트의 중요성 또한 날로 커지고 있다. Chapter 11에서는 모바일 테스트의 개념과 모바일 테스트 도구에 관한 인사이트를 제공하는 것을 목표로 전반적인 모바일 환경을 소개하고 모바일 테스트와 웹 테스트의 차이점을 살펴본다. 또한 모바일 계층에 대한 자동화된 기능 테스트, 성능, 보안, 접근성, 시각, CFR 테스트 전략을 설명한다. 마지막으로 모바일 프로젝트를 위한 실습을 진행한다.

11.1 구성 요소

먼저 전반적인 모바일 환경을 살펴보고 모바일 앱을 테스트하는 동안 주의해야 하는 세부 사항을 알아보자.

11.1.1 모바일 환경

모바일 환경에서 고려해야 하는 세 가지 주요 영역은 장치, 앱, 네트워크다(그림 11-1).

---

191 *https://oreil.ly/6lMp3*
192 *https://oreil.ly/zbvwc*
193 *https://oreil.ly/37EwY*
194 *https://screensiz.es/phone*
195 *https://screensiz.es/tablet*

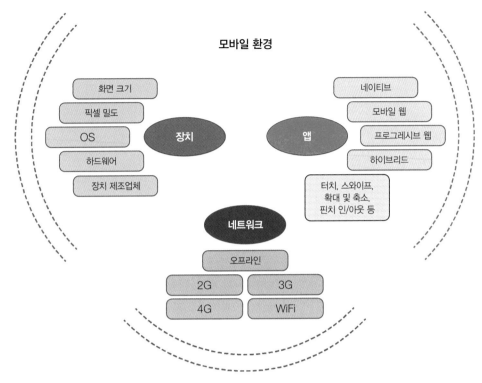

그림 11-1 모바일 환경

장치

모바일 환경이 진화함에 따라 모바일 장치 또한 다양해졌다. 테스트에 사용할 장치를 결정하기 위해서는 각 장치의 특성을 이해하는 것이 중요하다. 일반적으로 대상 사용자가 사용하는 장치 중 85% 이상을 테스트하는 것을 목표로 해야 한다. 다음은 테스트 전략을 수립할 때 고려해야 하는 장치 요소다.

화면 크기

모바일 장치에는 스마트폰뿐만 아니라 태블릿도 포함된다. 태블릿 사용자의 수는 전 세계적으로 10억 명이 훨씬 넘는 규모로 모바일 장치에서 무시할 수 없는 비중을 차지한다.[193] 모바일 장치의 화면 크기는 모델에 따라 다르다. 특히 스마트폰[194]과 태블릿[195]의 화면 크기는 차이가 많이 난다. 또한 동일한 장치에서도 방향(가로 모드 또는 세로 모드)에 따라 화면 크기가 다르며 최신 장치에서 멀티 윈도우 기능을 지원하면서 화면 크기가 더욱 다양해졌다.

화면 크기는 사용자 경험에 큰 영향을 미치기 때문에 모바일 환경에서 다양한 화면 크기에 대한 설계, 개발, 테스트가 중요하다. 예를 들어 작은 화면에서는 사용자가 전체 페이지를 보기 위해 스크롤을 해야 하지만 큰 화면에서는 빈 공간이 많을 수 있다(두 경우 모두 좋은 사용자 경험은 아니다).

픽셀 밀도

픽셀은 정보를 담고 있는 화면의 작은 정사각형 영역이다. 픽셀 밀도는 1인치의 정사각형 안에 들어갈 수 있는 픽셀의 수를 의미하며 픽셀 밀도가 높을수록 시청 경험 viewing experience 이 향상된다. 모바일 장치는 화면 크기가 다를 뿐만 아니라 동일한 화면 크기에서도 장치마다 픽셀 밀도가 다를 수 있다.[196] 장치는 픽셀 밀도에 따라 저밀도, 중밀도, 고밀도, 초고밀도, 초초고밀도 등으로 분류된다. 모바일 장치의 픽셀 밀도는 이미지 렌더링에 영향을 준다. 이미지는 특정 장치의 화면 크기에 맞게 자동으로 크기가 조정되거나 흐려지거나 blurring 왜곡 distortion 될 수 있다. 따라서 픽셀 밀도별로 이미지를 특별히 설계하고 개발해야 하며 이를 테스트에 포함하여 검증해야 한다.

> **NOTE** 화면 해상도는 가로와 세로로 표시할 수 있는 픽셀 수를 나타낸다. 예를 들어 해상도가 1,024 × 768인 화면은 장치가 가로 모드일 때 가로 1,024픽셀, 세로 768픽셀을 표시할 수 있다.

OS

데스크톱 OS로 윈도우, macOS, 리눅스가 있는 것처럼 모바일 OS에는 안드로이드, iOS, 윈도우 모바일, 심비안, KaiOS 등이 있다. 안드로이드와 iOS는 전 세계 모바일 OS의 99%를 차지한다.[197] 구형 장치에서 사용되는 오래된 OS 버전부터 신규 버전까지 공식적으로 지원되는 다양한 버전의 모바일 OS가 존재하는데 이를 OS 파편화 fragmentation 라고 한다. 예를 들어 2015년에 출시한 안드로이드 6.0은 현재에도 널리 사용된다(2020년 기준 가장 많이 사용되는 안드로이드 버전은 9.0이며 두 번째가 6.0 버전이다[198]). OS에 따라 일부 버전은 특정 기능을

---

196 *https://oreil.ly/eXIz7*
197 *https://oreil.ly/ZWMvn*
198 *https://oreil.ly/OnKm8*

지원하지 않거나 다르게 처리할 수 있기 때문에 모바일 테스트를 수행할 때는 다양한 버전의 OS를 포함해야 한다.

하드웨어

RAM, CPU, 배터리 용량, 저장소 용량 등 모바일 장치의 하드웨어 구성은 모델마다 다르다. 하드웨어는 병렬 처리 성능, 앱 렌더링 속도, 전반적인 사용자 경험에 영향을 미친다. 특히 앱이 GPS, 카메라, 마이크, 터치스크린 및 기타 하드웨어 센서와 같은 내장 장치 기능에 의존하는 경우 하드웨어 기능은 최종 사용자의 경험에 더 큰 영향을 미친다.

하드웨어는 앱에서 제공하는 핵심 기능에도 큰 영향을 미칠 수 있다. 예를 들어 지진이나 태풍과 같은 재난 발생 시 생존자 정보를 수집하도록 설계된 모바일 앱은 배터리 전력 소모를 최소화하도록 구현되어야 한다. 용도에 따라서는 엄격한 하드웨어 조건을 염두에 두고 앱을 설계, 개발, 테스트해야 할 수도 있다.

장치 제조업체

모바일 장치 제조업체에는 오포, 삼성, 샤오미, 구글, 애플 등이 있다. 일부 제조업체는 사이아노젠 OS, 옥시젠 OS, 하이드로젠 OS와 같은 자체 안드로이드 버전을 보유하고 있다. 또한 각 업체는 홈 버튼, 뒤로 가기 버튼과 같은 자체 하드웨어 설계를 따른다. 모바일 앱을 개발하고 테스트할 때는 이러한 특성을 고려해야 한다.

앱

모바일 앱은 다양한 상호 작용 기능을 지원한다. 웹 애플리케이션에서 지원하는 클릭과 같은 표준 상호 작용 외에도 스와이프, 터치, 길게 누르기, 확대 및 축소, 핀치 인/아웃, 드래그, 회전 등을 지원한다. 이러한 제스처와 상호 작용은 모바일 앱이 매력적이고 개인화된 기능을 제공하는 데 큰 역할을 한다. 모바일 앱의 상호 작용은 왼쪽에서 오른쪽으로 스와이프하여 메뉴를 표시하거나 화면 하단에서 위쪽으로 스와이프하여 추가 기능을 불러오는 것과 같이 앱 기능과 통합될 수 있다. 모바일 앱의 상호 작용은 앱 전반의 교차 기능으로서 모든 사용자 스토리의 일부로 설계, 개발, 테스트되어야 한다. 하지만 향상된 상호 작용 기능의 지원 여부는 앱 유형에 따라 제한된다. 소프트웨어 팀은 앱 유형에 따른 테스트 전략을 수립하기 위해 각 유형의 특성을 알아야 한다. 일반적인 앱 유형 네 가지는 다음과 같다.

네이티브

네이티브 앱은 안드로이드 또는 iOS와 같은 단일 모바일 OS에서 작동한다. 네이티브 앱으로 개발하면 앱 성능이 뛰어나며 장치 및 OS에서 제공하는 모든 기능과 API(제스처 포함)를 사용할 수 있다. 또한 오프라인 상태에서 앱을 사용할 수 있으며 일관되고 조화로운 룩앤필을 보장한다. 안드로이드 네이티브 앱은 일반적으로 자바나 코틀린으로 개발되고 iOS 앱은 Objective C나 스위프트로 개발된다. 각 앱은 구글 플레이와 애플 앱 스토어를 통해 배포할 수 있다. 배포 플랫폼에는 앱 제출 시 따라야 하는 지침과 승인 절차가 있으므로 앱을 공개적으로 출시하기까지 시간이 걸릴 수 있다. 일반적인 경우 이러한 지연이 문제가 되지 않지만 긴급한 버그 수정 및 배포가 필요한 경우에는 승인 절차에 따른 지연이 문제가 된다. 네이티브 앱개발의 또 다른 단점은 OS별로 네이티브 앱을 각각 개발해야 하기 때문에 비용이 많이 든다는점이다.

모바일 웹

모바일 웹 앱은 모바일 웹 브라우저를 사용해 접속하는 웹 사이트다. 모바일 웹은 OS에 독립적일 뿐만 아니라 설치할 필요가 없기 때문에 설치를 위한 로컬 저장소 공간이 필요하지 않다. 또한 승인이나 배포를 위해 앱 스토어에 의존하지 않는다. 게다가 HTML5, CSS와 같은 일반적인 웹 기술로 개발할 수 있으므로 모바일 OS에 특화된 개발 언어를 배우지 않아도 된다. 하지만 모바일 웹은 전화번호부, 카메라 등과 같은 특정 OS 기능을 사용할 수 없으며 오프라인 상태에서 사용할 수 없다. 결과적으로 모바일 웹 앱에서 제공할 수 있는 사용자 경험은 매우 제한적이다.

하이브리드

하이브리드 앱은 네이티브와 모바일 웹의 장점을 결합한 것이다. 하이브리드 앱은 HTML, 자바스크립트, CSS와 같은 표준 웹 개발 기술을 사용해 개발된 다음 OS 관련 API를 사용할 수 있는 네이티브 컨테이너에 래핑wrapped된다. 하이브리드 앱 개발 프레임워크에는 리액트 네이티브, 아이오닉, 아파치 코르도바, 플러터가 있으며 이를 활용해 개발된 앱은 여러 OS에서 실행 가능하다. 하이브리드 앱은 네이티브 앱과 같이 앱 스토어를 통해 배포해야 하지만 앱의 웹요소는 서버에서 호스팅되며 네트워크를 통해 가져올 수 있다. 결과적으로 앱 스토어의 승인절차를 거치지 않고도 앱의 일부를 쉽게 업데이트할 수 있다. 하지만 네트워크를 통해 가져오는 요소가 많다면 오프라인 상태에서 사용하기 어려우므로 최소한의 콘텐츠는 모바일 장치의 로컬 환경에 저장해야 한다. 하이브리드 방식을 사용하면 개발이 용이하며 개발 비용도 줄일 수 있다. 하지만 하이브리드 앱은 네이티브 앱의 성능을 완전히 따라잡을 수 없다. 또한 여러 OS에서 범용적으로 작동하도록 개발되기 때문에 특정 OS를 사용하는 일부 사용자 환경에서는 의도하지 않은 문제가 발생할 수 있다.

프로그레시브 웹

프로그레시브 웹 앱 progressive web app (PWA)은 모바일 웹 앱의 발전된 버전으로, URL을 통해 설치할 수 있으며 저장 공간을 거의 차지하지 않는다. PWA는 웹 앱임에도 푸시 알림을 지원하고 오프라인 상태에서도 작동하며 OS 기능에 접근할 수 있어 네이티브 앱과 비슷한 사용자 경험을 제공한다. 성능 또한 네이티브 앱과 동일한 수준이며 웹 앱이기 때문에 여러 OS와 브라우저에서 실행 가능하다. 게다가 네이티브 및 하이브리드 앱과 비교했을 때 적은 개발 비용으로 다양한 기능을 구현할 수 있다. 이러한 장점 덕분에 PWA는 오늘날 기업에서 선호하는 방식이 되고 있다. 트위터는 2017년에 모바일 웹 앱을 PWA로 전환하여 사용자 이탈률이 20% 감소하고 트윗 전송량이 75% 증가했으며 세션당 페이지 조회 수가 65% 증가했다.[199]

이렇게 네 가지 앱 유형에 따라 오프라인 작동 및 온라인 작동, OS별 기능 지원, 앱 업데이트 작동, 상호 작용 등에 관한 테스트 케이스가 정의된다. 이제 마지막으로 네트워크에 관해 알아보자.

네트워크

모바일 앱을 사용하는 사용자의 네트워크 환경은 다양하다. 네트워크 대역폭은 주로 교외 지역에서 낮은 경향이 있으며 도시 내에서도 위치마다 네트워크 연결 속도가 다르다. 따라서 앱이 네트워크 연결에 의존한다면 WiFi 및 오프라인 상태뿐만 아니라 2G, 3G, 4G와 같은 다양한 유형의 모바일 네트워크를 지원해야 한다. 이를 위해 네트워크 시간 초과, (4G와 3G 간 전환과 같은) 네트워크 전환 시 오류 표시, 오프라인 작동, 다양한 네트워크 환경에서의 시작 성능 등 여러 가지 시나리오를 테스트해야 한다. 경우에 따라서는 처음부터 네트워크 제약 조건

---

199 *https://oreil.ly/ukF4b*

을 염두에 두고 앱을 설계해야 할 수도 있다. 예를 들어 페이스북은 네트워크 대역폭 문제를 해결하기 위해 페이스북 라이트Facebook Lite[200] 앱을 출시했다. 페이스북 라이트는 2G 환경에서 작동하며 네트워크 연결이 불안정해도 무리 없이 작동한다.

모바일 환경의 세 가지 주요 영역을 살펴보며 모바일 테스트에서 다뤄야 하는 추가적인 복잡성에 관해 어느 정도 이해했을 것이다. 다음으로 모바일 테스트 범위에 관한 이해도를 높이기 위해 모바일 앱의 아키텍처를 알아보자.

11.1.2 모바일 앱 아키텍처

〈Chapter 2 수동 탐색적 테스트〉에서 일반적인 웹 애플리케이션의 아키텍처를 살펴봤다. 웹 애플리케이션 아키텍처에는 사용자 요청을 받는 웹 UI와 데이터베이스 계층과 협업해 요청을 처리하는 서비스가 있다. 모바일 앱의 아키텍처는 웹 애플리케이션의 아키텍처와 크게 다르지 않다. [그림 11-2]와 같이 모바일 UI는 웹 UI를 대체하며 나머지는 거의 동일하다.

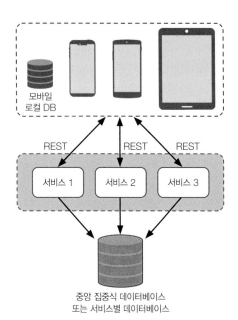

그림 11-2 모바일 애플리케이션 아키텍처

200 https://www.facebook.com/lite

모바일 계층의 추가 구성 요소인 로컬 데이터베이스에 주목하자. 로컬 데이터베이스는 오프라인 상태의 작동을 지원하고 앱 렌더링 시간을 단축시키기 위해 네이티브 및 하이브리드 앱이 사용자 이름, 프로필 사진, 마지막으로 가져온 콘텐츠 등과 같은 데이터를 저장하는 장소다. 나머지 흐름은 웹 앱과 유사하다. 모바일 앱은 네트워크를 통해 서비스를 호출하고 사용자의 요청을 완료한다. 따라서 서비스와 데이터베이스 계층에 대한 테스트 접근 방식은 이전과 동일하다. 마이크로 및 매크로 수준의 유닛, 통합, API 테스트를 수행한 후 서비스의 성능, 보안, 규정 준수 같은 CFR 테스트를 수행한다. 그리고 여기에 모바일 UI별 테스트를 추가로 수행한다. 모바일 UI별 테스트에서는 앞서 설명한 모바일 환경의 특성을 고려해야 한다.

> **NOTE** 모바일 UI 계층의 내부 구성 요소를 자세히 알고 싶다면 구글이 제공하는 안드로이드 아키텍처 가이드[201]를 참고하자.

11.2 모바일 테스트 전략

모바일 테스트 전략에서 가장 먼저 고려해야 할 것은 테스트할 장치를 선정하는 것이다. 앞서 설명한 모바일 장치의 화면 크기, OS, 하드웨어 등을 조합하면 경우의 수가 너무 많다. 따라서 모든 조합을 테스트하는 것은 불가능하다. 예를 들어 모든 제조업체의 안드로이드 버전과 장치를 테스트하려면 시간과 비용이 많이 든다. 특히 애자일 또는 스크럼 같은 반복적인 개발 프로세스에서 하나의 사용자 스토리를 검증하기 위해 수십 대의 장치에서 테스트하는 것은 팀의 제공 속도에 악영향을 미친다. 따라서 테스트 장치 목록을 좁혀 대상 고객이 사용하는 모바일 환경의 85%를 테스트하는 것을 목표로 한다. 다음은 테스트할 장치를 선정하기 위해 필요한 점검 사항이다(그림 11-3).

- 비즈니스의 대상 고객군을 확인한다. 예를 들어 고급 의류를 판매하는 비즈니스는 부유층을 대상 고객으로 하기 때문에 저가형 모바일 장치는 테스트 대상에서 제외할 수 있다.
- 비즈니스를 확장하려는 특정 시장(국가)과 해당 시장에서 주로 사용하는 OS 및 제조업체를 확인한다. 예를 들어 의류 사업을 유럽 국가에 확장한다고 가정해보자. 유럽에서 주요 사용되는 모바일 장치의 제조

---

201 *https://oreil.ly/evawz*

업체는 삼성과 애플이다.[202] 따라서 테스트 대상 장치를 애플과 삼성의 플래그십 장치로 좁혀 선정한다.

- 비즈니스가 이미 온라인에 진출한 경우 장치별 사용량을 확인한다. 예를 들어 기존 웹 앱의 장치별 사용량 통계를 확인해 아이폰과 삼성 태블릿으로 접속하는 사용자가 가장 많다는 정보를 얻을 수 있다.

- 대상 시장에서 사용할 수 있는 네트워크 대역폭 범위를 확인한다. 예를 들어 유럽의 평균 모바일 네트워크 속도는 약 54Mbps이며[203] 4G 네트워크를 지원한다. 네트워크 기준은 저가형 장치를 지원해야 할 때 특히 중요하다.

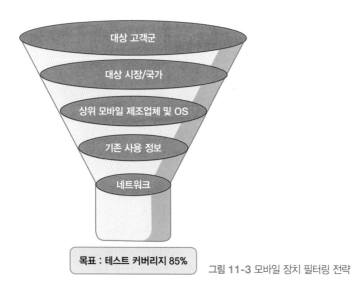

그림 11-3 모바일 장치 필터링 전략

앞서 설명한 점검 사항을 비즈니스 담당자나 제품 담당자에게 확인했다면 적절한 특성을 가진 3~4개의 모바일 장치를 선택할 수 있다. 또한 정기적인 팀 버그 배시 과정에서 테스트가 필요한 추가 단말을 확인할 수 있다.

> **NOTE** 테스트할 장치를 선택하는 작업은 일반적으로 프로젝트 시작 단계에서 수행된다. 장치를 선택한 후에는 AWS 디바이스 팜Device Farm, 파이어베이스 테스트 랩Firebase Test Lab, 자마린 테스트 클라우드Xamarin Test Cloud, 퍼펙토Perfecto, 소스 랩Sauce Labs과 같은 클라우드 호스팅 장치 서비스를 구독할 것인지 또는 장치를 직접 구입할 것인지에 관해 비용 분석을 수행해야 한다. 클라우드 호스팅 장치 서비스를 사용하면 호스팅된 실제 장치에서 테스트를 자동으로 수행할 수 있지만 테스트 과정에서 상호 작용이 더 느릴 수 있다.

---

202 https://oreil.ly/rfe8S
203 https://oreil.ly/O2G8e

[그림 11-4]는 모바일 UI 계층에 대한 테스트 전략을 보여준다. 모바일 테스트 방법은 지금까지 설명한 일반적인 웹 애플리케이션 테스트 방법과 유사하다. 다음 절에서 모바일 환경의 복잡성을 고려한 테스트 방법을 살펴보자.

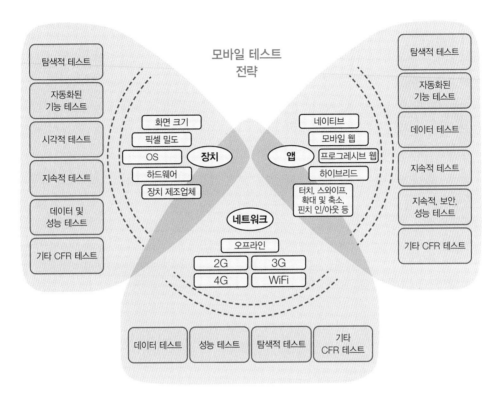

그림 11-4 모바일 테스트 전략

11.2.1 수동 탐색적 테스트

테스트 케이스에 대한 장치, 앱, 네트워크 등 무수히 다양한 조합으로 인해 탐색적 테스트는 모바일 환경에서 더욱 중요하다. 〈Chapter 2 수동 탐색적 테스트〉에서 자세히 설명한 탐색적 테스트 기술과 전략은 모바일 테스트에서도 도움이 된다. 탐색적 테스트 기술과 전략을 장치, 앱, 네트워크 세 가지 관점과 결합하면 모바일 앱의 작동을 종합적으로 점검할 수 있다. 예를 들어 모바일 웹 앱은 크롬 개발자 도구를 사용해 해상도를 변경하여 테스트할 수 있다. 네이티브 앱과 하이브리드 앱의 경우 테스트 대상 장치를 구입하거나 에뮬레이터와 시뮬레이터를 활용해 탐색할 수 있다.

에뮬레이터와 시뮬레이터는 컴퓨터에 가상 장치 환경을 만드는 프로그램이다. 예를 들어 구글은 안드로이드 스튜디오를 통해 구글 넥서스4, 삼성 갤럭시 S5, 모토 G 등 실제 장치의 하드웨어와 소프트웨어를 모방하는 안드로이드 에뮬레이터를 제공한다(안드로이드 에뮬레이터 사용법은 〈11.3 실습〉에서 다룬다). 마찬가지로 애플은 아이폰과 아이패드를 모방하는 iOS 시뮬레이터를 제공한다. 에뮬레이터와 시뮬레이터는 앱의 새너티 테스트$^{sanity\ testing}$[204]를 위한 용도로 적합하지만 특정 터치 제스처, 센서 통합 등 일부 하드웨어 기능을 모방하는 데 한계가 있어 출시 전 테스트로는 적합하지 않다. 애플과 구글 역시 실제 장치에서 앱 출시 전 테스트를 수행하도록 권장한다. 에뮬레이터와 시뮬레이터는 개발 중 코드를 신속하게 확인하는 데 유용하며 일반적으로 새너티 테스트를 수행하거나 실제 장치가 없는 경우에만 사용된다.

> **TIP** 애자일 환경에서는 다양한 단계에서 테스트를 수행하여 장치 테스트에 시프트 레프트를 적용한다. 예를 들어 개발 단계에서 개발자는 LDPI 또는 MDPI와 같은 까다로운 해상도를 가진 장치를 테스트한다. 데브 박스 테스트 단계에서 비즈니스 분석가, QA 엔지니어, 개발자는 각각 하나의 장치를 정해 테스트를 수행한다. 회귀 테스트 단계에서는 CI 파이프라인에 통합된 자동화된 테스트를 통해 테스트 장치 목록을 대상으로 테스트를 수행한다.

11.2.2 자동화된 기능 테스트

앱의 기능 및 상호 작용 테스트는 자동화된 유닛 테스트와 UI 기반 엔드 투 엔드 테스트를 통해 수행한다. 모바일의 기능 테스트는 웹 앱과 마찬가지로 CI 파이프라인에 통합해 지속적인 피드백을 받을 수 있다. 엔드 투 엔드 테스트는 대상 장치 목록에서 스모크 테스트 또는 야간 회귀 테스트를 수행해 기능을 검증한다. UI 기반 엔드 투 엔드 테스트를 작성하기 위한 안드로이드용 도구로는 앱피움과 에스프레소가 있으며 iOS용으로는 앱피움과 XCUITest가 있다. 에스프레소와 XCUITest는 네이티브 앱만 지원하지만 앱피움은 네이티브 앱, 하이브리드 앱, 모바일 웹 앱을 모두 지원한다(앱피움을 사용한 UI 기반 엔드 투 엔드 테스트 작성 방법은 〈11.3 실습〉에서 자세히 다룬다).

---

204 옮긴이_새너티 테스트는 새로운 소프트웨어 버전이 테스트를 수행하기에 적합한지 판단하기 위한 테스트다.

11.2.3 데이터 테스트

모바일 앱은 용도에 따라 다양한 계층에 데이터를 저장한다. 예를 들어 [그림 11-2]의 경우에는 모바일 장치의 로컬 데이터베이스 및 저장소, 외부의 공통 데이터베이스에 데이터를 저장하고 조회한다. 데이터 테스트는 모든 저장소에 대한 데이터 흐름을 이해하고 테스트에 포함해야 한다. 이를테면 페이스북과 같은 소셜 네트워킹 앱은 가장 최근 게시물을 로컬 데이터베이스에 저장하여 네트워크 상태가 불안정할 때 앱을 빠르게 렌더링하도록 한다. 데이터 테스트는 오래된 정보 표시, 로컬 데이터베이스에 저장할 수 있는 데이터 양, 로컬 데이터베이스의 동기화 유지 등과 관련된 사용자 환경을 고려해야 한다. 또한 사용자가 스마트폰, 태블릿, 데스크톱 웹 브라우저 등 여러 장치에서 앱을 사용할 수 있으므로 모든 장치의 데이터베이스에서 데이터가 동기화되는지 테스트해야 한다.

공통 데이터베이스는 서로 다른 장치에서 실행된 트랜잭션을 데이터의 충돌 없이 처리할 수 있어야 한다. 예를 들어 사용자는 다양한 모바일 장치에서 캘린더 이벤트를 저장하고 네트워크를 사용할 수 있을 때 동기화를 시도할 수 있다. 이는 공통 데이터베이스에서 추적하고 업데이트해야 한다. 그리고 마이크로 및 매크로 수준의 기능 테스트로 이러한 시나리오를 자동화해야 한다. 요약하면 네트워크 상태에 따른 공통 데이터베이스와 로컬 모바일 데이터베이스 간의 양방향 데이터 동기화는 데이터 테스트 과정에서 반드시 다뤄야 하는 부분이다.

또한 로컬 저장소에 파일을 저장하고 조회하는 기능이 있다면 이 역시 테스트해야 한다. 이때 내부 및 외부 장치 저장소의 경계 조건과 다양한 파일 형식을 처리하는 OS의 제한 사항을 고려해야 한다. 전반적으로 모바일 앱의 데이터 테스트를 작성할 때는 앞서 설명한 모바일 앱의 세 가지 관점(장치, 앱, 네트워크)을 고려하기 바란다.

11.2.4 시각적 테스트

시각적 테스트는 장치 테스트를 수동으로 진행하면서 수행 가능하다. 또한 시각적 테스트 도구인 앱피움과 Applitools Eyes[205]를 사용하면 다양한 화면 크기에 대한 시각적 테스트를 자동화할 수 있다. Applitools Eyes는 모바일 앱의 시각적 테스트 자동화를 위한 AI 도구로, 유료 구매가 필요하지만 앱피움은 오픈소스이기 때문에 무료로 사용할 수 있다(Applitools Eyes

---

205 https://oreil.ly/M6pQz

에 관한 설명은 〈Chapter 6 시각적 테스트〉를 참고하자). 앱피움을 사용해 시각적 테스트를
자동화하는 방법은 〈11.3 실습〉에서 다룬다.

11.2.5 보안 테스트

모바일 앱의 보안 테스트는 〈Chapter 7 보안 테스트〉에서 설명한 보안 관점의 테스트 고려 사
항이 그대로 적용된다. 예를 들면 모바일 앱에서도 사용자의 민감한 데이터를 암호화하여 안전
한 공간에 저장해야 한다. 추가로 강력한 인증 메커니즘, 적절한 앱 접근 권한 등을 고려해야
한다.

정적 애플리케이션 코드에서 보안 취약점을 자동으로 스캔하고 알려진 공격을 주입해 애플리
케이션의 취약점을 탐지하는 보안 테스트 도구는 모바일 앱의 서비스 계층에 활용된다. 오픈
소스 도구인 모바일 보안 프레임워크Mobile Security Framework(MobSF)[206]를 사용하면 모바일 UI
계층(안드로이드/iOS/윈도우)의 정적 보안 스캔과 동적 보안 스캔을 자동화할 수 있다. 인기
있는 데브옵스 플랫폼인 GitLab은 MobSF를 기반으로 한 모바일 앱용 SAST 기능을 제공한
다.[207] MobSF 및 기타 모바일 앱 보안 도구에 관한 자세한 설명은 〈11.4 추가 테스트 도구〉에
서 다룬다.

자동화된 보안 스캔 도구를 활용하는 것뿐만 아니라 OWASP에서 발표한 모바일 앱 보안 위협
Top 10[208]을 개발 단계에서 참고하기를 권장한다. 팀 내 보안 전문가가 없다면 개발 주기 후
반에 펜 테스터의 참여가 필요할 수 있다.

마지막으로 모바일 앱 보안 테스트는 아직 미성숙한 영역이기 때문에 OWASP 커뮤니티에서
작성한 모바일 보안 테스트 가이드[209]를 주기적으로 확인하기 바란다.

---

206 *https://oreil.ly/7MCp9*
207 *https://oreil.ly/SUKjm*
208 *https://oreil.ly/zvnFX*
209 *https://oreil.ly/p4903*

11.2.6 성능 테스트

〈Chapter 8 성능 테스트〉에서 성능 테스트 유형(부하/스트레스/담금 테스트)을 소개하고 성능 측정 방법과 모니터링 방법을 설명했다.

모바일 앱은 일반적으로 CPU, 메모리, 배터리, 네트워크 같은 리소스가 제한된 환경에서 작동한다. 따라서 모바일 앱 UI의 성능은 웹 UI와 다른 관점에서 측정되어야 한다. 모바일 앱의 성능을 측정하기 위해 고려해야 할 두 가지 측면은 다음과 같다.

1   앱은 CPU, 메모리, 배터리와 같은 장치의 중요한 리소스를 독점하거나 고갈시켜서는 안 된다.
2   앱은 사용자의 작업에 빠르게 응답해야 한다.

먼저 모바일 앱이 사용하는 리소스를 측정한다. 안드로이드 스튜디오의 안드로이드 프로파일러[210]나 XCode의 Instruments[211]와 같은 프로파일러 도구를 사용해 확인할 수 있다. 프로파일러 도구를 사용하면 리소스 소비의 유효성을 유닛 테스트로 검증하고 이를 CI 파이프라인에 통합해 지속적인 성능 테스트를 수행할 수 있다. 앱피움은 안드로이드 앱에 관한 성능 데이터를 API로 제공한다. 앱피움 API을 사용한 성능 데이터 확인 방법은 〈11.4 추가 테스트 도구〉에서 설명한다.

다음으로 앱의 응답 시간을 측정한다. 예를 들어 앱 아이콘을 클릭한 후 앱이 열리는 데까지 걸리는 시간은 5초 이내여야 한다.[212] 마찬가지로 앱 내부의 모든 작업은 3초 이내에 응답해야 한다. 그렇지 않으면 사용자 이탈률이 높아질 수 있다. 서비스에 대한 호출이 있는 경우 응답 지연은 네트워크 대역폭의 영향을 크게 받는다. 에뮬레이터와 시뮬레이터에서 다양한 네트워크 조건을 시뮬레이션하면 네트워크 대역폭별 앱의 응답 시간을 측정할 수 있다. 모바일 앱의 스트레스 테스트는 버튼 터치, 확대/축소, 요청 전송, 페이지 탐색 등 여러 작업을 빠르게 실행해 앱에 충돌 문제가 발생하는지 확인하기 위해 수행된다. 안드로이드는 스트레스 테스트 자동화를 위한 도구로 몽키Monkey를 제공한다. 몽키를 사용해 스트레스 테스트를 자동화하는 방법은 〈11.4 추가 테스트 도구〉에서 다룬다.

---

210 *https://oreil.ly/cHq6p*
211 *https://oreil.ly/s6GPN*
212 *https://oreil.ly/cujWm*

11.2.7 접근성 테스트

W3C WAI는 WCAG 2.0을 모바일 애플리케이션에 적용하는 방법에 관한 지침[213]을 제공한다. 모바일 접근성 지침은 웹과 동일한 네 가지 주요 원칙을 따른다. 앱은 인지할 수 있고 조작할 수 있어야 하며 이해할 수 있어야 하고 견고해야 한다. 접근성 테스트가 필요한 주요 기능으로는 확대/축소 기능, 작은 화면 크기에서의 가독성, 요소 간 색상 대비, 버튼의 충분한 클릭 공간, 앱 전체에서 일관된 레이아웃, 화면 스크롤이 필요 없는 요소 배치 등이 있다. iOS와 안드로이드는 접근성 테스트를 위해 다음과 같은 도구를 제공한다(앞서 설명한 다른 유형의 테스트 도구에 비해 기능이 제한적이다).

iOS

- 보이스오버^{VoiceOver} 스크린 리더는 실제 장치와 iOS 시뮬레이터에서 모두 사용할 수 있으며 사용자 흐름의 엔드 투 엔드 테스트에 사용할 수 있다.

- XCode 접근성 인스펙터^{XCode Accessibility Inspector}[214]는 iOS 시뮬레이터에서 요소를 검사하여 접근성 관련 속성이 적절하게 설정되어 있는지 확인할 수 있으며 디버깅 목적으로도 사용된다.

안드로이드

안드로이드는 iOS보다 다양한 접근성 도구를 제공한다.

- 개발 도구인 안드로이드 스튜디오[215]는 개발 중 다양한 접근성 문제에 관한 린트 경고를 표시하고 이러한 문제를 포함하는 소스 코드 부분의 링크를 제공한다.

- 네이티브 안드로이드 앱 UI 테스트 도구인 에스프레소[216]는 애플리케이션의 각 뷰를 스캔하여 접근성을 확인하는 기능을 제공한다. 이러한 테스트는 기존의 에스프레소 테스트 제품군과 함께 CI에 통합될 수 있다.

- 토크백^{TalkBack}은 안드로이드에 내장된 스크린 리더로, 사용자 흐름의 엔드 투 엔드 테스트에 사용된다.

- 접근성 검사기^{Accessibility Scanner}[217]는 모바일 앱의 접근성 문제를 검사하는 도구로, 사용자 스토리의 수동 테스트 단계에서 사용된다.

---

213 *https://oreil.ly/WpOyC*
214 *https://oreil.ly/lcUcw*
215 *https://oreil.ly/1c2Q9*
216 *https://oreil.ly/jFxWD*
217 *https://oreil.ly/8cYmG*

안드로이드는 앱과 상호 작용하기 위해 외부 보조 장치를 사용할 수 있는 스위치 액세스^{Switch} ^{Access} 기능, 점자 디스플레이 장치에 연결하기 위한 BrailleBack 기능, 음성 명령으로 안드로이드 장치 제어할 수 있는 보이스 액세스^{Voice Access} 기능을 제공한다. 또한 구글 플레이 스토어는 앱을 제출하는 동안 사전 출시 보고서를 통해 접근성 검사 결과를 팀에 제공한다.

11.2.8 CFR 테스트

〈Chapter 10 교차 기능 요구 사항 테스트〉에서 논의한 감사성, 이식성, 신뢰성, 호환성, 보안, 접근성 등과 같은 CFR은 모바일 앱에서도 동일하게 검증해야 한다. 모바일 테스트 과정에서 중점을 두어야 하는 CFR은 다음과 같다.

사용성

앞서 언급했듯이 스마트폰은 일상생활에서 떼어놓을 수 없는 필수품이 되었다. 따라서 모바일 앱의 사용성은 매우 중요한 요소다. 모바일 앱 출시 후 다운로드 수는 홍보를 통해 늘릴 수 있지만 사용자가 앱을 사용하면서 불편함을 느낀다면 이탈률이 높아지게 된다. 앱 사용자는 왼손잡이일 수도 오른손잡이일 수도 있고, 여러 앱을 열어 놓고 멀티태스킹하거나, 운전 중에 앱을 사용하는 습관이 있을 수 있으며, 다국어를 사용하는 사람일 수도 있다. 사용성 테스트 관점에서는 이러한 요소를 모두 고려해야 한다. 물론 모든 사람의 요구 사항을 만족시키는 것은 불가능하다. 따라서 〈Chapter 10 교차 기능 요구 사항 테스트〉에서 설명한 사용성 테스트의 접근 방식을 모바일 앱 테스트에도 적용하길 권한다. 무엇보다 중요한 것은 대상 시장 및 지역의 사용자 행동을 사전 조사하는 것이다. 구글에서 제공하는 Think with Google 사이트[218]를 참고하면 모바일 사용자 행동에 관한 인포그래픽과 모바일 관련 주요 정보를 얻을 수 있다.

중단

모바일 장치는 메시지를 보내거나 통화를 하는 등 다양한 목적으로 사용되기 때문에 외부 요소로 인해 앱이 중단될 수 있다. 일반적으로 사용자는 전화나 메시지 알람으로 중단이 발생하면 해당 앱(전화나 메시지 앱)으로 전환하며 실행 중이던 앱은 백그라운드 상태로 유지한다. 그

---

218 *https://oreil.ly/me2Vw*

리고 작업을 마친 후에 다시 앱을 전환하여 사용한다.

따라서 모바일 테스트를 수행할 때는 다음과 같은 중단 상황을 고려해야 한다.

- 앱이 갑자기 백그라운드로 전환될 경우 기존의 요청은 어떻게 되는가?
- 앱이 일시 중지되었다가 다시 실행될 경우 인증은 어떻게 처리되는가?
- 앱이 갑자기 종료되거나 닫히면 진행 중인 요청은 어떻게 되는가?
- 모바일 장치의 배터리가 방전될 경우 진행 중인 앱 워크플로는 어떻게 되는가?

이러한 중단 상황은 CFR 요소로서 전체 앱에 걸쳐 테스트되어야 한다.

설치 및 업데이트 가능성

모바일 테스트를 수행할 때는 다양한 장치와 OS별 앱 스토어를 통해 설치가 가능한지 확인해야 한다. 먼저 앱을 설치하려면 장치의 로컬 저장소 공간이 필요하다. 경우에 따라 설치 과정에서 사용자에게 장치(카메라, 마이크, 위치 서비스 등) 또는 다른 앱(사진 갤러리, 연락처 등)에 접근할 수 있는 권한을 요청할 수 있다. 모바일 장치의 설치 테스트를 진행할 때는 저장소 공간 부족, 앱 권한 거부, OS 버전 비호환성과 같은 실패 케이스를 포함해야 한다.

앱 업데이트는 기존의 흐름을 중단시키지 않아야 한다. 예를 들어 업데이트로 인해 로컬 데이터베이스의 구조가 변경되어도 기존 기능에 영향을 미치지 않아야 한다. 또한 업데이트 후 사용자가 앱에서 로그아웃되어서는 안 된다. 또한 최신 앱 버전뿐만 아니라 이전 버전의 앱에서 업데이트하는 경우에도 업데이트가 정상적으로 수행되어야 한다. 업데이트 시 추가적인 앱 권한이 필요한 경우 해당 권한에 관련된 테스트도 진행해야 한다.

설치 및 업데이트는 네트워크 상태에 영향을 받는다. 따라서 다양한 네트워크 관련 시나리오를 테스트해야 한다. 마찬가지로 앱 제거가 완벽하게 작동하는지도 확인해야 한다.

모니터링

웹 애플리케이션과 다르게 모바일 장치의 앱 충돌app crash은 매우 빈번하게 발생한다. 따라서 모바일 앱을 모니터링하는 것이 중요하다. 때로는 앱 충돌이 발생하는 상황을 재현하기 어려운 경우도 있기 때문에 문제 분석을 위한 모니터링 도구를 활용해야 한다. 개발 단계부터 파이어베이스 크래시리틱스Firebase Crashlytics, 다이나트레이스Dynatrace, 뉴렐릭New Relic 등과 같은 모니터링 도구를 테스트 환경에 통합하면 앱 충돌을 디버깅하는 데 도움이 된다.

대상 장치와 OS의 설치 및 업데이트 가능성과 중단 시 작동 같은 일부 CFR 테스트는 마이크로 및 매크로 수준의 기능 테스트를 자동화하여 지속적인 피드백을 얻을 수 있다(CFR 테스트와 관련된 CT 전략은 〈Chapter 4 지속적 테스트〉를 참고하자).

모바일 테스트 전략에 관한 소개는 여기까지다. 다음 절에서는 여기서 소개한 도구를 활용해 모바일 테스트 실습을 진행한다.

11.3 실습

이번 절에서는 UI 기능 테스트와 시각적 테스트를 작성하기 위한 자바−앱피움 프레임워크 설정 방법을 소개한다. 앱피움을 선택한 이유는 앞서 언급한 바와 같이 세 가지 유형의 모바일 앱(네이티브, 모바일 웹, 하이브리드)을 모두 지원하고 여러 OS에서 작동하기 때문이다.

11.3.1 앱피움

앱피움은 크로스 플랫폼을 지원하는 자동화 도구로, 오픈소스다. 앱피움은 애플에서 제공하는 iOS용 XCUITest와 구글에서 제공하는 안드로이드용 UiAutomator와 같은 OS별 자동화 프레임워크를 번들링하여 공통 API로 제공한다. 예를 들어 앱피움은 앱과 상호 작용하기 위해 `DesiredCapabilities` 객체를 사용해 `driver` 객체를 인스턴스화한다. 또한 `findElements(By.id)`, `click()`, `isElementPresent()` 등의 기타 API는 동일한 이름으로 제공한다. 결과적으로 셀레니움 웹 드라이버를 사용한 자동화 테스트에 익숙하다면 앱피움을 쉽게 익힐 수 있다. 셀레니움 웹 드라이버와 같이 앱피움은 다양한 프로그래밍 언어를 지원한다. 앱피움 클라이언트 라이브러리를 사용하면 루비, 파이썬, 자바, 자바스크립트 등 원하는 언어에서 테스트를 작성할 수 있다.

앱피움은 2022년에 앱피움 서버, 자동화 드라이버, 플러그인을 재정의한 2.0 버전을 발표했다. 예를 들어 OS별 자동화 드라이버는 앱피움 1.x 버전에서 번들로 제공되었지만 2.x 버전에서는 별도로 설치해야 한다. 여기서는 안드로이드 앱을 대상으로 앱피움 사용 방법을 설명한다. 앱피움 API는 모든 OS에서 동일하게 작동하기 때문에 iOS 앱을 위한 테스트도 같은 방식으로 작성하면 된다.

> **앱피움을 활용한 RPA**
>
> RPA robotic process automation[219]는 최근 인기를 끌고 있는 기술로, 단순 반복 업무 프로세스를 자동화하고 비즈니스 프로세스를 엔드 투 엔드로 자동화하여 운영 효율성을 높여준다. RPA를 활용하면 스프레드시트 내 데이터 저장, 내부 도구에 데이터 입력, 데이터 처리를 위한 작업 트리거, 온라인 상태 확인 등 일반적인 비즈니스 프로세스를 자동화할 수 있다.
>
> 앱피움은 주로 모바일 앱 자동화에 활용되지만 관련 드라이버를 통해 윈도우[220], macOS[221]의 데스크톱 앱 자동화 기능도 제공한다. 또한 상호 작용을 위해 별도의 애플리케이션을 개발하지 않아도 된다. 따라서 셀레니움 웹 드라이버와 함께 앱피움을 RPA 도구로 활용할 수 있다.[222]

이제 앱피움 실습을 시작해보자.

사전 요구 사항

앱피움을 사용하기 위한 사전 요구 사항은 〈Chapter 3 자동화된 기능 테스트〉에서 설명한 자동화 도구의 사전 요구 사항과 비슷하다.

- 앱피움 서버를 설정하기 위한 Node.js[223]
- 자바 최신 버전[224] (여기서는 앱피움의 자바 클라이언트 라이브러리를 사용한다)
- IntelliJ[225]와 같은 IDE
- 메이븐[226]

---

219 *https://oreil.ly/Qg8jf*
220 *https://oreil.ly/X57PT*
221 *https://oreil.ly/468q8*
222 *https://oreil.ly/yGqUT*
223 *https://nodejs.org/en*
224 *https://oreil.ly/Uq5Wk*
225 *https://oreil.ly/y9Oqz*
226 *https://oreil.ly/FAOuB*

안드로이드 에뮬레이터

사전 요구 사항 설치를 마쳤다면 다음 단계를 따라 앱피움 테스트를 실행할 안드로이드 에뮬레이터를 설치한다.

1 안드로이드 스튜디오[227]를 다운로드하고 설정한다. 안드로이드 스튜디오는 안드로이드 SDK와 관련 도구를 함께 제공한다.

2 안드로이드 스튜디오를 실행한 후 [More Actions] → [AVD Manager]를 선택한다(AVD는 안드로이드 가상 디바이스Android Virtual Device의 약자다).[228]

3 [Create Virtual Device][229]를 클릭하여 Tablet, Phone, Wear OS 장치 등에 관한 하드웨어 프로필 목록을 확인한다. Phone 카테고리를 선택하고 Pixel 2, 5.0인치 프로필을 선택한 후 [Next]를 클릭한다.

4 안드로이드 8.0과 같은 OS 버전을 선택한 후 [Next]를 클릭한다(필요한 안드로이드 OS 버전이 없다면 다운로드할 수 있는 옵션이 제공된다).

5 에뮬레이터 이름을 입력하고 [Finish]를 클릭한다. 예제에서는 'Oreo'라는 이름을 사용한다. 이렇게 하면 안드로이드 8.0 Pixel 2 에뮬레이터가 사용 가능한 가상 장치 목록에 나타난다.

6 실행 버튼을 클릭해 에뮬레이터를 실행한다.

여기서는 앱피움에서 제공하는 데모 안드로이드 앱을 사용한다. 앱피움 GitHub 저장소[230]에서 `ApiDemos-debug.apk`를 다운로드한 후 에뮬레이터 안으로 드래그 앤 드롭하여 설치하고 실행한다.

앱피움 2.0 설정

다음 단계에 따라 앱피움을 설정한다.

---

227 *https://oreil.ly/5hRn0*
228 옮긴이_AVD Manager 메뉴가 보이지 않는다면 [Tools] → [Device Manager]를 선택한다.
229 옮긴이_[Device Manager]를 선택했다면 [Create device]를 클릭한다.
230 *https://github.com/appium/appium/tree/1.19/sample-code/apps*

1 다음 명령어를 실행하여 앱피움을 설치한다.

```
$ npm install -g appium@next
```

2 다음 명령어를 실행해 UiAutomator2 드라이버를 설치한다.

```
$ appium driver install uiautomator2
```

> **NOTE** iOS의 경우 **appium driver install xcuitest** 명령을 사용해 XCUITest 드라이버를 설치한다.

3 다음 명령어를 사용해 앱피움 서버를 시작한다.

```
$ appium server -ka 800 -pa /wd/hub
```

4 모바일 앱에서 요소 로케이터를 찾을 수 있는 GUI 도구인 앱피움 인스펙터[231]를 다운로드한다.

워크플로

앞서 언급했듯이 앱피움은 DesiredCapabilities 객체를 사용해 모바일 앱과의 연결을 인스턴스화한다. 앱피움 인스펙터는 GUI를 통해 DesiredCapabilities 객체를 구성하고 앱에 연결하여 요소를 검사한다. 다음 단계에 따라 데모 안드로이드 앱을 검사해보자.

1 안드로이드 인스펙터를 실행한 후 [그림 11-5]와 같이 Desired Capabilities에 값을 입력한다. 입력한 값을 나중에 재사용할 수 있도록 [Save As…]을 클릭해 저장한다.[232]

---

231 *https://oreil.ly/QAXmU*

232 옮긴이_app 값에는 다운로드한 ApiDemos-debug.apk 파일의 경로를 입력한다.

233 옮긴이_ANDROID_HOME 환경 변수와 관련된 에러가 발생한다면 안드로이드 스튜디오 문서(*https://developer.android.com/studio/command-line/variables*)를 참고해 ANDROID_HOME 경로를 추가한다.

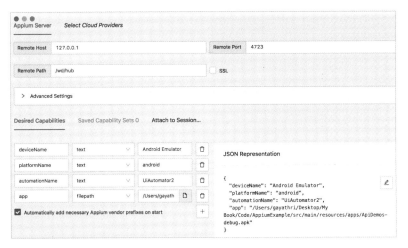

그림 11-5 데모 앱에 연결하기 위한 Desired Capabilities

2 [Start Session]을 클릭하면 인스펙터에서 데모 앱이 실행된다.[233]

3 [Select Element] 아이콘을 클릭하고 앱 위로 마우스를 가져가 요소를 검사한다. 요소 위로 마우스를 가져가면 요소가 강조 표시되는 것을 볼 수 있다. 요소를 선택하면 [그림 11-6]과 같이 오른쪽 패널에 요소 정보가 표시된다.

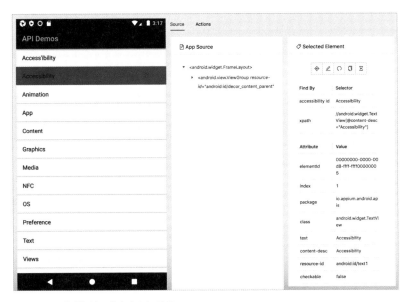

그림 11-6 앱피움 인스펙터의 요소 검사

[그림 11-6]의 오른쪽 패널은 요소 로케이터로 사용할 수 있는 resource-id, class, text와 같은 요소의 속성을 보여준다. package 값인 io.appium.android.apis는 이후에 테스트를 작성할 때 사용된다. 오른쪽 패널에서 버튼을 누르면 탭([Tap]), 키 입력([Send Keys]), 지우기([Clear])와 같은 명령을 실행할 수 있는데 이는 디버깅에 유용하다. 예를 들어 요소를 탭하면 의도한 대로 다음 페이지로 이동하는지 확인할 수 있다.

자바-앱피움 프레임워크 설정은 〈Chapter 3 자동화된 기능 테스트〉에서 설명한 자바와 셀레니움 프레임워크 설정과 유사하다. 앱피움 클라이언트 라이브러리를 메이븐, TestNG와 함께 사용하며 모바일 UI 테스트를 위한 페이지 객체 모델을 사용한다.

자동화를 위한 간단한 테스트를 작성해보자. 테스트 케이스는 앱을 실행한 후 두 번째 요소의 텍스트가 'Accessibility'인지 확인하는 것이다.

1 IntelliJ를 실행한 후 'AppiumExample'이라는 이름의 메이븐 프로젝트를 생성한다.

2 메이븐 중앙 저장소[234]에서 앱피움 자바[235], TestNG 의존성을 검색한 후 pom.xml 파일에 추가한다(의존성을 검색하고 추가하는 방법은 〈Chapter 3 자동화된 기능 테스트〉를 참고하자).

3 /src/main/resources 폴더에 apps 폴더를 생성하고 데모 앱 파일(ApiDemos-debug.apk)을 복사하여 붙여 넣는다.

4 /src/main/java 폴더에 pages 패키지를 생성하고 /src/test/java 폴더에 tests와 base 패키지를 생성한다. 페이지 클래스는 pages 패키지에, 테스트 클래스는 tests 패키지에, 설정 클래스는 base 패키지에 추가한다.

5 Base 클래스는 테스트 전후 setup and teardown 메서드를 정의한다. setup() 메서드는 [예제 11-1]과 같이 DesiredCapabilities를 사용해 앱 패키지 이름, 앱 경로, 에뮬레이터 이름, 장치 이름, 플랫폼 이름, 자동화 프레임워크 이름을 설정한다.

---

234 옮긴이_ *https://mvnrepository.com*
235 옮긴이_실습용 예제는 앱피움 자바 7.x 버전을 사용한다(*https://mvnrepository.com/artifact/io.appium/java-client/7.6.0*).

```java
// src/test/java/base/Base.java

package base;

import io.appium.java_client.MobileElement;
import io.appium.java_client.android.AndroidDriver;
import io.appium.java_client.remote.MobileCapabilityType;
import org.openqa.selenium.remote.DesiredCapabilities;
import org.testng.annotations.*;
import java.io.File;
import java.net.MalformedURLException;
import java.net.URL;

public class Base {
    protected AndroidDriver<MobileElement> driver;

    @BeforeMethod
    public void setUp() throws MalformedURLException {
        File appDir = new File("src/main/resources/apps");
        File app = new File(appDir, "ApiDemos-debug.apk");

        DesiredCapabilities capabilities = new DesiredCapabilities();
        capabilities.setCapability(MobileCapabilityType.DEVICE_NAME,
                        "Android Emulator");
        capabilities.setCapability(MobileCapabilityType.PLATFORM_NAME,
                        "android");
        capabilities.setCapability(MobileCapabilityType.AUTOMATION_NAME,
                        "UiAutomator2");
        capabilities.setCapability(MobileCapabilityType.APP,
                        app.getAbsolutePath());
        capabilities.setCapability("avd", "Oreo");
        capabilities.setCapability("appPackage", "io.appium.android.apis");
        driver = new AndroidDriver<MobileElement>(
                        new URL("http://127.0.0.1:4723/wd/hub"),
capabilities);
    }

    @AfterMethod
    public void tearDown(){
        driver.quit();
    }
}
```

6 HomePage 클래스는 홈 페이지에서 두 번째 요소의 텍스트를 id로 식별하고 값을 가져오는 메서드를 정의한다. 여기서 id는 resource-id 속성의 값이다(예제 11-2).

예제 **11-2** 요소의 로케이터로 값을 가져오는 HomePage 클래스

```java
// src/main/java/pages/HomePage.java

package pages;

import io.appium.java_client.MobileElement;
import io.appium.java_client.android.AndroidDriver;
import org.openqa.selenium.By;

public class HomePage{

    private AndroidDriver<MobileElement> driver;
    private By textItem = By.id("android:id/text1");

    public HomePage(AndroidDriver<MobileElement> driver) {
        this.driver = driver;
    }

    public String getFirstTextItem(){
        return driver.findElements(textItem).get(1).getText();
    }
}
```

7 HomePageTest 클래스는 TestNG를 사용해 앱을 실행한 후 홈 페이지에서 두 번째 요소를 검사한다(예제 11-3).

예제 **11-3** HomePageTest 테스트 클래스

```java
// src/test/java/tests/HomePageTest.java

package tests;

import base.Base;
import org.testng.Assert;
import org.testng.annotations.Test;
import pages.HomePage;
```

```
public class HomePageTest extends Base {

    @Test
    public void verifyFirstTextItemOnHomePage() throws Exception {
        HomePage homePage = new HomePage(driver);
        Assert.assertEquals(homePage.getFirstTextItem(), "Accessibility");
    }
}
```

8 IDE 또는 터미널에서 `mvn clean test` 명령으로 테스트를 실행하면 에뮬레이터에서 테스트가 실행된다. 에뮬레이터가 열려있지 않다면 앱피움이 에뮬레이터를 열고 테스트를 실행한다. 터미널에서 테스트를 실행했다면 **/target/surefire-reports/**에서 HTML 보고서를 확인할 수 있다.

앱피움으로 작성한 테스트를 CI 파이프라인에 추가하면 모바일 앱을 지속적인 테스트할 수 있다. 탭, 스크롤, 스와이프와 같은 테스트 케이스를 자동화하기 위해 추가 API가 필요하다면 앱피움 공식 문서[236]를 참고하기 바란다.

11.3.2 앱피움 시각적 테스트 플러그인

앱피움 시각적 테스트 플러그인은 오픈소스 이미지 처리 도구인 OpenCV를 사용해 이미지를 비교한다. 앞서 〈Chapter 6 시각적 테스트〉에서 소개한 Applitools Eyes와 비교하면 앱피움 시각적 테스트 플러그인은 제한된 기능을 제공한다. 예를 들어 Applitools Eyes는 추가 프로그래밍 없이 페이지를 아래로 스크롤하여 전체 페이지의 이미지를 비교할 수 있지만 앱피움은 전체 페이지의 이미지 비교를 위해 여러 장의 스크린샷을 찍고 통합한 후 비교해야 한다. 하지만 앱피움 플러그인은 오픈소스이기 때문에 추가 비용 없이 앱피움 기능 테스트에 시각적 테스트를 추가할 수 있다.[237]

이번에는 이전에 만든 UI 테스트에 몇 가지 시각 테스트를 추가해보자.

---

236 *https://oreil.ly/okAa5*
237 옮긴이_Applitools Eyes는 유료 SaaS 솔루션으로 제공된다.

설정

다음 단계에 따라 플러그인을 설정한다.

1 다음 명령어를 사용해 OpenCV를 설치한다.[238]

```
$ npm install -g opencv4nodejs
```

2 다음 명령어를 사용해 앱피움 시각적 테스트 플러그인을 설치한다.

```
$ appium plugin install images
```

3 다음 명령어를 사용해 앱피움 서버를 시작한다.

```
$ appium server -ka 800 --use-plugins=images -pa /wd/hub
```

워크플로

앱피움 images 플러그인은 시각적 테스트를 위한 두 가지 API를 제공한다. 하나는 다음과 같이 기준 이미지와 실제 이미지를 비교하는 API다.

```
SimilarityMatchingResult result =
    driver.getImagesSimilarity(baselineImg, actualScreen, options);
```

다른 하나는 결과 객체에서 비교 점수를 얻는 API다. 다음과 같이 비교 점수가 임곗값보다 작으면 테스트가 실패하도록 하는 데 사용된다.

```
result.getScore() < 0.99
```

---

238 옮긴이_opencv4nodejs 설치 과정에서 문제가 발생한다면 opencv4nodejs의 GitHub 저장소 문서(*https://github.com/justadudewhohacks/opencv4nodejs*)를 참고하여 설치하기 바란다.

비교 점수의 범위는 0부터 1까지다. 이상적인 기댓값은 1이지만 미세한 변동으로 인해 이상적인 점수를 얻지를 못할 수 있으므로 적절한 임곗값을 정해 테스트 민감도를 조정한다.

앞서 설명한 두 가지 API를 사용하면 시각적 테스트 워크플로를 간단하게 구성할 수 있다. 먼저 앱 화면의 기본 스크린샷을 만들고 이를 현재 앱 버전의 스크린샷과 비교한다. 비교 점수가 임곗값보다 낮으면 테스트에 실패한다. [예제 11-4]는 이전에 생성한 앱피움 UI 테스트에 시각적 테스트를 추가한 코드다. 예제 코드는 첫 번째 테스트 실행 시 기본 스크린샷을 생성하며 이후 테스트에는 기본 스크린샷과 실제 스크린샷을 비교한다. 먼저 BasePage 클래스를 생성한 후 HomePageTest 클래스를 [예제 11-4]와 같이 수정한다.

예제 11-4 앱피움 플러그인을 활용한 자동화된 시각적 테스트[239]

```java
// src/main/java/pages/BasePage.java

package pages;

import io.appium.java_client.MobileElement;
import io.appium.java_client.imagecomparison.SimilarityMatchingOptions;
import io.appium.java_client.imagecomparison.SimilarityMatchingResult;
import org.openqa.selenium.OutputType;
import io.appium.java_client.android.AndroidDriver;
import java.io.File;
import org.apache.commons.io.FileUtils;

public class BasePage {
    private File baselineDir = new File("src/main/resources/baseline_
screenshots");

    public void checkVisualQuality(String screen_name,
        AndroidDriver<MobileElement> driver) throws Exception {
        File baselineImg = new File(baselineDir, screen_name + ".png");
        File actualScreen = driver.getScreenshotAs(OutputType.FILE);

        if (baselineImg.exists()) {
            SimilarityMatchingOptions options = new SimilarityMatchingOptions();
            options.withEnabledVisualization();
```

---

239 옮긴이_BasePage 클래스의 FileUtils를 사용하려면 Commons IO 의존성을 pom.xml 파일에 추가해야 한다. Commons IO 의 의존성 정보는 *https://commons.apache.org/proper/commons-io/dependency-info.html*을 참고하자.

```java
            SimilarityMatchingResult result =
                            driver.getImagesSimilarity(baselineImg,
 actualScreen, options);

            if (result.getScore() < 0.99) {
                File imageDiff = new File("src/main/resources/baseline_
 screenshots"
                                    + "FAIL_" + screen_name + ".png");
                result.storeVisualization(imageDiff);
                throw new Exception("Visual quality hampered");
            }
        } else {
            FileUtils.copyFile(actualScreen, baselineImg);
        }
    }
}


// src/test/java/tests/HomePageTest.java

public class HomePageTest extends Base {

    @Test
    public void verifyFirstTextItemOnHomePage() throws Exception {
        HomePage homePage = new HomePage(driver);
        Assert.assertEquals(homePage.getFirstTextItem(), "Accessibility");
        BasePage basePage = new BasePage();
        basePage.checkVisualQuality("home_page", driver);
    }
}
```

플러그인은 테스트에 실패할 경우 두 이미지 간의 차이를 확인할 수 있는 result. storeVisualization() API를 제공한다. 먼저 기본 이미지 생성을 확인하기 위해 터미널에서 mvn clean test 명령을 실행하면 /src/main/resources/baseline_screenshots 폴더에 홈 페이지의 기본 스크린샷이 생성된다. 그런 다음 테스트를 다시 실행하면 앱에 변경 사항이 없기 때문에 테스트가 통과한다. 테스트를 실패하게 만들려면 기본 이미지 파일을 편집하거나 다른 png 파일로 교체한 후 테스트를 실행하면 된다. 테스트 실패 시에는 [그림 11-7]과 같이 차이점이 강조된 이미지 파일[240]이 baseline_screenshots 폴더에 생성된다.

---

240 옮긴이_baseline_screenshotsFAIL_home_page.png와 같은 이름의 파일이 생성된다.

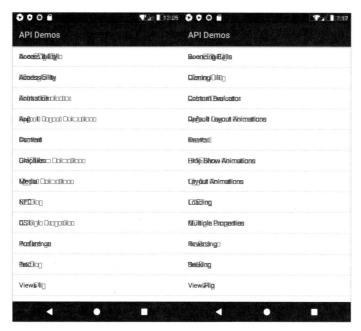

그림 11-7 시각적 테스트 실패 결과

지금까지 앱피움을 사용한 모바일 앱의 UI 기능 테스트와 시각적 테스트를 단계별로 설명했다. 이러한 테스트는 일반적으로 수행되는 모바일 테스트다. 다음 절에서는 다른 유형의 모바일 테스트를 지원하는 추가 도구를 소개한다.

11.4 추가 테스트 도구

이번 절에서는 모바일 앱의 데이터, 성능, 보안, 접근성 테스트를 위한 도구를 소개한다. 일부 유형의 테스트는 아직 모바일 앱 테스트 분야에서 널리 활용되고 있지는 않지만 필요에 따라 적절하게 사용해보기를 권한다.

> **NOTE** 여기서는 안드로이드에서 사용할 수 있는 도구와 워크플로를 소개한다. 하지만 iOS에도 동일한 워크플로를 적용할 수 있다. 각 유형의 테스트를 위한 iOS 테스트 도구는 〈11.2 모바일 테스트 전략〉을 참고하기 바란다.

11.4.1 안드로이드 스튜디오 데이터베이스 인스펙터

안드로이드 스튜디오에서 제공하는 데이터베이스 인스펙터[241]를 사용하면 모바일 앱의 로컬 데이터베이스를 GUI 환경에서 간편하게 탐색할 수 있다. 데이터베이스 인스펙터는 일반 데이터베이스 클라이언트와 마찬가지로 GUI 환경에서 데이터를 추가, 수정, 삭제할 수 있으며 데이터 변경에 따른 앱의 작동을 확인할 수 있다.

데이터베이스 인스펙터를 사용하는 방법은 다음과 같다.

1 안드로이드 스튜디오에서 [File] → [Profile or Debug APK]를 선택한 후 앱의 APK 파일 경로를 지정한다. APK 파일에는 디버그 옵션이 활성화되어 있어야 한다.

2 [View] → [Tools Window] → [App Inspection]를 선택하면 App Inspection 패널이 화면 아래에 열린다.

3 App Inspection 패널에서 실행 중인 앱 프로세스를 선택한다.[242]

4 실행 중인 앱의 데이터베이스 인스펙터가 App Inspection 패널에 나타난다. 앞서 예제로 사용한 데모 앱에는 로컬 데이터베이스가 없기 때문에 데이터베이스 인스펙터에 아무것도 나타나지 않는다. 따라서 로컬 데이터베이스를 사용하는 다른 앱의 데이터베이스 인스펙터 예시인 [그림 11-8]을 참고하기 바란다.

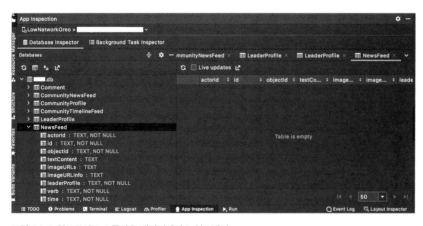

그림 11-8 안드로이드 스튜디오 데이터베이스 인스펙터

---

241 *https://oreil.ly/Lf1vF*
242 옮긴이_App Inspection을 사용하려면 API 수준 26 이상의 에뮬레이터가 필요하다.

일반적으로 오프라인 환경에서 앱이 작동하도록 하려면 필요한 데이터가 로컬 데이터베이스에 저장되어 있는지 확인해야 한다. 또한 중요한 정보가 암호화 없이 로컬 데이터베이스에 저장되지는 않았는지 점검해야 한다.

11.4.2 성능 테스트 도구

모바일 앱은 CPU, 네트워크, 배터리와 같은 장치 리소스를 독점하거나 고갈시키면 안 된다. 이번 절에서는 모바일 앱의 특성을 고려한 성능 테스트 도구 세 가지를 소개한다.

몽키

몽키[243]는 안드로이드 앱에서 카오스 엔지니어링을 수행하는 도구다. 앱 UI에서 터치, 키 입력, 클릭 등 임의의 동작을 수행하고 앱 충돌이 있으면 보고한다. 몽키는 간단한 명령줄 도구로 제공된다. 안드로이드 스튜디오가 이미 설치되어 있다면 다음 명령어를 사용하여 에뮬레이터 또는 실제 장치에서 데모 앱에 대한 스트레스 테스트를 수행할 수 있다.[244]

```
$ adb shell monkey -p "io.appium.android.apis" -v 2000
```

이 명령어는 2,000개의 서로 다른 이벤트를 앱으로 전달한다. 명령어 실행에 따른 앱의 작동은 에뮬레이터와 실제 기기에서 확인할 수 있다. 이벤트 전달 후 앱에서 처리되지 않은 예외가 발생하거나 앱이 응답하지 않는 경우 몽키는 실행을 일시 중지하고 해당 문제를 보고한다. 몽키 명령어에 매개변수를 추가하면 특정 이벤트를 수행하도록 스트레스 테스트를 조정할 수 있다. 매개변수를 추가하는 방법은 구글이 제공하는 몽키 공식 문서[245]를 참고하자.

확장 제어: 네트워크 스로틀러

모바일 앱의 성능은 다양한 네트워크 조건에서 테스트되어야 한다. 안드로이드 에뮬레이터를 사용하면 GSM, GPRS, Edge, LTE 등 다양한 네트워크 유형을 시뮬레이션할 수 있다. 추가

---

243 *https://oreil.ly/fp9oQ*

244 옮긴이_adb(Android Debug Bridge)가 설치되어 있지 않다면 *https://www.xda-developers.com/install-a데이터베이스-windows-macos-linux/*를 참고하자.

245 *https://oreil.ly/fp9oQ*

로 신호 강도를 불량(Poor), 보통(Moderate), 양호(Good), 우수(Great)로 설정해 대역폭을 조절할 수도 있다. 안드로이드 에뮬레이터에서 네트워크를 조정하려면 에뮬레이터 측면 패널에서 [Extended controls] 단추를 클릭하고 설정 패널에서 [Cellular]를 선택한다. [그림 11-9]와 같이 네트워크 유형, 신호 강도, 음성 상태, 데이터 상태 등을 조정할 수 있는 옵션이 나타나면 테스트 케이스에 따른 네트워크 조건을 지정하여 테스트를 수행할 수 있다.

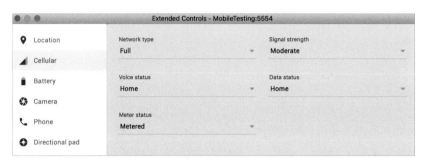

그림 11-9 안드로이드 에뮬레이터의 네트워크 스로틀링 옵션

앱피움 성능 API

앱피움은 메모리, CPU, 배터리, 네트워크 소비 측면에서 안드로이드 앱의 성능을 측정할 수 있는 API를 제공한다. 다음과 같은 API를 사용하면 UI 테스트 과정에서 앱의 성능을 측정할 수 있다.

```
driver.getPerformanceData("package_name", "perf_type", timeout);
```

여기서 `package_name`은 앱의 패키지 이름이며 `perf_type`은 CPU, 네트워크 등 모니터링할 시스템의 상태를 나타낸다. `timeout`은 API가 오류를 발생시키기 전에 성능 데이터를 폴링하는 시간(초)이다. `perf_type` 매개변수의 정확한 값은 앱피움 API인 `getSupportedPerformanceDataTypes()`에서 얻을 수 있다. 현재 지원되는 상태 값은 `cpuinfo`, `memoryinfo`, `batteryinfo`, `networkinfo` 이렇게 네 가지다.

> **NOTE** 앱피움의 성능 API는 시스템 서비스 진단 결과를 출력하는 안드로이드의 **dumpsys** 명령줄 도구를 기반으로 작동한다. 따라서 성능 API는 안드로이드 앱에서만 사용할 수 있다.

성능 API를 사용하면 UI 테스트로 실행되는 여러 사용자 흐름에서 성능 수치를 얻고, 수치가 특정 임곗값 이하인지 검사할 수 있다. 예를 들어 앱에서 복잡한 연산이 수행되는 경우 메모리 사용량을 검사할 수 있다. [예제 11-5]는 데모 앱을 실행한 후 소모되는 메모리 값을 보여준다.

예제 11-5 앱피움 성능 API를 이용한 데모 앱의 메모리 소비 출력

```
driver.getPerformanceData("io.appium.android.apis","memoryinfo", 10);

// 출력
[[totalPrivateDirty, nativePrivateDirty, dalvikPrivateDirty, eglPrivateDirty,
glPrivateDirty, totalPss, nativePss, dalvikPss, eglPss, glPss,
nativeHeapAllocatedSize, nativeHeapSize], [11432, 4708, 1692, null, null, 20807,
4926, 1717, null, null, 12648, 14336]]
```

성능 API의 출력 결과를 해석하고 앱별 어설션을 추가하는 방법에 관한 자세한 내용은 dumpsys 문서[246]를 참고하자.

11.4.3 보안 테스트 도구

모바일 앱의 보안 테스트를 위한 도구로는 MobSF와 Qark가 있다.

MobSF

MobSF는 안드로이드, iOS, 윈도우 앱의 정적 보안 스캔과 동적 보안 스캔, 악성 프로그램 분석을 수행할 수 있는 오픈소스 도구다. MobSF를 사용하는 방법은 다음과 같다.

1 도커 데스크톱이 로컬 환경에 설치되어 있지 않다면 도커 홈페이지[247]에서 다운로드한 후 설치한다. 설치를 완료했다면 도커 데스크톱을 실행한다. MobSF 실습을 진행하기 위해 도커를 자세히 알 필요는 없다. 도커는 개인 용도로 사용할 경우에만 무료이므로 업무용 노트북에 도커를 설치한다면 회사 정책을 먼저 확인하기 바란다.

----

246 *https://oreil.ly/qZ3wo*
247 *https://docs.docker.com/get-started*

2 다음 명령어를 실행하여 MobSF 도커 컨테이너를 실행한다.

```
$ docker run -it -p 8000:8000 opensecurity/mobile-security-framework-mobsf:latest
```

3 MobSF 도커 컨테이너 실행을 완료했다면 *http://0.0.0.0:8000*에 접속해 MobSF 웹 페이지에 접속한다.

4 데모 앱 APK 파일을 MobSF 웹 페이지에 업로드하여 분석한다. 아니면 학습 목적을 위해 의도적으로 취약점을 노출하여 생성한 InsecureBankv2 APK[248] 파일을 다운로드한 후 업로드한다.

5 MobSF는 [그림 11-10]과 같이 심각도와 취약점을 강조 표시한 앱 스캔 결과를 보여준다.

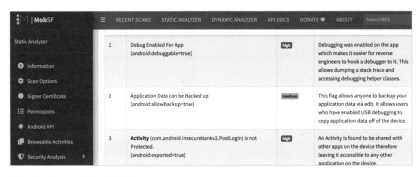

그림 11-10 MobSF 스캔 결과

MobSF는 CI 파이프라인에 통합해 커밋 시 자동으로 코드를 스캔할 수 있다. MobSF를 CI 파이프라인에 통합하는 방법은 MobSF 공식 문서[249]를 참고하자.

Qark

Qark[250]는 안드로이드 앱을 위한 파이썬 기반의 보안 스캔 도구로, 오픈소스다. Qark는 소스 코드 또는 APK 파일을 대상으로 보안 항목을 스캔할 수 있다. Qark를 설치하려면 다음 명령

---

248 *https://oreil.ly/YR5dX*
249 *https://mobsf.github.io/docs/#/extras?id=cicd*
250 *https://github.com/linkedin/qark*

어를 실행한다.

```
$ pip install qark
```

APK에 대한 보안 검사 실행 명령어는 다음과 같다.

```
$ qark --apk ~/path/to/apk --report-type html
```

보안 스캔을 완료하면 취약점을 정리한 HTML 보고서 파일이 생성된다.

〈Chapter 7 보안 테스트〉에서 언급했듯이 자동화된 보안 스캔 도구를 사용하면 소프트웨어 개발 팀이 보안 테스트에 시프트 레프트를 적용할 수 있다. 하지만 팀의 보안 테스트 역량과 앱의 유형에 따라 개발 주기 후반에 전문 보안 테스터의 참여가 필요할 수 있다.

11.4.4 접근성 검사기

접근성 검사기는 구글에서 제공하는 안드로이드 앱용 접근성 검사 도구로, 구글 플레이[251]에서 다운로드할 수 있다. 접근성 검사기를 모바일 장치에 설치했다면 먼저 필요한 권한을 부여해야 한다. 그런 다음 테스트할 앱을 실행하고 파란색 체크 버튼을 눌러 접근성 검사를 실행한다. 이렇게 하면 [그림 11-11]처럼 앱의 흐름을 기록하는 옵션이 나타난다.

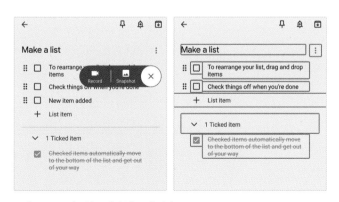

그림 11-11 접근성 스캐너 앱 스캔 결과

---

251 *https://oreil.ly/zSNKd*

접근성 스캐너 실습을 위해 안드로이드 장치에서 아무 앱이나 열고 녹화를 시작해보자. 앱 탐색을 마친 후에는 파란색 체크 표시를 다시 클릭해 녹화를 중지한다. 접근성 검사기 앱은 [그림 11-11]과 같이 접근성 개선이 가능한 요소를 강조하여 보여준다. 강조된 요소를 클릭하면 설명이 표시된다. 접근성 검사기를 활용하면 개발 단계에서 누락된 접근성 기능을 빠르게 확인할 수 있다.

11.5 〔인사이트〕 모바일 테스트 피라미드

지금까지 다양한 모바일 테스트 도구를 살펴봤다. 이번 절에서는 모바일 테스트 도구를 결합해 테스트 피라미드를 구축하는 방법을 알아보자.

모바일 앱의 기본 아키텍처는 웹 앱의 아키텍처와 유사하다. 앱은 서비스를 호출하고 서비스는 데이터베이스와 통신한다. 따라서 서비스 테스트는 웹 앱의 테스트 피라미드와 동일하다. 〈Chapter 3 자동화된 기능 테스트〉에서 설명했듯이 테스트 피라미드는 마이크로 수준의 테스트는 늘리고 매크로 수준의 테스트는 줄이도록 권장한다. 하지만 이러한 피라미드 형태를 모바일 계층에서 유지할 수 있는지에 대한 논쟁이 있다. 일부 사람들은 모바일 앱에서 수동으로 수행하는 UI 테스트가 유닛 테스트보다 많아지는 경향이 있어 테스트 피라미드 모형을 유지할 수 없다고 주장한다. 이 주장은 모바일 계층의 유닛 테스트 및 UI 테스트의 제한된 범위와 앱의 유형에 따라 달라질 수 있다.

유닛 테스트는 일반적으로 클래스나 메서드의 작은 조각을 검증하기 위해 수행된다. 하지만 모바일 앱의 기능이 OS의 API에 의존하는 경우 OS 제공자가 API를 테스트한 것으로 간주하기 때문에 API 작동을 검증하기 위한 유닛 테스트를 작성하지 않을 수 있다. 이 경우 수동 테스트 또는 자동화된 테스트로 OS의 API가 다양한 장치에서 예상대로 작동하는지 검증하기 위한 엔드 투 엔드 테스트만 수행한다. 또한 카메라, 센서 등 하드웨어의 특정 기능이나 스크롤 용이성, 고급 제스처와 같은 사용성 관련 기능의 검증은 유닛 테스트나 UI 테스트로 자동화할 수 없기 때문에 반드시 수동 테스트가 필요하다.

유닛 테스트와 UI 테스트의 제한된 범위를 고려하면 모바일 앱의 테스트 피라미드 모양은 앱의 특성에 따라 달라진다. 다양한 기능 로직을 포함하고 하드웨어 및 OS의 API와 같은 외부 의존성이 거의 없는 앱의 경우 모바일 테스트 피라미드는 기존과 비슷한 모양을 유지할 것이다. 하지만 기능 로직이 제한적이고 외부 요인에 대한 의존도가 높은 앱의 경우 역피라미드 모양이 될 수 있다. 이러한 경우 테스트에 필요한 추가 노력과 비용을 계획하고 자동화된 UI 테스트와 수동 회귀 테스트 간에 적절한 균형을 맞춰야 한다.

요점 정리

- 스마트폰에 대한 의존도는 시간이 갈수록 증가하고 있다. 이로 인해 모바일 시장 규모와 모바일 앱의 수익이 늘어나고 모바일 테스트의 중요성 또한 날로 커지고 있다. 따라서 소프트웨어 팀은 모바일 테스트에 필요한 기술을 학습해 모바일 시대를 위한 역량을 미리 확보해야 한다.

- 모바일 테스트는 여러 측면에서 웹 테스트와 다르다. 여기서는 모바일 환경의 장치, 앱, 네트워크 특성을 설명하고 이와 관련된 테스트 관점을 소개했다. 소프트웨어 개발 팀은 설계, 개발, 테스트 등 모든 개발 단계에서 모바일 환경의 특성을 고려해야 한다.

- 모바일 테스트는 마이크로 및 매크로 수준의 기능 테스트, 데이터 테스트, 시각적 테스트, 보안 테스트, 성능 테스트, 접근성 테스트 등을 통합해 풀스택으로 수행해야 한다.

- 〈11.3 실습〉 및 〈11.4 추가 테스트 도구〉에서는 모바일 테스트 자동화에 활용할 수 있는 다양한 기능 테스트 도구와 CFR 테스트 도구를 소개했다.

- 모바일 테스트 피라미드의 모양은 앱의 특성과 기능에 따라 달라진다. 따라서 개발 초기에 앱의 특성을 고려하여 테스트에 필요한 시간과 노력을 미리 계획하기를 권한다.

테스트 너머의
세계로 나아가기

> Practitioners follow directions; experts understand principles.
> 실무자는 지시를 그대로 따르지만 전문가는 원칙을 먼저 이해한다.

지금까지 좋은 품질의 웹 및 모바일 애플리케이션을 제공하기 위해 소프트웨어 전문가가 갖춰야 할 모든 테스트 기술에 관해 논의했다. 테스트는 수십 년에 걸쳐 새로운 프로세스, 도구, 방법론이 생겨나며 진화하고 성장했다. 오늘날에는 대표적인 테스트 기술이 10가지(지금까지 소개한 풀스택 테스트 기술)이지만 미래에는 더 다양한 테스트 기술이 생겨날 수 있다. 하지만 테스트의 기본 원칙은 기술이나 도메인에 관계없이 변하지 않는다. 기본 원칙을 이해하고 있으면 향후 테스트 분야가 어떻게 변화하든 상관없이 좋은 품질의 소프트웨어를 제공하는 데 필요한 프레임워크와 지식을 얻을 수 있다.

Chatper 12에서는 테스트 기본 원칙을 소개하고 이를 기반으로 도구와 팀 관행이 어떻게 발전해 왔는지 설명한다. 또한 팀 전체의 소프트웨어 품질 향상에 기여할 수 있는 개인의 소프트 스킬 soft skill**252**을 살펴본다.

---

252 옮긴이_소프트 스킬은 커뮤니케이션, 문제 해결, 리더십, 유연성 등의 능력을 의미한다.

12.1 테스트 기본 원칙

[그림 12-1]은 7가지 테스트 기본 원칙을 보여준다. 각 항목을 차례대로 자세히 살펴보자.

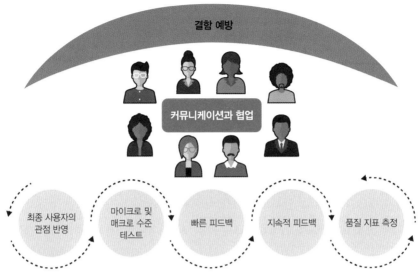

그림 12-1 테스트 기본 원칙

12.1.1 결함 예방

테스트는 보통 애플리케이션의 문제를 찾는 것을 목표로 하지만 궁극적으로는 결함 예방을 추구한다. 결함을 수정하는 데 드는 비용이 크기 때문이다. 결함 수정 작업을 외벽 균열 보수 작업과 비교해보자. 균열 보수 작업은 먼저 균열이 생긴 부분에 회반죽을 바르고 그 위에 페인트를 새로 칠한다. 만약 새로 칠한 페인트가 기존 벽의 색상과 잘 어울리지 않는다면 벽 전체를 다시 칠해야 하므로 작업 규모가 커진다. 소프트웨어 결함도 마찬가지다. 결함을 수정하기 위해 전체 구조를 변경해야 할 수 있으며 이에 따라 많은 시간과 비용이 들 수 있다. 따라서 테스트의 핵심 원칙은 결함을 발견하고 수리하는 것보다는 결함이 발생하는 것을 애초에 예방할 수 있는 관행, 도구, 방법을 채택하는 것이다.

결함 예방을 위한 몇 가지 관행은 다음과 같다.

- 스프린트 시작 시 사용자 스토리를 자세하게 논의하기 위해 반복 계획 회의iteration planning meeting(IPM)를 진행한다. IPM은 사용자 스토리에서 누락된 통합이나 엣지 케이스에 관해 브레인스토밍을 할 수 있는 열린 공간이다.
- 분석 단계에서 비즈니스 담당자, 개발자, 테스터가 각 기능을 자세하게 검토하는 3-아미고 프로세스[253]를 진행한다. 3-아미고 프로세스는 각 담당자의 관점에서 통합, 엣지 케이스, 누락된 비즈니스 요구 사항이 있는지 검토한다.
- 사용자 스토리 개발이 시작되기 전에 사용자 스토리 킥오프를 진행한다. 사용자 스토리 킥오프는 3-아미고 프로세스의 축소된 버전으로, 특정 사용자 스토리의 요구 사항과 엣지 케이스를 깊이 있게 다룬다.
- 아키텍처 결정 기록architecture decision record(ADR)[254]을 활용하면 테스트 전략을 논의하고 문서화할 수 있으며 프로젝트의 공통 품질 목표를 수립하는 데 도움이 된다.
- 개발 과정에서 테스트 주도 개발(TDD) 관행을 따르면 작은 코드 조각에 대한 엣지 케이스를 중심으로 생각할 수 있다.
- 페어 프로그래밍은 결함으로 이어지는 잘못된 코드 작성과 엣지 케이스 누락을 방지하기 위한 개발 관행이다.
- 린팅 소프트웨어는 개발 과정에서 결함이 될 만한 코드를 검출하고 이를 개발자에게 보고한다.

결함 예방을 위한 관행은 매우 다양하다. 이러한 접근 방식은 다양한 도메인과 역할에 적용할 수 있다.

12.1.2 최종 사용자의 관점 반영

테스트는 결국 최종 사용자의 입장에서 애플리케이션을 사용해보는 것이다. 테스터는 비즈니스 요구 사항과 기술 구현 세부 사항은 잠시 잊고 최종 사용자의 관점에서 테스트를 진행해야 한다. 단순히 사용자 스토리의 허용 기준을 확인하는 것이 아니라 최종 사용자가 사용하는 방식으로 애플리케이션을 탐색해야 한다. 따라서 테스트를 시작하기 전에 애플리케이션이 대상으로 하는 다양한 사용자 페르소나를 이해하고 공감하는 것이 중요하다. 종종 팀은 개발의 복잡성과 일정 부족 문제로 사용자 요구 사항의 반영을 생략하는 경우가 있다. 하지만 테스터의

---

253 https://oreil.ly/9v2hs
254 https://oreil.ly/qSMX4

역할을 수행할 때는 사용자에게 도움이 되는 요구 사항이 개발에 반영되도록 최종 사용자의 관점에서 의견을 내야 한다.

12.1.3 마이크로 및 매크로 수준 테스트

〈Chapter 1 풀스택 테스트〉에서 논의한 바와 같이 좋은 품질의 소프트웨어를 제공하기 위해서는 마이크로 수준과 매크로 수준에서 테스트를 수행해야 한다. 마이크로 수준 테스트는 기능을 작은 조각으로 나누어 세부적으로 테스트한다. 예를 들어 음수인 가격, 긴 소수점 등 다양한 경계 조건에서 총 주문 금액 계산을 테스트한다. 매크로 수준 테스트는 기능 흐름, 모듈 간 데이터 전달, 구성 요소 간 통합 등 더 넓은 범위를 다룬다. 예를 들어 주문 생성 흐름, 서드파티 구성 요소와의 통합, UI 흐름, 주문 생성 실패 등을 테스트하는 데 중점을 둔다.

〈Chapter 3 자동화된 기능 테스트〉에서는 다양한 유형의 마이크로 및 매크로 수준의 테스트를 활용한 자동화된 기능 테스트 전략을 설명했다. 유닛, 통합, 계약 테스트는 마이크로 수준 테스트이며 API, UI 기능, 시각적 테스트 등은 매크로 수준 테스트다. 테스트 피라미드는 마이크로 수준의 테스트가 증가함에 따라 매크로 수준의 테스트를 점진적으로 줄일 것을 권장한다. 그렇지 않으면 피드백이 지연되어 품질 저하로 이어질 수 있다.

일반적으로 매크로 수준 테스트는 세부 사항을 검증하지 않기 때문에 팀이 매크로 수준 테스트 작성에만 집중하면 상용 환경에서 예상치 못한 문제가 발생할 수 있다. 예를 들어 상품이 판매 불가능한 상태여서 주문에 실패하는 시나리오를 매크로 수준 테스트로 검증한다고 생각해보자. 만약 제품 가격에 문제가 있어(음수이거나 소수점이 있는 경우) 주문 생성에 실패할 경우에는 제품 가격의 결함을 검출할 수 없다. 따라서 애플리케이션의 큰 흐름과 세부 사항을 모두 검증할 수 있도록 마이크로 수준 및 매크로 수준의 테스트를 적절하게 작성해야 한다.

12.1.4 빠른 피드백

애플리케이션의 결함을 조기에 발견하면 결함 수정에 걸리는 시간과 배포 주기를 단축할 수 있다. 이는 결함을 수정하는 데 걸리는 시간과 결함이 발견되는 데 걸리는 시간 사이에 중요한 상관관계가 있기 때문이다. 기능이 개발 중일 때 개발자는 해당 코드의 전체적인 맥락을 파악하고 있기 때문에 버그의 근본 원인을 쉽게 파악하고 빠르게 수정할 수 있다. 하지만 개발자가 다른 기능 개발로 넘어간 뒤 리팩터링을 통해 코드가 수정된다면 이전 코드의 맥락을 파악하는 데 오랜 시간이 걸리기 때문에 원인 파악과 디버깅에 더 많은 시간이 소요된다.

또한 결함 추적 주기는 결함 수정 주기 지연에 큰 영향을 미칠 수 있다. 예를 들어 기능 개발 2주 후에 우선순위가 높은 버그가 발견되었다고 생각해보자. 버그 카드 생성, 분류, 추적 작업을 진행하고 해당 버그를 수정할 수 있는 개발자를 찾기 위해 시간과 노력이 필요할 것이다. 이러한 작업은 며칠 또는 몇 달이 걸릴 수 있다. 버그를 수정하기 위해 추가 리팩터링 작업이 반드시 필요한 최악의 상황이라면 출시 일정이 지연될 것이다. 개발 단계에서 결함을 조기에 발견하고 수정한다면 출시가 지연되는 불상사를 피할 수 있다.

빠른 피드백을 얻는 가장 좋은 방법은 앞서 소개한 시프트 레프트 테스트다. 우리는 〈Chapter 2 수동 탐색적 테스트〉와 〈Chapter 4 지속적 테스트〉에서 빠른 피드백을 얻기 위한 데브 박스 테스트와 테스트 피라미드 구축 방법을 살펴봤다. 또한 제품 소유자$^{product\ owner}$(PO) 또는 비즈니스 담당자가 수행하는 사용자 스토리 사인 오프$^{sign-off}$[255]와 스프린트 완료 후 이해관계자에게 제품을 시연하는 쇼케이스를 통해 누락된 비즈니스 사례에 대한 피드백을 빠르게 받을 수 있다.

간단히 말해서 빠른 피드백을 얻기 위한 테스트 수행 시점은 농작물을 수확하는 시기와 같다. 적절한 시기에 수확된 농작물의 품질이 좋은 것처럼 테스트를 통한 결함 발견 또한 적은 노력으로 수정이 가능한 시점에 이루어지는 것이 바람직하다.

12.1.5 지속적 피드백

지속적 피드백이 뒷받침되어야 빠른 피드백이 가능하다. 새로 개발된 기능과 리팩터링된 코드를 현재의 기능에 통합하는 데 문제가 없는지 피드백을 얻으려면 회귀 테스트를 계속 수행해야 한다. 이러한 지속적 피드백 메커니즘을 활용하면 문제가 상대적으로 작은 시점에 빠르게 파악하고 조치할 수 있어 릴리스 일정이 지연되는 문제를 방지할 수 있다. 또한 지속적 피드백을 통해 팀은 지속적 전달을 수행할 수 있다.

---

255 옮긴이_사인 오프는 결정권자의 승인을 통해 하나의 사안이 마무리되는 것을 의미한다.

〈Chapter 4 지속적 테스트〉에서 논의한 바와 같이 지속적 피드백을 얻는 주요 방법은 지속적 테스트를 구현하는 것이다. 지속적 테스트의 핵심은 모든 커밋에 대한 CI 파이프라인에 마이크로 및 매크로 수준의 기능 테스트와 CFR 테스트를 수행하는 것이다. 모든 품질 차원에 대한 지속적 피드백을 통해 팀은 지속적 전달을 수행할 수 있는 상태가 된다.

12.1.6 품질 지표 측정

측정되는 모든 것들은 개선되는 경향이 있다. 모든 분야에서 KPI를 정하는 것도 이러한 지표를 추적하고 올바른 단계를 수행하여 반복적으로 개선하려는 목적 때문이다. 따라서 좋은 품질의 결과를 얻으려면 품질을 측정해야 한다. 하지만 특정 지표에만 중점을 두면 KPI의 궁극적인 목적을 잊을 수 있다. 따라서 품질 개선이라는 목표를 향해 팀이 나아갈 수 있도록 추적 및 개선이 필요한 적절한 지표를 선정해야 한다.

다음은 정기적으로 추적할 때 도움이 되는 몇 가지 품질 지표다.

모든 계층에서 자동화된 테스트로 발견된 결함의 수

자동화된 테스트는 팀을 위한 안전망을 만든다. 자동화된 테스트를 통해 초기 단계에서 문제를 발견하면 팀은 새로운 변경을 반영하는 데 더 자신감을 갖게 된다. 자동화된 테스트로 발견된 결함의 수를 추적하면 팀을 위한 안전망의 강도를 평가할 수 있다.

커밋에서 배포까지 걸린 시간

앞서 살펴본 것처럼 빠른 피드백은 개발 및 배포 주기에서 매우 중요한 역할을 한다. 개발자가 코드를 커밋하면 새로운 변경 사항은 CI 파이프라인 내 자동화된 테스트를 통해 즉시 테스트되며 탐색적 테스트를 위해 QA 환경에 배포된다. 불안정한 테스트와 환경 문제로 인해 CI 파이프라인에서 빌드하는 데 시간이 오래 걸린다면 피드백을 얻는 데 지연이 발생해 개발 생산성이 떨어진다.

테스트 환경에 대한 자동화된 배포 수

테스트 환경에 대한 자동화된 배포 수는 팀이 얼마나 빠르게 새로운 변경 사항을 문제없이 반영할 수 있는지 보여준다. 테스트 환경은 안정적인 배포를 위한 안전망 역할을 한다. 테스트 환경에 대한 자동화된 배포 수가 적다면 인프라 오류, 테스트 실패 등과 같은 문제가 있는지 원인을 분석한 후 피드백 주기를 개선해야 한다.

사용자 스토리 테스트 단계에서 발견된 회귀 결함

사용자 스토리 테스트 단계에서 발견된 회귀 결함은 비즈니스 유스 케이스 누락 또는 자동화된 테스트 누락을 의미한다. 예를 들어 CI의 자동화된 테스트는 테스트에 대한 입력 데이터가 일치하는지 검사하도록 설계된 경우 SQL 쿼리 리팩터링 과정에서 like를 equals로 변경한다면 이를 검출할 수 없을 것이다. 〈Chapter 3 자동화된 기능 테스트〉에서 논의한 바와 같이 사용자 스토리 테스트 중 회귀 결함을 발견한다면 자동화된 테스트가 안티 패턴인 아이스크림 콘 패턴을 따르고 있는지 점검한 후 이를 즉시 개선해야 한다.

테스트 케이스의 심각도에 따른 자동화 커버리지

자동화 커버리지는 백로그에 쌓이지 않도록 추적해야 한다. 테스트 케이스의 심각도에 따른 자동화 커버리지를 추적하면 관련 백로그를 처리하기 위한 작업을 계획하는 데 도움이 된다.

상용 환경의 결함 및 심각도

상용 환경의 결함을 추적하면 누락된 비즈니스 유스 케이스, 누락된 구성, 데이터 불일치 등 여러 문제를 파악할 수 있다. 결함을 발견할 경우 근본 원인을 파악한 후 관련 테스트를 추가하고 자동화해야 한다. 또한 애플리케이션과 팀이 서비스 대상 영역을 넓히는 경우에도 상황에 맞는 테스트 전략을 수립하고 이를 지속적으로 발전시켜야 한다.

최종 사용자의 사용성 점수

개발 단계에서 사용자 경험에 관한 최종 사용자의 피드백을 수집한다. 정보를 얻기 위한 최대 클릭 수, 텍스트와 아이콘 비교 등 UX 디자인 관련 지표를 수집하면 사용성을 개선하는 데 도움이 된다.

인프라 문제로 인한 장애

테스트 환경 중단, CI 파이프라인 문제, 테스트 및 개발 환경 불일치 등 인프라 문제를 추적한다. 경우에 따라 인프라 코드를 확장 가능하고 안정적으로 만들기 위한 리팩터링 작업이 필요하다.

교차 기능 측면에 관한 지표

성능 KPI를 지속적으로 측정하고 팀에 공유한다. 성능 KPI에는 자동화된 보안 테스트 케이스 및 자동 스캔에서 발견된 취약점 통계가 포함된다. 마찬가지로 프로젝트별 CFR 테스트 케이스의 자동화 커버리지, 크로스 브라우저 테스트 커버리지, 카오스 엔지니어링 결과, 현지화 테스트 커버리지 등 관련 지표를 팀에 공유한다.

이번 절에서 언급한 지표는 〈Chapter 4 지속적 테스트〉에서 설명한 4가지 주요 지표(리드 타임, 배포 빈도, 평균 복구 시간, 변경 실패율)와 연결된다. 4가지 주요 지표는 팀의 전달 속도와 릴리스의 안정성 측면에서 품질을 측정한다. 예를 들어 '엘리트[256]' 팀을 기준으로 리드 타임(코드를 커밋한 후 상용 환경 배포 준비까지 걸리는 시간)은 하루 이내여야 한다. 자동화 커버리지가 높은 팀은 변경 사항을 안정적으로 빠르게 반영할 수 있다.

마찬가지로 엘리트 팀의 배포 빈도 지표는 온디맨드[on demand][257]여야 한다. 커밋에서 배포까지 걸리는 시간과 하루 동안 테스트 환경에 배포되는 횟수를 측정하면 팀의 제공 속도를 알 수 있다. 상용 환경의 결함은 변경 실패율(이전 버전 롤백 또는 핫픽스와 같은 후속 조치가 필요하거나 서비스 품질에 문제가 생기는 변경의 비율)과 연결된다. 엘리트 팀의 변경 실패율은 0~15%여야 한다. 좋은 품질의 소프트웨어를 개발하는 팀이 되기 위해 앞서 설명한 4가지 지표를 지속적으로 측정하고 논의하기를 권한다.

12.1.7 커뮤니케이션과 협업

테스트를 수행하려면 비즈니스 요구 사항, 도메인 지식, 기술 구현, 환경 세부 정보 등에 관한 적절한 커뮤니케이션이 필요하며 이를 위해 팀 내 모든 역할 간 협업이 필요하다. 테스트를 위한 커뮤니케이션은 애자일 의식[ceremony](스탠드업 미팅, 스토리 킥오프, IPM, 데브 박스 테스트 등)과 문서화(스토리 카드, ADR, 테스트 전략, 테스트 커버리지 보고서 등)를 통해 이루어질 수 있다. 분산된 팀이 서로 다른 지역과 시간대에서 작업하는 경우에는 문서화, 비디오 녹화, 이메일과 같은 비동기 매체를 활용한다.

---

256 옮긴이_소프트웨어 팀의 수준은 엘리트, 높음, 중간, 낮음으로 정량화할 수 있다. 자세한 내용은 〈Chapter 4 지속적 테스트〉를 참고하자.
257 옮긴이_온디맨드는 '요구가 있을 때는 언제든지'를 의미한다.

지금까지 소개한 7가지 테스트 기본 원칙을 따른다면 새로운 기술 영역에 도전하는 경우에도 효과적인 테스트 전략을 수립할 수 있을 것이다. 필자는 처음 접해보는 기술 스택과 익숙하지 않은 도메인에서 프로젝트를 진행할 때 테스트 기본 원칙을 활용하여 좋은 품질의 소프트웨어를 개발했다.

12.2 품질을 우선으로 생각하기 위한 소프트 스킬

좋은 품질의 소프트웨어를 개발하기 위해서는 디자인, 분석, 개발, 인프라 등 여러 측면을 고려해야 한다. 품질 테스트는 이러한 측면 중 하나이며 중요한 부분이다. 품질 관리는 팀 활동으로, 모든 팀원은 좋은 품질을 유지하기 위해 함께 노력해야 한다. 소프트 스킬은 팀에서 품질을 우선으로 생각하기 위한 사고방식을 구축하는 데 중요한 역할을 한다. 다음은 팀에서 품질을 우선으로 생각하게 만드는 소프트 스킬이다.

팀 내 테스트 문화 주도

팀 내 각 역할은 좋은 품질의 소프트웨어를 개발하기 위해 다양한 측면에서 노력한다. 예를 들어 UX 디자이너는 직관적인 사용자 경험을 설계하기 위해 고민하고 PO와 비즈니스 담당자는 고객 친화적인 제품을 구상한다. 개발자는 좋은 아키텍처를 설계하고 견고한 코드를 작성하기 위해 노력한다. 같은 맥락에서 테스터는 테스트 관련 활동을 주도하고 팀이 테스트를 일상 업무로 인식할 수 있도록 유도해야 한다. 예를 들면 팀 내 결함 예방 관행과 도구를 채택하고, 지속적 테스트 관행이 계속 준수되는지 확인하고, 사용자 스토리에 대한 자동화 커버리지를 지속적으로 추적해야 한다.

협업

팀 전체가 품질을 책임져야 한다는 사고방식을 심어주려면 팀 구성원과 클라이언트(또는 비즈니스 이해관계자)의 협업이 반드시 필요하다. 테스터는 협업을 위해 유연한 마음으로 팀 구성원에게 다가가야 한다. 예를 들어 개발자와 협력하여 테스트 전략을 수립하거나 비즈니스 담당자와 협업하여 누락된 테스트 케이스를 발견하면 결함을 예방하는 데 큰 도움이 된다.

효과적인 커뮤니케이션

때로는 커뮤니케이션 방식에 따라 과제 성공 여부가 달라진다. 효과적인 커뮤니케이션은 적합한 매체와 적절한 시간을 선택하는 것을 의미한다. 특히 전반적인 품질과 원하는 수준의 품질을 달성하기 위해 필요한 요구 사항을 명확하게 정리하여 팀에 정기적으로 공유해야 한다.

우선순위 지정

효율적으로 우선순위를 지정하지 않으면 테스트가 끝나지 않을 수 있다. 때로는 개발 관점에서 작은 작업으로 보이는 일을 테스트하는 데 예상보다 많은 노력이 필요하여 일정이 지연될 수 있다. 이런 상황을 방지하기 위해 테스터는 사용자 스토리에 대한 테스트 우선순위를 미리 정하고 제한된 시간과 비용 내에서 이를 처리해야 한다. 우선순위를 지정하면 팀은 품질을 유지하면서 새로운 기능을 성공적으로 제공할 수 있다.

이해관계자 관리

프로젝트의 이해관계자에는 클라이언트, 관리자, 팀 구성원, 기술 책임자 등이 포함된다. 테스터는 각 이해관계자와 프로젝트 품질에 대한 눈높이를 맞춰야 한다. 클라이언트는 100% 자동화 커버리지를 기대할 수 있으며(이는 현실적으로 불가능하다), 관리자는 품질보다는 릴리스 일정을 맞추는 데 더 관심이 있을 수 있다. 테스터는 협업, 효율적인 커뮤니케이션, 우선순위 지정과 같은 활동을 통해 이해관계자들의 이러한 기대치를 사전에 관리해야 한다.

멘토링

새로운 구성원을 위한 온보딩은 팀에서 일어나는 일반적인 과정이며 신입 구성원이 처음부터 팀의 모든 관행과 도구를 알기는 어렵다. 먼저 품질은 팀 전체의 책임이라는 생각을 새로운 구성원에게 전파한 다음 테스터는 새로운 구성원과 짝을 이루어 이러한 주제와 관련된 지식을 공유하고 그들이 빠르게 성장할 수 있도록 도와야 한다.

멘토링은 프로젝트 온보딩 이상의 활동이라는 점을 명심하자. 멘티가 지속적인 학습과 개선을 통해 소프트 스킬을 향상하고 스스로 품질의 중요성을 전파할 수 있도록 만들어야 한다.

영향력

영향력은 특히 대규모 팀이나 새로운 클라이언트와 작업할 때 중요하다. 현명한 테스트 전략을 수립하더라도 영향력 없는 테스터가 원하는 방향으로 구현하기 어렵다. 영향력은 테스트 전략에 관한 설득력을 더할 뿐만 아니라 비즈니스 이해관계자가 새로운 테스트 도구 및 관행에 투자하도록 만든다. 영향력을 높이는 정해진 방법은 없지만 앞서 논의한 여섯 가지 소프트 스킬과 함께 좋은 품질의 결과를 지속적으로 만든다면 자연스럽게 영향력을 키울 수 있을 것이다.

소프트 스킬은 기술 스킬보다 습득하기 어렵기 때문에 부지런한 연습이 필요하다. 하지만 소프트 스킬을 향상시키기 위해 매일 노력하고 적절히 활용하여 익숙해진다면 분명 팀에 큰 도움이 될 것이다.

마무리

좋은 품질의 웹 및 모바일 애플리케이션을 제공하는 데 필요한 테스트 기술을 모두 설명했다. 테스트는 끝이 없는 여정이라는 사실을 명심하고 관행에 따라 테스트를 지속적으로 학습하기를 바란다. 테스트는 새로운 도구, 프로세스, 모범 사례가 빠르게 발전하는 분야다. 때로는 이러한 변화를 따라가기가 버거울 수 있다. 만약 그런 시기가 온다면 한 걸음 뒤로 물러서서 이러한 변화가 근본적으로는 테스트 기본 원칙을 따른다는 사실을 기억하기 바란다. 새로운 테스트 기술을 학습하고 적용하는 것은 아주 작은 단계에 불과하다. 최종적으로는 풀스택 테스트 기술과 소프트 기술을 결합해서 좋은 품질의 소프트웨어를 효율적으로 제공할 수 있어야 한다.

Chapter 13에서는 4가지 신기술을 소개하고 해당 기술의 테스트 측면을 설명한다. 웹 및 모바일 애플리케이션 이외의 영역에서 테스트를 다루는 방법의 개요를 제공하기 위해 작성한 보너스 내용이니 가벼운 마음으로 읽기 바란다.

끝으로 이 책에서 제공한 테스트 지침을 실제 소프트웨어 개발 과정에서 잘 활용하기 바란다. 테스트 여정에서 다시 만날 때까지 좋은 일만 가득하길 소망하며 마지막 장까지 긴 여정을 함께 해준 여러분에게 다시 한 번 감사의 인사를 전한다.

Chapter 13 > 신기술 테스트 소개

> Technology's rapid changes can be exhilarating
> and dizzying at the same time!
> 급격한 기술의 변화는 짜릿함과 아찔함을 선사한다!

기술은 지난 10년 동안 크게 발전했다. 감시 드론, 지문 로그인, 스마트 비서, 완전 몰입형 비디오 게임 등 어린 시절 SF 영화에서 본 것들을 우리 주변에서 어렵지 않게 찾을 수 있다. 최근에는 AI, ML, 인간 중심 AI, 블록체인, AR, VR, 봇과 같은 다양한 신기술이 떠오르고 있다. 이러한 기술은 다음과 같이 주제에 따라 분류할 수 있다.

인간과 같은 상호 작용

오랫동안 컴퓨터와 상호 작용하는 데 필요한 것은 마우스와 키보드뿐이었다. 그러나 오늘날에는 이러한 상호 작용이 터치, 음성, 제스처 등으로 확장되었다. 여기에 더해 핏빗Fitbit과 알렉사Alexa는 대화로 인간과 상호 작용한다.

증강 지능

증강 지능augmented intelligence은 인간과 협력하여 인간의 의사결정을 도와준다. 스마트 비서, 개인화된 추천, 챗봇과 같은 증강 지능 기술은 인간의 삶을 편리하게 만들어준다.

플랫폼

최근 기술 트렌드는 데이터, 서비스, 인프라 등을 추상화하여 재사용 및 확장 가능한 기술 플랫폼[258]을 구축하는 것이다. 기업은 플랫폼을 통해 시장의 요구에 맞춰 신제품을 지속적으로 혁신할 수 있다. 우버, 위챗, 그랩Grab, 고젝Gojek과 같은 슈퍼 앱[259]은 플랫폼을 기반으로 한다.

사물 인터넷(IoT)

현대에는 모든 사물things이 인터넷으로 연결된다. 우리는 스마트폰, 스마트 워치, 커피 머신 등이 서로 대화하는 세상에 살고 있다.

기술의 발전에 관한 개요를 더 알고 싶다면 Thoughtworks의 Seismic Shifts 팟캐스트[260]와 Looking Glass 보고서[261]를 참고하자.

앞서 나열한 기술들은 아직 대중화되지 않았기 때문에 이를 테스트하기 위한 기술이 반드시 필요한 것은 아니다. 하지만 필자는 신기술이 활성화될 미래를 생각하며 미리 준비하기를 권한다. 여기서는 4가지 신기술(AI/ML, AR/VR, 블록체인, IoT)을 소개하고 테스트 방법을 설명한다. 각 주제를 자세히 다루기에는 내용이 너무 방대하기 때문에 기술에 관한 이해를 돕는 것을 목표로 간단히 설명한다.

13.1 인공지능과 머신러닝

인공지능artificial Intelligence(AI)은 인간의 지능을 시뮬레이션하여 일반적으로 인간이 수행하는 작업을 기계가 수행할 수 있도록 연구하는 컴퓨터과학의 한 분야다. 특히 강력한strong AI는 인간이 할 수 있는 모든 것을 모방하여 인간과 비슷하게 생각하고 작동할 수 있는 기계를 만드는 것을 목표로 한다. AI는 머신러닝machine learning(ML)을 통해 실행된다. ML은 컴퓨터가 정해진 방

---

258 https://oreil.ly/SEKEk
259 https://oreil.ly/an6sR
260 https://oreil.ly/ijGuG
261 https://oreil.ly/V6IjS

식으로 작업을 수행하도록 명시적으로 프로그래밍되는 것이 아니라 데이터를 통해 학습하고 개선하는 데 중점을 둔다.

AI와 ML은 종종 같은 의미로 사용된다. 물론 인간처럼 행동하는 모든 프로그램을 AI라 부를 수 있지만 그 행동이 과거 데이터 등 경험을 통해 자동으로 학습되는 것이 아니라면 ML이 아니다. ML에 관해 자세히 알아보자.

13.1.1 ML

일반적으로 애플리케이션을 개발할 때는 컴퓨터가 실행할 일련의 명령을 코딩한다. 하지만 ML 프로그래밍의 경우 명시적인 프로그래밍 없이 경험을 통해 자동으로 학습하고 작동한다. 전통적인 프로그래밍과 ML 프로그래밍의 차이를 이해하기 위해 소셜 미디어 앱의 악성 콘텐츠 필터를 살펴보자.

기존 프로그래밍 방식으로 악성 콘텐츠 필터를 구현하려면 먼저 악성 콘텐츠를 식별하는 기준을 나열하고 이 기준을 토대로 게시물을 제거하는 규칙을 코딩한다. 예를 들어 자살, 섹스 등과 같은 키워드가 포함되는지 확인하는 코드를 작성하거나 악성 사용자의 콘텐츠를 피드에 보이지 않게 구현할 수 있다.

하지만 기존 프로그래밍 방식으로는 악성 콘텐츠를 제한하는 데 한계가 있다. 예를 들어 키워드를 기반으로 콘텐츠를 제한하면 악성 사용자는 새로운 단어를 빠르게 만들어 이를 우회한다. 마찬가지로 계정이 제한되면 악성 사용자는 새로운 계정을 생성해 콘텐츠를 업로드한다. 기존 프로그래밍 접근 방식을 사용하여 규칙이 정해지지 않은 문제 영역에 대한 완전한 솔루션을 개발하는 것은 상당히 어려운 일이다. 이러한 문제 영역에는 ML을 사용하는 것이 바람직하다.

[그림 13-1]과 같이 ML 프로그래밍 접근 방식을 사용하는 경우 정상 또는 악성 콘텐츠로 레이블이 지정된 엄청난 양의 과거 데이터를 머신러닝 모델에 제공한다(이를 모델 훈련^{training}이라고 한다). 머신러닝 모델은 근본적으로 수학적 알고리즘이며 데이터에서 두 콘텐츠 유형 간의 차이점을 학습한다. 이는 어떤 면에서는 인간의 뇌가 학습하는 방식과 유사하다. 인간은 수년에 걸쳐 다양한 각도에서 크기, 모양, 색상이 다른 사과를 보게 되고 이러한 경험을 통해 사과를 식별하는 방법을 학습한다. 사과와 오렌지의 차이점을 학습하는 방식도 이와 유사하다.

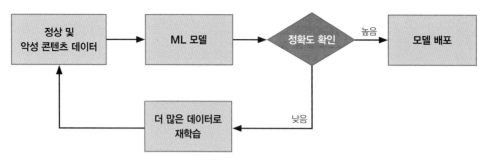

그림 13-1 악의적인 콘텐츠를 필터링하는 ML 프로그래밍

모델이 훈련되면 새로운 게시물의 악성 여부를 판단할 수 있다. 하지만 처음에는 (어린아이가 그런 것처럼) 정확히 판단하지 못할 수 있다. 더 다양한 데이터셋을 통해 지속적으로 훈련하고 레이블이 지정되지 않은 데이터로 테스트하여 모델의 정확도를 계속 평가해야 한다. 모델의 정확도를 테스트하는 데 사용되는 레이블 없는 데이터셋을 테스트셋^{test set}이라 하고 모델을 훈련하는 데 사용되는 데이터를 트레이닝셋^{training set}이라 한다. 모델의 정확도가 충분히 높아지면 상용 환경에 배포한다. 배포 이후에도 모델은 새로운 단어와 변형을 학습하기 위해 상용 환경의 새로운 콘텐츠로 지속적으로 훈련된다.

> **NOTE** 레이블이 지정된 데이터를 사용한 ML을 지도 학습^{supervised learning}이라고 한다. 레이블이 지정되지 않은 데이터로도 학습할 수 있는데 이 경우 데이터에서 자동으로 패턴을 학습한다. 이러한 유형의 학습을 비지도 학습^{unsupervised learning}이라 한다.

요약하면 ML 프로그래밍 워크플로는 많은 데이터를 수집한 후 적절한 태그를 지정하고 이를 트레이닝셋과 테스트셋으로 나눈다. 그런 다음 트레이닝셋을 사용하여 ML 모델을 학습하고 테스트셋으로 모델의 정확도를 평가한 후 상용 환경에 배포한다. 또한 배포 이후에도 지속적으로 모델을 훈련시킨다. ML을 위한 프레임워크 도구로는 scikit-learn, PyTorch, TensorFlow가 있다. ML은 의료, 은행, 소셜 미디어 등의 분야에 활용되며 새로운 영역에서도 지속적으로 탐색되고 있다. 다음 절에서는 ML 애플리케이션을 테스트하는 방법을 설명한다.

13.1.2 ML 애플리케이션 테스트

대부분의 ML 애플리케이션은 ML 구성 요소가 서비스에 통합된 일반적인 서비스 기반 아키텍처를 채택한다. 앞서 살펴본 악성 콘텐츠 필터 예제의 서비스 기반 흐름을 살펴보자. 사용자가 게시물을 생성하면 UI는 콘텐츠 서비스로 내용을 전달하고 ML 모델이 악성 여부를 판단한다. 악성 콘텐츠일 경우 콘텐츠 서비스는 UI에 콘텐츠를 숨기도록 지시한다. 따라서 ML 애플리케이션은 서비스 지향 아키텍처를 테스트하는 일반적인 접근 방식과 함께 ML 관련 테스트를 위해 다음과 같은 측면을 고려해야 한다.

트레이닝 데이터 검증

ML 모델의 품질은 데이터에 큰 영향을 받는다. 데이터 품질이 좋지 않으면 모델 품질도 좋지 않다. 따라서 ML 애플리케이션에서는 입력 데이터의 품질을 관리하는 것이 매우 중요하다. 모델을 훈련시키려면 엄청난 양의 데이터가 필요하기 때문에 공개 데이터베이스, 공개 웹 사이트 스크랩, 다른 웹 사이트의 사용자 입력, 시스템 로그 등 다양한 소스에서 데이터를 가져온다. 이러한 데이터는 일반적으로 소스에 따라 다양한 형태를 지닌다. 악성 콘텐츠 필터 예제의 경우 게시물 데이터는 텍스트뿐만 아니라 이미지, 비디오, GIF, 댓글, 태그 등을 포함할 수 있으며 다양한 크기, 형태, 색상을 지닐 수 있다.

그런데 이렇게 일관성이 없는 데이터를 모델에 제공하면 모델이 악성 콘텐츠의 특징을 식별하기 힘들고 정상 콘텐츠와 악성 콘텐츠의 차이를 정확하게 학습하기 어렵다. 따라서 일반적인 관행은 입력 데이터를 정리하고 노이즈를 제거한 후 표준화된 형식으로 변환하여 모델을 훈련시키는 것이다. 그리고 이를 위한 정리 및 변환 로직은 철저하게 테스트되어야 한다. 정리 및 변환 로직을 검증하기 위한 테스트 케이스는 다음과 같다.

- 입력 데이터의 스케일이 다른 경우(예를 들면 10진수 값부터 기하급수적으로 큰 값까지 다양할 수 있다) 데이터를 정리하고 균일한 스케일로 변환하는 로직을 테스트해야 한다.
- 입력 데이터에 null 또는 빈 값이 포함될 수도 있는 경우 정리 단계에서 기본 값으로 바꾸거나 제거해야 한다.

일반적으로 데이터는 명시적으로 테스트해야 할 도메인별 측면이 많다. 예를 들어 소셜 미디어 게시물은 글자수 제한이 있으므로 입력 데이터 품질을 확인하는 동안 이를 검증한다. 팀은 정리 및 변환 로직에 대한 유닛 테스트를 작성해 이러한 테스트 케이스 중 일부를 자동화한다.

모델 품질 검증

모델의 품질은 오류율, 정확도, 혼동행렬^{confusion matrice}, 정밀도^{precision}, 재현율^{recall}과 같은 다양한 지표로 측정된다. 정밀도와 재현율을 계산하는 방법을 알아보자.

- 정밀도는 모델이 참으로 예측한 결과 중 실제로 참인 데이터의 수로, 예측한 결과의 정확도를 나타낸다. 예를 들어 모델이 100개의 콘텐츠를 악성 콘텐츠로 판단했는데 실제 악성 콘텐츠가 99개라면 정밀도 지수는 0.99[262]다.
- 재현율은 실제 악성 콘텐츠 중 모델이 악성으로 판단한 콘텐츠의 수를 알려주는 지표다. 예를 들어 모델이 110개의 실제 악성 콘텐츠 중 99개의 악성 콘텐츠를 정확하게 검출했다면 재현율 지수는 0.90[263]이다.

앞서 언급한 ML 프레임워크에는 이러한 유형의 지표를 계산하는 기능이 내장되어 있다. 또한 모델이 변경될 때마다 CI 파이프라인에서 지표를 기반으로 모델을 검증하는 테스트를 작성할 수 있다. MLflow[264]는 오픈소스 도구로 모델의 버전별 성능을 확인할 수 있다.

모델 편향 검증

편향된 데이터는 모델의 품질을 떨어뜨린다. 최근 트위터의 이미지 크롭 ML 알고리즘은 크롭 시 흑인보다 백인의 얼굴을 더 잘 인식해 논란이 되었다.[265] 결국 트위터는 이미지 자동 크롭 기능을 제거했다. 이러한 편향은 입력 데이터에서 비롯된다. 만약 입력 데이터에 특정 인구통계학을 대표하는 대규모 샘플이 있다면 모델은 해당 인구 통계에 편향된다. 따라서 입력 데이터와 모델 모두 편향이 있는지 테스트하는 것이 중요하다. Facets[266]라는 오픈소스 도구를 사용해 입력 데이터 패턴을 시각화하여 데이터 편향을 점검할 수 있다.

통합 검증

세 계층 간의 통합(데이터 및 모델 계층 간 통합, 모델 및 API 계층 간 통합)은 정기적인 계약 및 통합 테스트 통해 검증되어야 한다.

---

262 옮긴이_99개(실제 악성 콘텐츠)/100개(모델이 예측한 악성 콘텐츠)=0.99
263 옮긴이_99개(실제 악성 콘텐츠 중 모델이 악성으로 검출한 콘텐츠)/110개(실제 악성 콘텐츠)=0.90
264 *https://mlflow.org*
265 *https://oreil.ly/lVoeN*
266 *https://oreil.ly/wVyQt*

앞서 설명한 테스트 측면에 초점을 맞추면 ML 애플리케이션의 지속적 전달도 가능하다. ML을 위한 지속적 전달 원칙을 자세히 알고 싶다면 마틴 파울러가 작성한 「Continuous Delivery for Machine Learning(CD4ML)」[267]을 읽어보기 바란다.

13.2 블록체인

존 하그레이브 경Sir John Hargrave과 에반 카르누파키스Evan Karnoupakis는 『What Is Blockchain?』 보고서에서 블록체인을 다음과 같이 한 줄로 정의했다.

> 블록체인은 금융의 인터넷the Internet of money이다.

우리가 주식, 채권, 보상 포인트 등의 금융자산을 가치 있는 것으로 생각하고 인터넷을 자유로운 정보 공유 플랫폼으로 받아들이는 것처럼 블록체인은 가치 있는 모든 것을 공유하는 플랫폼으로 여겨진다.

블록체인이라는 이름은 작동 방식에서 유래되었다. 트랜잭션(가치 교환)이 발생할 때마다 해당 트랜잭션 데이터의 블록이 생성되고 이전 트랜잭션과 연결된다. [그림 13-2]와 같이 모든 블록은 이전 블록의 내용을 해시화하여 블록의 체인을 생성한다.

그림 13-2 트랜잭션 데이터 블록의 체인

이처럼 블록체인은 체인 형태의 데이터 구조를 통해 보안 기능을 제공한다. 만약 누군가 블록의 내용을 변경하면 다음 블록의 해시가 일치하지 않기 때문에 체인이 끊어진다. 따라서 트랜

---

267 *https://oreil.ly/3v0gl*

잭션은 변경 불가능하다. 새로운 블록을 체인에 추가할 수는 있지만 기존 블록은 절대로 변경할 수 없다. 블록체인은 일반적으로 SHA-256과 같은 고급 암호화 알고리즘을 사용해 해싱하기 때문에 해킹이 불가능하다.

블록체인이 등장한 배경은 다음과 같다. 2008년 나카모토 사토시라는 익명의 인물이 『비트코인: P2P 전자현금시스템』이라는 백서를 발간했다.[268] 그는 백서에서 은행과 같은 중앙 기관의 개입 없이 개인 간에 거래할 수 있는 디지털 머니digital money(또는 이캐시e-cash)라는 새로운 개념을 이야기했다. 비트코인의 개념에 흥미를 느낀 개발 커뮤니티는 바로 백서를 구현하는 작업을 시작했고 이것이 오늘날의 블록체인 기술로 발전했다. 블록체인은 분산화와 피어 투 피어peer-to-peer 트랜잭션을 지원하도록 진화했다. 또한 돈을 다루는 기술이기 때문에 보안이 더욱 강조되었다.

13.2.1 블록체인 개념

먼저 테스트 작성 방법에 관한 아이디어를 얻기 위해 블록체인의 구성 요소를 알아보자.

분산 원장

원장은 회계 데이터(거래의 유입 및 유출)를 보관하는 저장소다. 블록체인은 분산 원장decentralized ledger을 사용한다. 원장은 한 사람이 소유하지 않고 모든 참여자가 소유한다. 거래에 관련된 모든 당사자는 원장의 사본을 받는다. 블록체인은 기록을 조작할 수 없기 때문에 신뢰할 수 있지만 분산된 전체 원장을 항상 동기화해야 하기 때문에 추가 비용이 발생한다.

노드

노드는 블록체인 네트워크에 참여하는 모든 컴퓨터 또는 서버다. 각 노드는 분산 원장의 사본을 저장한다. 새로운 트랜잭션이 발생하면 노드는 각자의 블록체인 사본을 업데이트한다. [그림 13-3]과 같이 노드는 원장을 동기화하기 위해 서로 통신한다. 이러한 과정은 분산 원장 기술distributed ledger technology(DLT)[269]에 의존한다.

---

268 *https://oreil.ly/50nLa*
269 *https://oreil.ly/hv375*

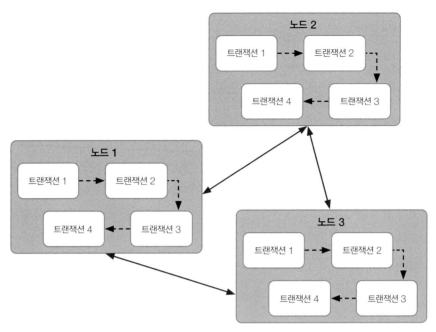

그림 13-3 블록체인의 개별 복사본을 보유한 노드가 있는 분산 원장 기술

합의

블록체인은 회계 데이터가 저장된 원장과 노드를 분산시킨다. 은행은 고객 트랜잭션의 무결성을 확인한 후 트랜잭션을 추가하거나 삭제할 수 있는 중앙 집중식 권한 부여 정책을 사용하지만 블록체인에서는 모든 노드가 동등한 참여자다. 그렇다면 새로운 트랜잭션을 체인에 추가할 수 있는 방법은 무엇일까?

합의consensus는 트랜잭션을 추가하기 위해 노드가 공통적으로 동의하는 프로세스다. 이를 프로그래밍 방식으로 수행하기 위해 사용하는 합의 알고리즘으로는 **작업 증명**Proof of Work과 **지분 증명**Proof of Stake이 있다. 작업 증명 알고리즘에서는 노드에 매우 복잡한 수학 문제가 주어지는데, 가장 먼저 정답을 찾은 노드에 새로운 블록을 추가할 수 있는 권한이 부여된다. 네트워크의 다른 노드는 새로운 블록을 추가하기 전에 무결성을 확인한다. 새 블록을 추가한 노드는 디지털 통화로 보상을 받는다(이러한 프로세스를 채굴이라 한다). 작업 증명의 단점은 복잡한 수학 문제를 해결하기 위해 많은 양의 계산 능력이 필요하다는 점이다. 한편 지분 증명 알고리즘에서 노드는 제어하는 디지털 통화의 양에 비례하는 채굴 능력을 갖는다. 지분 증명의 단점은 가장 큰 지분을 가진 노드가 계속해서 특권을 얻고 더 부유해진다는 것이다.

스마트 계약

은행 시스템에는 트랜잭션을 성공적으로 실행하기 위해 정해진 규칙과 조건이 있다. 예를 들어 은행은 주택 대출을 승인하기 전에 급여, 계좌 잔고, 주택 문서 등을 확인한다. 블록체인에서는 트랜잭션을 완료하는 데 필요한 로직이 스마트 계약으로 작성되며 모든 노드는 스마트 계약의 복사본을 받는다. 스마트 계약은 종이 없는 거래를 가능하게 하고 중개 수수료를 없애며 당사자끼리 독립적으로 쉽게 거래할 수 있다는 장점이 있다.

지금까지 블록체인의 구성 요소를 살펴봤다. 이제 간단한 예를 통해 구성 요소를 통합한 전체 워크플로를 알아보자. 앨리스는 이더리움(인기 있는 암호화폐) 10개를 사용해 밥에게 토마토를 구매하려고 한다. 앨리스는 거래를 시작하고 이더리움을 송금한다. 스마트 계약은 밥이 토마토를 앨리스에게 전달할 때까지 이더리움을 보관한다. 밥은 배달 증명으로 스캔할 QR 코드를 생성한다. 앨리스가 QR 코드를 스캔하면 거래가 완료되고 스마트 계약이 밥에게 이더리움을 이체한다. 만약 밥이 토마토를 앨리스에게 전달하지 않으면 스마트 계약은 일정 기간 후에 앨리스에게 이더리움을 반환한다. 이러한 거래 과정에서 네트워크의 노드는 수학 문제를 해결하고 트랜잭션에 대한 새로운 블록을 추가할 권리를 얻기 위해 경쟁한다. 경쟁에서 이긴 노드는 스마트 계약에서 거래 기록을 수집하여 블록에 추가한다. 블록이 추가되면 다른 모든 노드와 동기화된다.

블록체인은 다양한 도구로 구현된다. 블록체인 개발 프레임워크에는 이더리움, 하이퍼레저 패브릭^{HyperLedger Fabric}, 스텔라^{Stellar} 등이 있으며 스마트 계약서를 작성하는 데 사용하는 도구에는 오픈 제플린^{OpenZeppelin}, 솔리디티^{Solidity}가 있다. 그리고 이더리움과 같은 디지털 통화를 보관하는 지갑 도구로는 메타마스크^{MetaMask}가 있다.

13.2.2 블록체인 애플리케이션 테스트

블록체인 애플리케이션 테스트를 위해 각 영역에서 중점을 두어야 하는 부분은 다음과 같다.

기능 테스트

애플리케이션 테스트의 첫 번째 단계는 앞선 토마토 구매 예제와 같은 엔드 투 엔드 기능 흐름을 검증하는 것이다. 블록체인에서 기능 로직은 스마트 계약서에 작성된다. 따라서 기능 흐름을 검증하기 위해서는 스마트 계약을 검증하는 테스트 케이스를 유닛 테스트로 추가한다.

API 테스트

대부분의 경우 프론트엔드와 블록체인을 연결하기 위해 중간에 API 서비스가 존재한다. 따라서 기능, 모듈 간 통합, 계약 버전 관리, 오류 처리, 재시도 검증과 같은 일반적인 API 계층 테스트를 수행해야 한다.

보안 테스트

블록체인에는 테스트가 필요한 보안 사항이 많다. 예를 들어 거래와 관련된 개인을 위한 계정 생성 및 승인 메커니즘, 계정 잔액 유지, 불법 거래 확인, 블록 해싱과 같은 암호화와 같은 보안 관련 기능을 검증해야 한다.

성능 테스트

트랜잭션은 노드의 가용성과 합의 알고리즘에 의존하기 때문에 트랜잭션을 완료하는 데 걸리는 시간이 표준 웹 기술보다 길 수 있다. 따라서 트랜잭션 성능과 지연을 처리하는 기능을 테스트해야 한다.

블록체인 관련 테스트

대부분의 애플리케이션은 이더리움과 같은 기존 블록체인 네트워크를 사용하여 스마트 계약을 배포하기 때문에 특별히 블록체인의 기능을 테스트할 필요가 없다. 하지만 만약 블록체인 테스트가 필요한 상황이라면 다음과 같은 측면을 고려해야 한다.

트랜잭션 추가

모든 트랜잭션은 정보의 손실 없이 기록되어야 한다. 이는 블록체인에서 가장 중요한 요구 사항이다. 블록은 올바르게 연결되어야 하고 다른 모든 노드의 블록과 동기화되어야 한다.

블록 크기

블록 크기가 상한(예 비트코인 네트워크의 경우 1MB)에 도달할 때까지 트랜잭션은 동일한 블록에 저장된다. 만약 블록 크기가 상한을 초과한다면 새로운 블록이 생성되는지 테스트해야 한다.

체인 크기

트랜잭션 건수가 증가함에 따라 체인이 매우 커질 수 있다. 따라서 체인의 크기가 큰 상태에서의 애플리케이션 성능을 확인해야 한다.

노드 테스트

노드는 블록체인의 기본 블록이다. 노드는 합의에 참여하고 항상 최신 데이터와 동기화되어야 한다. 새로운 노드의 경우 블록체인 네트워크에 원활하게 연결될 수 있어야 한다.

복원력

노드가 일시적인 장애 후 다시 사용 가능한 상태가 되면 해당 노드는 애플리케이션 기능에 영향을 주지 않고 네트워크에 다시 통합될 수 있어야 한다. 만약 노드에 큰 장애가 발생한다면 애플리케이션은 장애의 영향을 최소화하면서 해당 노드의 중단을 우아하게 gracefully[270] 처리할 수 있어야 한다.

충돌

합의 과정에서 여러 개의 노드가 수학 문제를 해결한 경우에는 트랜잭션을 추가하기 위해 작업이 서로 충돌할 수 있다. 따라서 이러한 충돌이 발생하는 상황에서 애플리케이션이 어떻게 작동하는지 테스트해야 한다.

데이터 손상

비잔틴 Byzantine 노드[271]는 분산 시스템에서 비정상으로 작동하는 노드다. 비정상 노드가 존재하는 경우에는 전체 데이터가 손상될 수 있다. 따라서 비잔틴 노드가 발생하는 경우 애플리케이션이 이를 어떻게 처리하는지 테스트해야 한다.

이더리움 기반 블록체인 애플리케이션을 테스트하는 데 유용한 도구로는 이더리움 테스터[272]와 포퓰러스 Populus[273]가 있으며, 비트코인 트랜잭션을 테스트하는 데 사용되는 도구로는 bitcoinj[274]와 testnet[275]이 있다.

블록체인은 강력한 보안, 완전 디지털화된 트랜잭션, 중개자 제거, 탈중앙화 측면에서 많은 이점이 있다. 하지만 몇 가지 단점도 존재한다. 예를 들어 블록체인에서는 복잡한 수학 문제를 해결하고 모든 원장 데이터를 동기화하기 위해 많은 양의 계산 및 전력 자원이 필요하다. 그리고 합의 알고리즘과 노드의 가용성으로 인해 트랜잭션을 완료하는 데 오랜 시간이 걸릴 수 있다. 대표적인 카드사 비자 Visa는 초당 1,700건의 트랜잭션을 처리할 수 있는 것으로 알려져 있

---

270 옮긴이_일반적으로 우아한 종료(graceful shutdown)는 프로그램이 종료될 때 최대한 사이드 이펙트(side effect)가 없도록 로직들을 잘 처리하고 종료하는 것을 말한다.

271 https://oreil.ly/7Yj4j

272 https://oreil.ly/PuEWT

273 https://oreil.ly/epHUN

274 https://bitcoinj.org

275 https://oreil.ly/8zyWG

다.[276] 반면에 비트코인은 하나의 블록체인 트랜잭션이 이루어지는 데 10분이 걸릴 수 있다. 따라서 블록체인 애플리케이션에서는 성능을 주의 깊게 관찰해야 한다.

13.3 사물인터넷(IoT)

사물인터넷 Internet of Things (IoT)은 물리적 세계와 디지털 세계를 연결하는 기술이다. IoT를 통해 우리 주변의 장치(사물)는 지능을 얻고 인터넷을 사용하여 서로 통신한다. IoT 장치는 사람의 개입 없이 주변 환경의 변화에 따라 자율적으로 반응할 수 있다. 예를 들어 스마트 온도 조절기는 습도와 같은 대기 조건에 반응해 사용자가 지정한 적절한 값으로 온도를 조절한다.

IoT는 다양한 산업 분야에서 유용하게 활용된다. 대표적인 예는 IoT를 기반으로 한 스마트 홈 솔루션이다. 스마트 홈 시장의 글로벌 가치는 2022년 기준 530억 달러를 넘어설 것으로 예상된다.[277] 또 다른 예는 스마트 시티 IoT 솔루션으로, 인프라, 대기 품질, 교통, 에너지 소비 등을 개선하여 삶의 질을 향상시킨다.

IoT 장치는 일반적으로 센서, 액추에이터 actuator[278], 통신 매체를 통합해 제공된다. 센서는 온도, 맥박, 움직임과 같은 물리적 상태를 감지한다. 액추에이터는 연기가 감지될 때 경보를 울리거나 밸브를 열고 닫아 온도를 제어한다. 디지털 디스플레이 및 디지털 음성과 같은 통신 매체는 IoT 장치가 사용자에게 정보를 제공하는 것을 돕는다.

엔드 투 엔드 IoT 솔루션을 구축하려면 하드웨어와 소프트웨어 기술이 모두 필요하다. IoT 내 소프트웨어는 다양한 요소로 구성된다. 먼저 하드웨어 내부에 내장되어 장치의 기능을 제어하고 사용자에게 정보를 전달하는 역할을 하는 소프트웨어 요소가 있다. 다른 구성 요소는 하드웨어 외부에 있으며 여러 장치로부터 전송된 데이터를 집계하고 분석하는 작업을 수행한다. 예를 들어 사용자의 맥박수를 읽는 피트니스 장치의 경우 장치 내부의 소프트웨어가 하드웨어 센서를 작동시켜 맥박수를 측정하고 디지털 디스플레이에 값을 출력한다. 측정된 값은 클라우드로 전송되어 사용자의 맥박수 정보, 수면 주기 등에 관한 분석을 수행하고 이상이 감지되면 알

---

276 *https://oreil.ly/f7hLq*
277 *https://oreil.ly/01Bct*
278 옮긴이_액추에이터는 전기적 에너지를 가하여 원하는 동작을 작동시키는 장치다.

람을 울리도록 피트니스 장치에 지시한다.

이러한 모든 기술(센서, 네트워크, 통신 및 라우팅 프로토콜, 데이터 프로토콜, 최종 사용자 애플리케이션, 클라우드 등)이 함께 작동하려면 수많은 엔드 투 엔드 통합이 필요하다. IoT 5 계층 아키텍처를 자세히 살펴보면 이러한 통합을 더 명확하게 이해할 수 있다.

13.3.1 IoT의 5 계층 아키텍처

IoT 아키텍처에서 계층은 관점에 따라 3 계층, 4 계층, 5 계층 등 다양하게 분류될 수 있다.[279] 이번 절에서는 5 계층 아키텍처를 기준으로 삼는다. [그림 13-4]와 같이 5 계층 아키텍처는 엔드 투 엔드 IoT 애플리케이션 구축과 관련된 기술에 관해 더 넓고 깊은 시각을 제공한다. IoT 애플리케이션의 테스트 측면을 이해하기 위해 각 계층을 간략하게 살펴보자.

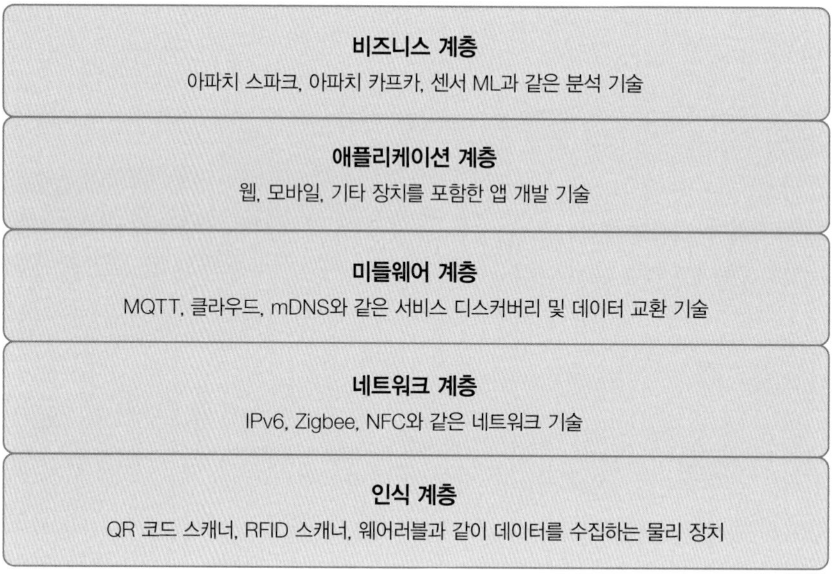

비즈니스 계층
아파치 스파크, 아파치 카프카, 센서 ML과 같은 분석 기술

애플리케이션 계층
웹, 모바일, 기타 장치를 포함한 앱 개발 기술

미들웨어 계층
MQTT, 클라우드, mDNS와 같은 서비스 디스커버리 및 데이터 교환 기술

네트워크 계층
IPv6, Zigbee, NFC와 같은 네트워크 기술

인식 계층
QR 코드 스캐너, RFID 스캐너, 웨어러블과 같이 데이터를 수집하는 물리 장치

그림 13-4 IoT의 5 계층 아키텍처

---

279 *https://oreil.ly/TNAJq*

인식 계층

인식 계층은 가장 아래에 있는 계층으로, 하드웨어가 물리적 세계에서 정보를 읽고 다음 계층으로 전송한다. 하드웨어는 단방향 또는 양방향 통신 지원 여부에 따라 수동, 반수동, 능동으로 분류된다. 예를 들어 QR 코드 스캐너는 단방향 통신만 가능하고 통신 범위가 제한되어 있기 때문에 수동 범주에 속한다. 이는 배송 추적과 같은 시나리오에 활용하기 적합하다. 또한 수동형 구성 요소의 경우 계산을 수행할 수 있는 전원 용량이 함께 제공되지 않는다. 능동형 하드웨어는 데이터를 송수신할 수 있으며 필요한 전원 용량을 갖추고 있다. 기계적 작업을 하는 스마트 액추에이터, 센서가 내장된 웨어러블, GPS 라디오 등을 예로 들 수 있다. 능동형 하드웨어는 수동형과 비교했을 때 더 먼 거리의 통신을 지원한다.

네트워크 계층

물리적인 장치가 서로 통신하려면 인터넷에서 물리적 장치를 식별할 수 있어야 한다. IPv4와 IPv6는 장치에 고유한 IP 주소를 제공하는 데 널리 사용되는 네트워크 프로토콜이다(IoT에서는 일반적으로 IPv6가 선호된다). 장치는 데이터를 대상 주소로 효율적으로 전송하기 위해 저전력 및 손실 네트워크용 라우팅 프로토콜인 RPL Routing Protocol for Low-Power and Lossy Networks을 사용하며 WiFi, Zigbee, NFC, 블루투스와 같은 표준 통신 기술을 사용해 정보를 주고받는다.

미들웨어 계층

IoT 애플리케이션은 물리적 장치의 내부 인프라 정보가 아닌 이름이나 주소를 사용하여 장치에 접근해 실내 온도 조회, 사용자 심박수 읽기 등과 같은 서비스를 요청할 수 있어야 한다. 이러한 서비스 디스커버리 기능은 미들웨어 계층이 제공하는 기능이다. 또한 물리적 장치에서 데이터를 추출하고 사용자에게 정보를 다시 전달하는 작업도 처리한다. 이처럼 미들웨어 계층은 IoT 솔루션의 핵심 역할을 수행한다. 미들웨어 계층에서는 Avahi 및 봉주르Bonjour와 같은 서비스 디스커버리 프로토콜과 CoAP Constrained Application Protocol 및 MQTT Message Queuing Telemetry Transport와 같은 데이터 교환 메커니즘을 주로 사용한다.

애플리케이션 계층

최종 사용자는 내부 계층의 요청 처리 방식을 모르더라도 웹 또는 모바일 앱과 같은 애플리케이션 계층을 통해 간단한 인터페이스로 원하는 서비스에 접근할 수 있다. 또한 애플리케이션 계층은 다양한 장치의 정보를 집계, 처리, 저장하는 역할을 한다.

비즈니스 계층

비즈니스 계층은 하드웨어, 서비스 등에서 수집한 정보를 분석하여 애플리케이션 서비스를 개선한다. 아파치 스파크, 아파치 카프카와 같은 빅데이터 기술은 서로 다른 IoT 장치로부터 수신된 방대한 양의 데이터를 분석하는 데 사용된다. 비즈니스 계층은 주로 내부 관리자가 사용한다(최종 사용자를 위한 계층이 아니다).

AWS IoT, IBM 왓슨[Watson]과 같은 IoT 플랫폼은 각 계층의 기능을 결합하여 IoT 개발을 용이하게 한다.

13.3.2 IoT 애플리케이션 테스트

IoT 솔루션을 테스트할 때 중점을 두어야 하는 사항은 다음과 같다.

하드웨어 및 소프트웨어 통합

IoT 애플리케이션의 엔드 투 엔드 기능은 주로 적절한 하드웨어 및 소프트웨어 통합에 의존한다. 따라서 하드웨어 및 소프트웨어 통합에 대한 다양한 엣지 케이스를 테스트해야 한다. 예를 들어 스마트 워치의 심장 박동 모니터링 앱은 센서가 기록한 정확한 심장 박동 수를 표시해야 하며, 심장 박동 기록에 문제가 있는 경우 소프트웨어에서 오류를 적절하게 처리해야 한다. 이러한 통합 테스트 케이스는 신규 설치 및 하드웨어 또는 소프트웨어 업그레이드 후에도 테스트되어야 한다. 또한 기능을 테스트하는 동안 메모리 및 배터리 측면의 일반적인 하드웨어 제약 조건을 고려해야 한다.

네트워크

장치 및 클라우드와의 네트워크 연결은 IoT 솔루션에서 중요한 역할을 하기 때문에 반드시 테스트되어야 한다. 일부 장치는 WiFi, 블루투스와 같은 여러 통신 프로토콜을 지원할 수 있으며 각 통신 프로토콜에 대한 테스트는 독립적으로 수행되어야 한다.

상호 운용성

IoT 솔루션의 상호 운용성은 서로 다른 표준과 프로토콜을 사용하는 장치 간 정보를 교환할 수 있는 능력을 의미한다. 예를 들어 스마트 교통 IoT 솔루션에서 교통 감지 장치, 사고 감지 서비스, 자동 라우팅 시스템은 서로 다른 기술 및 프로토콜을 사용하지만 정보를 원활하게 교환할 수 있어야 한다. IoT 솔루션은 상호 운용성을 통해 다양한 가치를 제공할 수 있다. 따라서 상호 운용성을 위한 통합은 신중하게 테스트되어야 한다.

보안 및 개인 정보 보호

Z-Wave와 같은 일부 통신 프로토콜은 안전하지 않을 수 있으므로 공격을 방지하기 위해 IPsec과 같은 추가 경량 보안 메커니즘을 사용해야 한다. 또한 클라우드에 수집 및 저장되는 데이터는 비공개로 설계해야 한다. 개인의 생체 정보 및 기타 개인 정보를 동의 없이 저장하는 것은 비윤리적일 뿐만 아니라 개인 정보 보호법을 위반하는 것이다. 따라서 규정 준수 테스트를 통해 개인 정보 저장과 관련된 법적 요구 사항을 만족하는지 검증해야 한다(자세한 내용은 〈Chapter 10 교차 기능 요구 사항 테스트〉를 참고하자).

성능

IoT 솔루션에서는 많은 장치가 서로 통신하고 수집 서비스에 정보를 전달하기 때문에 성능이 중요한 품질 요소다. 따라서 하드웨어가 소프트웨어 명령에 응답하는 속도, 맥박수 측정 시간과 같은 서비스의 전체 응답 시간, 스마트 시티와 같이 네트워크에 많은 장치가 있는 경우 데이터 수집 성능 등을 측정해야 한다.

사용성

사용성은 스마트 워치, 스마트 TV와 같은 가정용 IoT 솔루션에서 특히 중요하다. 가정용 IoT 솔루션 장치에는 테스트가 필요한 요소가 많다. 스마트 워치는 손목 움직임에 반응하고 다양한 버튼과 제스처로 작동한다. 진동과 소리 알림으로 구성된 경보 시스템을 갖고 있으며 오른쪽 또는 왼쪽 손목에 착용할 수 있다. 이러한 장치의 기능을 사용자에게 안내하는 것도 제품의 필수 기능이다. 게다가 제품마다 디스플레이의 크기와 모양이 다르다. 따라서 제품의 성공을 위해 사용성 측면의 다양한 요소를 테스트해야 한다.

IoT 솔루션의 다양한 장치 조합과 내부 상태를 고려하며 테스트하는 것은 쉽지 않다. 다양한 상태와 장치 조합을 관리하고 테스트 케이스를 도출하는 방법에 관해 더 알고 싶다면 필자가 정리한 테스트 프레임워크인 IoT 테스트 아틀라스^{Atlas}[280]를 참고하기 바란다.

13.4 증강 현실(AR)과 가상 현실(VR)

증강 현실^{augmented reality}(**AR**)은 그래픽, 텍스트, 이미지를 비롯한 감각 정보를 실제 환경에 중첩시켜 제공함으로써 전반적인 사용자 경험을 향상시키는 기술이다. AR은 제트 전투기를 지원하기 위해 발명되었다. 제트 전투기 조종사는 비행 중 목표물을 정확하게 공격해야 한다. 이를 위해 AR로 정면 디스플레이에 필요한 세부 정보를 표시해 동시에 두 작업(비행 및 목표물 공격)에 집중할 수 있도록 했다. 최신 AR 제품으로는 메르세데스가 개발한 헤드업 디스플레이(HUD)가 있다. HUD는 지도, 허용 가능한 제한 속도 등의 정보를 차량 앞 유리에 표시한다.

요즘에는 스마트 안경, HUD과 같은 소형 AR 장치를 사용해 AR 경험을 제공한다. 구글, 뷰직스^{Vuzix}, 엡손^{Epson}, 엔리얼^{Nreal}과 같은 제조사들은 웨어러블 스마트 디스플레이를 만들고 있다. 하지만 우리에게 가장 친숙한 AR 장치는 스마트폰이다. 안드로이드 및 iOS는 ARCore, ARKit, 유니티 AR 파운데이션과 같이 AR에 필요한 도구와 프레임워크를 제공하며, 픽셀 5, 노키아 8, 모토 G 등의 장치는 AR 호환을 지원한다.

AR은 실제 환경을 기반으로 작동하는 반면 **가상 현실**^{virtual reality}(**VR**)은 사용자를 시뮬레이션된 가상 세계로 이동시킨다. VR은 게임 외에도 화재 등 위험한 환경을 시뮬레이션하거나 공중 공격과 같은 상황에서 조종사가 대처하는 방법을 훈련하는 데 유용하다. 또한 VR은 새 집의 인테리어 같은 제품 사용자 맞춤 기능과 가상 드레스룸 같은 실시간 제품 경험을 제공하는 판매 영역에서도 인기를 얻고 있다.

VR에는 완전 몰입형 경험을 위한 헤드마운트 디스플레이^{head-mounted display}(HMD) 장치가 필요하다. 시장에서 인기 있는 제품으로는 Oculus Quest, Oculus Go, HTC VIVE, 소니 플레이스테이션 VR이 있다. 구글 카드보드^{Cardboard}는 VR을 위한 스마트폰 솔루션으로, 더 접근하기 쉽고 저렴한 VR을 경험할 수 있다.

---

280 *https://oreil.ly/uMEX2*

혼합 현실^{mixed reality}(MR)은 AR과 VR의 조합으로, MR을 통해 사용자는 3D 디지털 콘텐츠와 상호 작용할 수 있다. MR 기술의 대표적인 예는 포켓몬 고[281]게임이다. 마찬가지로 **확장 현실** ^{eXtended Reality}(XR)은 AR, VR, MR 장치를 가전제품, 센서 등 다른 장치와 통합한다. AR, VR, MR, XR 기술 및 활용 분야는 계속해서 발전하고 있으므로 관심 있게 살펴봐야 한다.

13.4.1 AR 및 VR 애플리케이션 테스트

AR과 VR은 사용자에게 짜릿한 경험을 제공하는 매력적인 기술이지만 매우 복잡하다. 이러한 제품을 개발하고 테스트하려면 생물학(인간의 이미지 인식, 시각에 의한 이미지 형성 과정, 깊이 인식 등), 공간 수학^{spatial mathematics}, HMD 기술 등 다양한 분야의 전문 지식이 필요하다. 유니티와 같은 개발 플랫폼은 AR과 VR에 필요한 다양한 복잡성을 추상화하여 제공하므로 개발자가 쉽게 사용할 수 있다. HMD 기술 또한 수년에 걸쳐 품질과 성능이 많이 개선되었다.

그러나 여전히 AR과 VR 분야에는 충분한 테스트 도구나 확립된 테스트 접근 방법이 없다. AR 및 VR 애플리케이션의 테스트는 상황에 따라 다양하게 정의될 수 있다. Thoughtworks는 최근 아리움^{Arium}[282]이라는 유니티 기능 테스트 자동화 도구를 개발했다. 아리움은 오픈소스이며 유니티 패키지로 제공된다. 이해를 돕기 위해 아리움을 사용해 유니티의 몇 가지 개념을 테스트하는 방법을 알아보자.[283]

유니티에서 **씬**^{scene}은 게임 내 환경을 나타낸다. 일반적으로 게임의 각 레벨을 씬이라 한다. 각 씬에는 고유한 객체 모음이 있다. GameObject는 씬에 배치되는 기본 단위로, 공 또는 플레이어가 될 수 있다. 이러한 객체의 기능은 구성 요소를 연결하여 프로그래밍할 수 있다(구성 요소는 게임 객체에 연결된 특성 또는 기능이다). 유니티는 조명, 충돌 등과 같은 기본적인 요구 사항을 위한 내장 구성 요소를 제공한다. 예를 들어 조명 구성 요소를 GameObject에 연결하여 해당 객체의 조명을 정의할 수 있다. 또한 모든 GameObject에는 위치, 크기, 회전을 나타내는 기본 Transform 구성 요소가 있다.

---

281 *https://oreil.ly/0IuTI*

282 *https://oreil.ly/0F6mV*

283 아리움 테스트에 관해 자세히 알고 싶다면 케이시 하드먼(Casey Hardman)이 쓴 『Game Programming with Unity and C#: A Complete Beginner's Guide』(Apress, 2020)을 읽어보기 바란다.

아리움은 유니티 애플리케이션의 기능 테스트 자동화를 위해 다음과 같은 기능을 제공한다.

- _arium.FindGameObject("Ball")은 이름으로 gameObject를 찾는다.
- _arium.GetComponent<name_of_component>(<name_of_gameObject>)는 유효성을 검사하기 위해 gameObject에서 구성 요소를 가져온다.
- _arium.PerformAction(new UnityPointerClick(), "<name_of_gameObject>")는 탐색을 위해 gameObjects에 대한 작업을 수행한다.

아리움은 사용성 테스트, 경험 및 몰입 테스트, 성능 테스트, XR 애플리케이션의 호환성 테스트를 수행하도록 확장할 수 있다.

마무리

신기술을 간단히 설명하고 이를 테스트하기 위해 고려해야 할 몇 가지 측면을 소개했다. 여기서 소개한 최신 기술들은 계속해서 발전할 것이다. 예상보다 빠르게 시장의 주요 기술로 성장할 수 있으니 계속해서 주의 깊게 관찰하기 바란다.

찾아보기

찾아보기

찾아보기